京大の現代文

25カ年［第2版］

江端文雄 編著

教学社

はじめに

本書は、京大の過去問をできるだけ遡って入手したいという受験生の要望に応えるために編集されたものである。タイトルにある通り過去二五カ年の問題が収めてある。これだけあれば十分だろう。

全国の大学の中で国語の入試問題がもっとも難しいのは京大である、というのが受験国語の指導に当たる高校・予備校の先生方の一致した意見だろうと思う。私も受験指導する立場にあったためにさまざまな大学の入試問題を解いてきたが、京大の問題は別格であった。では京大の問題の難しさはどこにあるのかと言えば、それは深い読み込みへと誘うような問題文が出題されること、単なる問題文の引用では高得点にならず、質の高い解答を短時間でまとめ上げなければならないこと、この二点を指摘できる。

このような傾向を考えると、京大の受験生が国語対策として取り組むべきものは、何よりも過去問だと言える。できるだけ多くの過去問と格闘して、読解力と表現力の涵養に努めてほしい。

付言するならば、今の大学入試は知識偏重だ、人物重視の入試に改めよ、などと主張する人たちにこそ本書を繙いて入試のあり方を議論してもらいたい。

江端文雄

目次

掲載省略についてのお断り

本書では、編集の都合上、以下の問題を省略しています。あしからずご了承ください。

現代文　一九九八年度　㊁

【本書の利用法】

本書は京大の国語の入試問題のうち、現代文を過去二五カ年（一九九八年度から二〇二二年度まで）にわたって研究したものである。かつて不動であった出題形式は、古文一題を含む大問三題（理系はうち二題を選択）、試験時間文系一二〇分、理系九〇分というものであった。しかし二〇〇七年度以降は文系と理系が別問題になり、理系も大問三題（現代文二題・古文一題）が必須となった。とはいえ理系は文系よりも小問数が少なく、試験時間は九〇分のままである。ジャンルは、これもかつては現代文、近代文語文、古文から一題ずつ出題されることが多かったが、二〇〇三年度以降近代文語文は出題されておらず、代わりに評論・随筆あるいは小説を中心とする現代文がもう一題出題されている。

本書を利用するうえで留意してほしい点を以下にまとめておく。

一　問題のレベルを知る

京大で出題される文章は、深い思考力や洞察力を必要とするものが多い。単に字面だけを追うような理解の仕方では満足な解答は作れない。語句に込められた筆者の真意を探る深い読みが求められると同時に、それを適切に表現する記述力が問われている。京大の国語は難しいと言われるゆえんはそこにある。他の多くの国公立大学のように文章の中の適当な箇所を拾ってまとめればいいというような要領のよさを、京大の問題は求めていない。真の読解力と表現力が問われていることを承知してほしい。

二　本文と設問パターンに慣れる

二〇二三年度一般選抜入学者選抜要項には、国語の出題方針として「日本語の文章の論理や論旨、あるいは作者の心情や表現の意図を、的確に理解し、自らの言葉で論理的にその理解を表現できることを評価します。そのため、文章のジャンルとして論説文、随筆、小説など、さらに文体についても明治擬古文まで含め、幅広く問題文を選び、漢字の書き取りや、文章表現の持つ意味、あるいは論理展開の説明をはじめとして、登場人物の言動に託された著者の意図、さらには問題文全体の論旨を問うなど、論述の形式で問題を課します」とある。

これをふまえて現代文の本文の主な特徴を指摘すれば、論説文と随筆が圧倒的に多いこと（別冊問題編巻末の「出典一覧」参照）、比較的短いうえに内容も標準的なものであること、そのため一見取り組みやすく見えて実際は手ごわいことの三点があげられる。また主な設問パターンは、「どういうこと（もの）か」と内容説明を求めるものと、「なぜか」と理由説明を求めるものの二つである。これらは受験生にはおなじみの設問形式であるが、前述の選抜要項に「自らの言葉で論理的にその理解を表現できる」とあるように、たんに本文から適当な箇所をいくつか抜き出してつなぎ合わせて済ませるのではなく、本文の内容を十分に咀嚼したうえで自分の言葉を用いて説明することが求められている。この点をしっかりと頭に刻み込んで過去問に挑戦されたい。なお設問パターンについては、後の「現代文を解き始める前に」で、対応法も含めてやや詳しく示しておいたので参考にしてほしい。

三　解答形式に慣れる

解答形式で特徴的なのは、やはり全問記述式で解答欄が大きいことである。解答欄の大きさは各設問に示してあるが、二〇〇四年度以降ほとんどの解答欄に罫線が施されている。それ以前は罫線のない枠のみが用意されていた。いずれの場合も、一行に二〇〜二五字程度を目安にすればよく、現代文では標準的な解答字数は七〇〜一〇〇字程度である。別冊問題編巻末の「解答欄の例」を参考に、解答欄を自分で作成して実際に書いて練習しよう。

四　時間を決めて解く

文系は三題で一二〇分、理系は三題（二〇〇六年度までは二題選択）で九〇分なので、一題につき文系で三五分以内、理系で二五分以内を目安に挑戦してみよう。記述量が多いので時間的な余裕はあまりないだろうが、限られた時間内で答案を作成するという練習は不可欠である。また時間内に解けたからといってすぐに解答例を見るのではなく、余った時間をフルに活用して自分の答案をチェックするという練習をしておけば本番でも役立つだろう。とはいえ最初のうちは制限時間を守るのはなかなか難しいだろうから、少しずつでも解答時間を短くしていくとよい。

五　的確な自己採点を行う

記述式の問題の自己採点に不慣れな諸君も多いと思うが、これを行うことで学習の効果が格段に変わってくるので、問題を解くのと同じくらいの心構えで、丁寧な自己採点を心がけよう。まず自分の答案と解答例をしっかり見比べ、重なっている部分、ずれている部分を見極めよう。その際、細かな字句の差異にはこだわらず、内容的な異同を確かめることが大切である。続けて解説を読んで、**解答ポイント**を参考に、自分の答案が解答のポイントをどの程度おさえているかをしっかり確認しよう。自己採点ができたら、もう一度自分の言葉で答案を作ってみるとよい。自分の答案を客観的に見る目を養うことも、実力をつけるには欠かせないステップである。本書に示した解答例と解説を参考に、語彙や表現の幅を広げようという姿勢が大切である。

なお、インターネット上で大手予備校が公開している主要大学の解答速報にアクセスすることもできる。京大の解答ももちろん掲載されており、参考になる。ただし深く理解しないままに本文の語句を適当に引用してまとめた解答や、大層な語句を連ねて自己陶酔に浸っているような解答が目につく。これらは百害あって一利なしである。その点、本書の解答例は高三生や浪人生が書きうる最上のものを目指しているので、安心されたい。

六　文系・理系両方の問題を解く

前述したように、二〇〇七年度以降は第二・第三問が文系・理系別問題となった。少数の例外を除いて、ほとんどは文系の方が難度が高く、二〇〇六年度以前の高水準を維持している。しかし作問の姿勢は同じであるから、特にこだわる必要はなく、文系・理系両方とも解いてみてほしい。まず理系の問題を解いて手応えを感じ取ってから文系の問題に挑戦するのも一法である。二〇〇六年度以前の問題についても、可能な限り挑戦されたい。なかには「一度出た問題は二度と出ないから、やっても無意味だ」と速断する受験生もいるかもしれないが、これは大きな誤解である。誤解である証拠に、二〇一一年度理系第二問で出題された林達夫「文章について」は一九八八年度第一問と全くの同文であった。このような一致は今後も大いにありうる。そもそも過去問を解く意義は第一に、繰り返しになるが、問題の傾向と難易度を身をもって知り、読解力と表現力を養うことにある。第二に、出典は違っても同一著者の文章が出る可能性は十分にある以上、その著者の思想や文章表現の癖を知っておけば、再度同一著者の文章が出題された場合に役立つことである。実際、一九九〇年代に出題され、二〇一〇年代に再び出題された著者が二人（幸田文と古井由吉）もいる。いわゆる「予想問題」を数多く解いたところで当たる確率は低く、むしろその問題と解答と解説の質がどうなのか危惧される（もちろんその類のものに手を出すなというのではないが、過信は禁物である）。

七　解説をしっかりと読む

本書の性格上、解説は極力短くせざるをえない。しかし簡にして要を得たものと自負している。問題文を読み込んでその内容を深く把握すれば、短い解説でも納得がいくと思う。そもそも、京都大学の受験生として、手取り足取りの詳しい解説を必要とするような者は想定していない。

（編集部注）本書に掲載されている入試問題の解答・解説は、出題校が公表したものではありません。

現代文

【現代文を解き始める前に】

京大の現代文でよく問われる設問のパターンは、①内容説明型、②理由説明型、③心情説明型、④要約型の四つである。以下に各パターンに対応する解法をまとめておこう。

設問パターンⅠ　内容説明型

「どういうことか」「どういう意味か」などの問い方で、傍線部の具体的な説明を求めるものである。傍線部にある語句を平易に言い換えただけでは不十分な場合が多く、他の箇所との因果関係や対比関係なども盛り込まないと完全な説明にはならない点に注意する。

解法1　【二項対立】

二つの項が対比的に論じられている場合、一方の項に複数の性質・要素があれば、他方の項にもそれに対応する性質・要素（すなわち対立項）があるのが一般である。例えば「東洋文明は自然と一体で静的である」とあれば、「西洋文明は自然と対立し動的である」ということになる。このような場合、一方の項を説明する際は他方の項も、その性質や要素一つ一つを対比させながら説明しなければならない。

解法2　【含意】

一つの言葉が他の箇所と必然的な関係を持ったり、文章に表現されていない意味内容を暗示したりすることがある。そのような言葉を説明する際はこういった関係や暗示も詳らかにしなければならない。例えば傍線部に「今度も違和感を感じた」とあれば、「今度」に対する「前回」の説明も必要である。「行間を読む」ような読解力が求められている。

解法3 【比喩】

直喩であれ隠喩であれ、理解の一助として比喩が用いられることがある。比喩はそれが適切であればあるほど高い効果を生む。そのため比喩表現がたとえている内容を説明させるだけでなく、なぜその比喩が用いられたのかを説明させる場合もある。例えば「火から煙が立ちのぼるように、感情が言葉で表現される」とあれば、感情とその言語表現を火と煙にたとえた理由を、火と煙の関係や性質をふまえて説明しなければならない。

設問パターンⅡ　理由説明型

「なぜか」「理由を説明せよ」などの問い方で、傍線部の理由づけを求めるものである。その理由は本文に書いてある場合と書いていない場合とがある。前者の場合は傍線部の前後に書かれていることが多いが、他の段落に該当箇所を求めなければならないこともある。後者の場合は本文を通して筆者の真意を把握し、それをもとに理由を導くことになる。

解法4 【三段論法】

「なぜAはBなのか」と問われている場合、「A＝C、B＝C、ゆえにA＝B」という論の進め方をしていれば、Cによって AとBをつなぐ説明をしなければならない。

また「なぜCなのか」と問われている場合、「AゆえにB、BゆえにC」という論の進め方をしていれば、「Bだから」と説明するだけでは不十分で、「AゆえにBだから」と説明する。要するに、補足的説明→直接の理由説明という手順になればよい。

設問パターンⅢ　心情説明型

「気持ちを説明せよ」などの問い方で、登場人物や作者の心情を説明させるものである。理由説明型と同じく、核となる心情だけでなく、そのような心情を抱いた原因や周囲の状況も合わせて説明しなければならない。

解法5【感情表現】

傍線部またはその前後に端的な感情表現があれば、その言葉が心情を説明するカギとなる。他では、会話文、行動や態度を描写した箇所、自然描写などからも心情を読み取れる場合が少なくない。

設問パターンⅣ　要約型

「筆者はどのように……」などの問い方で、本文の要約や筆者の主張のまとめを求めるものである。解答欄が比較的大きいため難しい印象を受けるが、案外そうでもなく、必要なポイントを過不足なく拾ってまとめる力が問われているとみなせばよい。

解法6【論と例】

抽象的、一般的な議論を拾っていくことが要約作業である。それを特に重要な箇所に絞ってまとめたのが要旨である。要約であれ要旨であれ、具体例の箇所は拾わない。また比喩表現も拾わない。その他、本筋からはずれた補足的説明部分も除く。逆に具体例や比喩ばかりであれば、そこから抽象的、一般的理論や考えを帰納する。おおまかにみて七〇～一〇〇字程度でまとめるものであれば、おおよそ二～三つのポイントを盛り込むと考えればよいだろう。

二〇二二年度　文理共通　㊀

出典　岡本太郎『日本の伝統』＜一　伝統とは創造である　法隆寺は焼けてけっこう＞（光文社知恵の森文庫）

解答

問一

今日の若い世代には日本よりも西洋の古典芸術の方がなじみ深いことからもわかるように、彼らが日本の古典芸術を伝統として受けつぐとは限らないということ。

問二

伝統主義者のように古典芸術の喪失や教養の低下をただ嘆くのではなく、古典芸術よりもすぐれたものを作ろうという気概をもって創作に励めば、それが真に伝統を受けつぎ、新しい伝統を作ることになるということ。

問三

伝統主義者に対抗しようとして逆に彼らの教養主義や権威主義に籠絡されて、先入観のない率直な目で作品を見ることを忘れてしまったように感じたから。

問四

戦争と敗北によって文化的に根こぎにされてしまい、空しさとみじめさを露呈しているような人間が、率直で無遠慮な気分で対峙してもなお、彼の心身を強く揺さぶるところに真の芸術がもつ力があるということ。

問五

権威づけられ教養とされた古典芸術をひたすらありがたがり、それを次代へと継承することしか頭にない伝統主義の風潮に逆らって、古典芸術と率直に向き合い対決しながらもっとすぐれたものを作ろうと努力することで、真に伝統を継承しつつ新しい伝統を作るような芸術家。

解説

問一

「どっち」とは「コーリンとか、タンニュー、トーハク」か「ダ・ヴィンチやミケランジェロ」かということ。「これからの世代」とは「今日の若い世代」をいう。傍線部は、若い世代が日本の古典芸術を伝統として継承するとは限らないことを表明したものである。日本よりも西洋の古典芸術の伝統の方が継承されるだろうという趣旨ではない。また、日本の古典芸術が伝統として継承されないことを嘆いているわけでもない。筆者は「伝統主義者」（第四段落）に批判的である。以上の点をふまえて説明する。

解答ポイント ①今日の若い世代。②日本よりも西洋の古典芸術の方がなじみ深い。③日本の古典芸術を伝統として受けつぐとは限らない。

問二

「法隆寺」はもちろん比喩である。法隆寺金堂壁画が焼失したことに関連して、「伝統主義者」が古典芸術の喪失と教養の低下をただ嘆いている状況を批判し、傍線部以下で「それよりもっとすぐれたものを作る……それを伝統におしあげたらよい」「伝統継承の直流（＝直接受けつぐこと）がある」と自説を展開する。したがって傍線部の趣旨は、古典芸術よりもっとすぐれたものを作ろうという気概をもって創作に励めば、それが伝統の継承につながるということである。

解答ポイント

①古典芸術の喪失や教養の低下を嘆く。②古典芸術よりもすぐれたものを作る。③真に伝統を受けつぎ、新しい伝統を作る。

問三

傍線部は筆者の自戒の言葉である。前文の「敵」とは「伝統主義者」をいう。彼らの「まちがった伝統意識をくつがえ」そうとして、古典を見あるいているうちに「うっかり敵の手にのりかかっていた」という。つまり伝統主義者の教養主義や権威主義を受け入れてしまいそうになったというのである。さらに続く段落で『裸の王様』の話を持ち出して、「子どもの透明な目」すなわち偏見のない率直な目をうしなってはいけないと自分を戒めている。

解答ポイント

①伝統主義者に対抗しようとして逆に彼らの教養主義や権威主義に籠絡された。②先入観のない率直な目で作品を見ることを忘れてしまった。

問四

傍線は「伝統の本質」にまでは引かれていないので、「芸術の力」のみを説明すればよい。この「芸術の力」について、同段落で「なんだ、イシダ……これは本ものだ」と述べられるように、「戦争と敗北」（第九段落）によって文化的伝統から断絶されてしまったような人間を前提にして、彼らが「むぞうさな気分でぶつかって」なお「ビリビリつたわってくる」のが「本もの」の芸術であると述べている。この「ビリビリ」という擬態語のニュアンスをふまえて「心身を揺さぶる」「全身的に感動させる」などと説明するとよい。

解答ポイント

①戦争と敗北によって文化的に根こぎにされてしまい、空しさとみじめさを露呈している人間。②率直で無遠慮な気分で対峙する。③心身を強く揺さぶる。

問五

「美に絶望し退屈している者」とは他ならぬ筆者自身をいう。筆者は小林秀雄に骨董を見せてもらいながら「退屈し、絶望している」。それは小林秀雄に伝統主義者と同じ権威主義、教養主義の臭いをかぎとったからであろう。筆者はこのような伝統主義の風潮を切り捨て、「ほんとうの芸術家」を対置する。それは問二でも問われたように、古典芸術と真摯に対峙し、もっとすぐれた芸術作品を作ろうと努める芸術家であり、筆者はそこに真の伝統の継承を見出している。以上の事情をまとめることになる。

解答ポイント

①伝統主義＝権威づけられ教養とされた古典芸術をありがたがり、その継承しか頭にない。②古典芸術と率直に向き合い対決しながら、もっとすぐれたものを作る。③伝統を更新する。

二〇二二年度　文系　〔二〕

〈出典〉　高橋和巳「〈邪読〉について」（『高橋和巳全集　第十四巻』河出書房新社）

解答

問一

一つの物語をきっかけとして、それと関連しつつも独立した別の物語を増殖させてゆくという発想法。

問二

書物の内容を的確精密に要約できる友人に比べて、読みながら気ままに思念を膨らませるだけの自分の読書法では内容を整然と紹介したり説明したりできないから。

問三

読む過程で刺戟される思念や想像の赴くままに任せるという読書法は、筆者の考えに虚心に耳を傾け、体系的な知識を身につけるために行う正統的な読書法と比べて、異端なものであるから。

問四

読書に耽溺した後に内容を忘却するのは、学問的読書や実務型の読書や行動型の読書からみれば無意味に見えても、自分独自の認識や思想を形成し、精神の自立を成し遂げるためには不可欠な過程であるから。

問五

自分が必要とする知識を得るために行うような読書ではなく、思念や想像に任せながら耽溺した後にその内容を忘却するという過程を経ることで、自分独自の認識や思想を形成し、精神の自立を成し遂げるというもの。

解説

問一

第一段落の内容をまとめることになる。筆者は『千一夜物語』を例に、一つの物語が別の物語を生むようにして物語が「萌芽増殖」する形態の物語をとりあげる。これは全体が統一された一つの物語とも、またまったく独立した別々の物語を寄せ集めた物語とも異なる、独特の物語形態である(『ドン・キホーテ』などにも見られる)。解答欄は二行なので、他の物語形態と比較する形での説明はできないが、その特徴だけは明示しよう。

解答ポイント

①一つの物語と関連しつつも独立した別の物語を増殖させてゆく。

問二

第四・五段落で「自分の読書の仕方」と友人の読書法とが対比される。筆者の読書法は読む過程で思い浮かぶ思念を気ままに膨張させるというものであり、友人のそれは書物の内容について「的確精密な要約」を行うというものである。そのため筆者は友人から「あの本を読んだか」と聞かれても、「内容を整然と紹介したり説明したりできない」という。これが「後ろめたさの念におそわれた」理由である。この事情を本文の内容に即して説明する。なお、第五段落で自分の読書法を「妄想的読書」と名づけてより詳しく説明しているが、これは次の設問と関わるので、ここでは簡単に説明するにとどめてよいだろう。

解答ポイント

①友人は書物の内容を的確精密に要約できる。②筆者は読みながら気ままに思念を膨らませるだけである。③筆者は内容を整然と紹介したり説明したりできない。

問三

「これ」は「妄想的読書」を指す。「一つの思念や想像が刺戟された時には、その思念や想像のがわに身を委ね」るような読書である。書物の内容に触発されて、あらぬ方向へと思念や想像が広がるままに任せるのである。これを筆者は「〈邪読〉」と卑下する。〈邪読〉に対する読書法（あるべき読書法、いわば〈正読〉）は、傍線部以下に「読書はまず……」と列挙される。あくまでも書物の内容に密着して読むのである。この両者を対比的に説明して、筆者の読書法が正統なものとは言えない、異端なものであることを示す。

解答ポイント　①筆者の読書法＝書物を読む過程で刺戟される思念や想像の赴くままに任せる。主観的。②正しい読書法＝筆者の考えに虚心に耳を傾ける、体系的な知識を身につける、客観的精神を形成する。③筆者の読書法はあるべき読書法と比べて異端である。

問四

傍線部直後の段落で、「もし創造的読書というものがあるとすれば、それは必ずこの忘却を一つの契機とするからである」と理由づけされている。この「創造的読書」については「なんらかの認識の受肉」（第八段落）、「精神」の「自立」（第十一段落）などが手がかりになる。本を読み、「各自の精神の濾過器を経て」「顕在的な意識の上からは、一たん消失する」ことによって自分独自の認識や思想を形成し、精神の自立を成し遂げるということであろう。また、「創造的読書」が「学問的読書や実務型の読書」「行動型の読書」（第九段落）と対比される形で提示されている点をふまえて、この対比にも触れて説明するとよいだろう。

解答ポイント　①読書に耽溺した後にその内容を忘却する。②学問的読書や実務型の読書や行動型の読書からみれば無意味に見える。③自分独自の認識や思想を形成し、精神の自立を成し遂げる。

問五

設問で指示されているように、「筆者にとっての」「読書の本質」を「本文全体を踏まえて」説明する。そのような読書とは、「私にかつてあった豊饒な時間」（傍線部直後）である。すなわちそれは「妄想的読書」であり「創造的読書」である。したがって、問三・問四の解答内容を振り返りながら、「筆者にとっての」「読書の本質」を説明する。その際、傍線部の直前で「読書の本質から遠くなる危険をもった」読書について触れているので（「職業上の読書、下調べのための走り読み」）、これを補足して説明するとよい。また最後の二段落については、本問とはあまり関係がないので触れる必要はないだろう。

解答ポイント

①自分が必要とする知識を得るために行うような読書ではない。②思念や想像に任せながら耽溺した後にその内容を忘却する。③自分独自の認識や思想を形成し、精神の自立を成し遂げる。

二〇二二年度　理系　二

出典　多和田葉子「雲をつかむ話」（『雲をつかむ話』講談社）

解答

問一　手紙は日記と違い他者に向けて発信するものであるから、手軽なコミュニケーション手段とはいえ、相手を傷つけないように慎重に言葉を選ぶ必要があるということ。

問二　「出たい」という発言は前後の脈絡もなく突然発せられたものであり、鱒男が授業にいらだって教室から出たいという意味で発言したのではないかと一瞬疑ったから。

問三　木に竹を接ぐように二つの表現を唐突につないだだけの、不自然で筋が通らず、文法的にも間違っているような文ではあっても、その切実な思いや希望だけは理屈を超えて直接聞き手の心に響いてくるような感覚。

解説

問一

筆者は、手紙は日記と違い「一人の人間に向かって」発信するものだと言い、それを紙飛行機にたとえる。それは同じ紙を原料とするからであるが、手軽さということも念頭にあるのだろう。だから「紙とは言え、尖った先がもし眼球に刺さって……」と言うのであり、手軽なコミュニケーション手段とはいえ、間違えば相手の心を傷つけることもあると自戒を込めて言う。また「責任を持って書かなければならない」と言い、慎重に言葉を選んで書く必要性を訴える。以上の事情をまとめる。

解答ポイント

①手紙は日記と違い他者に向けて発信される。②手軽なコミュニケーション手段とはいえ、相手を傷つけることもある。③慎重に言葉を選ぶ必要がある。

問二

傍線部の前後から、鱒男が前後の脈絡もなく突然「出たい」と言ったことが、「わたしはどきっとした」理由であることがわかる。この鱒男は「口が重く、実直で無骨な印象を与え」、「最低限の守りの真実しか言わず……いらだちが声にも目元の表情にも出てしまう」ような青年である。続く段落からわかるように、鱒男は日本語の練習のつもりでこの「最低限の」発言をしたわけであるが、日本語の練習を「ばかばかしい」とも思っているような様子を見せていることを考え合わせると、「出たい」とは教室から出たいという意味ではないかという思いが一瞬筆者の頭をよぎったから「どきっとした」とも言えよう。このように考えれば、以上の三点を説明することになる。

解答ポイント

①「出たい」は前後の脈絡もなく突然発せられた。②鱒男は授業にいらだっている。③教室から出たいのではという一瞬の疑い。

問三

「そういう風な」は、「『春が来ると』という文節を他人の庭の木から折ってきて接ぎ木した」ような表現で、筆者が「どうして春なんだ、と呆れてみせた」くなるような表現のことを指す。木に竹を接ぐように、二つの語句や文を唐突に結びつけたための、不自然で筋が通らない感じをいう。「手触り（＝手に触れる感じ）」は比喩的な用法で、〝感覚・感触〟というくらいの意。こういう文は、普通なら稚拙で未熟なものとみなされるが、「何か本当に言ってみたい時」は案外こういう文になるのかもしれない、と筆者は思う。これは「切実な気持ち」（第三段落）、「濃い欲望」（最終段落）ともあるように、切実な思いや希望を言葉で伝えようとすると、言葉足らずの、不自然で不正確な文になりがちであることをいう。逆に言えば、不自然で不正確な文であっても、その思いや希望の切実さだけは聞き手の心にじかに伝わるという感覚である。この事情を説明する。

解答ポイント

①不自然で筋が通らず、文法的にも間違っている文。②切実な思いや希望。③直接聞き手の心に響いてくる感覚。

二〇二一年度 文理共通 一

出典 西谷啓治「忘れ得ぬ言葉」

解答

問一 山崎が軽い気持で言った言葉は、自分が彼の友情や犠牲に思い至らなかったことばかりか、それまでの自分の姿に気付かせ、自分をおとなに引き上げてくれたから。

問二 物事を自己中心に考えるのは罪のない無邪気さであるが、他者の立場に立ち、他者を思いやることができない点では罪であることに気付いたということ。

問三 苦労知らずという意味ではなく、生身の人間同士として他者とつながったことがないという意味で自分が世間知らずだったことを、山崎の友情を通して知ったということ。
〔別解〕世間とは世の中といった漠然としたものではなく、実在する自己と実在する他者との現実的なつながりであることを、山崎の友情を通して初めて知ったということ。

問四 書物の言葉は、どんなに深く自分を動かし内面に定着しても筆者のことは記憶から薄れるのに、生身の人間が自分に語った言葉は、その人間と一体となって内面に定着し、反芻するたびに彼がより実在的になるということ。

問五

本当の人間関係とは、生身の人間が自分に語った言葉が内面化され、その言葉を思い出すたびに彼をより深く理解するという不思議なつながりであり、その人の生死にかかわらず、そのつながりは決して切れないから。

解説

問一

「それ」は山崎が筆者を評した言葉「君も随分おぼっちゃんだなア」を指す。筆者はこの言葉に「ハッとさせ」られ、「自分の心が自分自身のことで一杯になっていて……気付かされた」と言い、「それまで気が付かなかった自分の姿に気が付いた」と言う。そして、「それ以来自分がおとなの段階、乃至はおとなに近い段階に押し上げられた」と思う（以上第三段落）。このように筆者は、山崎の「からかい半分の軽い気持で言った」言葉によってそれまでの自分というものを知り、その結果、無邪気なこどもからおとなの段階に進んだわけである。これが「『忘れ得ぬ言葉』になってしまった」理由である。筆者が「おとな」であることを重視していることは、第一段落の「彼だけは既におとなであった」からも首肯できよう。以上の事情をまとめる。

解答ポイント

①山崎の言葉。②自分が彼の友情や犠牲に思い至らなかったことや、それまでの自分の姿に気付かせてくれた。③自分をおとなに引き上げてくれた。

問二

傍線部は罪のないことが罪であるという逆説的言い回しになっている。前文の「罪のない無邪気なおぼっちゃん」をふまえれば、こどもらしい無邪気さは罪がないと同時に罪があるということになる。その理由は、前問での検討内容や、前文の「散々厄介をかけながら好い気持でしゃべっていた」という箇所からわかるように、無邪気な自己中心＝他者の立場に立ったり他者を思いやったりすることの欠如、であるからである。筆者がこのような自覚に至ったことを説明する。

解答ポイント

①罪がない＝物事を自己中心に考えるのは罪のない無邪気さ・幼さである。②罪がある＝おとなとして、他者の立場に立ち、他者を思いやることができない。

問三

「以前に言われた」意味での「世間知らず」は、「友人達」が筆者を評した言葉で、「少年の時に……自分の後にして来た」とあることから考えて、人生の苦労を知らず、世馴れていないという、通常の意味である。これに対して「全く別の意味」での「世間知らず」は、傍線部以下に「『人間』の実在に触れる」「『世間』に実在的に触れる」「人間とのつながり」などとあるように、実在の人間、言い換えれば生身の人間とのつながりを経験したことがないという意味である。この事情を自分なりにわかりやすい言葉で説明する。また、「今度はまるで違っていた」「今度は……知った」と、二度繰り返される「今度は」について、「山崎の友情」がきっかけとなったということも説明に加えたい。なお、「世間」の定義を示して、〔別解〕のような解答も考えられる。

解答ポイント

①苦労知らずとは別の意味。②生身の人間同士として他者とつながったことがない。③山崎の友情。

問四

「書物から来た言葉」と「生き身の人間の口から自分に語られた〈言葉〉」の違いを対比的に説明することになる。前者については、傍線部の直前で「どんなに深く自分を動かしたものでも……自分のうちへ紛れ込んでしまう」と説明される。要するに言葉だけが自分の中に定着するというのである。これに対して後者は、傍線部以下で「それを発した人間と一体になって自分のうちへ入ってくる」「独立した他の人間がその人間としての実在性をもって自分のうちに定着し……」と説明される。言葉とその話者が切り離せないものとして一体化し、その言葉を反芻するたびにその話者がより実在的になると述べている。以上の事情を説明する。

解答ポイント

①書物の言葉＝自分の内面に定着しても、筆者のことは薄れてくる。②生身の人間の言葉＝言葉を発した人間と一体となって定着し、反芻するたびに彼がより実在的になる。

問五

前問と関連する。「本当の人間関係」について、最終段落で「彼と彼の言葉を思い出す毎に……彼を解読しているようでもある」と前段落の内容が繰り返され、これは「彼」が生きているか死んでいるかということとは関係がないと述べられる（「もはや何も答えない彼」とあるように、「彼」はすでに故人であることが示唆される）。その理由を考えれば、同段落に「そういう不思議な『縁』」とあるように、他者との強いつながりは「彼」の生死とは関係なく決して切れないからということになるだろう。

解答ポイント

①本当の人間関係＝生身の人間の言葉が内面化され、その言葉を思い出すたびに彼をより深く理解するという不思議なつながり。②そのつながりは決して切れない。

二〇二一年度 文系 二

出典 石川淳「すだれ越し」（『石川淳選集 第十五巻』岩波書店）

解答

問一 空襲による直撃弾で人が路上で死んだというような話は、戦時下ではごくありふれたものだったから。

問二 隣室から聞こえる少女の瑞々しい歌声は筆者を楽しい目覚めに誘い、戦時下の束の間の安息を与えてくれたのに、彼女も空襲の犠牲者になってしまったということ。

問三 空襲の犠牲となった隣室の少女の噂話に関心をもたなかったように、敗戦色濃い社会情勢に一喜一憂したりせず、冷笑家のような態度で遠くから世の中を眺めていたらしいと、現在の筆者には思われるということ。

問四 筆者の部屋もアパートもすべてが焼けてしまい、古本の山も灰になったというのに、古今集の紙切れだけが焼け残っていたというのは合理的に考えたらおよそありえず、巧妙な作り話のように思えるから。

問五 隣室の少女は、歌声を聞いただけで顔すらろくに見ないまま死んでしまい、すだれ越しに見えた花盛りの藤は手が届かなかったように、心ひかれるものは遠くから眺めるだけで直接的な関わりをもつことができない、という寂しい運命のもとに自分があるらしいと感じているということ。

解説

問一

傍線部は、少女が空襲による直撃弾にうたれて路上で死んだことは、長く人々の話の種となるような話ではないということ。その理由は「さういふ死体は……ころがつてゐたのだから」ということになるが、「さういふ死体、いや、はなしのたねは」「おそらく」とあるように、死体が転がっていたという話がありふれたものであったと述べている。この点をおさえて説明する必要がある。

解答ポイント　①空襲による直撃弾で人が路上で死んだという話。②ごくありふれていた。

問二

「カナリヤ」は筆者の隣室に住む少女をたとえ、「雷にうたれた」はその少女が空襲で死んだことをたとえる隠喩である。前者については「カナリヤ」にたとえた理由を、傍線部の前の「毎朝、わたしは……束の間の安息」に着眼して読み取る。すなわち、少女が青春を告げるような音色のシャンソンを毎朝歌ったこと、その声で目を覚ますという「たのしい習慣」を筆者に与えたこと、それが戦時下における「束の間の安息」であったことをおさえる。後者については「また」とあるように、少女もまた空襲の犠牲者となってしまったことを説明する。

解答ポイント　①隣室の少女の歌声を聞いた。②筆者を楽しい目覚めに誘い、戦時下の束の間の安息を与えてくれた。③彼女も空襲の犠牲者になってしまった。

問三

「おもへば……やうであつた」とあるように、傍線部は現在から振り返っての感慨である。「当時」は、注などからわかるように、敗戦色濃い戦時下を指す。「すだれ越しの交渉」という比喩的な言い回しは、第一段落の「すだれ越しに見える」や第四段落の「すだれからすかして見た外の世界の悪口をいつて笑つた」などを手がかりにすれば、社会と積極的に関わろうとはせず、傍観者として遠くから冷やかに眺める態度のことだとわかる。これは傍線部の直前で、筆者の隣室に住む少女が空襲で亡くなったあと流れたさまざまな噂話に関心をもたなかったことからも推測できよう。よって以上の事情をおさえてまとめることになる。

解答ポイント

①空襲の犠牲となった少女の噂話に関心をもたなかった。②敗戦色濃い社会情勢に一喜一憂したりせず、冷笑家のような態度で遠くから眺めていた。③現在の筆者には思われる。

問四

「これ」は、筆者の部屋もアパートも焼け、古本の山もそっくり灰になってしまったのに、古今集の紙切れ一ひらだけが焼け残っていたというAの話を指す。「合理主義繁昌の常識からいへば」とあるように、常識的に考えたらおよそありえない話である。しかも新聞紙や広告の紙ならともかく、古今集というのがみそである。だから「はなしができすぎてゐて」「ウソのやうにしかおもはれない」のである。すなわちAの巧妙な作り話である疑いがあるということである（が、傍線部の後にあるように、筆者は、Aは常識のない男ではなく作り話ではないと信じている）。以上の事情を具体的に説明する。

解答ポイント

①古本の山も灰になったのに、古今集の紙切れだけが焼け残っていた。②合理的に考えてありえない。③巧妙な作り話のように思える。

問五

筆者は旅先ですだれ越しに見た花盛りの藤の花をもっとよく見ようと、庭に出て手を伸ばすが、どうしても届かない。このことを狂歌に詠み、そして傍線部のように言う。「いつも」「廻合せ（＝運命）」とあることから、「花」は筆者が心ひかれるもの全般をたとえたものと理解できる。すなわち筆者は、自分が心ひかれるものはただ遠くから眺めるだけで、自分のものとしたり、直接関わりをもったりすることができないのだと思い至り、そこに運命的なものを感じている。設問の「『すだれ越しの交渉』を踏まえて」とは傍線部(3)のことで、そこでは社会全体との関わりについて言っているが、ここの関連でみれば、筆者が歌声を聞いた薄幸の少女のことをふまえてということだと判断できる。

解答ポイント

①歌声を聞いた少女とは知り合うこともなく彼女は死んでしまった。②すだれ越しに見えた花盛りの藤は手が届かなかった。③心ひかれるものは遠くから眺めるだけで直接的な関わりをもつことができない。④寂しい運命のもとに自分があると感じている。

二〇二一年度　理系　二

出典　岡井隆「韻と律」（『現代短歌入門』〈第七章〉講談社学術文庫）

解答

問一　乱雑で即興的で無方向な、また多彩で変化する日常語のリズムは、七五音数律のヴァリエーションに還元できるとしても、短歌の五七五七七の特殊な組み合わせ方は不自然で人工的だから。

問二　日常語の自然なリズムを断ち切って短歌の定型に集約し、日常語の世界を非日常的な詩の世界へと昇華させる困難さは、古代も現代も変わらないから。

問三　斎藤茂吉は、国境を越えてさまよう移民の苦労や悲哀を歌い上げるのに適した口語やラテン語や文語を探し当て、短歌の韻律にも忠実に従って歌を作ったということ。

解説

問一　「根拠はなにか」という問い方は、「なぜか」という問い方に比べて、より客観的な理由を尋ねていると理解できる。そこで傍線部以下、第四段落までの内容をふまえてその根拠を示す。筆者は五七の音数律や、五拍や七拍という拍数は日本語において自然なものかもしれないと言いつつも、短歌の五、七、五、七、七の「特殊なかたち、組み合わせ」は「日常語あるいは散文の持っている乱雑で即興的で無方向な……到底、抽出しがたい」と言い、「不自然と呼ぶよりほかない」と言う。よって日常語のリズムと、短歌の定型の特殊な組み合わせとの乖離を、本文の内容に即して説明すればよいことになる。

解答ポイント　①日常語＝乱雑で即興的で無方向な、また多彩で変化するリズムがある。②短歌＝五七五七七の特殊な組み合わせは不自然で人工的である。

問二

短歌を作る困難さは古代も現代も変わらないというのが傍線部に対する筆者の反論である。それは続く第七・八段落で論じられる。「定型詩型は……日常語の自然なリズムと闘い……エネルギッシュな作業」とあるように、日常語の自然なリズムを断ち切って定型に集約するのは困難な作業である。そのため、「定型は……非日常的な詩の世界を支える」と言える。また「（日常語の）世界のささやきが……非日常的世界へと昇華する」とあるように、「日常語の世界」から「短歌の世界」への飛躍は、非日常的世界への昇華である、と述べられる。この二点が、「古代においても……現代と変わらぬ、むつかしさを抱えていた」と筆者が述べる理由である。以上の事情を反論の内容も含めて説明する。

解答ポイント　①日常語の自然なリズムを定型詩型に集約する。②日常語の世界を非日常的な詩の世界へと昇華させる。③短歌を作る困難さは古代も現代も変わらない。

問三

傍線部の直前に「この歌における茂吉は」とあるように、傍線部は「民族の」の短歌についての批評である。

したがってその点をおさえて説明する。まず「全教養をあげて」とは、口語とラテン語と文語を駆使しているということである。また「うたうべき思想内容」とは、歌の内容や「沈痛なひびき」に基づけば、国境を越えてさまよう移民の苦労や悲哀をいったものであろう。そして「短歌定型律とに忠実たらん」については、文字通り短歌の定型に従うということだが、「音韻上の親和性」もふまえると、定型律というだけでなく、英語やドイツ語ではなく日本語と同じように母音で終わるラテン語を選択することで、音韻的にも短歌のリズムに従っていることをいう。それが「努めている」といわれる理由であろう。以上の点を説明する。

解答ポイント

①国境を越えてさまよう移民の苦労や悲哀。②文語や口語やラテン語を駆使する。③短歌の韻律に忠実に従う。

二〇二〇年度　文理共通　一

出典　小川国夫「体験と告白」（『小川国夫全集10』小沢書店）

解答

問一

自分を勇敢だと語る人の心の奥には、自分は臆病であるばかりか、勇敢か臆病かに拘泥する卑小な人間であることを隠したいという心理が働いているということ。

問二

誰でも自分の欠点を突かれるのはつらいことなので、自分の欠点を相手の欠点として列挙して責めれば、相手は自分の欠点を見抜かれたと受け止めて苦しむということ。

問三

人間は本来誰でも弱点を持っているのに、自分の欠点を認めたり直視したりするのは避けても、他人の欠点を暴いた小説を読んで、登場人物に同情したり面白がったりすることには夢中になるものだ、ということ。

問四

リアリズム小説は人間の弱点という真実の一部を暴いたにすぎないだけでなく、人生は不幸へ向かう無意味な過程にすぎないという決定論に陥ってしまったから。

問五

リアリズム小説は人間の弱点のような暗くて醜い真実を暴露するという点では一定の成果をあげたが、人間の真実はそれに尽きるものではなく、体験談や告白など人びとの発するさまざまな言葉には汲み尽くせない豊かな意味や真実が隠されている、と筆者は考えているから。

解説

問一

傍線部の二カ所の「それ」は直前の「臆病であることは隠さなければならない」を指している。すなわち、臆病であることを隠したいという心理と、臆病であることを隠すことにこだわっている自分を隠したいというメタ心理があるということ。言い換えれば、臆病な自分と、勇敢か臆病かにこだわる卑小な自分を隠したいということである。この二つの心理を文脈をふまえながら分かりやすく説明する。

解答ポイント

①自分は勇敢だと思わせたい。②自分は臆病である。③自分は勇敢か臆病かに拘泥する卑小な人間である。

問二

「有効」とは相手への攻撃が成功して相手を苦しめることをいう。「自分の欠点を相手のこととして並べ立て」るというのはおかしな表現だが、相手も思い当たって自分の欠点として受け取るということ。それというのも「その人間も自分の弱点のつらさを知っている」（三文前）からである。よって誰でも自分の欠点を突かれるのはつらいということを根拠として、自分の欠点を相手の欠点として列挙することの有効性を説明すればよい。わざわざ自分の欠点を列挙して自分自身もいやな思いをすることの滑稽さを、「ユーモア」と表現したのだろう。

解答ポイント

①誰でも自分の欠点を突かれるのはつらい。②自分の欠点を相手の欠点として列挙して責める。③相手は

それを自分の欠点として受け止め、見抜かれたと思い苦しむ。

問三

「この種の興味」とは人間の弱点に対する興味本位から小説を書いたり読んだりすることをいう。ここに「矛盾」があることについてはアウグスチヌスの議論を参照する。それによれば、人間は本来あわれであるが、自己のあわれは直視したくないくせに、劇を見て他人をあわれみ酔うことを望んでいるというもの。設問の指示に従い、この「矛盾」の議論を小説に置き戻して説明する。

解答ポイント

①人間は本来誰でも弱点を持っている。②自分の欠点を認めたり直視したりするのは避ける。③小説を読んで他人の欠点に同情したり面白がったりする。

問四

「小説」とはリアリズム小説をいう。したがって「真実」とはリアリズム小説が暴く人間の弱点をいう。「信念」が失われた理由は、トルストイの反省が参考になる。すなわちトルストイはリアリズム小説が「決定論」をもたらしたことに飽き足らず「その先に、果て知れない地域」を求めたと述べられる（第十一段落）。それは文学史的にはキリスト教的博愛主義や無政府主義などの活動をいうのであろうが、ここでは人間の生の多様な真実に目を向けたというくらいに理解すればよいだろう。「決定論」の説明にあたっては、注のフィッツジェラルドの言葉が利用できる。

解答ポイント

①リアリズム小説は人間の弱点という真実の一部を暴いたにすぎない。②リアリズム小説は、人生は不幸へ向かう無意味な過程にすぎないという決定論に陥った。

問五

「或る種の人々」とは要するに小説家をいう。また「言葉・言葉」とは最後から二段落目にあるように、体験談など人びとが語るさまざまな言葉をいい、それらは「意味を隠し持っている」と人々に思われている。「それをあきらかにしたいという意思」を持っているのが小説家である。ただしリアリズム小説は、「生の言葉の原野」に対する「庭園」といわれるように、人間の真実の一部（暗部）を暴いたにすぎず、人びとの言葉に秘められた意味や真実はそれに尽きるものではないというのである。なお最後に「告白」という言葉がいきなり登場するが、これについての具体的説明はない。そのため解答ではひとこと言及するにとどめればよいだろう。

解答ポイント

①リアリズム小説は人間の弱点を暴露しただけである。②人びとの発する言葉には汲み尽くせない豊かな意味や真実が隠されている。

二〇二〇年度　文系　二

出典　小山清「井伏鱒二の生活と意見」（『風貌――太宰治のこと』津軽書房）

解答

問一

井伏鱒二は筆者が傾倒する太宰治の師匠であるうえに、太宰が井伏から多くのことを学び、また井伏の雰囲気の幾分かを身につけていたことが、井伏と対座していると改めて実感されるから。

問二

井伏鱒二の話は少しも理屈っぽいところがなく、その静かな話ぶりにこちらの気持ちが寛いでくるから。

問三

井伏鱒二の穏やかな雰囲気や彼の滋味豊かな話を自分の稚拙な文章で表現しても、その魅力をうまく伝えられず、徒労に終わるのではないかと危惧されるということ。

問四

井伏鱒二は太って堂々としているため、小説家としては繊細さや鋭利さに欠ける印象を周囲に与えているが、実際は身のこなしが軽快で若々しく、作品もまたみずみずしくて洗練されているということ。

問五

簡素を旨とする井伏鱒二が子供の頃郷里の生家で遊んだメンコを見て心を和らげているように、筆者もまたそれを見ていると、郷里と子供の頃の思い出が次々と蘇り、井伏の気持ちに共感を覚えたということ。

解説

問一

傍線部は、筆者が井伏鱒二を通して亡き太宰治の存在を如実に感じていることを述べている。その理由は直前の二文が手がかりになる。すなわち、太宰の雰囲気の幾分かが井伏由来のものであること、および太宰が井伏から多くのことを学んだことを改めて実感したからである。それと見落としてはならないのは、前書きで説明されるように、筆者が太宰に傾倒していた点である。これらをまとめる。

解答ポイント

①井伏鱒二は筆者が傾倒する太宰治の師匠である。②太宰が井伏から多くのことを学び、井伏の雰囲気の幾分かを身につけていたことが実感される。

問二

傍線部の前後で、井伏鱒二の話ぶりは静かで、こちらの気持ちが寛ぎ、その身についた雰囲気に同化されてゆくと述べられる。その理由として井伏は「頭で話す人でなく、気持で話す人」であるという点があげられる。これは要するに、話が理屈っぽくないということである。この点を中心におき、「静か」「寛ぎ」といった言葉を利用して説明すればよい。

解答ポイント

①井伏鱒二の話は理屈っぽくない。②静かな話ぶりに気持ちが寛ぐ。

問三

特に「井伏さんといふ芳醇な酒」と「私といふ水」という比喩の内容を明らかにする。前者は前段落の内容から考えて、井伏鱒二の穏やかな雰囲気や「滋味ゆたかな」話の内容ということである。また後者は筆者が訪問記を書くということから考えて、稚拙な文章ということである。さらに「いたづらに味ないものにしてしまふ」とは無駄につまらないものにしてしまう、要するに井伏の魅力をうまく伝えられないということである。この事情を説明する。

解答ポイント　①井伏鱒二の穏やかな雰囲気や彼の滋味豊かな話。②自分の稚拙な文章。③魅力をうまく伝えられず、徒労に終わる。

問四

「スマート」は「野暮つたく」と対置された語であるから、〝洗練されている〟の意ととれる。また、それは直後の二文に「井伏さんの姿は、軽快で、若い」「作品の艶」とあるように、井伏の身のこなしや作品についてのものである。「野暮つたく」については、直前の部分で、自分が太って堂々としていることを「持てあまし」、芥川龍之介が痩せていることを羨んで見せていることから考えて、井伏がわざと小説家らしくない印象を周囲に振りまいているのかもしれないと筆者が憶測していることを表している。このギャップを説明する。

解答ポイント　①井伏鱒二は太っていて堂々としている。②小説家らしくない印象をわざと周囲に与えている。③実際の井伏は身のこなしが軽快で若々しく、作品も洗練されている。

問五

井伏が心の荒れているときに見ていると心が和らぐと言う、そのメンコを見せてもらうと、筆者の胸中にも「泉のやうに湧き出てくるものがあつた」という。これはすなわち、筆者もまた懐旧の情にかられたということだが、第八～十段落のエピソードをふまえると、「簡素を旨としてゐる」井伏がメンコのようなつまらないもので心を慰められる様子は、ことさら筆者の共感を呼ぶといえよう。以上の事情をまとめればよい。

解答ポイント

①井伏鱒二は簡素を旨とする。②子供の頃郷里で遊んだメンコを見て心を和らげている。③筆者もまた郷里と子供の頃の思い出が次々と蘇り、井伏の気持ちに共感を覚えた。

二〇二〇年度　理系　二

出典　小松和彦『妖怪学新考――妖怪からみる日本人の心』〈第一部　妖怪と日本人　五　変貌する都市のコスモロジー　「闇」の喪失〉（洋泉社）

解答

問一　日本の理想的な美であり、日本人の精神や文化、さらには人間全体にとっても重要な、光と闇の織りなす陰翳の世界が、明る過ぎる電灯によって失われるという意味。

問二　電線が全国に張りめぐらされて電灯が普及し、また近代化の波が庶民の間にも押し寄せていくなかで、妖怪たちが跳躍する闇の領域が人々の身辺から消えたから。

問三　大正時代の大人たちは明るさと暗さが漂う当時の童謡に、西洋文明に対する憧れと、前近代が抱えもっていた深い闇の恐怖空間に対する不安を重ねていたから。

解説

問一　「闇」とは端的にいえば「陰翳」であり、これが「明る過ぎる電灯」（第二段落）によって消失することの「危機」を谷崎が指摘したと筆者は述べている。この事情を、第二・第三段落の「光りと闇の織りなす陰翳ある状態」「日本の美の理想的姿」「陰翳の作用の重要性は……重要なことだ」をふまえて説明する。

解答ポイント

①明る過ぎる電灯によって陰翳が失われる。②陰翳ある状態は日本の理想的な美である。③日本人の精神や文化、さらには人間全体にとっても重要である。

問二

傍線部の「それ」は直前の「闇の領域が人々の身辺から消え」を指す。この「闇の領域」は第一段落によれば、「妖怪の出現しそうな室内の陰翳のある闇」であり、「妖怪変化とかの跳躍する」闇である。これをふまえて「妖怪」が消え去った理由を考えれば、傍線部の段落に「電線が全国に張りめぐらされ」とあるように電灯が広く普及して闇が消えたこと、および「近代化の波が庶民のあいだにも押し寄せ」たことの二点が取り出せる。前者は物理的理由であり、後者は心理的理由、すなわち近代合理主義の精神が普及して妖怪のような不合理なものが信じられなくなったのである。ただ設問は「本文に即して」と指示しているので、右の引用箇所を利用しながらまとめればよいだろう。

解答ポイント

①電線が全国に張りめぐらされて電灯が普及した。②近代化の波が庶民の間にも押し寄せた。③妖怪たちが跳躍する闇の領域が消えた。

問三

「大人たちの心情に訴えかける」ものは「『かなりや』のような明るさと暗さが漂う大正童謡」である。その理由について、直前の段落で、「かなりや」が「西洋の文明を象徴している」一方で、「後ろの山」は「前近代が抱えもっていた深い闇の恐怖空間」であり、「大人たちにとっても謎めいた闇の空間としてまだしっかり生きていた」と述べられる。西洋文明に対する憧れと、謎めいた闇の空間に対する恐れや不安であり、これが

「明るさと暗さ」とリンクする。この事情を説明する。

解答ポイント

①明るさと暗さが漂う大正童謡。②西洋文明に対する憧れと、前近代が抱えもっていた深い闇の恐怖空間に対する不安。

二〇一九年度 文理共通 一

出典 金森修『科学思想史の哲学』〈第三部 科学思想史とその〈外部〉 小文Ⅵ 日常世界と経験科学――寺田寅彦論〉(岩波書店)

解答

問一 世界を観念ではなく経験を通して理解することが近代科学の誕生につながったという常識とは逆に、混乱の集積にすぎない日常的な経験への不信感がその誕生を促したから。

問二 実験とは一定の目的意識と厳密な条件のもとで、実験装置を用いて得られたデータを検証して理論の妥当性を確かめる作業であって、日常的世界での経験とは異質な、極めて構築的で人工的な経験であるから。

問三 寺田寅彦の物理学は、日常的な経験から離れて特殊な経験構成を前提とした近代科学に立脚しているとはいえ、彼の科学的エッセイを読むと、日常的な経験の魅力を愛惜しているような印象を受けるということ。

問四 トレサン伯爵の議論は、一見日常的経験から離れた物理学的言説に見えて、実際は日常的水準での直観をもとに推論した荒唐無稽、珍妙奇天烈な議論にすぎないから。

問五 日常的経験から離れて、大幅な単純化と抽象化を経たうえで構成された物理学世界を究めながらも、日常的経験に立ち戻って、それを科学的な視点から捉え直した寺田物理学が示唆するような、従来の西欧自然科学が文化全体の中で占めていたのとは別の位置や様相。

解説

問一

「事態」とは近代科学が誕生した経緯をいう。また「複雑なのだ」は、近代科学が「観念から経験へ」と転換することで誕生したという「常識的な理解」とは異なり、むしろ逆に「伝統的経験へのこの上ない不信感」の成立によって誕生したことを表している。特に、日常的経験の本質を「混乱の集積」とする洞察が、アガンベンの指摘の根底にある。これらを言葉を補足しながらより具体的に説明することになる。

解答ポイント

①常識的な理解では、世界を観念ではなく経験を通して理解することが近代科学の誕生につながった。②むしろ逆に、混乱の集積にすぎない日常的な経験への不信感が近代科学の誕生を促した。

問二

「〈経験〉の漫然とした（＝とりとめのない）延長ではない」とは、日常的な経験とははっきり区別される異質な経験であるということ。基本的に直後の二文「一定の目的意識により……人工的な経験なのだ」で理由づけされているが、やや分かりにくいのでかみ砕いて説明する必要がある。その第一文では、一定の目的意識と厳密な条件下で実験装置を用いることが説明される。第二文では理論の妥当性を実験装置とそれによって得られたデータ（＝〈道具と数〉）によって実証することが説明され、実験が特殊な経験であることが説明される。

解答ポイント

①実験とは一定の目的意識と厳密な条件下で行われる。②実験装置で得られたデータを検証して理論の妥

当性を確認する。③極めて構築的で人工的な経験である。

問三

「近代科学の〈経験からの退却〉」とは、第五段落に類似の表現があるように、近代科学が日常的な経験から離れて「特殊な経験構成を前提とした科学」となったことをいったものである。また「惜しむかのような風情」とは、惜しんでいるような印象を受けるということ。その理由は「日常世界での経験に〈科学的検討〉を加えた一連のエッセイ」（第六段落）があるからである。寺田物理学は抽象的な概念や数式を表現手段とする近代科学に立脚しながらも、墨流しや金平糖など日常的な経験の魅力に執着しようとする姿勢がうかがえる、という事情を説明する。

解答ポイント

①近代科学は日常的な経験から離れて特殊な経験構成を前提とする。②寺田寅彦の科学的エッセイには日常的な経験を愛惜しているような印象がある。

問四

「〈経験からの退却〉」については前問で検討した。「し損ない」とは〝失敗〟の意であるが、どことなく可笑しみを含意する。素人が専門家のまねをしてコケた感じである。それは二文前に「荒唐無稽、珍妙奇天烈な（＝非常に奇妙な）議論のオンパレード」とあることからも首肯できよう。以上の事情を前文の内容を中心に説明する。

解答ポイント

①トレサン伯爵の議論は日常的経験から離れた物理学的言説に見える。②日常的水準での直観をもとに推論したものである。③荒唐無稽、珍妙奇天烈な議論にすぎない。

問五

「可能性」について具体的に言及されているわけではなく、わずかに最終段落で「自然科学が文化全体の中でもちうる一つのオールタナティブな姿を、寺田物理学は示唆している」とあるだけである。文化全体の中で従来の自然科学が有する位置や様相に代わる位置や様相という意味である。「可能性」についてはこの程度にとどめて、寺田物理学の「往復運動」を分かりやすく説明する必要がある。それには直前の部分や、第五段落の「大幅な単純化と抽象化を経た上で構成された」あたりが手がかりになる。日常的経験を離れた後でまた戻ろうとする、ということである。

解答ポイント

①物理学は、日常的経験から離れて大幅な単純化と抽象化を経たうえで構成される。②寺田物理学は、日常的経験に立ち戻って、それを科学的な視点から捉え直す。③従来の西欧自然科学が文化全体の中で占めていたのとは別の位置や様相。

二〇一九年度 文系 二

出典 大岡信・谷川俊太郎『詩の誕生』〈I 詩が死んでいく瞬間 詩の社会的な生き死に〉（岩波文庫）

解答

問一
活字は消えないという常識に囚われて、感動を与えない詩は消滅しているという詩の本質に思い至らないから。

問二
詩から受ける感動とその消滅を、個人のレベルをさらに絞って、生理的な情動という側面から捉える見方。

問三
詩が文字で表現された瞬間、やがて本という形で流通し、人々に読まれる可能性をもっているということ。

問四
詩が本という形で流通して人々に読まれ、さらに時代を超えて読み継がれるようになると、その詩は詩歌全体の伝統の中で一定の評価を与えられ、あたかも不滅の存在であるかのように価値づけられるということ。

問五
詩が新しく登場して人々に衝撃を与えるものの、やがてその衝撃力を失っていくということは、詩の社会的な死であるけれども、それはそれ以前の詩歌全体の伝統が変わったということであり、その伝統を新しく甦らせるということであるから。

解説

問一

「迷信」とは根拠を欠いた俗信をいう。直前の段落に「消滅していくところに詩の本質があり」とあるように、大岡は感動を与えない詩は消滅していると考えている。よって活字になった詩は不滅であるという考えは誤りとなり、これを「迷信」と表現するのは、この考えが常識となって人々の頭を支配しているからである。

解答ポイント

①感動を与えない詩は消滅している。②活字は消えないという常識に囚われている。

問二

「微視的」は文字通り〝微細であるさま〟の意。直前に「また、もっと」とあるように「個人的な経験」をさらに絞って極小化あるいは極限化するということ。これについて同文に「その感動は生理的にどうしても長続きはしない」などとあるように、生理的、感覚的な情動という側面から、詩から受けた感動とその消滅を捉えるというのである。

解答ポイント

①詩から受ける感動とその消滅。②生理的な情動という側面から捉える。

問三

「潜在的」は〝表面には見えない状態で存在するさま〟の意で、文字化された詩の社会性についていったものである。直後の段落の「文字＝本という形で存在する詩の社会的な存在の仕方」に着眼して、本となって人々に読まれることを「社会化されている」と表現している点をおさえる。したがって「潜在的」はここは「可能性」などと説明すればよい。

解答ポイント　①詩が文字で表現される。②本となって人々に読まれる。③可能性。

問四

「簡単に生きたり死んだりするものじゃない」とは要するに永続する、不滅であるということ。その理由は傍線部直後で述べられる。「ある『全体』」「言語構造体」とは直後の段落の「伝統」や最後から二段落目の「詩歌全体の構造」などからわかるように、詩歌全体の伝統ということ。その中に一つの詩が位置づけられ、「価値が測られる」（傍線部の二文後）ことで、あたかも不滅の存在になったかのように見なされるというのである。一つ前の谷川の言葉「万葉集という詩集が千数百年をずっと生きつづけてきたというふうに、どうしても意識しがち」がその実例にあたる。

解答ポイント　①詩が本となって読まれ、さらに時代を超えて読み継がれる。②詩歌全体の伝統の中でその詩に一定の評価が与えられる。③その詩が不滅の存在のようにみなされる。

問五

「詩が死ぬ」とあるが、ここでは詩の社会的な死をいう。二段落前からの内容を把握する。「詩ての は死ぬことによって実は伝統を変えていく」「全体が変ったからその詩が死んだ」「もう一回新しい一つの構造体（＝伝統）をつくる」あたりに着眼して、詩の社会的な死が詩歌全体の伝統の刷新につながることを説明する。

解答ポイント　①詩の社会的な死。②新しい詩が人々に衝撃を与え、やがてその衝撃力を失っていく。③詩歌全体の伝統が刷新される。

二〇一九年度　理系　〔二〕

出典　吉田秀和「音を言葉でおきかえること」（『音楽――展望と批評　1』朝日文庫）

解答

問一
　良い批評家は自分の考えがいつも絶対に正しいとは思わず、自分の好みや主観的傾向を意識しているため、自分の考えを筋道たてて読者に説明しようと努めるから。

問二
　音楽批評とは音楽家や作品を評価・分類し、その特性を端的な言葉で的確に表す仕事であるから、他の音楽にもあてはまるような凡庸な言葉で批評するのは、批評の放棄であるということ。

問三
　批評とは対象の解説ではなく、自分の好みや主観的傾向を意識しながら、読者に向けて自分の考えを筋道たてて説明するという意味で一つの作品にほかならないから。

解説

問一
　「手間」は〝あることを成し遂げるために費やされる時間や労力〟。ここでは直前の「他人を説得し、……訂正したり」という作業をいう。また、「良い批評家」とは同段落の「芸術家や作品を評価するうえで……心構えと能力のある人」をいう。この二カ所を組み合わせて、良い批評家の条件→良い批評家の目的意識という流れで説明すればよい。

解答ポイント

①良い批評家＝自分の考えがいつも絶対に正しいと思わず、自分の好みや主観的傾向を意識する。②自分の考えを筋道たてて読者に説明しようと努める。

問二

第四〜六段落の趣旨をふまえる。筆者は、音楽の批評は「端的な言葉で的確に特性指摘」し、「鑑定し評価し分類する仕事」、すなわち「『音楽的事物』『音楽的現象』に言葉をつける仕事」であると指摘する。その仕事を放棄して、たんに「美しい」「上手だ」といった、他の音楽家や音楽作品にもあてはまるような、凡庸な言葉で批評するのは「批評の降伏」だと言う。「降伏」という比喩は批評の「断念」「放棄」といった言葉で説明できる。

解答ポイント

①音楽批評とは音楽家や作品を評価・分類し、その特性を端的な言葉で的確に表す仕事である。②凡庸な言葉で批評するのは批評の放棄である。

問三

最後から二段落目に「批評は解説ではない」とある。これが批評は対象よりわかりやすいとは言えない端的な理由である。そこで、批評が解説とは異なる理由を考えると、それは批評が「それ自身、一つの作品だからである」（最終段落）。ではなぜ批評が一つの作品なのかを考えると、批評は「自分の好みや主観的傾向を意識して」（第三段落）読者に向けて自分の考えを筋道たてて説明する仕事だからということになる。「解説」「作品」という言葉をキーワードにして、論理的に理由を説明する。

解答ポイント

①批評は対象の解説ではない。②自分の好みや主観的傾向を意識し、自分の考えを筋道たてて説明する。
③批評は一つの作品である。

二〇一八年度　文理共通　一

出典　佐竹昭広「意味変化について」（今西祐一郎編『佐竹昭広集　第二巻　言語の深奥』岩波書店）

解答

問一
本来「こころ」という和語が語の意味を含意していたことに着目すれば、語の意味と人間の心の活動との間に密接な関わりのあることがわかるということ。

問二
人間は言語によって自然界を分節することでそれに一定の秩序と形態を与えるが、その分節の仕方は恣意的で言語によって異なるために、誰にとっても同じように見えるはずの自然現象が違って見えるということ。

問三
無限の連続性を帯びていた言語化以前の世界が、言語によって分節されて限定づけられてしまうということ。

問四
漠然とした感情であっても、それに特定の言葉があてがわれると、その言葉が表す感情が判然とした形をとって心を支配するようになるということ。

問五
言葉が人間の心を規定する一方で、人間の心も言葉の意味を規定し変えてゆくというように、言葉の意味と人間の心の活動は密接に関わっている。しかし、意味論は両者の相互作用を無視して、意味を人間の心の活動から切り離された客観的認識の対象として扱ってきたから。

解説

問一

「一本のキイ・ワード」とは「こころ」をいう。「架橋される」は、結びつける、関係づけることを比喩的にいったもの。傍線部直前で、意味と言語主体（人間）との間には密接な関わりがあり、それを示唆するのは「こころ」という和語であるという趣旨のことが述べられる。この和語については、前段落で元来「意味」を含意していたことが指摘される。よって以上の事情を説明することになる。なお両者の具体的な関係については特に終わり二段落で説明されるので、ここでは触れる必要はない。

解答ポイント

①「こころ」という和語が語の意味を含意した。②語の意味と人間の心の活動との間に密接な関わりがある。

問二

あらかじめ分節された世界に個々の言語を当てはめるのではなく、言語が世界を分節するのであり、その分節は恣意的で言語が違えば分節の仕方も異なる。これは構造主義言語学のイロハであり、傍線部(2)を含む段落もスペクトルを例にこのことを説明している。「もっとも客観的に見える自然界」とは、自然現象は誰にとっても同じように見えるはずだということ。「客観的に分割されていない」とは言語による自然界の分節が恣意的であることをいう。同段落後半にある「(言語によって) 客観的世界は…… 一定の秩序と形態を与えられる」という点も補足したい。

解答ポイント

①言語は自然界を分節して一定の秩序と形態を与える。②分節の仕方は恣意的で言語によって異なる。③誰にとっても同じように見えるはずの自然現象が違って見える。

問三

前問と関連する。「無垢の純潔性」とは「無限の連続」「言語以前の無意識の状態」（同段落）、また「無限の連続性を帯びている内的外的世界」（次段落）などとあるように、世界が言語化される前の無限定性をいい、原初の幸福な世界といった肯定的なニュアンスを込めている。これが言語によって分節されることで、秩序と形態を与えられる一方で、他の属性を切り捨てられ、一定の範疇に限定づけられてしまうというのが傍線部の趣旨である。よって解答欄に合わせて右の事情を、ポイントを絞って説明する必要がある。

解答ポイント

①無限の連続性を帯びていた言語化以前の世界。②言語によって分節され限定づけられる。

問四

「愛」「嫉妬」「憎悪」という言葉があげられているように、言語による世界の分節を感情という面から説明することになる。「結晶してくる」とは、「漠然たる心情」「もやもやした感情」（同段落）が特定の感情として判然とした形をとることをいうが、「言葉につかみとられて、否応なしに連行されてゆく」や、前段落の「追いこむ」「強制する」などにも着眼すると、単に明確になるというだけでなく、心を支配するという点にまで踏み込んで説明するのが適当である。

解答ポイント

①漠然とした感情に特定の言葉があてがわれる。②感情が判然とした形をとって心を支配する。

問五

傍線部(1)直前の文に「意味論は、意味を客観的認識の対象として、当の言語主体から切り離しすぎたうらみがある」とあり、傍線部(5)はこれをふまえる。「人間の学としての『意味』」とは、この〈「客観的認識の対象として」の意味〉に対するもので、〈人間の心の活動という観点からとらえた意味〉ということである。さらに「相互関係」とは終わり二段落で説明される、言葉の意味と人間の心の活動との相互作用をいう。よってこの相互作用を説明しながら、現在の意味論の問題点を指摘すればよい。

解答ポイント

①言葉が人間の心を規定する一方で、人間の心も言葉の意味を規定し変えてゆく。②意味論は言葉の意味と人間の心の活動との相互作用を無視する。③意味をもっぱら客観的認識の対象として扱ってきた。

二〇一八年度 文系 二

出典 古井由吉「影」（『水』講談社文芸文庫）

解答

問一
タバコの煙と坐業のせいで弱りきった身体が、清浄な夜気に触れて発作的に気管を震わせるということ。

問二
車が妙な角度から男にライトを当てて彼の影を遊離させ、それを奪い去って壁に映し出したということ。
〔別解〕車のライトが当たって遊離させられた男の影が、一人勝手に歩き出す様子が壁に映し出されたということ。

問三
義理や憂さ晴らしで呑んだ酒であっても、酔っぱらって一人で夜道を帰る今は誰に気がねをする必要もなく、酒を呑んだ理由さえ忘れて、愉快でほのぼのとした酔い心地を思う存分に楽しめばよいということ。

問四
「私」は毎日不健康な生活を送り、ひどい咳にも悩まされていたが、壁に投じられた男の影が自分自身の影だと思ったとたん、自分がこの不快な日常から抜け出して気ままに歩み去っていくような気がしたから。

問五
気ままに歩く男の影が本人の知らない間に「私」の目を惹きつけ、奇妙な解放感を与えたように、人は日々の暮らしの中で、無意識のうちに自分の態度や行動を通して他人に影響を与えているものだということ。

解説

問一

「いわば」とあるように「戸惑い」は比喩的あるいは擬人化した表現で、直後の文でも「（躰が）うしろめたく感じる」と同種の比喩・擬人化表現が繰り返される。自分の身体を意思をもった主体のように扱っているわけである。「戸惑い」とは要するに「ケイレン」（第一段落）、すなわち身体が発作的に気管を震わせることをいう。また「不節制な躰」とは「タバコの煙と坐業にふやけた（＝弱った）躰」ということ。以上の事情を説明する。

解答ポイント　①タバコの煙と坐業のせいで身体が弱りきる。②清浄な夜気に触れて発作的に気管が震える。

問二

「さらう」は〝横あいから奪い去る〟の意。影を奪い去るというのは非現実的な話だが、シャミッソーの小説『影をなくした男』やR・シュトラウスのオペラ『影のない女』などから連想したものだろうか。車のライトが男からその影だけを遊離させて壁に映し出したという「私」の空想をそのまま説明すればよいだろう。あるいは第七段落の「影が一人勝手に歩き出して」を使って説明するのも面白い。

解答ポイント　①車が妙な角度から男にライトを当てて影を遊離させた。②影を壁に映し出した。

問三

傍線部前後に着眼する。「祝い酒だか、ヤケ酒だか、うまくもない仕事の酒だか」とは、義理や憂さ晴らしのために呑んだ酒だということ。「誰に気がねをする必要もなく……」とは、酔い心地を一人で思う存分に楽しめばよいということ。「自分一人の酔い」とはこのことをいう。よって義理・憂さ晴らしで酒を呑む→一人家路をたどる→酔い心地を楽しむという流れを説明することになる。

解答ポイント　①義理や憂さ晴らしで酒を呑む。②一人で夜道を帰る。③誰に気がねをする必要もなく酔い心地を楽しむ。

問四

傍線部の前後で、壁に映った男の影が自分自身の影であり、自分が歩み去っていくのを見送るような気がしたという趣旨のことが述べられる。「奇妙な」とは男の影を自分の影と思うことのおかしさをいう。また「解放感」は自分が現在の自分から去って行くことを想像するところから生まれる。現在の自分の状況については第一・第二段落の内容から、毎日不健康な生活を送り、ひどい咳にも悩まされていることがわかる。よって以上の事情を説明すればよい。

解答ポイント　①毎日不健康な生活を送り、ひどい咳にも悩まされていた。②壁に投じられた男の影を自分自身の影だと思った。③自分がこの不快な日常から抜け出して気ままに歩み去っていくような気がした。

問五

傍線部は、歩く男の影が彼の知らない間に「私」の目を惹きつけ、自分がその影となって歩み去るような解放感を覚えた、ということから導かれた結論である。したがって「影の部分の暮し」といっても、ジキルとハイドのような二重人格者の暮らしをいうわけではなく、日々の暮らしの中で自分の行動や態度が無意識のうちに他人に影響を与えていることをいったものと理解できる。よってこの点を、男の影との類似をふまえながら説明すればよい。

解答ポイント

①男の影が本人の知らない間に「私」の目を惹きつけた。②人は無意識のうちに自分の態度や行動を通して他人に影響を与えている。

二〇一八年度 理系 二

出典 湯川秀樹「科学と哲学のつながり」（『湯川秀樹――詩と科学』平凡社）

解答

問一 科学の対象は、表現ないし記録されることによって、広義の事実にまで客観化された個人的体験にまで及び得るが、個人的体験の忠実な表現は文学の本領でもあるから。

問二 芸術的価値の本質をなす、個人的体験の絶対的な部分は、科学による法則化の過程で捨象されてしまうから。

問三 科学の本質は客観的な事実の確認と、諸事実の間の関連を表す法則の定立にあり、それによって自己発展を続けているが、人間の自覚のような、個人的体験の絶対的な部分は科学の客観的な知の対象外にあるということ。

解説

問一 傍線部直前の「この辺までくると」とは、夢や幻覚のような個人的体験が表現ないし記録されることによって広義の事実にまで客観化されると、科学の対象となり得ることをいう。このことが科学と文学の境界を曖昧にする理由は、直後の文で「自己の体験の忠実な表現は、むしろ文学の本領だ」から、と説明される。

解答ポイント

①科学の対象は客観化された個人的体験にまで及び得る。②個人的体験の忠実な表現は文学の本領である。

問二

傍線部の三文前に「脱落してしまう」、二文前に「網目からもれてゆく」とあり、同趣旨のことが述べられている。これらを一般化したのが最終段落冒頭の「一言にしていえば」以下である。個人的体験には客観化できない絶対的なものが含まれていると述べられており、これが「芸術的価値の本質」をなしている。

解答ポイント

①芸術的価値の本質＝個人的体験の絶対的な部分。②科学による法則化の過程で捨象されてしまう。

問三

問二と関連する。科学の本質は、第二段落で「科学の本質的な部分が事実の確認と、諸事実の間の関連を表す法則の定立にある」と述べられる。また「宿命」については傍線部直前の文にある「多くの大切なものを見のがすほかなかった」を手がかりに、科学の知が苦手とするものを説明する。これが前問でも解答した「個人的体験の絶対的な部分」であり、科学による客観化の対象外であることを説明すればよい。

解答ポイント

①科学の本質＝客観的な事実の確認と、諸事実の間の関連を表す法則の定立。②個人的体験の絶対的な部分は科学の客観的な知の対象外である。

二〇一七年度　文理共通　一

出典　串田孫一「山村の秋」（『山のパンセ』実業之日本社、ヤマケイ文庫他）

解答

問一　筆者も移住を夢みた山村に友人がすでに移住していると知って妬ましく思うが、彼は筆者の夢想を知るよしもないので、出し抜かれたと思うこともできないということ。

問二　秋の山村の風物を眺め、音に耳を澄ませ、空気の匂いを嗅ぎながら、のんびりと気の向くままに歩き続ける旅。

問三　黒いしみや傷のある柿は、筆者にただで柿をあげようという農夫の善意や、そのしみや傷をわびる無用な気配りをしない彼の純朴さを表しているように感じられたから。

問四　一般に知られていない平凡な村ではあるが、秋の弱った太陽がこの村が好きでたまらないといった感じで優しく高貴な光をそそいでいる様子が、色や光の組み合わせで風景を見ていた筆者の目に強い印象を与えたから。

問五　優しく高貴な秋の太陽の恵みを受けられるのは、その価値を知らない、崩れかけた家や貧しい村人たちだけであり、筆者のような都会人が移住はおろか休息してさえ、この山村の静かな調和を乱すような気がしたから。

解説

問一

筆者は山村に移住した友人を「贅沢」だと思う一方で、「ずるい（＝自分の利益を得るために、要領よく立ち回る）」とまでは思うわけにはいかないと述べる。その事情は本文の後半で明らかになる。筆者も昔その山村への移住を夢みたというのである。したがって友人に出し抜かれたことになるが、そう思うわけにもいかないというのは、その友人が筆者の移住の夢想など知るよしもないからである（第二段落）。

解答ポイント　①筆者も移住を夢みた山村である。②友人は筆者の夢想を知るよしもない。③「ずるい」＝出し抜かれた。

問二

第四～六段落の内容をふまえて、筆者が山村の自然を満喫しながら、のんびりと気の向くままに歩き続ける旅をしたことを把握する。特に「秋の空気の匂い」「羊のような雲」「水車の音」といった描写によって、視覚・嗅覚・聴覚といったさまざまな感覚を楽しませている点を把握する。

解答ポイント　①山村の秋を全感覚的に満喫する。②のんびりと気の向くまま歩き続ける。

問三

「心を手のひらに渡された」という表現は、農夫の心がまさに柿に表れているように感じられたことをいう。「邪気（＝悪意）のない」とは柿を売ってもうけようとする商売心がないことをいい、「正直で素朴な」とは、柿にしみや傷があることをわびるような、無用な気配り・心遣いをしないことをいうと考えられる。

解答ポイント ①しみや傷のある柿に農夫の心が表れている。②ただで柿を譲る善意。③しみや傷をわびない純朴さ。

問四

「恥しさのための赤らみ」「この村が好きで好きでたまらなくなる」、そして傍線部の「秘密の土地」と、秋の太陽を擬人化した表現が続く。「秘密」とは、直前の段落に「どこに特徴があるというのでもない」「平凡」とあるように、一般に知られていない平凡な村ではあるが、弱った秋の太陽（最後から二段落目に「そこに秘かに憩う太陽」とある）にとっては秘かなお気に入りの村だということ。筆者だけがその「優しく高貴な光」に気づいたというのも、その頃の筆者は「色や光の組み合わせによって風景を見て」いた（第十二段落）からである。この点も補足して説明するとよい。

解答ポイント ①一般には知られていない平凡な村。②秋の弱った太陽が優しく高貴な光をそそいでいる。③色や光の組み合わせによって風景を見る。

問五

傍線部の前段落で、筆者は、村に移住するのは秋の太陽の恵みの価値を知らない村人からそれを奪い取るようなものだと、後ろめたい気持ちを表白している。また傍線部の直前では、太陽の光をうけて、崩れかけた家や貧しい村人たちが「過不足のない調和」を保っていると述べている。そこに都会人である筆者が移住者としてはもちろん旅人としても入る余地はないというのである。この事情を説明する。

解答ポイント ①秋の太陽の恵みの価値を知る筆者にはその光を浴びることは許されない。②都会人である筆者が加わると、太陽と家や村人などが醸しだす調和を乱してしまう。

二〇一七年度　文系　二

出典　西郷信綱『古事記注釈』〈第一　古事記を読む――〝読む〟ということについて〉（平凡社、ちくま学芸文庫）

解答

問一

『古事記伝』は不朽の名作であるとはいえ、古典の解釈や評価が変わるのは当然であり、私たちには私たちの視点に立った『古事記』の読み直しが必要だから。

問二

作品を読むとは以前の読みが訂正され読みが深まる経験に他ならず、作品の研究でも事情は同じであるのに、正確な読みと客観的な知識の蓄積が研究だと錯覚すること。

問三

ある作品の読みは個人においては年齢とともに変化してゆくものだが、それはその時々における他者との読みの違いに対応しているのであり、これらがからまりあって時代や世代における読みや評価の変化となってあらわれるということ。

問四

読むとはたんに字面を目で追うことではなく、筆者が文章に込めた意味内容を行間から読み取ることであるが、それは言葉の多義性ゆえに、筆者が意図しない意味内容を勝手に読みこんでしまう危険と隣り合わせであるから。

問五

作品を読むことは筆者が行間に込めた意味内容を読み取ろうとする行為であり、またその時々の年齢や世代や時代を背景として、以前の読みを訂正しながら読みを深めていくような経験である。それゆえ、作品の読まれ方は歴史的に生成発展していくことになる、ということ。

解説

問一

「不壊」は〝堅固で壊れないこと〟。『古事記伝』が不朽の名作であることをいう。だが『古事記伝』は宣長の視点に立った『古事記』の読み方であり、私たちは私たちの視点から『古事記』を読み直す必要があると筆者は言う（第一段落）。それというのも、時代や世代の変化とともに、作品の読みや評価が変わるのは当然だと筆者は考えるからである（第四段落）。この事情を説明する。

解答ポイント

①『古事記伝』は不朽の名作。②古典の解釈や評価は変化する。③『古事記』の読み直しが必要だ。

問二

「出会い」については同段落で、「歴史的経験」「弁証法」「否定的創造性」などという語句で説明されているが、「以前の読みが訂正され読みが深まる」という箇所が最もわかりやすいだろう。また「知識や観察の問題」については、個人的、主観的「経験」と対照させて考えれば、作品の正確な読みと客観的な知識の獲得・蓄積といった意味と理解できよう。筆者はこれを「専門家の陥りがちなワナ」、すなわち誤解、錯覚だと述べている。

解答ポイント

①出会い＝以前の読みが訂正され読みが深まる。②作品を正確に読んで客観的な知識を得るのが研究だという思い込み＝誤解、錯覚。

問三

時代や世代の違いによる作品の読み・評価の変化は、個人の読みの変化を媒介とするという第四段落の趣旨をおさえる。その上で、個人における通時的変化すなわち年齢による変化（第二段落）、その時々における、すなわち共時的な自分と他者の読みの違いがからまりあって（第五段落冒頭に「こうした過程が……からまりあいながら」とある）、時代や世代における読みの変化となってあらわれることを説明する。

解答ポイント

①作品の読みの、個人の年齢による変化。②その時々の個人と他者との読みの違い。③時代や世代による読み・評価の変化。

問四

最終段落の趣旨を把握する。筆者は読むという行為はたんに字面を目で追うことではなく、行間を通して筆者の意図する意味内容を読み取ることであると述べる。しかしこれは深読みの危険と隣り合わせであると言う。深読みとは「本文に書いてないことを主観的に読みこむ」ことであり、その原因として言葉の多義性があげられている。以上の事情を傍線部の理由として説明する。

解答ポイント

①行間を通して筆者の意図する意味内容を読み取る。②筆者が意図しない意味内容を勝手に読みこんでしまう危険と隣り合わせである。③言葉は多義的である。

問五

本文の要約問題になる。「歴史的経験」という言葉は第三段落にもある。まずこの段落から、読むという行為が以前の読みを訂正し読みを深めていく経験であることをおさえる。次に、個人・世代・時代それぞれのレベルにおいて読みが変化し、それらが読みの歴史的生成発展を形成する点をおさえる。さらに、最終段落によって、読む行為とは筆者が行間に込めた意味内容を読み取ろうとするものであることをおさえる。この三点を本文の語句を適宜利用しながらまとめればよいだろう。

解答ポイント

①筆者が行間に込めた意味内容の読み取り。②以前の読みを訂正し読みを深めていく経験。③個人・世代・時代それぞれのレベルにおける読みの変化とその歴史的生成発展。

二〇一七年度　理系　〔二〕

出典　安藤宏『「私」をつくる――近代小説の試み』〈第三章「あなた」をつくる――読者を誘導する仕掛け、志賀直哉と太宰治〉（岩波新書）

解答

問一　物事を客観的に精確に描写することと、表情やみぶりを援用したり内容を省略したりする主観的な口語を引き写して書くこととは、本来相容れないはずのものだから。

問二　人物の内面に立ち入らず、話者の存在も感じさせずに、客観的な現象のみを描こうとした文章が、かえって読者に人物の内面や話者の存在を想像させることになったから。

問三　話者が一人の人物の視点に立つ場合、場面に応じて他の人物の視点にも立てるが、一人称の「私」の視点に立てばもはや他の人物の視点に立つことはなく、作中世界のすべてを「私」の判断として統括できるから。

解説

問一　「これ」は前文の「『言文一致体（＝話し言葉に近い形で書かれた文体）』は……ふさわしい手立てである」を指す。筆者がこれを「おかしなこと」だと言う理由は次の段落で説明される。すなわち、口語（＝話し言葉）は表情やみぶりを補助的に使ったり、内容を省略したりする、きわめて主観的な言葉であり、「客観的」で「細密（＝精確）」な描写とは本来相容れないはずだということである。この事情を説明する。

解答ポイント

①口語＝表情やみぶりを用い、内容を省略する主観的な言葉。②客観的で精確な描写と相容れない。

問二

「パラドックス（＝逆説）」の内容を説明する。筆者は田山花袋の「平面描写」論にふれ、それが人物の内面に立ち入らず、客観的な現象のみを描こうとするもので、話者（＝語り手）の存在をも隠そうとするものであったと言う。ところが逆にその「空白（＝人物の内面・話者の存在の欠如）」が読者の想像力を刺激した、つまり徹底した客観描写をめざした結果、逆に想像力による主観の読解を促したと言うのである。

解答ポイント

①客観描写の徹底→人物の内面や話者の存在の否定。②読者に人物の内面や話者の存在を想像させる。

問三

「平面描写論」「一元描写論」「私」による描写論の流れを示せば、俯瞰的視点（神の視点）に立ってすべての人物を平等に描く（客観のみ描写）→一人の人物（人物は交替しうる）の視点に立って描く（心理の奥まで描写）→「私」の視点に立って描く（心理描写＋作中世界の統括）となる。傍線部の「この主張」とは「一元描写論」を指す。これは一人の人物の視点に立つことを主張するものだが、場面に応じて他の人物の視点に変わることを許容する。しかし一人称である「私」の視点に立てば、それ以外の視点はありえない。これが「一番明快である」理由である。本文最後の、「私」による作中世界すべての統括という点も補足的に説明しよう。

解答ポイント

①一人の人物の視点から「私」の視点に移動することによる、視点の絶対化。②作中世界すべての統括。

二〇一六年度　文理共通　一

出典　松浦寿輝『青天有月』〈三　昔の光〉（講談社文芸文庫）

解答

問一

（ア）懸念　（イ）四囲　（ウ）絵空事　（エ）迫真　（オ）行使

問二

オウムガイは太陽の周期に合わせて浮沈し、殻にある隔壁で区切られた各小室の細線は約三十本だが、四億二千万年前の化石では九本しかない。よって隔壁が月の周期に同調して作られると仮定すれば、当時の月は現在の地球との距離の五分の二強のところを九日間で公転していたことになる。

問三

太古の海で巨大な月を見つめているオウムガイという情景があまりにも魅力的なので、カーンとポンピアの仮説に対してグールドが提起した疑問点はわざと無視して、仮説の正しさを信じたいという心情。

問四

どんなに豊かな想像でも現実には及びようがなく、また事実を知ることは想像することをはるかに越えて、豊かで本質的な営みとしてあると言うべきだから。

問五

オウムガイの化石に刻まれた成長線から、太古のオウムガイが巨大な月を見ていたことがわかるように、いかなる想像も及ばないものを知ることができるというのは、人に大きな知的興奮を与えるものだということ。

解説

問二

「推論（＝事実に基づいて他のことをおしはかること）」であるから、事実とそれに基づく推測とを分けて説明する。事実は、オウムガイが太陽の周期に合わせて浮沈すること、殻には二枚の隔壁に挟まれた小室の一つ一つに細線（成長線）があり、現存種では平均約三十本だが、四億二千万年前の化石では九本である、ということである。推測は、隔壁が月の周期に同調して作られること、四億二千万年前の月は今より地球からずっと近く、距離にして五分の二強のところを九日間で公転していたことになる、ということである。

解答ポイント

①事実＝四億二千万年前のオウムガイの細線数は九本。②推測＝四億二千万年前の月の公転日数は九日間。

問三

同文冒頭の「いや正直に言えば」に着眼して筆者の本音を説明する。筆者はカーンとポンピアの仮説に対してグールドが提起した疑問点をもっともだと認めながらも、太古の海で巨大な月を見つめているオウムガイという魅力的な情景を損ないたくないと考えている。よって仮説を支持したいというのがその本音となる。

解答ポイント

①オウムガイの魅力的な情景。②仮説を信じたいという心情。

問四

想像することの貧しさに関して、同段落最終文で「いかなる場合でも想像は現実には及びようがない」と述べられ、また最終段落後半でも「知ることとは、ここで、想像することをはるかに越えて豊かで本質的な営みとしてある」と述べられる。この二点が想像の相対的な貧しさの理由である。

解答ポイント

①想像は現実に及ばない。②知ることは想像することより豊かで本質的である。

問五

「ここ」は前文を指す。すなわち、オウムガイの化石に刻まれた成長線という物質的な証拠から、太古に巨大な月の光が存在したことを知ることができるということ。これを一般化して最後の文でも「いかなる想像も追いつきようのない……何と人を興奮させる出来事であることか」と述べられる。事実を通して別の事実を知る（想像するのではない）ことの知的興奮を、オウムガイを例に挙げて説明する。

解答ポイント

①オウムガイの化石の成長線から太古の光の存在を知る。②想像の及ばないものを知ることの知的興奮。

二〇一六年度　文系　二

出典　黒井千次「聖産業週間」（河出書房新社『時間』所収）

解答

問一　現在を人生の時間の中に位置づけ、将来の目的を実現するための単なる準備の段階、待機の時とみなすこと。

問二　現在に賭けることを避け、冷やかな傍観的態度を取って自分を誤魔化してきたが、熱中を先延ばしにできるような将来の重い目的はもはや存在せず、今こそ自分の全存在を賭けて何かに熱中しなければならないと決意したということ。

問三　人間が自らの生存と繁殖のために大地に根ざしながら汗水流して働くという、農耕が主要な生業であった時代の単純豪快で生き生きとした労働のイメージ。

問四　自分を賭けて熱中できるものがないままに、自分の人生を傍観者のように生き続けるしかないということ。

問五　隣家の男児との取組合いに負けた口惜しさや怒りを曖昧にしたまま、それに賭けることなく他の感情にすり替えて誤魔化した我が子の姿が、熱中への渇望を誤魔化して安寧で怠惰な生活を送る自分の姿と重なり、我が子に対する怒りが自分自身に対する怒りへと転化したから。

解説

問一

傍線部直後の「子供の時は……待機の時である」という箇所がその具体的説明になる。ここを手がかりに、「相対化（＝ある物事を他との比較においてとらえ直すこと）」の意味をふまえ、また「手段」が「準備」「待機」を意味することを把握した上で説明する。

解答ポイント　①「瞬間を相対化し」＝現在を人生の時間の中に位置づける。②「手段」＝「準備」「待機」。

問二

「手すりは切れた」とは、自分を支えてくれるような手すりはもうないということ。同段落の「今は？」以下に着眼して、「手すり」が先にある重い目的のたとえであることを把握する。そしてそれが「既に存在しない」今、「私」が傍観的な態度を捨てて、何かに熱中し自分を賭けて生きなければならないと決意している点を理解する。

解答ポイント　①「手すり」＝熱中を先延ばしにできるような重い目的。②現在に賭ける決意。

問三

「かつて」とは要するに農耕社会をいう。「労働のイメイジ」については、同段落で「単純で素朴な」「ほとんど物のように確実な」「単純豪快な」などとも形容される。また「人間が自らの生存と繁殖のために汗することもある。「みずみずしい」という形容詞は「生き生きとした」「生の充実感」などと説明すればよい。また傍線部直前に「〈私はここで生きる〉」とあるのをふまえて、「大地に根ざした」などとも説明したい。

解答ポイント

①農耕が主要な生業であった時代。②大地に根ざした、生き生きとした労働。

問四

傍線部は直前の「この重い賭けにおいて熱中が私を捉えることに失敗するならば」の帰結であり、また二つ前の段落冒頭の一文にある「最もそう在りたいものの傍らに立ち続けていた」という箇所と同趣旨である。「傍らに立つ」とは「傍観的態度を取る」ことをいう。以上より、自分を賭けて熱中できるものがない→自分の人生を傍観者のように生き続ける、という流れがつかめる。

解答ポイント

①自分を賭けて熱中できるものがない。②自分の人生を傍観者のように生き続ける。

問五

全体の要約問題になる。「我が子の顔の気弱な変貌」については第一段落に着眼する。すなわち、我が子が隣家の男児との取組合いに負け、その口惜しさや怒りを曖昧にしたまま、それに賭けることなく、他の感情（怪獣に変身したことの誇らしさ）にすり替えて誤魔化したことをいう。田口はこれを「許せない」と言う一方で、我が子に対する怒りが「私自身に対する怒りに転化」する。その理由は我が子の姿に自分自身の姿を認めたからである。よってこの事情も含めて説明することになる。

解答ポイント

①我が子が口惜しさ・怒りを曖昧にしたまま、別の感情にすり替える。②熱中への渇望を誤魔化して生きる自分の姿と重なる。③我が子に対する怒りが自分自身に対する怒りに転化する。

二〇一六年度　理系　〔二〕

出典　樺山紘一『情報の文化史』〈I　通信と交通の社会文化史　聴覚と視覚の通信〉（朝日選書）

解答

問一
現代人とは段違いにすぐれた聴力を持っていた中世人たちは、社会に満ちていたすべての音を子細に聞き分け、その一つ一つの意味を理解していたということ。

問二
中世写本は情報を正確に蓄蔵し、時空間を超えて伝達できる利便性と、見事な細密挿画や凝った装飾のイニシャル文字で飾られた芸術性を兼備していたということ。

問三
近代の絵画が対象をいかに精確に描写するかに努力が傾注され、見る者もそれを鑑賞することを目的としたのに対して、中世の絵画は文字と同じ通信手段として、いかに明瞭に物語を表現するかに努力が傾注され、見る者もその意味を解読することを目的としたから。

解説

問一
「雑音・騒音」とは意味のないノイズである。しかし中世人たちはすぐれた聴力によってすべての音を聞き分け、その一つ一つの意味を理解していたと、傍線部の前後で述べられている。この事情を現代人と比較しながら説明する。

解答ポイント

①中世人は現代人よりもすぐれた聴力を持っていた。②すべての音を聞き分け、その意味を理解した。

問二

中世写本の「美しさ」については同段落で、しばしば見事な細密挿画が加えられ、イニシャル文字には凝った装飾がつけられた芸術品であると述べられている。また「便利さ」については、前段落で、情報を正確に蓄蔵し、時空間を超えて伝達する手段としてすぐれていた旨が述べられている。この二つの利点を兼備していたことを説明する。解答欄が限られているので、羊皮紙やパピルス紙に記されたことなどは割愛すればよい。

解答ポイント

①美しさ＝細密挿画・凝ったイニシャル文字。②便利さ＝情報の正確な蓄蔵と時空間を超えた伝達能力。

問三

最後から二段落目を手がかりに、中世絵画（特に宗教画）と近代絵画（特に人物画や風景画）の違いを把握する。前者は物語（例えばキリストの物語）を表現し、それを解読するために描かれた。これに対して後者は対象そのものを精確に描写し、それを鑑賞するために描かれた。このように両者の目的の違いが「画家にとっての関心」の違いとなって現れることを説明すればよい。

解答ポイント

①中世絵画＝物語を表現し、その解読を目的とする。②近代絵画＝対象自体を描写し、その鑑賞を目的とする。

二〇一五年度 文理共通 一

出典 阿部昭『短編小説礼讃』〈第三章 にんじんはテーブルの下で――ルナール〉（岩波新書）

解答

問一

短編とは長編を短くしたものという通念を退け、短編はその短い分量に相応した文章の調子、呼吸、リズム、間合い、密度等々を持っていることに注意を促すため。

問二

短編が具体的なイメージを手早く読者の脳裏に焼きつけようとするのに対して、長編は説明や注釈を加えながら、作者の思想をじっくりと読者に伝えようとするという相違。

問三

文章は絵画における写生のように対象をそのまま写し取るのではなく、対象から得たイメージをいったん記憶し、時間をかけてあたため、そしてそれを回想しながらさまざまな編集を加えるという過程を経て書かれるから。

問四

『めんどり』は、人物表現に最適な会話による描写によって、人物紹介だけでなく各人物の位置や役割や相互関係を一挙に示しているため、会話描写に長けると自負していたルナールが、物語の導入にふさわしいと考えたと推測できるから。

問五　短編特有の文章のリズムを持った優れた短編は、具体的な物の形や印象を手早く読者の脳裏に焼きつけるために、記憶と回想と編集の過程を経たイメージによって描写され、また人物表現も会話で描写されるというように、徹底した描写によって生み出される。

解説

問一　「なぜこのように考えるのか」ではなく「なぜこのように述べているのか」とあるので、筆者の意図を答えることになる。短編とはたんに長い物語を短くしたものではなく、短編特有の文章の調子を持っているという第二段落の趣旨をふまえ、その意図を説明する。その意図とは、第一段落の英語の慣用表現のような通念をそのまま短編に適用すべきではない、と明確に示すことである。

解答ポイント　①短編にまつわる通念の否定。②短編特有の文章の調子。

問二　「その辺」とは第三段落の内容を指す。すなわち、長編が説明や注釈を加えながらじっくりと語るのに対して、短編はイメージを手早く焼きつけるというのである。短編と長編の相違点を説明するのだから、対比の構造を明確にする。迅速に対する悠揚、「イメージ」に対する「思想」（第四段落）の二点である。

解答ポイント　①短編＝イメージを迅速に伝える。②長編＝思想をじっくりと伝える。

問三

「写生（＝対象をありのままに写し取る）」という絵画の比喩が、文章に対しては不正確であるということを、傍線部前後の文脈をふまえて説明する。「レンズ」「網」という比喩は対象をイメージ化して保存することをいう。また「記憶というフィルター」「回想できるようになるまでの十分な時間」とは、イメージを記憶して時間をかけてあたためることをいう。さらにはルナールの引用をふまえて、イメージが編集されて文章化されることも説明したい。

解答ポイント

①「写生」＝対象をその場でありのままに写し取る。②文章化の過程＝記憶・想起・編集。

問四

「彼一流の計算」とは、終わりから二段落目の「作者のアレンジの妙」「抜け目のない作者」、および最終段落の「自分の最強の武器」をいう。この二段落によって、『めんどり』では人物紹介と相関図が一挙に示されており、物語の巻頭に配されるのにふさわしいこと、およびそれらが会話によって描写されていること、会話描写に長けていることをルナールがよく心得ていたことの三点をまとめる。

解答ポイント

①物語の導入としてふさわしい人物紹介・相関図。②会話による描写。③最強の武器としての会話。

問五

本文の論旨の展開を大づかみにすると、短編には独自の文章の調子があること、短編はイメージで語られること、イメージは記憶・回想・編集の過程を経ること、人物表現は会話による描写が最適なこと、となる。イメージ・会話・描写という三つのキーワードを用いて全体をまとめればよい。

解答ポイント

①短編特有の文章の調子。②イメージによる描写。③会話による人物描写。④描写の徹底。

二〇一五年度　文系　二

出典　里見弴『私の一日』〈Ⅳ　一つの安らぎ〉（中央公論社）

解答

問一　生を祝ぎ、死を悼む普遍的「人情」を欠くのは「不人情」として非難されるべきだが、長生きして生や死の場面に数多く直面した結果、そうした感情が麻痺してしまうのは「非人情」として許されるだろうということ。

問二　親しくした人たちがこの数年の間に次々に死んでいくのを嘆いたところで、死は人間の思惑などお構いなしに容赦なくやって来るものだということ。

問三　若いときは純粋さゆえに親しい人の死に接して再び立ち直れないと思うほど激しい衝撃を受けるものだが、それと同じくらい激しい衝撃を老年まで受け続けて生きるのは、超人ならいざしらず、普通の人にはできないということ。

問四　友人の訃報に接しても、老人の自衛本能から激しい衝撃とはならず、また故人の業績や美点が浮かぶわけでもなく、彼の楽しく愉快な思い出ばかりが蘇ってくるから。

問五

若いときは親しい人の死に接して再起できないほどの激しい衝撃を受けたが、数々の死と接するうちに自衛本能が働いてその衝撃も弱まり、老いた今は故人の楽しく愉快な思い出ばかりが、自責の念に苛まれることなく蘇るようになり、安らかな思いで受け止められるようになった。

解説

問一

「不」は「不人情」、「非」は「非人情」をいう。「非人情」というと、『草枕』の「人情を超越してそれにわずらわされない」境地が思い浮かぶが、筆者はそれではないと明確に否定し、「人情」に「麻痺」し「不感症」になることだと述べる。一方の「不人情」は「人情」に欠けること、「人情」を否定することである。「人情」を具体化したうえで、「不」と「非」の違いを本文に即して説明する。

解答ポイント

①「人情」＝生を祝ぎ、死を悼む普遍的感情。②「不」＝「人情」の欠如・否定。③「非」＝「人情」の麻痺。

問二

「死神」は〝人を死に誘う神〟。「遠慮」とは前文に「ちつと遠慮したらどうだ」とあるように、死ぬのを遠慮することをいう。親しくつき合った人たちが立て続けに亡くなっていくのを嘆いての言葉である。死が人間の思惑とは無関係に容赦なく訪れる非情なものであることを説明する。

解答ポイント

①親しくした人たちの死を嘆く。②死は人間の思惑とは無関係に訪れる。

問三

親しい人の死に際会することの稀な青少年の時代は、その純粋さゆえに再起できないと思うほどの強い衝撃を受けるものだが、この強い衝撃を受け続けながら老年まで生きるのは難しい、という直前の内容を把握する。「横綱を張る」とは、相撲で横綱の地位にあることをいう。死の衝撃に耐え続けるのは横綱の地位にあり続けるようなものだということ。

解答ポイント

①若いときに接する死の衝撃の強さ。②死の衝撃に耐え続けることの難しさ。

問四

親しくした友人の訃報に接して、故人の楽しく愉快な思い出ばかりが蘇ったから、というのが傍線部の理由である。これに、故人の業績や、人と成りの美点は少しも浮かんでこなかったこと、および最終段落の「自衛本能の作用」を補足すればよい。

解答ポイント

①故人の楽しく愉快な思い出ばかりが蘇る。②故人の業績や美点は浮かばない。③自衛本能の作用。

問五

親しい人の死の受け止め方が、若年から老年に至る間にどのように変化したのかを説明する。おおまかに言えば、再起できないほどの死の衝撃→数々の死との際会→自衛本能の作用による衝撃の緩和→故人の楽しい思い出、となる。これを基軸としながら、傍線部を踏まえてという設問の指示に従い、「さういふもの」の指示内容である「厳粛な『死』を冒瀆するものだ……そんな反省、自責」を盛り込む。さらに本文末の「この安らぎ」に着眼して、「安らかな思いで受け止められるようになった」などと結べばよい。

解答ポイント

①若いときは死の衝撃に襲われた。②数々の死と接する中で衝撃を緩和する自衛本能が働いた。③老いた今は故人の楽しい思い出ばかりが蘇る。④安らかな思いで受け止める。

二〇一五年度　理系　〔二〕

出典

清水幾太郎『流言蜚語』〈第一部　流言蜚語と報道　一　報道の機能　二　流言蜚語の発生〉（岩波書店）

解答

問一

近代以降の個人主義社会に生きる個人が、世界の諸国と密接につながって複雑さを増し激しく変動する社会環境の中で主体的に生きるためには、自ら社会環境に適応し、自ら社会環境を知ることが不可欠であるから。

問二

報道・通信・交通が突然その機能を停止したり遮断されたりすると、その原因が外部にあってつかめないだけに、眼や耳が故障した場合よりも不安感が募るということ。

問三

現代人が社会環境を知りながら主体的に生きる上で不可欠なものである報道・通信・交通が突然その機能を停止したり遮断されたりすると、大衆は客観的な情報を得られなくなって不安感が募り、正常な判断力を失う結果、流言蜚語の類までも容易に信じてしまうから。

解説

問一

第一段落で、報道が人間の生理的な（＝感覚器官に関係する）必要である理由として四点が指摘される。このうち最も重点が置かれるのは第四の点、すなわち個人主義社会では個人は主体的に自ら環境に適応し、環境を知らなければならないとされる点で、これが傍線部の「当然の権利」に結びつく。よってこの第四の点を中心におき、他の三点も拾いながらまとめればよい。

解答ポイント

①主体として自ら環境に適応し環境を知る。②社会の国際化・複雑化・変動性。

問二

「そう」は前文の内容を指す。感覚器官の延長の機能停止や遮断は、眼や耳の故障よりも不安なものだが、その理由は前者の原因が外部にあって容易に知ることができないからだ、という第三段落前半の趣旨を説明する。その際、「感覚器官の延長」が報道や通信や交通を意味することを説明する必要がある。

解答ポイント

①報道・通信・交通の機能停止・遮断。②外因性で不可知。③眼や耳の故障以上の不安感。

問三

設問に「本文に即して」とあるので本文全体をまとめることになる。まず傍線部の直接の理由が直前の「報道、通信、交通が……言葉もそのまま受け容れる」であることを把握する（この「言葉」とは本文の題名である「流言蜚語（＝口伝てに伝わる根拠のない情報）」をいう）。この直接の理由に、問一・問二の解答内容を補足しながらまとめればよい。

解答ポイント

①現代人に不可欠な報道・通信・交通の機能停止・遮断。②大衆の不安感の増大・判断力の喪失。③流言蜚語の受け入れ。

二〇一四年度　文理共通　㊀

出典　石原吉郎「望郷と海」

解答

問一
（ア）凡庸　（イ）過渡　（ウ）飢餓　（エ）恐慌　（オ）完璧

問二
身柄を拘束されて自分の意思で移動できないなか、故国への帰還をひたすら望み続ける思い。

問三
監視兵は著者たちの喚声に怒りをおぼえたが、その喚声は二十五年の刑期という予想外の重い判決を言い渡されたためと知って納得し、同情を禁じ得なかったから。

問四
心から信じようとした観念が虚妄であると明らかになって崩れ去るときにのみ、決まってその喪失が激しい肉体的な苦痛を伴って実感されるものだということ。

問五
著者は自分の罪状が軽微であると思い込むことで帰国の望みをつなぎ、故国もまた自分たちを希求して帰国させる責任があるとかたく信じて望郷の念を募らせた。しかし二十五年の刑期が確定した後、望郷の念を支えていた故国からの希求は幻想にすぎなかったと自覚したということ。

解説

問二

「望郷」を「植物の感情」にたとえ、以下その意味が説明される。まず「植物」とは身柄を拘束され自由に移動ができない者の状態をいう。それゆえに外部の方からこちらに近づかなければならない、言い換えれば自分は解放されるのをじっと待ち続けるしかないという、徹底的に受け身の感情に支配されるということ。

解答ポイント

①「植物」＝身柄を拘束され自由がない。②「感情」＝解放・帰国を待ち続ける。

問三

「だまってドアを閉めた」とは、著者たちが「悲鳴とも怒号ともつかぬ喚声」をあげたことに理解を示したということ。その理由は直前に「『二十五年だ』というと」とあるように、著者たちに言い渡された判決が予想外に重かったことから、最初の怒りが同情へと変化したからである。

解答ポイント

①二十五年という予想外の刑期。②喚声への理解。③怒りから同情への変化。

問四

著者は判決によって帰国への望みが断たれたとき、激しい肉体的苦痛としてそれを実感する。傍線部はこれを一般化したもので、観念の虚妄性（観念はしょせん観念にすぎないこと）が明らかになるとき、それは特有の肉体的苦痛として実感されるというのである。観念が現実化して実感されるのは観念が喪失するときのみ、という皮肉である。

解答ポイント

①観念が虚妄として消え去る。②肉体的苦痛を伴って実感される。

問五

まず第一段落に「すがりつくような望郷の願い」とあるように、「望郷」が単に〝故郷を懐かしく思うこと〟ではなく、故国に帰りたいという切実な思いを意味することを把握する。次に、第四段落に「望郷が招く錯誤のみなもとは、そこ（＝「私たちは故国と、どのようにしても……〈向う側〉からの希求でなければならない」）にあった」とある点に着目する。この「〈向う側〉からの希求」とは、最後から二段落目の「故国へ手繰られつつあると信じた一条のもの」と同じものであるが、それははっきり断ちきられてしまう。すなわち、故国から希求されていると信じていたのは思い込みであり、「錯誤」であったのである。

「錯誤としての望郷」とは、そうした思い込みにもとづいた望郷の念のことである。判決によって帰国の望みが断たれたことに触れながら、「〈向う側〉からの希求」を具体的に、故国も責任をもって捕虜たちの帰国へ向けて動いているはずだ、などと説明する。

解答ポイント

①著者が帰国を希求し望郷の念にかられる。②故国もまた著者たちの帰国を希求しているにちがいない。
③故国から希求されていると信じたのは錯誤であった。

二〇一四年度　文系　二

出典　渡辺京二「逆説としての明治十年戦争」

解答

問一　かつて伝統的な共同体のなかで人々と触れ合ったときの全身体的な感覚を今も引きずっているように感じること。

問二　自己を主張して他人の心情や生活をかき乱すことを恐れる、自己抑制的なタイプの人間性。

問三　日常の瑣事については泰然としてその処理を他人に委ねるが、重大事が生じた場合には自分の意見を堂々と述べ、他人の意見に迷うことなく決然として実行に努める。

問四　結果優先で業績を至上とする功利主義的な近代人の考え方は、日本人が営々と培い伝統として受け継いできた、人として守るべき道徳や共同体的な交わりを大切にする心性を一挙に破壊してしまうものであるということ。

問五　私利私欲に走る利己主義は儒学の思想に反するばかりでなく、日本人の伝統的な道徳心や心性を破壊する結果、共同体的な交わりを断ち切り、さらには明治維新という偉業を成し遂げることをも危うくするものだから。

解説

問一

一般的に「肉感的」は〝性欲を刺激するさま〟、「幻覚」は〝現実にはない対象があたかも存在するかのように感じられること〟の意であるが、西郷が南島の島人と触れ合った体験がマクシムの背景にあるという趣旨から、前者は人々との触れ合いによる全身体的な感覚をいい、後者はその感覚を今も引きずっていることをいうと理解できる。説明に際しては前者が伝統的な共同体における交わりである点に言及したい。

解答ポイント ①伝統的な共同体における人々との交わり。②交わりの感覚を今も引きずる。

問二

「こういう人格」とは、直前の西郷の挿話が示すような人格のことだが、この挿話が段落冒頭の「己を愛さずともすむ心」を具体的に表す挿話としてあげられている点を理解する。またこの段落後半に「伝統的な範型のひとつ」とあるように、「人格」が個人の性格をいうのではなく、人間性のタイプをいう点にも注意する。

解答ポイント ①自己を主張して他人の心情や生活をかき乱すことを恐れる。②人間性のタイプ。

問三

引用文(あ)において、「平生無事の日」と「利害の関する所有る（時）」とでは「恋旧家」の態度が異なることが指摘される。前者については「高拱緘黙」「瑣砕なり」「他人に推諉して肯て与らず」あたりに着眼する。後者については「頭を昂げて一言し」「必ず其言ふ所を行ふ……」あたりに着眼する。

解答ポイント
①日常の瑣事は泰然として他人に任せる。②重大事には積極的に関与して有言実行する。

問四

「そのような」は前文の「結果優先、業績至上の」を指す。一言で言えば「功利主義」である。この近代的な考え方を西郷は「いまわしい」として退ける。その理由は「世道（＝世の中で人が守るべき道徳）人心（＝人々の気持ち）」を「まっぷたつにたち割る（＝破壊する）」からである。この「人心」については特に言及されていないが、第二段落に依って、共同体的な交わりを大切にする心性などと説明すればよいだろう。

解答ポイント
①そのような考え方＝結果優先、業績至上の考え方。②いまわしい＝道徳と心性を破壊する。

問五

「己れを愛（す）」とは、自己愛といった観念的なことをいうのではなく、最終段落冒頭に「家屋を飾り、衣服を文り……」などとあるように、私利私欲に走る利己主義をいう。西郷がこれを否定する理由として、まず第二段落から、士族の伝統的教養である「儒学の道徳観」や「コミューン的な感覚」に反するからという趣旨のことがあげられる。さらに最終段落の右の引用部分に続けて「維新の功業は遂げられ間敷也」とあり、利己主義が明治維新の大業の完成を妨げるものとみなされている。この二点をまとめることになる。

解答ポイント
①利己主義。②伝統的な道徳や心性を破壊する。③明治維新の大業の完成を妨げる。

二〇一四年度　理系　三

出典　大庭みな子「創作」（『大庭みな子全集』第12巻〈虹の橋づめ〉　日本経済新聞出版社）

解答

問一　作者の文学は頭の中で創り出したものではなく、人々がふだんの生活の中で本心から発する真実の声を拾い上げることによって成り立つものであるということ。

問二　芸術家に必要なのは、昼間寝て夜中仕事をするといった珍しい習性ではなく、普通の生活の中に潜んでいる生命の輝きを掘り出して表現することであるということ。

問三　芸術家にとって創作意欲をかきたてたり作品の素材を提供してくれたりする、普通の人々の飾らないありのままの生きざまや、彼らの本心から発する真実の言葉。

解説

問一　作者の文学は無から創り出されるものではなく、人々が生活する中でもらす言葉を拾い上げることによって成り立っているという、第一～八段落の趣旨を把握する。「虹の橋」「金の壺」という比喩は、第六段落の「恋人たちが……立ちすくんでいる人」、さらには終わりから二段落目（「小説に書いてもらいたくて……」）あたりを手がかりにすると、生活者がもらす真実の声というほどの意と解することができる。

解答ポイント

①作品は自分の頭の中で創り出すわけではない。②人々の真実の声を拾い上げる。

問二

「この種の独創性」とはもちろん前段落の「珍しい習性」をいう。作者はこれを退けて、芸術家に必要なのは「『自然』が内包する生命」であり、それを掘り出すのが芸術家だという。この「生命」という表現はかなり主観的、印象的に使われているので、その含意を把握するのは難しいが、「珍しい習性」との対比をふまえて、「普通の生活の中に潜んでいる生命の輝き」などと説明すればよいだろう。

解答ポイント

①「珍しい習性」の具体的説明。②「生命」の具体的説明。

問三

本文中の「自然」はもちろん自然科学が対象とする自然ではない。第十～十三段落にかけて使われている用例から考えると、「生活」とほぼ同義と見られるが、「自然」の意をくみ取って、「人々のありのままの生活」「人々のありのままの生きざま」、さらには「人々の真実の言葉」などと説明できる。これが芸術家の創作活動の源泉となっていることを補足して説明すればよい。

解答ポイント

①「自然」＝人々の飾らないありのままの生きざま。②芸術家の創作活動の源泉となるもの。

二〇一三年度　文理共通　一

出典　中野孝次『ブリューゲルへの旅』〈5　麦刈り〉（文春文庫）

解答

問一

（ア）変哲　（イ）代償　（ウ）粗野　（エ）報酬　（オ）迷妄

問二

「麦刈り」に描かれた、愚かで無様であっても自然の中で充足する農民たちの姿に、肉体の労苦を伴う麦刈りに生命の充実を感じた、勤労動員時の自分たちの姿を重ねたということ。

問三

車を順繰りに扱って奥の一台を引き出す男の運転技術は、神業とはいえ単なる賃労働に過ぎず、自然の豊かな恩寵とその荒々しい生命力とに真っ向から取り組み、生命の充実を感じる本来の労働の姿からはかけ離れていたから。

問四

芸術は現実のあるがままの人間の生を描けばよく、描かれたものの真実性が芸術の価値を決めるという考えは、現実から逃れて抽象的な観念世界に生き、言語作品の自律的価値を信じてきた筆者の生そのものを否定するように思えたから。

問五
現実から目を背けて抽象的な観念世界に逃れるのではなく、現実をあるがままにその全存在を肯定し、その天才的な形象把持能力によって自然と人間の生の実相を画面の上に普遍的に再創造して、画家としての生の充実を生み出すというもの。

解説

問二
「あれ」はブリューゲルの「麦刈り」に描かれた農民たちの姿を指す。また「十九歳の自分たちの姿」とは、勤労動員で麦刈りの重労働をさせられた体験をいう。前者の「人間は愚かなまま……大自然の中にいる」（傍線部直前の段落）姿と、後者の「肉体の労苦」を伴う「生命の充実の感じ」の共通性を指摘してまとめる。解答欄が三行なので、かなり圧縮する必要がある。

解答ポイント
①「麦刈り」の農民＝愚か・無様・肯定。②勤労動員時の筆者たち＝肉体の労苦・生命の充実。

問三
「彼の神技的労働」とは、大きな車を順繰りに巧みに扱って奥の一台を道路に引き出す運転技術をいう。筆者はこれを「おそろしくむだな、ばかばかしいもの」と感じ、「一体労働と言えるだろうか」（傍線部直後）と疑う。その理由は直後の段落で述べられる。すなわちブリューゲルの描いた農民たちの労働には、「労働とそのほうしゅう（＝賃労働）、（生産手段や土地の）所有関係を越えるなにか」があったからである。この「なにか」とは第五・六段落で述べられた、自然と向き合って生きることで得られる生命の充実感や肯定感である。

解答ポイント

①男の神技的運転技術。②偽りの労働＝賃労働。③本当の労働＝自然と向き合って得られる生命の充実感。

問四

「この考え」とは前段落の「絵画芸術は……芸術の用はない」を指す。これを芸術一般論としてまとめる。「慄然とさせた」理由は、傍線部以下で説明される。特に「『言語と精神』の世界の自律性そのものを否認する」とあるのがその中心的な理由である。ただ「慄然（＝恐ろしさにぞっとするさま）」の意味を考えると、言語作品の自律性を否定されるからというだけでは物足りない。最終段落の「抽象的な世界に逃れなければ生きてこられなかった」などに着眼すると、戦時下の現実から目を背けて観念世界に生きてきた筆者のこれまでの生そのものが否定されるように思われたから「慄然」としたといえる。この事情を含めて説明する。

解答ポイント

①「この考え」＝芸術は人間の生をありのままに描く。②「慄然」の理由＝言語作品の自律性だけでなく、筆者の生そのものが否定される。

問五

直前の「そういう」は「この画家は現実そのものを……彼自身の生となったことであろう」を指す。この部分の説明には前段落の「生の実相の表現」「普遍的な表現」などを利用すると簡潔に説明できる。また「幸福」については、問三でも用いた「生命の充実」を充当できる。さらに「抽象的な観念世界の生は……うみえなかった」という前後の文脈をふまえて、ブリューゲルが現実から観念世界へ逃避せず、むしろあるがままの現実を肯定した点も説明する。

解答ポイント

①そういう＝自然と人間の生の実相を再創造する。②幸福＝生命の充実。③観念世界に逃避せず、現実をあるがままに肯定する。

二〇一三年度　文系　二

出典　幸田文「旅がへり」（岩波書店『幸田文全集』第八巻所収）

解答

問一
旅に出るときは旅先への期待と家を離れる不安があり、旅から帰るときは旅先を離れる名残惜しさと家に帰る喜びがあるように、旅の心は矛盾した感情の間で揺れ動くということ。

問二
旅の感傷に浸り高揚した気分で帰宅した者は、旅の非日常性から日常性に即座に心身を切り換えることができず、住み慣れたわが家の陰気さや不愉快さ、そしてよそよそしさばかりが目につき、居心地の悪い気分になるということ。

問三
旅の経験がないので旅帰りの人の気持ちなどわからないと言い返した筆者に、その気持ちを理解させるために旅に連れ出したところ、旅帰りの居心地の悪さをひしひしと実感している様子をうかがい見て、してやったりと思ったから。

問四
宿のもてなしは座蒲団でもお茶でもいい物を使っている分結構なものだが、旅帰りの人に洗濯してこしらえ直した座蒲団を出すとか、入れたての番茶を出すとかいった、細やかな心遣いという点ではわが家に及ばないと思ったから。

問五

旅帰りの父に対する心遣いを無言ながら認めてくれたと思っていたので、そのような心遣いは家人なら当たり前のことで、それを考えてやったと言うのは思い上がりだという父の叱責は意外であり、道理とは思うものの、ねぎらいの言葉くらいかけてほしいと受け止めている。

解説

問一

「気もちといふ持物」とは旅の心を旅行カバンにたとえた表現。「目方が軽くなつたり重くなつたり」というのも、心がはずんだり沈んだりすることをたとえている。同第二段落の「うちの閾を跨いで出る……元気で家へ向いてゐる」に着眼すると、旅に出るときと旅から帰るときそれぞれの矛盾した感情が述べられている。この事情を説明する。

解答ポイント

①旅先への期待と家を後にすることの不安。②旅先を離れることの名残惜しさと家に帰る喜び。

問二

「はじかれてゐる」とは、旅先から帰ったときの居心地の悪さをいったもの。同第三段落の「自分の感傷いつぱいに浸つて……遠い座蒲団だつた」あたりに着眼して、旅先から帰ったときの高揚した気分と、日常生活の平穏だが地味な雰囲気とのギャップをふまえて説明する。この居心地の悪さが非日常性と日常性との懸隔に由来することを説明すると、よりよい解答になる。

解答ポイント

①旅から戻ったときの高揚した気分と住み慣れた家の不愉快さとのギャップ。②居心地の悪さ。

問三

「旅がへりの人の迎へかた」（第二段落）をめぐる、筆者と父親（幸田露伴）とのやりとりをふまえて、「にやりとした」理由を説明する。「待つてゐた眼」とは、筆者が旅帰りの居心地の悪さを実感する様子を父親がじっとうかがっていたことを表す。また「にやりとした」とは、ここでは自分の思い通りになって、ちょっと笑いを浮かべる様子をいう。もちろんここには、「旅がへりの感なんてわかりはしないわ」などと筆者が反抗的な態度を示したことがその背景にある。

解答ポイント ①「旅がへり」をめぐる筆者と父親の応酬。②「旅がへり」の居心地の悪さの体験。③「にやり」のニュアンス。

問四

「宿の上を行くもてなしができる」（前段落）と判断したことが「安心した」理由である。同じ前段落の「宿とうちとを較べ」以下、宿のもてなしと家のもてなしが比べられ、「番茶の手際といふもののないのが宿である」と結論づけられる。これは、宿には家のような細やかな心配りが欠けていることをいったものである。よってこの点を中心において、筆者のいう「座蒲団とお茶」を例にあげて説明すればよい。

解答ポイント ①宿の利点＝いい物を提供する。②宿の欠点＝家のような細やかな心配りに欠ける。③座蒲団とお茶の例。

問五

まず波線部は、旅帰りの父に対する筆者の心遣いを、父が無言ながら認めてくれたと思ったという内容である。次に傍線部は、旅帰りの父に対して家人が心遣いをするのは当然のことであり、「ちよつと考へた」などと「口幅ったい（＝言うことが身の程知らずで生意気だ）こと」を言ってはいけないと叱られたという内容である。さらに最終段落で筆者は、自分が旅から帰った時は家人の心遣いを見つけてねぎらうことにしていると述べている。この三者を関連づけて考えると、筆者は父の叱責を意外な言葉と受け取り、ねぎらいの言葉くらいかけてほしいと受け止めていると理解できるが、全面的に反発するわけではなく、父の言葉を道理と受け止め、自分にも慢心があったと思っていることは、前後の文脈および、本文全体から読み取れる筆者の性格・人柄から推察できる。

解答ポイント

①波線部＝筆者の心遣いに対する父の無言の理解。②傍線部＝筆者の慢心に対する父の叱責。③受け止め＝正論とはいえ、意外であり、ねぎらいの言葉がほしい。

二〇一三年度 理系 二

出典 尼ヶ崎彬『日本のレトリック』〈二 見立て―視線の変容 枠組みの変更〉（ちくま学芸文庫）

解答

問一 ある物事を的確に表す言葉がない場合に、その物事と類似した別の物事を表す言葉になぞらえて、いかにもその物事であるかのように見て取ること。

問二 ある物事を別の物事を表す言葉になぞらえて表現するのは、博物学的分類に基づく認識の規則からはずれるような認識を表現できない不自由さの証しだということ。

問三 博物学的分類の基準とは別の、〈不気味なもの一般〉をいうが、名前がないために、その下位概念の一つである「お化け」という名前を借りて表さざるをえないもの。

解説

問一 「見立て」は〝あるものを、それに似た別のもので表すこと。なぞらえ〟。これを「演技」と述べるのは、前の「違うことを承知で〈柳〉を〈お化け〉として見るふりをしている」をふまえる。本文では柳の不気味さを的確に表現する言葉がないために、それと完全には一致しないが類似した「お化け」という言葉になぞらえて表現して、あたかもお化けのように見るふりをすると述べられる。これを一般化して説明すればよい。

解答ポイント

①見立て＝ある物事をそれと類似した別の物事を表す言葉になぞらえる。②演技＝見るふり。

問二

「見立て」は前問の解答で説明しているが、簡潔でよいから改めて説明する。「既成の言語規則」については、同段落の「認識の規則」「博物学的な分類基準」が手がかりになる。これが「不信」「不便」とされるのは「私がただ『柳がある』と言うことをためらったのは……私が『言いたいこと』と関わりがない」（同第三段落）とあるように、「既成の言語規則」からはずれるような認識（例えば柳の不気味さ）が存在し、それを表現できない不自由さゆえである。

解答ポイント

①「見立て」の説明。②「既成の言語規則」＝博物学的な分類に基づく認識の規則。③「規則」からはずれるような認識を表現できない不自由さ。

問三

最終段落に着眼する。「〈それ〉」を博物学的分類によって「柳」と命名するのではなく、「〈不気味なもの一般〉〈類〉」に分類するが、この「〈類〉」には既成の名前がないために、その「〈種〉」の一つである「お化け」という名前を借りてそう呼ぶ、と述べている。この事情を説明すればよい。

解答ポイント

①博物学的分類には拠らない。②〈それ〉＝〈不気味なもの一般〉③〈不気味なもの一般〉の下位概念「お化け」を代用する。

二〇二二年度 文理共通 一

出典 尾崎一雄「痩せた雄雞」(ポプラ社『百年文庫38日』所収)

解答

問一 来年の夏休みに父と国府津の海へ行くという二女の言葉は、余命の長くないことを自覚する緒方に、生も死も自分の自由にはできないという束縛感をもたらしたから。

問二 若い生命に満ちあふれた家族たちから離れて、先の短い自分の命とじかに向き合い、自分の生や死の意味について深く考え納得したいという、孤独な心の世界。

問三 自分の余命が長くないことを自覚して初めて、それまでは観念的には理解していた生死の意味について、改めて自らの切実な問題として深く考えるようになるとともに、日常の見慣れた物事が改めて新鮮でかけがえのないものとして実感されるようになるという事態。

問四 無常感や諦観のためではなく、自らの生死について独りで深く考えるために、ひまさえあれば家族から離れて孤独な心の世界に閉じ籠もることは、家族や俗世間との縁を断ち切って仏道に専念する出家遁世と、その心情において似ていなくもないから。

問五　病気で余命が長くないという逆境にくじけず、家族の者たちから愛され頼られる一家の長としてみんなを守り、また文学的野心も持ち続けながら、たとえはた目には滑稽に見えようとも、堂々と生きていこうと気負い立つ心。

解説

問一　「がんじがらめ」は〝束縛が多くて、自由な行動が全くできないこと〟。来年の夏休みに父と国府津の海へ行くという二女の言葉がこのような感慨をもたらしたわけだが、直後の「死ぬにも死ねないというが、ほんとだな」に着眼すると、このまま死ぬことさえままならないのか、という嘆息が聞き取れる。というのも緒方が自分の余命が長くないことを自覚しているからである（傍線部⑶の前文）。すなわち生きることも死ぬことも自分の自由にはならないという束縛感が「がんじがらめ」の内実である。

解答ポイント

①余命の短さの自覚。②二女の夢と希望。③生も死も自由にならないという束縛感。

問二　「小さな部屋のようなもの」と同内容の表現が他に「そんな秘密の部屋」「自分の中の部屋」「自分だけの部屋」の三箇所ある。まずこの傍線部の直喩を「心の世界」「内的世界」などと言い換えたうえで、右の三箇所それぞれの文脈をたどりながら、この「部屋」の内容を具体化する。前文の「ものやわらかな男になった」あたりもふまえると、先の短い自分の命やこれまでの人生について感慨に耽る孤独な男の姿が読み取れる。

解答ポイント

問三

①先の短い緒方と若い家族との対比。②自分の生と死について深く考える。③孤独な心の世界。

まず傍線部の前二段落と後の二段落目とから、緒方が「何故生き、そうして何故死ぬのか」という問いについて、先人たちの省察に依拠しながら観念的には理解していた（「判り切ったこと」）ものの、病気になり余命が短いことを悟った今、改めてこの問いが自らの個人的で切実な問題となった（「判り切ったことでなくなった」）という内容を把握する。次に傍線部直後の二文から、見慣れた日常の瑣末な物事が新鮮でかけがえのないものとして見直されるようになったという内容を把握する。以上の二点を、緒方の境遇をふまえて説明する。

解答ポイント

①余命の短さの自覚。②観念的に理解していた生死の意味を考え直す。③日常の物事を新鮮な目で見直す。

問四

傍線部は直後の段落の「こっそりと自分だけの部屋を用意し、閑さえあれば……家族と離れてそこへもぐり込もうとする、どうやらこれは、一種の出家遁世かも知れない」と同内容になる。したがって自分の孤独な世界に閉じ籠もることと、出家遁世との類似性を説明すればよいことになる。その際、傍線部直後の「東洋流の、無常感、諦観の上にあぐらをかいているのではない」についても補足してふれておきたい。

解答ポイント

①緒方の状態＝家族から離れて孤独な世界に閉じ籠もる。②出家遁世＝家族を捨て仏道に専念する。③無常感や諦観のためではない。

問五

「雄雞」＝雌鶏やヒナを従える立派で力強い雄の鶏というイメージをふまえる。傍線部（1）に続く「自分の例の雄雞気分……気負った目つき」、傍線部（4）に続く「未だ野心と色気が残っている」、そして最終段落の「あの雄雞の元気……堂々としている」あたりに着眼して、一家の長として家族を守るという気負いや、文学的野心を説明する。ただ最終段落に「滑稽だ、などと見るのは、引かれ者の小唄（＝負け惜しみで強がりを言うこと）かも知れない」とあることから、滑稽感が漂うことを緒方が自覚している点もおさえたい。

解答ポイント

①家族を守る気概。②文学的野心。③滑稽感。

二〇一二年度 文系 〔二〕

出典 坂口安吾「意慾的創作文章の形式と方法」(ちくま文庫『坂口安吾全集14』所収)

解答

問一
完成前の創作段階において、小説全体の効果を考えて言葉を取捨選択しようとする作家の創作上の意慾。

問二
小説の文章も一般の文章のように明快適切でなければならないが、小説の主題を明快適切なものにするために、個々の文章を故意に難解にする場合もあるということ。

問三
日常の言葉は、現実の事物を直接相手に提示できないときに、その代わりにその事物を説明するための手段として用いられるということ。

問四
芸術家とは現実を忠実に再現する者のことではなく、自分固有の感覚や理性によって把握した、現実よりももっと完全で、もっと真に迫った現実像を、芸術上のあらゆる手法を駆使して創造し、それを他人に納得させて深い感動を覚えずにはいられなくさせる者のことをいう。

問五
小説というものは、現実の風景という実体を言葉でありのままに説明したり、写真に写し取ったりするような、現実の単なる模造ではなく、取捨選択を行い表現技法を駆使して作者独自の現実像を創造するものであるから、その作品自体がかけがえのない存在となるということ。

解説

問一

「雨が降った」という文を例に、作家は小説全体の効果を考えて雨の降ったことを書くか書かないかを選定すると述べられ、「小説の文章は……その取捨選択に働くことが更に重大なのだ」とまとめられる。「隠れた」=〈目に見えない〉とは、文章として完成される前の、作家のさまざまな試行錯誤をいう。

解答ポイント

①隠れた=完成前の創作段階。②意慾=小説全体の効果を考えて言葉を取捨選択しようとする意慾。

問二

傍線部の「別の重大な要求」とは「小説全体の表現」「小説全体のための効果」（傍線部直後の段落）、すなわち「小説の主体」（傍線部から四段落目）である。この「主体」とは、本文の内容から判断して、小説全体の中心的事柄、すなわち主題をいうと考えられ、この小説の主題を明快適切にするために、敢えて個々の文章を「晦渋（=難解）」にする場合も必要だと述べられている。説明に際しては「必ずしも……いかない」という表現のニュアンスをふまえて、小説の文章も明快適切であることを前提とすることに触れる必要がある。

解答ポイント

①小説の文章も明快適切さが必要。②小説の主題を明快適切にするために難解な表現も必要。

問三

いわゆる「言語道具説（=言語は外界の事物を指示したり、意思を伝えたりするための道具である）」をいったもの。傍線部直後の二文が具体例となっており、これを一般化して説明する。なお「代用」にカギ括弧があるのは単なる強調とみなしてよい。同じ段落には「言葉を代用して」とあり、カギ括弧はついていない。

解答ポイント

①現実の事物を提示できない。②現実の事物を言葉で説明する。

問四

「偉大な写実家は偉大な幻想家でなければならない」というモーパッサンの言葉を引用して、芸術家は現実のありのままの再現を目指す者ではなく、現実よりも完全で真に迫る幻影を与える者であること、また自分固有の感覚や理性に基づく幻像を、芸術上の手法を駆使して再現する者であることが説明される。この事情を説明しながら、傍線部の「他人に強うる」という表現に着眼して、他人を有無を言わさず納得させる点も説明する。

解答ポイント

①現実の再現ではなく、迫真の現実像を創造する。②芸術上の手法を駆使する。③他人に強く納得させる。

問五

波線部が本文の中ほどにありながら最後の設問となっていることから、本文全体にかかわる読解問題であると承知する。ポイントは「実体」という言葉である。傍線部(3)以下、現実の風景（実物）と言葉や写真（模造）の違いが説明され、芸術は単なる模写ではなく創造であると述べられる。小説自体が実体であるとは、小説が創造された固有の存在であることをいう。この事情を、問四の解答と多少重なるが、創造の意味を説明しながらまとめることになる。

解答ポイント

①小説は単なる模造ではない。②独自の現実像を創造する。③固有の存在である。

二〇一二年度　理系　二

出典　米原万里「前門の虎、後門の狼」（新潮文庫『不実な美女か貞淑な醜女か』所収）

解答

問一

同時通訳は原発言者がしゃべっている間に通訳しなければならないので、「大政奉還」や「廃藩置県」というロシア語にない言葉を逐語訳したり、その歴史的背景までも説明したりするのは時間の制約上不可能に思えたから。

問二

通訳の聞き手を理解させるためには時間を食っても発言の背景までも説明する必要があるが、訳出時間は短縮しなければならない、というジレンマを解決するには、大事な情報以外は省略して通訳すればよい。

問三

語り口がスローモーで通訳に向かないタイプである上に、全部訳さなければならないと考えていた筆者にとって、分かるところだけ訳せばよいという徳永師匠のアドバイスは筆者の固定観念を破り、大事な情報だけを通訳すればよいという通訳の秘訣を教えてくれたから。

解説

問一

「往生」は〝どうしようもなく、困り果てること〟。同時通訳中の筆者が閉口した理由を説明する。まず本文冒頭近くの「目に見えない文脈を補ってあげねばならない」以下に着眼する。「日本の店屋物料理」のように文脈すなわち背景までも説明しないと外国語の理解が難しい場合があるが、通訳の現場では補足説明をする時間的余裕がないということ。「大政奉還」や「廃藩置県」も文脈を補わなければ理解が難しい語である。次に二段落後の「外国語をそのまま訳すと、むやみやたらと時間がかかる」に着眼する。ただでさえ日本語は、同じ内容を表す外国語より時間がかかるということである。

解答ポイント

①同時通訳の時間的制約。②逐語訳すると時間がかかる。③言葉の歴史的背景を説明できない。

問二

「前門の虎、後門の狼」は〝一つの災難を逃れても、別の災難が襲って来ること〟の意の故事成語。本文では「虎の要求にそおうとすると……文脈を添える余裕がなくなる」とあるように、通訳のジレンマについて言ったもの。このジレンマに対する方策は最終段落で述べられる。「大事な情報」だけを残して後は「省略」することである。解答欄に余裕があるので、このジレンマも説明する。

解答ポイント

①「前門の虎、後門の狼」のジレンマの説明。②方策＝大事な情報以外は省略する。

問三

「この時の戒め」とは「万里ちゃん、全部訳そうと思うから……訳していけばいいんだよ」を指す。このアドバイスに筆者が感謝した理由は、傍線部以下で述べられる。すなわち、筆者の語り口がスローモーで通訳に向かないタイプであること、および大事な情報だけを訳せばよいという通訳の要諦を教えてくれたことの二点を指摘できる。説明の際は「戒め」の内容も具体化すること。

解答ポイント

①戒め＝分かるところだけを訳せばよい。②語り口がスローモーで通訳に向かないタイプ。③大事な情報だけを訳せばよいという通訳の秘訣を教えられた。

二〇一一年度　文理共通　一

出典　長田弘『失われた時代』〈アウシュヴィッツにて―オシフィエンツム　一九七一〉（筑摩叢書）

解答

問一
老いぼれても、目が見えなくても、手だけは針の使い方を忘れず、自分が生きることそのものといえる、毎日帽子を縫う行為をやめないということ。

問二
帽子屋にとって毎日帽子を作ることが自分を生かす道であり、自分の誇りでもあったが、時勢に背を向けたその生き方は孤独に死ぬことを余儀なくさせたということ。

問三
共産主義であれ、右翼の主張であれ、民主主義であれ、その時代時代を主導する支配者の思想に迎合して、自ら進んでその思想を広めることで保身を図る生き方。

問四
帽子屋のように、支配者に反抗したり逆に迎合したりするわけでなく、ただ黙々と自分の仕事に精を出すのは、支配者にとっては都合よく見えるものの、支配力の強化に手を貸さず自分の生き方を貫き通したという点で支配者から自由であったといえるから。

問五

「希望としての倫理によって」生きることが、支配者の思想を盲信し、彼の掲げる理想社会の実現に希望を託す生き方であるのに対して、「事実を倫理として生きる」ことは、支配者の思想に踊らされることなく自分の生き方を守り通し、そして矛盾に満ちた不条理な現実や人生を正視しながら日々を精一杯生きる生き方である。

解説

問一

傍線部は帽子屋の言葉の一部なので、あくまで帽子屋の立場から説明する。彼は老いぼれて目が見えないが、毎日帽子を作るために手を動かすことはやめない。よって「手だけがおれを欺さねえんだ」とは、手だけは針の使い方を忘れず、たとえ無駄であっても、毎日帽子を縫うという行為をやめないことを意味している。ではなぜ帽子屋は目が見えないのに仕事をやめないのかといえば、「その手をとおしておのれの〈生きるという手仕事〉をしとげてゆく」（第五段落）、つまり帽子を縫うことは彼が生きることと等価だということにあったからだ。

解答ポイント

①「欺さねえんだ」の意味＝仕事を忘れず、仕事を続ける。②仕事の意味＝人生と等価なもの。

問二

「生きることをじぶんに引きうけ（る）」とは「じぶんが生きなければならないように生きる」ことと同義とみなせるものの、両者とも抽象的でわかりにくい。でも帽子屋の生き方として具体化すれば、毎日帽子を作り続けることで自分を生かしていくことといえよう。「自恃（＝自分自身を頼みとすること。自負）」の意味にも適合する。また「孤独」とあるのは、独り寂しく死んでいったことをいうが、「レーニンの軍隊が……冷めたい真夜中」（第三段落）とある点をふまえて、この「孤独」が時勢に背を向ける生き方の代償でもあることも押さえたい。

解答ポイント

①生きる……引きうけた＝帽子屋として自分を生かす。②自恃＝帽子屋としての誇り。③孤独＝時勢に背を向けた孤独な死。

問三

「そのときそのときの支配の言葉」とは第七・八段落で具体化されている「共産主義」「右翼」「民主主義」のプロパガンダをいう。「販ぐ」は〝売る・あきなう〟の意で、ここは支配者に迎合してその主義・思想を広めることをたとえる。解答をまとめるにあたって、「わたしの生きかた」との対比をふまえて、〈迎合〉〈自ら〉などの語を用いて、積極的に自己を売り渡す生き方である点を明示したい。

解答ポイント

①支配の言葉＝共産主義・右翼・民主主義。②販いで生きのびてゆく＝支配的思想を自ら広めて保身を図る。

問四

帽子屋が「血も流さなきゃ、祖国を救いも」（第二段落）せずに、ひたすら帽子を作り続けた点をふまえる。まず「社会の支配をささえるようにみえ（る）」理由については、積極的に支配に抵抗したり（これは支配の強化につながる）、逆に支配に荷担したりせず、支配を黙認する態度が支配者にとっては好都合な点を説明する。また「社会の支配をみかえす（＝にらみ返す）」ことになる理由については、直後の「社会の支配のついにおよばない自由を生きる」や、第六段落の「支配の論理によって……自由の根拠がある」などに着眼して、自分の生き方を貫くことが支配者からの自由につながる点を説明する。

解答ポイント

①社会の支配をささえる＝自分の仕事に精を出す→支配を黙認する。②社会の支配をみかえす＝支配者からの自由。

問五

「希望としての倫理（＝人として守るべき道）によって（生きる）」とは本文全体の論旨をふまえれば、支配者の思想（具体的には共産主義や右翼の思想や民主主義）を信じて未来の理想社会の実現に向けて行動することといえよう。これに対して「事実を倫理として生きる」とは帽子屋の生き方、すなわち支配者の思想に踊らされることなく、自分の生き方を貫くことをいう。ただここで「事実」という語に着眼すれば、終わりから三段落目の「ひとは偶然に生まれて、ほんとうに死ぬ存在である」や、二段落目の「生のもつあいまいさ……欠けたものがある」に目がゆき、苛酷な現実や人生から目をそらさない生き方が説かれていることがわかる。よってこの点も説明したい。

解答ポイント

①前者＝支配者の思想に希望を見出す。②後者＝自分の生き方を貫く。③事実＝苛酷な現実や人生。

二〇一一年度 文系 二

出典 安田登「神話する身体」（大修館書店『月刊言語』二〇〇七年九月号〈巻頭エッセイ〉）

解答

問一 新劇ではさまざまなメソッドが確立しており、それに従いながら、自分の作品解釈と自分の人生経験が生かされた演技を目指して稽古するが、能には稽古メソッドなどなく、また解釈も行わず、ただひたすら師の演技を真似て、型を自分の体にたたき込むという稽古を行う。

問二 登場人物の喜怒哀楽が観客によく伝わるように、発声や身ぶりなどを工夫しながらその感情を表現すること。

問三 『隅田川』では母親が誘拐されたわが子を慕い、その母親がわが身をなぞらえる『伊勢物語』の故事では業平が都に残してきた妻をしのぶというように、両者の情動は個別的で違っていても、それらの根源にある、不在のものを悲しむ人間の真情は普遍であるということ。

問四 古人は、人間という存在が必然的に抱かざるをえないにもかかわらず、自分ではどうにも抑制できず、また言葉で言い表すこともできない根源的で普遍的な感情を、舞や謡の型に込めて昇華したということ。

問五
能は舞や謡の型の中に込められた人間の根源的で普遍的な感情を表現する演劇であるので、能の身体技法を体験することによって、現代人の中に眠っているこのような感情を自らの身体を通じて再認識することができるということ。

解説

問一
第二～六段落の内容に基づいて、新劇と能の稽古の違いを対比的に説明する。第一に稽古メソッドの有無がある。前者ではさまざまなメソッドが確立しているが、後者にはそのようなものはなく、ただ師を真似ることが求められる（これも広義のメソッドといえるが）。第二に、作品の解釈の有無の違いがある。前者では自分なりに作品を解釈して登場人物の感情を理解し、自分の人生経験を拠り所にしながらその感情を再現してみせる。だが後者ではこのような個人的な解釈などせず、普遍的な型の体得にひたすら努める。

解答ポイント
①稽古メソッドの有無の違い。②作品解釈の有無の違い。

問二
「いわゆる（＝世間で言う）」に着眼して、舞台で普通演じられている感情表現を説明する。発声や身ぶりなどを誇張したりしながら、登場人物の喜怒哀楽を観客にわかりやすく伝えようとするものである（いわゆる「くさい芝居」を考えればよい）。

解答ポイント
発声や身ぶりなどを工夫した感情表現。

問三

「ココロ」と「思ひ」の違いを、『隅田川』の話に即して説明する。周辺の段落から、前者については「情動」「対象がある」「個人的な体験」などに着眼して、その個別性や具体性を把握する。後者については「ココロの深層にある」「ココロを生み出す心的作用」「何ともいえない寂しさ」あたりに着眼して、その根源性や普遍性を把握する。より具体化すれば、人間という存在に本質的に備わる、不在のものを悲しむ人間の真情、といったようなものだろう。

解答ポイント

①ココロ＝母親と業平それぞれの情動。②思ひ＝不在のものを悲しむ人間の真情。

問四

前問同様また「思ひ」の内容が問われているが、ここではより一般化した説明を行う。つまり、人間存在に本質的に生じる根源的で普遍的な感情ということになる。これを「封じ込め（た）」とはどういうことか。第十一段落の「太刀打ちできない」「そら恐ろしさ」なども参考にすると、「思ひ」は人間には抑制不可能だということであろう。そしてこれを「冷凍保存した」とは、舞や謡の「型」の中に込めて、より純粋な形へと高めた、すなわち昇華したということだと考えられる。

解答ポイント

①思ひ＝人間の根源的で普遍的、かつ抑制も言表も不可能な感情。②冷凍保存＝型による「思ひ」の昇華。

問五

「筆者の能の理解に基づいて」とあるので、能の身体技法に即して説明すればよい。「神話を読み直してみる」の意味がわかりにくいが、前段落の「『心（シン）』や『思ひ』は私たちの身体に眠る神話そのものだ」に着眼すれば、「神話」とは「心的作用」や「神秘的精神作用」、要するに人間の根源的な感情をいったものと理解できる。またそれを「読み直してみる」とは、能の身体技法を体験することによってこの感情を再認識することだといえる。筆者は「身体」を使うことの重要性を強調しているので、この点は解答でも重視したい。

解答ポイント

①身体を使って＝能の身体技法を体験する。②神話を読み直してみる＝身体を通じて根源的な感情を再認識する。

二〇一一年度　理系　二

出典　林達夫「文章について」（『林達夫著作集4　批評の弁証法』所収）

解答

問一　続け字や略字などに現れる書き方の癖ではなく、消し、直し、書き足しなど、文章表現における精神的な苦闘の様子がうかがえる推敲の跡のこと。

問二　書かれる言葉は推敲を重ねて仕上げられ、さらに印刷されて抽象的に均一化した活字となることで完成品となるのであって、その途中段階を示す原稿を見ても、乱雑な文字や醜い修正の跡が目に入るだけだから。

問三　書かれる言葉は、書き手の思想によって全体が見通され、冗漫な語句や重複した表現が削除されるという基本的な作業を伴う点からして、思いつくままに口を出て、多少言い直されても未完成なままその役目を終える、話される言葉とは区別されるということ。

解説

問一　解答欄が三行と広いので、直前の「表面的な身体性」と対比する形で傍線部を説明する。「表面的な身体性」

とは第一段落に「続け字や略字」とあるように、要するに筆跡をいう。これに対して傍線部は直後の文に「消し、直し、書き足し等」とあるように推敲の跡をいう。両者の違いは「表面的」＝身体的と、「もっと深いところ」＝精神的の差にある点をふまえた説明を行う。

解答ポイント　①表面的な身体性＝筆跡。②もっと深いところに根差している身体的なもの＝推敲の跡。

問二

「その効果は逆」とはもちろん、推敲の跡が残る原稿を見ても美しいものには見えないということ。その理由はこれまたもちろん、字が乱雑であったり、修正した跡がそのまま残っていたりするからである。では逆に美しく見える理由は何か。それは印刷されて「抽象的に均一化」（第一段落）され、「完成品」（第三段落）として「関心者」すなわち読者に提供されるからである。

解答ポイント　①完成品＝文章として完成され、抽象的に均一化された活字。②原稿＝乱雑な文字や醜い推敲の跡。

問三

「話される言葉」との違いをふまえながら「書かれる言葉」の特質を説明する。前者については第三段落の「話される言葉は本来即興的に……その使命を終えてしまう」などを利用してまとめる。後者については、「浄化の仕事」を説明した第四段落の「文章（＝書かれる言葉）はどんな初歩的な……欠かすわけに行かない」あたりに着眼してまとめる。

解答ポイント　①話される言葉＝即興的で未完成。②書かれる言葉＝思想による統一と、無駄な表現の削除。

二〇一〇年度 文理共通 一

出典 津島佑子「物語る声を求めて」〈ヤマンバの声 口承の物語の世界〉（平凡社『東洋文庫ガイドブック』所収）

解答

問一
語り手の声に誘い出されて物語の風景や人物の姿がありありと目に浮かぶだけでなく、その物語世界の音や匂いや手触りまでもが体で実感されることで生じる。

問二
子どもというものは無垢で無知なものだというように物事を合理的に割り切り、それを人工的に作られた共通語を用いて説明しようとする傾向。

問三
「個人の言葉」が風土色豊かな方言に基づいた話し言葉であるのに対して、「ジャーナリズムの言葉」は人工的な共通語に基づいた書き言葉である。

問四
近代が見失ってきた口承文学の世界を取り戻したいという欲求が、皮肉にも近代の学問がその世界を解読したことが引き金になっている、ということに対する戸惑い。

問五
近代の文学はその土地の風土や神話的想像力と密接に結びついた口承の物語と縁を切り、作家の個性にのみ依拠した作品世界を作り上げてきたものの、今や力強さや魅力を失っているので、口承文学の世界を積極的に取り込んで文学を再興しよう、という試み。

解説

問一

「絵本」の話よりも「母親の口から聞く話」の方が子どもに強いリアリティを感じさせる事情を説明する。そこで前後の段落の「子どものころの世界は、音とにおいと手触りとでできあがっている」「ヤマンバの声が私の頭と体に反響して」「子どもは物語の世界を直接、体に受け入れて生きてしまう」あたりに着眼して、口承の物語が単に心像を喚起するだけでなく、体全体で実感させるものである点を説明する。

解答ポイント

①語り手の声が物語の情景を浮かび上がらせる。②体全体で実感させる。

問二

「そこ」は「『赤い鳥』系の話」を指す。そこでは子どもの世界が「『無垢』、あるいは『無知』の象徴として描かれて」おり、「言葉が近代の論理できれいに整理され」、「人物たちも『近代的』論理性のなかでしか生きていない」。つまり筆者は子どもを無垢で無知な存在として割り切って描いている点、および風土性を欠いた「共通語」「人工の言葉」（第十六段落）で書かれている点に不満を感じ、「近代性」を嗅ぎ取っていたのである。

解答ポイント

①子ども＝無垢で無知な存在。②合理的な発想。③人工的な共通語。

問三

傍線部以下に「個人の言葉」の説明があり、直後の段落に「ジャーナリズムの言葉」の説明がある。前者については「ひとりひとりの顔が見える」「地方の風土、習慣、伝統がそこでは生きつづけ」に着眼し、後者については「共通語」「人工の言葉」、さらには「書き言葉」（第十四段落）に着眼する。要するに、話し言葉・方言と、書き言葉・共通語の違いである。

解答ポイント

①前者＝書き言葉・共通語。②後者＝話し言葉・方言。

問四

近代が見失ってきた口承文学の世界を取り戻したいという欲求が、近代の学問がその世界を読み解いたことが引き金になって生じたという最終段落の内容を把握し、筆者がそこに歴史の皮肉あるいは近代人であることの宿命を感じていることを読み取る。その上で〈戸惑い〉〈ひっかかり〉などの言葉を用いてまとめればよいだろう。

解答ポイント

①口承文学の取り戻しの欲求と、近代の学問の成果との密接な関係。②戸惑いやひっかかりの心情。

問五

直前の「マジック・リアリズム」や「クレオール文学」の例を手がかりに波線部の趣旨を把握する。要するに口承文学の世界を積極的に現代文学に取り込もうというのである。その背景には、現代文学が力強さと魅力を失っているという筆者の問題意識がある（終わりから三段落目）。この事情を、「近代の文学」と「口承の物語」の関係を説明しながらまとめる。この関係については第十五・十六段落の内容が手がかりになる。「地方の風土、習慣、伝統がそこでは生きつづけ」「血縁、地縁を超えて、自分の意見を発表できる」などに着眼して、「近代の文学」が風土や神話的想像力を切り捨てて、専ら作家の個性に依拠した世界を作り上げてきたことを述べればよい。

解答ポイント

①試み＝口承文学の世界の取り込み。②現代文学の行き詰まり。③「近代の文学」と「口承の物語」との断絶。

二〇一〇年度 文系 二

出典 上田閑照「宗教とは何か」〈一 「宗教とは何か」に向けての「人間であること」の自覚〉(岩波現代文庫『哲学コレクション1 宗教』所収)

解答

問一 人間であるからといって真に人間らしく生きているとは限らず、むしろ多くの人は真の人間と非人間との両極の間で無自覚なまま生きているから。

問二 自意識は日常的に生じる意識で、専ら自己に向かい、現在の自己の関心に引き寄せてすべてのものを歪めて写す。これに対して自覚は本当の人間だと思われる他者との出会いを通じて初めて起こる目覚めであり、あるべき自己の実現ないし自己転換を図る機縁となる。

問三 本当の人間との出会いは、人間として生きることに無自覚なまま求めても可能なわけではなく、自分はどう生きるべきかについて深刻に悩み苦しみ、自分が模範とすべき人間に出会いたいと心から切望してこそ可能となるということ。

問四 真の人間を目指すためには自分が模範とすべき人間と交わり、訓練を通じて彼から学ばなければならないが、その模範とされる人間もまた他者を教え育てることを通じて真の人間にいっそう近づくことができるから。

解説

問一

人間として生きることについての問題意識が傍線部の疑問の根底にあることを説明する。第二段落で、人間には本来「人間でなくなるか、真の人間になるか」という両極の可能性が備わっており、どういう人間になるかが問われること、また第三段落では、人間は人間であることに「往々にして無自覚のまま」であることが説明されており、これが筆者の問題意識の内実である。

解答ポイント

①人間の両極の可能性＝真の人間と非人間。②人間であることの無自覚。

問二

第三段落の前半部に基づいて「自意識」と「自覚」の違いを説明する。前者については「自分についての意識はあらざるをえません」「すべてのものを自己関心によって歪めて写します」「自閉的」に、後者については「自己実現ないし自己転換の要求」「往々にして無自覚のままです」「（自覚は）人間に出会って人間に目覚めます」あたりに着眼して、次の三つのポイントを相違点の基準に立てる。

解答ポイント

①ふだん生じている意識であるか、そうでないか。②現在の自己にとどまるか、あるべき自己を目指すか。

③自閉的（＝専ら自己に向かう）か他者との出会いを求めるか。

問三

本当の人間との出会いが可能となる条件を、「単に外に求める」ことと「真に求めている」こととの違いという形で説明する。前者については第三段落前半の内容をふまえて、人間であることの問題意識（自覚）がないまま、単なる興味本位で出会いを求めている点を説明する。後者については「行き詰まって」「窮地」という表現に着眼して、生き方について深刻に悩み苦しみ、模範とすべき人間との出会いを切望する点を説明する。

解答ポイント
①単に外に求める＝人間であることに無自覚なまま、本当の人間との出会いを求める。②真に求めている＝人間としての生き方に悩み苦しむ中で、その出会いを切望する。

問四

傍線部直後の「所以（＝理由）がここにあります」に着眼して、前二文の内容を把握する。「人間であること」には、真の人間から学び人間として養われることと同時に、真の人間が人間を教え育てることが含まれるというもの（真の人間が完結した存在でないことは第二段落終わりの三文でも記されている）。つまり、真の人間を目指すには他者に学ぶと同時に他者を教えることが大切だと筆者は説いているのである。なお傍線部に続く部分で、教育には訓練が不可欠だと述べられているので、これにも触れた方がよいだろう。

解答ポイント
①真の人間を目指す＝模範とする人間に学ぶ。②真の人間を目指す＝他者を教導する。③訓練の必要性。

二〇一〇年度　理系　二

出典　木下是雄『日本語の思考法』〈Ⅲ　要約のすすめ・反要約のすすめ　5　要約によって失われるもの　6　教科書〉（中公文庫）

解答

問一
技術開発を競い合う産業界や政府機関は最新の自然科学的情報をできるだけ多く、かつ効率よく得る必要があり、その点で、研究の過程を省略して結果や知識だけを要約した抄録の集録本は最も有用だから。

問二
抄録を読んだだけではわからない、著者の行った研究の創造過程を読み解き、ときにはその過程の問題点を指摘したり、発展の機縁を把握したりすること。

問三
教科書とはそこに集録されている膨大な知識を生徒にただ詰め込ませればよいというものではなく、それらの知識を生み出した研究の創造の過程を解き明かして、生徒をその過程に招待するために使うべきものである。

解説

問一
まず、「抄録誌」とはいかなるものかを説明し、それが「産業界や政府機関」に必要とされる理由を説明する。前者については、第一～五段落に拠って、科学研究の過程を省略して結果や知識だけを要約したものを集めたものである点を把握する。後者については、第三段落に拠って、たくさんの情報を効率よく得ようとしている点を把握する。さらに「いちばん重宝がる」とある点に着眼して、「産業界や政府機関」が技術開発の最先端に立つ点、あるいは技術開発にしのぎを削り合っている点を説明する。

解答ポイント

①「抄録誌」の性格。②「抄録誌」を必要とする理由。③「産業界や政府機関」の立場。

問二

「眼光紙背に徹す」は〝書物の字句の背後にある深い意味までも読み取る〟の意。ここでは抄録を読むだけで、そのもとになった論文の内容までも把握することをいう。そこで第四〜六段落に着眼して、著者の創造の過程を批判的に読み解いたり、抄録に内蔵された発見の機縁を把握したりするという趣旨をつかむ。

解答ポイント

①要約ではわからない創造の過程を読み解く。②ときにはその問題点や発展の機縁までもつかむ。

問三

終わり二段落に着眼する。筆者は生徒が輪番に教科書を音読するだけの授業を痛烈に批判し、「生徒をその〈創造の〉過程に招待するのが教育というものであろう」と述べている。よって教科書の使い方について、「Aではなく、Bであるべきだ」という形でまとめればよい。Aの部分については〈知識をただ詰め込ませる〉〈知識を網羅的に教える〉などと説明しよう。

解答ポイント

①教科書の悪い使い方。②教科書の良い使い方。

二〇〇九年度　文理共通　㊀

出典　柳沼重剛「書き言葉について」

解答

問一
（ア）枠　（イ）概　（ウ）範　（エ）朗朗　（オ）緊迫

問二
百科事典の執筆は、厳しく制限された字数の中で各項目を的確に説明しなければならないので、当時まだ若かった自分にとって、簡潔で無駄のない文章を書く訓練を積むための絶好の機会となったということ。

問三
すぐれた文章には音読して心地よいリズムがあるとはいえ、詩でもないのに定型の韻律だけを備えた文章を書こうとすると、調子はよくても内容の伴わない、詩とは似て非なるふざけた文章になってしまうということ。

問四
『平家物語』の現代語訳は分かりやすいだけで言葉の生命がないから、読んでもその意味内容が分かるにすぎず、文学作品としての『平家物語』の命ともいうべき、朗朗とした響きとリズム、そして力強い緊迫感を味わうことができないから。

問五
文学の本務は言葉がもっているあらゆる能力を発揮させることである。それには無駄な表現を省いて的確に言うことや、響きやリズムを生かす工夫が含まれている。このことを理解しないで、単に飾り立てた文章やひねった文章を「文学的表現」と言ってけなすのは、文学の何たるかを知らないだけでなく、文章は分かりやすければそれでいいと考えて文章修業をしたことがないのを白状していることになるから。

解説

問一

（イ）「概して」は〝一般的に言って・おおむね〟の意。
（ウ）「範」は〝手本〟の意。「模範」を連想すればよい。
（エ）「朗朗」は〝声などが高く透き通る様子〟の意。

問二

百科事典の執筆が「ありがたい勉強になった」ことを、本文に即して具体的に説明する。第一に、百科事典の執筆とは厳しく制限された字数の中で的確な説明が求められるものである点を把握する。第二に、「ありがたい」理由として、若いときに簡潔で無駄のない文章を書く訓練の機会を与えられたことを説明する。この場合、「若いとき」という言葉は漏らしたくない。なぜなら、「申し訳ないが、あれは今から思えばありがたい」とあるように、仕事としてやったことが勉強になったのは申し訳ないが、当時の自分のような未熟な者に文章修業の絶好の機会が与えられてよかった、というニュアンスが読み取れるからである。

解答ポイント

①百科事典の執筆＝制限された字数内の的確な説明。②ありがたい理由＝若いときの文章修業。

問三

「阿呆陀羅経《あほだらきょう》」は江戸後期から明治期にかけて流行った俗謡の一種。時事風刺を込めた文句などを、お経を読むように歌った。この言葉は初耳でも、「あほだら（＝あほんだら・バカヤロウ）」から、お経をまねた、ふざけた俗謡を意味することは推測できよう。ここでは、「定型の韻律」だけを備えた、「詩でも散文でもな」い文章をいう。説明にあたって、「阿呆陀羅」のニュアンスを生かして、「ふざけた」「滑稽」「低俗」といった言葉を使いたい。また直後に「そうではなくて」とあるように、リズムがあって「音読に耐える」文章と対比されている点も説明に加える必要がある。

解答ポイント

①定型の韻律を備えただけのふざけた文章。②音読してリズム感のあるすぐれた文章との対比。

問四

まず傍線部が、『平家物語』の現代語訳を読んでもそれを理解したことにはならない、という趣旨である点を把握する。その理由を傍線部の前後の文脈をふまえて説明する。特に「原文がもっている……きんぱく感」や、「分かりやすいだけの文には言葉の生命がない」に着眼して、現代語訳では『平家物語』の生命である、響きとリズム、緊迫感が伝わらない点を中心に説明する。文学作品を読む・理解するとはどういうことかという問題意識が読み取れるので、「文学」という言葉を使って、その本質が言葉の生命にある点を強調するとよいだろう。

解答ポイント

①現代語訳＝分かりやすいだけで言葉の生命がない。②『平家物語』＝言葉の生命である、響きとリズムと緊迫感をもつ。③文学の本質＝言葉の生命。

問五

本文全体の内容のまとめとなる設問である。まず直前の「そんなことを言う」とは、「簡単なことを飾り立てて……曲げたりして言うこと」を「文学的表現」とけなすことを指している。そこで、これが「文学についての無知の表白」である理由、および「言葉で本気になって苦労したことがない証拠」である理由を説明すればよい。

前者については、直後の文（「言葉を言葉として……」）を手がかりにしながら、文章の彫琢や響き・リズムの工夫といった文学の本務について無理解であることを説明する。後者については、傍線部の少し前の「分かりやすければそれでいいというものではない」などに着眼して、分かりやすいだけの文章を書くばかりで、文章修業をしたことがないことを指摘する。

解答ポイント

①「そんなことを言う」＝「文学的表現」をけなし言葉として用いる。②文学の本務（文章の彫琢、響き・リズム）に対する無理解。③文章修業の軽視―分かりやすいだけの文章。

二〇〇九年度　文系　二

出典　南木佳士「天地有情」

解答

問一
気分が天気を反映しているように、天地に地続きの我々人間の感情は世界と無関係に独立して存在するのではなく、むしろ世界全体の感情のほんの一つの前景として、その感情の表出に参加しているということ。

問二
筆者が同僚の内科医に先立たれて動揺しているのが患者にも伝わってくるので、患者が筆者に気を遣って症状を訴えるのを控えて、いつもより早く診療が進んでいったという状況。

問三
未来はそれ自体として実在するものではなく、現在の地点から予想・期待されるものにすぎないので、進行癌に侵されている同僚の未来も、彼を見舞う筆者の未来も不確かさという点では同じであり、どちらが先に死ぬかということも分からないということ。

問四
A　同僚の死によって動揺した心も落ち着き、冷静さを取り戻してみると、大切な友人を失った喪失感と悲しみがいよいよ痛切に感じられるという心情。
B　大切な同僚を失った深い悲しみは癒えないながらも、自分なりの仕方できちんと別れることができたことで心の整理がつき、今は彼の冥福を静かに祈りたいという心情。

解説

問一

「その要点を簡潔に述べよ」とあるので、大森荘蔵の引用文をまとめるという方向でのぞめばよい。天地に地続きである人間の感情は、世界から孤立してはおらず、世界全体が感情的であると述べられている。

解答ポイント

①世界＝感情的。②人間＝天地と地続き。③人間の感情＝孤立したものではなく、世界の感情の一前景。

問二

直前の「その日」は同僚の内科医が亡くなった日を指す。「わたしの異様」とは、彼の死に筆者が動揺する様子をいう。そして「常よりも早くカルテの山が低くなっていった」とは、いつもより早く診療が進んだことをいう。患者の方が医者である筆者に気を遣っている様子を説明する。

解答ポイント

①筆者の異様＝同僚の死に対する動揺。②カルテの山が低くなる＝患者が筆者に気を遣うため診療が早く進む。

問三

傍線部の前半は、大森荘蔵の時間論（時間は人間の制作物にすぎず、人間から独立して存在するわけではない。過去も未来もそれ自体としては実在せず、現在における想起や予期の内容にすぎない）に拠っていると思われる。それはともかく、未来は現在において予想・期待されるものにすぎないという内容を把握しよう。後半の「互いの未来」とは、進行癌に侵された同僚の未来と、彼を見舞う筆者の未来のことで、いずれも不確かな点では同じだと述べている。この不確かさは特に死期のことを念頭に置いたもので、同僚の内科医も、癌患者が生き残る確率と健康な者が生き残る確率のこととして理解している。

解答ポイント

①未来＝現在において予想・期待されるものにすぎない。②互いの未来＝内科医と筆者の未来。③不確かさ＝死期の不確かさ。

問四

A　「澄んだ秋空」「荒い山肌」がそれぞれ筆者のどのような心情を象徴しているのかを読み取る。前者については、前段落の「不気味な夕焼けの赤」＝「出来事の前でうろたえるばかりのわたしの心情そのままの定まらぬ色」を手がかりに、筆者が冷静さを取り戻したことを把握する。後者については、「声が震え、立っているのが精一杯だった」などを手がかりに、筆者が友人を失った悲しみと喪失感をまざまざと感じている様子を把握する。この両者を「冷静になって、改めて深い悲しみと喪失感を感じている」などと結びつける。

解答ポイント

①澄んだ秋空＝動揺した心が落ち着く。②荒い山肌＝深い喪失感と痛切な悲しみを感じる。

B　「穏やかな秋の陽」「静謐そのものの火口」と「純白の煙」それぞれが筆者のどのような心情を象徴しているのかを読み取る。前者については、直前の「（弔文の）清書」を手がかりに、自分なりの仕方で死者と別れることができて心の整理がついたことを読み取る。後者については、「純白の煙」が火葬の煙を暗示していることを理解して、静かに死者の冥福を祈ろうとしている点を読み取る。もちろん心の整理がついたとはいえ、悲しみが癒えたわけではないので、その点にも触れる必要がある。

解答ポイント

①悲しみは癒えないながらも心の整理がつく。②死者の冥福を祈る。

二〇〇九年度　理系　二

出典　澁澤龍彦「玩具のシンボル価値」

解答

問一　大人たちが、汽車でも自動車でもいかにも子供たちが好みそうな現実そっくりの玩具を作って、彼らがそれで遊び興じてくれることを切望する、という意味。

問二　屋内用のすべり台を分解して作った「飛行機」は本物とは似ても似つかないし、飛びもしない。しかし飛行機ごっこをする子供たちは、豊かな想像力を駆使してまさしく大空を高速で飛行しているのだということ。

問三　「玩具のシンボル価値」とは、人間の自由な想像力を刺激して、その玩具の名目上の使い方とは別の、無限の使い方をそそのかすような性質をいい、あまりにも現実を複雑巧緻に模倣した玩具には真似のできないものである。

解説

問一　「阿諛追従」は〝こびへつらうこと〟。相手の気に入るように言ったり行ったりすることである。これを「文脈に即して」説明する。
まず直前の「玩具がいかに巧妙に現実を模倣して」に着眼して、玩具が現実を精巧に模倣しようとすることを把握する。次にこのことが「阿諛追従」だと言われる理由については、「玩具のきまりきった使い方」（第一段落）に着眼して、子供たちが本物そっくりの玩具を欲しているとみなして、彼らがそれで遊び興じてくれることを願う大人（玩具メーカー）の心性を説明する。

解答ポイント
①「阿諛追従」の意味。②本物に似せた玩具で子供たちを喜ばせようという大人の心性。

問二
「座敷の中の飛行機」と「架空の空間」の二点を中心に説明する。
前者については、同第二段落前半の「私の家にも、かつて……私の飛行機と呼んでいた」に着眼する。この「飛行機」は屋内用のすべり台で作った「飛行機」であって、本物に似せた玩具の飛行機ではないという点に注意しよう。本物に似ていないだけに想像力が働くという逆説である。
後者については、まさしく「想像」「空想」といった語を用いて、豊かな想像力によって大空を疾駆する様子を説明する。なおボードレールは椅子を並べた馬車ごっこについて同趣の発言をしている。

解答ポイント
①すべり台の「飛行機」。②想像力を駆使して疾駆するさま。

問三
「玩具のシンボル価値」は特に最後の二つの段落で説明されている。「その名目上の使い方とは別に、無限の使い方を暗示する」「その模倣された現実以外の現実を想像させる」などに着眼して、玩具の変則的な使い方の可能性について言及されている点を把握する。ここでいう「シンボル（象徴）」とは、記号と現実との間に直接の対応や類似性がないことを意味する。また「玩具の現実模倣性とシンボル価値とは、ともすると反比例する」などに着眼して、あまりに精緻な玩具ではその価値が下落する点も把握する。

解答ポイント

①「シンボル価値」の意味。②「玩具の現実模倣性」との対比。

二〇〇八年度　文理共通　㈠

出典　安田雅弘「《演劇的知》について」

解答

問一

（ア）端的　（イ）俳優　（ウ）はんさ　（エ）枚挙　（オ）ほてん

問二

日常的なしぐさはほぼ無意識に繰り返されるので、普段は気にしない視線の位置などは観察の目をくぐり抜けてしまい、再現しようとしても他人を意識するために普段と違ってしまうから。

問三

無意識に繰り返される日常的な諸動作も、それを初めて自力で行えた際には周囲の喜びがあり、自らも大きな感動があったはずで、たとえ忘れていてもそのときの感覚や心の動きは身体の記憶として保存されており、演劇的方法によって思い起こすことができる、ということ。

問四

身体が日常的な諸動作を習得したときの感動と、周囲の人々の喜びとを演劇的方法によって思い起こすことで、自己が単なる主観でなく生身の身体として生きてきたことを実感すると同時に、自分がかけがえのない尊い存在であり、他者もまた同じであることを自覚するにいたる。

問五

教養は人を無意識に縛っているものに気づかせ、それからの解放をもたらす。「演劇的知」という実践的な教養もまた身体との対話を通じて、無意識に繰り返される諸動作が初めてできたときの感動を想起させ、自己の実在感と尊厳、他者への思いやりや周囲への配慮を取り戻させるのである。

解説

問一

（ウ）「煩瑣」は〝こまごまとして煩わしいこと〟。

（エ）「枚挙」は「枚挙にいとまがない」で〝数えきれないくらい非常に多い〟の意。

（オ）「補塡」は〝不足分を補うこと〟。

問二

日常的なしぐさ・行動を、改めて十分な自己観察を行ったうえで忠実に再現しようとしても、特に視線の位置などは間違えてしまう、という第四〜第六段落の趣旨を把握する。傍線部はそれについて、十分に自己観察したにもかかわらず正確に再現できないのは、その観察が不十分であることを示していると指摘している。設問はこれを逆方向に引用してその理由を尋ねている。そこで解答は、(i)「観察が不足している」とはどういうことかをその原因も含めて説明したうえで、(ii)「人前で再現できない」ことの理由づけを行うことになる。

(i)については、直後の段落の「靴下の着脱といった日常的なしぐさは……視線に無頓着なのだ」に着眼する。日常の動作は無意識に繰り返されるから視線に無頓着だと指摘している。したがって「観察が不足している」とは、無意識な動作を改めて観察しても、視線などは観察の目をくぐり抜けてしまうことをいっている。

(ii)については、傍線部の直前に「他の人に見られることで、視線の置き場所が普段と違ってくる」とあるように、他人の目を意識してしまうことで視線の位置などが普段と違ってしまうからと説明できる。

解答ポイント

①日常的なしぐさは無意識に繰り返される。②だから視線は自己観察を逃れる。③他人の目を意識して視線が普段と違ってしまう。

問三

「身体に埋め込まれた歴史」という比喩的な表現の説明が求められている。傍線部直後で、初めて自分で靴下を履いた日のことを例にあげて、何気ない日常の動作でも初めてできるようになったときには「周囲の喜びを通じて、大きな感動があったはずだ」と述べられている。そして次の第八段落冒頭で「私たちの身体は、そうした無数の動作と、感動の記憶の堆積である」とまとめられる。よって「身体に埋め込まれた歴史」とは、日常の動作を初めて行えたときの喜びや感動が身体の記憶として残っていることをいう。ここで傍線部の中に「そこ」と「発見する」が含まれていることに注意しよう。「そこ」はほぼ無意識に繰り返されている日常的なしぐさを指す。また「発見する」とは、第八段落で述べられているように、演劇的知によって埋もれていた感覚と心の動きを思い起こすことをいう。これらも解答をまとめるポイントに数えられる。

解答ポイント

①無意識に繰り返されている日常的な動作。②自力で行えたときの周囲の喜びと自己の感動。③身体による記憶と演劇的知による再発見。

問四

「身体への感動」→「実在感」→「尊厳」という流れを説明するわけだが、まずこの三者の内容を把握する。「身体への感動」とは既にみたように、日常的な動作を習得することで得られた感動をいい、それは傍線部直前の「発掘を通じた、身体との対話」、すなわち演劇的方法による身体の想起によって可能となるものである。「実在感」については具体的な説明がない。しかし直後の文の「自己の喪失感」や、最終段落の「自殺やリストカットなど自傷行為の報告」などから判断して、自己の存在感とみてよい。この存在感が身体を通じてもたらされることに注意しよう。「尊厳」についても、自己の尊厳とみてよいが、「身体への感動」が周囲の喜びを通じて生み出された点を考慮すると、周囲の人々によって祝福された、かけがえのない人間としての尊厳であることを読み取らなければならない。さらに傍線部直後の文に「ひいては他者への思いやりのなさや周囲への無配慮につながる」とあるから、この尊厳は他者の尊厳でもあって、他者への思いやりに通じることも把握する必要がある。このように、三者を説明すればおのずと三者の関係を説明することになる。

解答ポイント

①演劇的方法によって想起される、日常的な動作の習得に伴う感動。②身体を通じた自己の存在感。③他者の喜びに由来する自己の尊厳と他者の尊厳。

問五

波線部が本文冒頭にありながら、最後の設問で問われているように、本問は「教養」の働きについて、本文全体の内容をふまえた説明を求めている。つまり要約問題とみてよい。そこで本文の論旨の展開をたどると、まず「教養」一般の働きとして、人を無意識に束縛するものから自由にしてくれることが指摘される。演劇にまつわる教養である「演劇的知」もまた同じであるとして、これが特に人間の身体に目を向け、自己＝身体を束縛するものを実践的に解放してくれると説明される。これを靴下の着脱を例にあげながら、身体との対話を通じた、感動の記憶の掘り起こしや、自己の実在感や尊厳、さらには他者への思いやりや周囲への配慮を取り戻させると説明される。以上の事情をまとめる。

解答ポイント

①教養＝無意識なる束縛からの解放。②「演劇的知」＝身体に関わる実践的な教養。③身体との対話による感動の想起、実在感と尊厳、他者への思いやりと周囲への配慮の取り戻し。

二〇〇八年度　文系　㊁

出典　中島敦『文字禍』

解答

問一　一つの文字を凝視するうちに、文字とは単なる線の集合にすぎないと気づき、これらの線の集合を統合して一定の音と意味を持たせる、目に見えない超自然的な存在者がいるはずだと確信して、文字の霊の存在を認めるにいたった。

問二　地上の事物を表すために単なる線の集合に音と意味を持たせる文字の精霊は、事物が増えるのに応じて文字の線を増やしたり組み換えたり、あるいは文字同士を組み合わせたりすることで、文字の数を増やして自己増殖するから。

問三　見た目にはわからなくても、文字の精霊が密かに目の内部に侵入してその機能を阻害するので、もともと視力がすぐれていた人間でも、文字を覚えて以来、視力が著しく低下してしまうということ。

問四　文字は、ちょうどエジプトでは物の影が物の魂の一部と考えられているように、事物を表す単なる記号ではなく、事物の一部であるといっている。

問五　文字が普及したことで、文字のない時代のように事物と直接交渉することがなくなったために、豊かな感性も深い知恵も失い、また文字による記録に頼るようになって記憶力が衰え、もはや頭脳の働きが鈍くなってしまったということ。

解説

問一　「どのように考えて」とは、老博士が文字の霊の存在を認めるにいたる思考の過程を尋ねている。そこで第二段落の「一つの文字を長く見詰めてゐる中に」以下に着眼して、一つの文字を凝視→文字とは線の集合にすぎない→線の集合に音と意味を持たせるものが必要→目に見えない霊的存在者がいる、という思考過程を把握する。説明にあたって「統べる」と「霊」の二語に着目し、バラバラな線の集合を統合する→目に見えない超自然的な存在者という核心部分をおさえる。

解答ポイント

①文字はバラバラな線の集合。②線の集合を統合して音と意味を持たせる者。③目に見えない超自然的な存在者。

問二　文字の精霊の増殖が「野鼠のやうに仔を産んで」という比喩でたとえられる理由を尋ねている。親が子を産み、それぞれの子が孫を産み……、というように鼠の繁殖力は旺盛である。楔形文字も、線を増やしたり組み換えたり、あるいは文字同士を組み合わせたりすることで新たな文字を作ることができる。このような文字の自己増殖力が鼠の旺盛な繁殖力にたとえられている。ではなぜ文字は増殖するのかといえば、直前に「文字の精霊の数は、地上の事物の数程多い」とあるように、一定の音と意味によって事物を表す文字は、事物が増えればそれに応じてどんどん数を増やすからである。文字の数が増えれば文字の精霊も増えることになる。

解答ポイント

①文字の精霊の自己増殖法＝線の変形や組み換えなどによる文字の増加。②文字は音と意味によって事物を表現する。③事物が増えれば文字も増える。

問三

「文字ノ精ガ人間ノ眼ヲ喰ヒアラス」とはどういうことかを、「蛆虫ガ胡桃ノ……如シ」という比喩をふまえて説明する。その手がかりは前文にある。しらみを捕るのが下手になった者や、鷲の姿が見えなくなった者の例があげられているように、「眼ヲ喰ヒアラス」とは要するに視力が低下したことをいう。そこで右の比喩を考えると、これは見た目には固い殻に包まれた胡桃でも、中身は蛆虫に食べられて空になっていることを表している。つまり外見的には何の異常もなくても、著しい視力低下を招いていることをたとえている。そうなったのは、文字の精霊の仕業に違いないと老博士は推測したのである。なお本文の展開は、文字の精霊の仕業＝視力低下→身体の異常→精神の異常と進むので、第四段落後半や第五（最終）段落の内容は、本問では含める必要はない。

解答ポイント

①視力の低下。②外見的には異常がない。③文字の精霊の仕業。

問四

文字が「その影のやうなもの」であるとはどういうことかを説明する。「その影」は、エジプト人が「物の魂の一部と見做し」た「物の影」のことである。これは、エジプト人が影を物の単なる従属物ではなく、永遠不滅なる物の霊魂の一部と考えたということである。これをふまえて最終段落の「獅子といふ字を覚えた猟師は、本物の獅子の代りに獅子の影を狙ふ」に着眼すると、エジプト人の考える〈物と影の関係〉と同じように、博士は、文字を物を表す単なる記号ではなく、物そのものの一部であると見做した、というように理解できる。

解答ポイント ①エジプト人にとっての影＝物の魂の一部。②文字＝エジプト人にとっての影と同じ。③文字＝物の一部。

問五

文字が人間の脳に及ぼす害を、最終段落の内容をふまえて説明する。この段落で、「文字の無かつた昔……」と「今は……」とが対比されているから、この対比に即して説明すればよい。そこで「直接」「歓び」「智慧」「物憶え」の四語に着眼して、以下のような図式化を行うとよい（「歓び」は「感情」「感性」などと一般化される）。

●文字がない時代　人間は事物と直接に交渉する　→　豊かな感性と深い知恵
●文字が普及した今　人間と事物を文字が媒介する　→　感性と知恵の衰退　＋　記憶力の低下

解答ポイント ①文字を知らない時代＝事物との直接交渉、豊かな感性と知恵。②文字の普及＝豊かな感性と知恵の喪失。③文字の普及＝記憶力の低下。

二〇〇八年度　理系　㈡

出典　青柳瑞穂「真偽のむずかしさ」

解答

問一

自分の蒐集品で、本物だと自信を持っている物を偽物だと言われると、自分の鑑識眼も否定されたようで強い精神的打撃を受けるが、真偽にやや疑問を持っている物を本物だと言われても、鑑識眼を肯定されたくらいにしか思えないということ。

問二

出来の悪い作品ながら自分が描いたものに間違いがないと謙虚に認めつつも、鑑定家が偽物と思うのも無理はなく、自分としても出来ることなら偽物として葬り去ってしまいたいと深く恥じ入る気持ち。

問三

人でも物でも総じて、一流と言われるものはその名に安住して、形は立派でも中身のない偽物に堕してしまったが、二流・三流と言われるものは、それ本来の精神や内容を保有する本物としての誇りを失っていないということ。

解説

問一

「これ」の内容説明と、「軽くしかふれない」の平易な言い換えを求めているが、直後に「それに反し」とあるように対比構造になっているので、この対比も説明に加える。まず「これ」は直前の「私が自分の蒐集品で……ひとから本物だと言われ」ることを指している。次に「軽くしかふれない」については、傍線部の前後の文の「重くて、圧迫的で、決定的な何ものかを持っている」、「決定的な、破壊的な力を持っている」に着眼する。これは偽物と断言されたことの衝撃をいったもので、そこには自分の鑑識眼も「偽物」として否定されたような強い打撃がある。「決定的」とはそういう意味である。よって「軽くしかふれない」とは、蒐集家としての鑑識眼を肯定された程度の納得感をいったものと理解できる。そして第三の対比については既に述べたように、偽物の断言→鑑識眼の否定という精神的打撃を説明すればよい。

解答ポイント

①自信を持つ→偽物の断言＝鑑識眼の否定、精神的打撃。②真偽に疑問→本物の宣言＝鑑識眼を肯定された程度の納得感。

問二

筆者が推測する古径画伯の気持ちを説明する。傍線部に「まことにおはずかしい」とあり、次の第四段落に「謙虚な言葉」とあるから、恥じ入る気持ちと謙虚な気持ちの二点を把握する。前者については「作者自身は、不出来の真作だと告白した」、「それ（＝そんなもの、本物でも偽物と同じだ、という考え方）をやや肯定している」に着眼する。出来の悪い作品が世に出回ったことを恥じて、出来ることなら自分も偽物として葬り去りたいという気持ちである。後者は、出来の悪い作品ながら真作であることを素直に認めようとする気持ちである。問題はこの二つの気持ちを、どちらをメインに、どちらをサブに置いて説明するかという点である。そこで第四段落の最後の文「しかし、本物はあくまで本物だとしなければ筋がとおらない」に着眼する。筆者は、古径が不出来の真作を恥じる気持ちに一定の理解を示しながらも、真作は真作だと主張している。よって恥じ入る気持ちの方をメインと置いて、サブ→メインという流れで説明する。

解答ポイント

①不出来の真作だと告白する謙虚な気持ち。②不出来の真作を恥じ入る気持ち。

問三

傍線部が「一流品」と「二流品、三流品」との対比構造になっているので、そのまま平易な表現に置き換えればよい。「総じて」は〝全体的に〟の意で、書画骨董でも、食物でも、人間でもということ。「堕落」とは要するに「偽物」だということ。これの具体的説明は第五段落の「形態だけは本物そっくり……精神のない書画と同じであろう」が参考になる。形だけは本物に見えても、中身すなわち精神や内実を伴わない偽物だということ。一流の名におぼれた結果であることも説明に加えるとよいだろう。「本来の矜持（＝誇り・プライド）」とは要するに本物が持つ誇り・輝きということで、偽物とは反対に、それ本来の精神や内実を失っていないことをいう。

解答ポイント

①堕落＝精神・内容のない形骸化＝偽物の説明。②矜持＝精神・内容を失わない誇り＝本物の説明。

二〇〇七年度 文理共通 一

出典 清水哲郎「死に直面した状況において希望はどこにあるのか」

解答

問一

重篤な患者が、治るのではないか、病気の進行が遅いのではないかという当てのない望みを持つのは、自分の置かれた状況から目を背けることであって、患者が真実を把握して今後の生き方を自ら選択するという患者の主体性重視の考え方に反するから。

問二

死は終わりではなく、死後にも幸福な生が保証されているという信念は、宗教者たちが説くのならともかく、社会通念から見ればなんら客観的な根拠があるわけではなく、たんなる願望にすぎないという意味。

問三

自己の生を肯定し自己の幸福を追求することを善として認める、人間が生まれつき持っている自然な考え方という意味。

問四

自分がこれまで歩んできた生を「これでよし」と認めて満足することで、やがて訪れる死をも肯定的に受け入れ、自分に残された生を最後まで前向きに生きていこうとすること。

問五

希望とは死から逃れようとしたり、逆に死後の世界を希求したりすることで見出されるものではなく、死を肯定して前向きに生きようとする生それ自体の中に見出されるものであるが、このような肯定的な姿勢は、悲しみをも共有してくれる家族や友人や医療者などの支えがあってこそ可能となる。

解説

問一

「右に述べたような望みの見出し方」を説明しながら、「調和しない」理由を説明する。まず「右に述べたような望みの見出し方」とは、第二段落の「治るかもしれない」「自分の場合は通常よりもずっと進行が遅いかもしれない」という当てのない望みを指す点を把握する。次に「非常に悪い情報であっても……よいことだという考え」が、前文の「患者が自分の置かれた状況を……主体的に選択する」という考え方に基づいている点をおさえる。

そこで、患者がこのような当てのない望みを持つことと、患者の主体的な生の選択という考え方とが「調和しない」理由を考えると、それは後者が「真実の把握」を前提としており、前者の、真実から目を背ける「希望」の持ち方とは矛盾するからだといえる。

解答ポイント

①重篤な患者の当てのない望み。②真実から目を背ける。③患者が真実を把握することを前提とした、患者の主体性重視の考え方。

問二

「公共的には根拠なき」と「希望的観測」とをそれぞれ説明する。まず後者については、前文の「『死は終わりではない……未来における幸福な生に託す」が手がかりになる。要するに死後の世界に対する信仰のことで、本文の語句を適宜利用しながらまとめればよい。次に前者については、「公共的」の意味を確定する。これは単に〝社会一般〟という意味ではなく、〝社会全体で共有された〟の意味に理解しなければならない。来世における生という考えは社会全体で共有されているわけではない、つまり社会通念ではない、というのが傍線部の趣旨である。ただ解答欄が広いので、「宗教者たちが説くのならともかく」などと補足すればよいだろう。

解答ポイント

①「公共的」＝一般社会で認められた。②「希望的観測」＝死後の幸福な生への期待。

問三

「生来」は〝生まれつき〟の意味。「価値観」は、宗教が「死後の私の存在の持続」に希望を見出してきたという前文の内容から、ここでは自己の存在、生に価値を認める考え方をいう。また「生来の価値観」は同段落後半でも使われており、その前文に「我欲」、「自己の幸福を追求する」とあるので、ここも手がかりになる。

解答ポイント

①「生来」＝生まれつき。②「価値観」＝自己の生、自己の幸福追求を肯定する考え方。

問四

「現実への肯定的な姿勢」と「最後」の二点を説明する。「現実への肯定的な姿勢」については、直後の文で「自己の生の肯定、『これでいいのだ』という肯定」と言い換えられる。さらに「自己の生」には「生きてしまっている生（完了形）」と「生きつつある生（進行形）」の二面があると指摘され、前者の生の肯定が後者の生を前向きなものにすると説明される。また「最後」とはもちろん自己の死のこと。生の前方に死が待っていることを肯定しながら積極的に生きることをいう。

解答ポイント

①これまでの生を肯定する。②死を肯定する。③残された生を前向きに生きる。

問五

要約問題ととらえる。本文全体の論旨の展開をおおまかに図式化すると以下のようになる。

希望のありか＝死を逃れようと当てのない望みを抱くところにはない

死後の世界に望みを持つわけにはいかない

↓　それではどこにあるのか？

死へと向かう生の肯定が希望の根拠である

そのためには共に生きる他者の存在が必要

このような流れに沿いながら、「死」をキーワードの一つにして説明すると書きやすいだろう。ただし傍線部の「それ」が前文「悲しみは希望と共にあり続ける」を指している点を考慮して、「悲しみ」を解答に含める必要がある。

解答ポイント

①希望は死からの逃避からは見出せない。②希望は死後の世界に見出すことはできない。③希望は死へと向かう生の肯定に見出せる。④悲しみを共有する他者の存在が必要である。

二〇〇七年度 文系 二

出典 中野好夫「多すぎる自己没入型」

解答

問一
（ア）非情 （イ）焦 （ウ）珍重 （エ）発揮 （オ）漂

問二
自己と対象との間に距離感がなく、対象に起こったことでも自己の出来事として主観的にとらえること。

問三
小椿事といえる対象を、心の距離感を持って客観的、理性的、楽観的に眺めながら、そこにユーモアを見出そうとする余裕のある態度。

問四
庭中で虫が鳴くので行水の水の捨て場がないと、ひたすら虫の音をあわれみ、いとおしんでみせる鬼貫の句は大げさな感傷が鼻について我慢ならないとして、川柳作者は、鬼貫は水の入ったタライを持って一晩中庭をうろうろしていたにちがいないと、からかっている。

問五
オデュッセウスの部下数名が怪物の餌食になるというような悲惨な出来事を表現する場合でも、対象に自己没入して主観的、感傷的、悲観的に歌いあげるのではなく、対象を客観的、理性的、楽観的に眺めて、ユーモアを交えて歌いあげるおおらかさがある。

解説

問二

「対象への自己没入」という「いってみれば」抽象的な言い回しの説明を求めている。直前で「ヘッ！　ころびやァがった」と「アレッ！」とが対比され、前者は「いわば出来事と見る人との間の心の距離感の余裕から生まれる」とされる。これに対して後者は、前段落で「他人の危険をそのまま己れの危険と感じ……ジェスチュアとなってあらわれる」と説明される。さらに直後の段落では「硬い心」と「軟らかい心」の対比に対応するとされ、「客観的」対「主観的」といった言葉で対照される。

以上をふまえて説明するわけだが、解答欄が二行と狭いので「距離感」「主観的」に絞ってまとめるとよい。

解答ポイント

①自他の距離感のなさ。②主観的態度。

問三

「ヘッ！　ころびやァがった」という言葉が、対象に対するどのような態度から発せられたものかを説明する。まず直前に「客観的で、理性的で、楽観的である」とあり、これがこの態度の「ゆえん（＝原因）」であるとされる。これはもちろん前段落の「出来事と見る人との間の心の距離感の余裕」と結びついている。さらにこの段落で、このような余裕が「ユーモア（＝上品で機知に富んだしゃれ。人間の弱点や滑稽さを寛大な態度で楽しむ気持ち）」を生み出すと指摘されている。「ヘッ！　ころびやァがった」にも含まれる滑稽感である。

以上の事情を説明することになるが、対象が危急を要する深刻な事態ではなく、「小椿事（＝ささやかな珍しい出来事）」である点にも触れておきたい。

解答ポイント

①客観的、理性的、楽観的な態度。②対象との距離感。③ユーモア精神。

問四

俳句と川柳の内容を明らかにしながら、後者が前者を揶揄している点を説明する。まず俳句の「行水のすてどころなし」とは、行水の水の捨て場がないほど庭で多くの虫が鳴いているという誇張表現であるが、虫の声をいとおしむ鬼貫の感傷の誇張でもある。次に川柳は、鬼貫がタライを持って一晩中庭をうろうろしていた様子をコミカルに描いて、辛辣にからかっている。

傍線部の「カンにピンと来た」は「癇に触る（＝しゃくにさわる）」をもじった表現で、「癇に触る」という余裕のない怒りではなく、ユーモラスな皮肉であることを示している。

解答ポイント

①俳句の句意。②川柳の句意。③川柳作者のからかい。

問五

ホメロスの表現態度が「硬い心」に基づいていることを、本文全体を要約する形で説明する。まず「空腹も忘れて悲しんだ」という表現は、ひたすら対象に自己没入して、主観的、感傷的、悲観的に歌いあげる「軟らかい心」のものである。これに対して「満腹を感じたとき、はじめて不幸な仲間たちの運命を悲しんで泣いた」という表現は、たとえ悲惨な出来事でも対象から距離を置いて、客観的、理性的、楽観的に歌いあげる「硬い心」のものであり、読む者にユーモアと救いを感じさせる。そのようなおおらかさがホメロスの表現にはある。このような事情を対比的な形で説明する。

解答ポイント

①自己没入の感傷型ではない。②客観的、理性的、楽観的な態度。③ユーモア漂うおおらかさ。

二〇〇七年度　理系　二

出典　橋本治『浮上せよと活字は言う』〈改めて啓蒙を論ず〉

解答

問一
（ア）かたく　（イ）偏見　（ウ）ざっぱく　（エ）焦点　（オ）浪費

問二
活字文化を担う学者・知識人が、若者は本を読まなくなったと嘆くばかりで、読書が思考力を養い人を自由にすると説かないのは怠慢だということ。

問三
（A）活字文化は大学に代表されるような知性しか認めず、自分とは異質な文化を理解しようとはしないから。
（B）旧世代が固執する活字文化を若者が見限ったために、活字文化を発展させるべき後継者がいなくなること。

解説

問二
「活字の側」とは「活字文化」（第三段落）の担い手である学者・知識人のこと。「活字離れ」は冒頭に「若者の活字離れ」とあるように、若者が本を読まなくなったことをいう。「啓蒙」は前にあるように「本を読むべきだ。……〝自由〟と呼ばれるものだ」と若者を説得することをいう。ただしこれは長いので、キーワードである「思考力」と「自由」を中心にまとめればよいだろう。

解答ポイント ①活字文化を担う学者・知識人。②若者が本を読まなくなったこと。③読書が思考力を養い、人を自由にすること。

問三

（A） 活字文化が閉鎖的であることは第二・第三段落で説明される。特に第二段落の「大学に代表される……拾い上げられなかった」や、第三段落の「自分達とは系統の違う文化の読み取りを、活字文化は拒絶し続けて来た」あたりに着眼する。

解答ポイント 活字文化＝異質な知性や文化の理解を拒絶し続ける。

（B） 若者が村を去り、老人だけが残るという村の過疎化現象を、活字文化に当てはめて説明する。活字以外の文化を認めず、それに固執する古い世代の学者・知識人を若者が見限って活字文化から離れてしまったために、活字文化を発展させ、その閉鎖性を解放すべき後継者がいなくなってしまった状況をいうが、解答欄が狭いため、簡潔にまとめる必要がある。

解答ポイント ①活字文化に固執する旧世代。②若者の活字文化からの離脱。③活字文化の後継者不足。

二〇〇六年度 一

出典　茂木健一郎「『曖昧さ』の芸術」

解答

問一
曖昧な自然言語に依拠する人文諸学の議論は、数学的言語に基づく自然科学の思考のように厳密なものではなく、したがって現実世界を精確に把握したものではないという意味。

問二
人間の意識や思考が脳内の厳密な進行に支えられていることが解明されていなかったために、人間の意識や思考は物質世界の厳密な因果的進行とは無関係な、自由で独立したものと考えられたから。

問三
思考の数理的基礎の解明および脳科学や認知科学の発展によって、物質世界から切り離されていた人間の思考が、物質世界と同じく脳内過程の厳密な因果的進行に支えられたものとしてとらえ直されたという意味。

問四
厳密な因果関係が支配する物質世界に曖昧なものは一つもないのに、同じく脳内過程の厳密な因果的進行に支えられながら、人間の思考は曖昧たりうるから。

問五
自然言語による思考には数学的言語からみれば曖昧さが存在するが、むしろその曖昧さによって、物質世界を支配する因果的進行に拘束されない、想像力に満ちた自由で豊かな表現世界を実現するという意味。

解説

問一

まず「自然言語に基づいた思考」すなわち「人文諸学における思考」が「お話」だと言われている点をおさえる。「お話」はここでは、その前後に「厳密ではない」「意味がない」とあるから、〝つくり話・空論〟といった否定的な意味で使われている。

そこで、なぜ「厳密ではない」と言われるかを読み取る。それは、「厳密」な数学的言語を用いる自然科学とは異なり、「曖昧」な自然言語に基づくからであると理由づけされる。

次に、なぜ「意味がない（＝価値がない）」と言われるのかを読み取る。それは、「お話」という表現からも分かるが、第三段落の「自然科学の成果（＝物質世界を合理的に説明する体系的理論など）と対比すれば」に着眼すると、現実世界に対するアプローチの仕方が曖昧で精確でないからであると言える。特に哲学などは自然科学者の目には空中楼閣の最たるものに見えるだろう。

解答ポイント

①人文諸学の議論。②自然言語による思考の曖昧さ。③現実世界を精確に把握しきれていないこと。

問二

「ブラックボックス」とは〝入力と出力の機能は明らかだが、内部構造が明らかでない装置〟のこと。要するに中身の見えない箱である。ここでは「人間の意識や思考」の特性を「ブラックボックス」にたとえている。それは「物質世界に対してどのような関係にあるのか明らかではなかった」からである。

その「関係」とは「脳内過程の厳密なる進行に支えられている」（第八段落）という関係である。この関係が解明されていなかったために「人間の意識や思考」は「物質世界の厳密なる因果的進行」から切り離され、「すべてのことが可能であった」ということになる。すなわち死者との交信など、「物質世界の厳密なる因果的進行」に束縛されない、自由かつ超現実的な思考が可能であったというのである。

したがって、人間の意識や思考が物質世界を支配する因果の法則から自由であると考えられていたことを説明の中心にすえ、人間の意識や思考と物質世界との関係を補足的に説明すればよい。

解答ポイント
①人間の意識・思考と物質世界との関係の未解明。②人間の意識・思考の因果法則からの自由独立。

問三

思考の数理的基礎の解明が進み、脳科学や認知科学が発展したことによって、物質世界から切り離され不可知なものとしてブラックボックスの中に入れられていた人間の思考が、その中から取り出され、物質世界と同様、厳密な因果的進行に支えられたものとしてとらえ直されるようになった、という前後の文脈をおさえる。

要するに「思考の自然化」とは、人間の意識や思考にまとわりついていた神秘のベールをはぎとり、物質世界の出来事として解明しようとする動きを言う。

本問のポイントは、「自然化」を「非自然」から「自然」への変化として説明することにあり、この変化をもたらした学問的背景、およびその知見、具体的には「(人間の思考が）脳内過程の厳密なる進行に支えられている」という点も合わせて説明することになる。

解答ポイント
①思考の数理的基礎の解明および脳科学や認知科学の発展。②物質世界から分離されていた人間の思考の、物質世界への取り込み。③脳内過程の厳密な因果的進行。

問四

「驚異」は三段落後で「奇跡」と言い直されている。したがってこの両単語を含む段落およびその間の二段落を視野に入れて理由づけを行う。

まず傍線部直後の文の「脳内過程の厳密なる進行に支えられているにもかかわらず、人間の思考がいかにして『曖昧』たりうるのか」に着眼する。厳密な因果関係と曖昧さという、本来両立しえないものが人間の思考において両立していることの不可思議さが指摘されている。これは「奇跡」の部分で、自然言語が厳密な因果関係の支配する物質世界に曖昧な要素を持ち込むことを可能にしていると述べられているのと同趣旨である。では厳密な因果関係と曖昧さの両立がなぜ「驚異」「奇跡」とおおげさに表現されるのかと言えば、それは物質世界には「曖昧なものは一つもない」からである。その唯一の例外が人間の思考であるがゆえに、「驚異」「奇跡」と表現されなければならなかったのである。よってこの点も補足的に説明に加えるとよい。

解答ポイント

①厳密な因果的進行に支えられながら人間の思考は曖昧たりうる。②厳密な因果関係が支配する物質世界に曖昧なものは一つもない。

問五

説明のポイントは「その上」の「その」の指示内容と、「曖昧さの芸術」の内容である。

まず前者はもちろん前文の「ただ、曖昧さは確かに存在し……確認するだけである」を指している。自然言語による思考には「曖昧さ」(数学的言語からの視点)が存在するが、逆にそれが「力」ともなるというのである。この「力」とは、前段落の「表現世界の内包する自由」「自然言語の内包している可能性」に着眼すれば、厳密な自然法則に拘束されない、言語表現の無限の可能性を言ったものと言える。

次に後者の「芸術」については、「あえていえば」とあるように比喩的に使われている。つまり曖昧さが

「芸術（＝技巧を駆使して美を実現したもの）」になるというわけではなく、曖昧さを利用して芸術のような豊かな想像世界を巧みに作り出しているというのである。結局のところ両者は内容的に大きく異なることはないから、解答は前者を具体的に説明しながら後者の「芸術」のニュアンスを盛り込めばよいだろう。

解答ポイント

①自然言語による思考の曖昧さ。②厳密な因果法則からの自由。③曖昧さによる想像力に満ちた自由で豊かな表現世界の実現。

二〇〇六年度 二

出典 高見順「わが胸の底のここには」

解答

問一
「私」が古本の教科書を買って母親の負担を軽くしようと思い立ったのは、古本の教科書の存在を知ったからではなく、それを買おうと中学生が群れを成して詰めかけているのを見て、他にも大勢古本を買う人がいると知った安心感からであるということ。

問二
古本の教科書を買った軽率さを後悔し貧乏人根性をいまいましく思った「私」は、虚栄心から兄のお古だと偽って弁解したが、その後ろめたい気持ちが前の持ち主の名前を墨で消した跡によって常に呼び覚まされたから。

問三
新本ではなく古本を買って少し得をしたというけちな喜びではなく、少しでも母親の負担を軽くできて親孝行ができたという喜び。

問四
真面目にノートをとる秀才タイプの生徒ではなく、簡単な熟語や覚えるべき漢字に仮名を振るなど、教科書につまらない書き込みをすることだけに努力を傾注するような、ひどく学力の劣った生徒という意味。

問五

教師は「私」が教科書に書き込みをしたと誤解して叱責する。だが「私」の教科書が古本であり、書き込みをしたのは前の持ち主だと分かって困惑し、「私」が新本を買えない貧しい生徒であると考えて叱責したことを後悔する。それに対して虚栄心の強い「私」は、母と祖母の手で育てられたという家庭の事情までも教師に同情されたように思い、自分一人が叱責される場合以上にひどくみじめで悲しい気持ちになった、ということ。

解説

問一

説明のポイントは「さういふ群」「私を刺激し」「私を支へる」の三点。

第一点は「古本屋の前に群を成して詰めかけてゐる中学生」ということ。

第二点は、自分も古本の教科書を買う気になったことをいうが、その動機は「少しでも安い古本を買つて母親の負担を軽くしようと思ひ立つた」ためであるから、これも説明しなければならない。

第三点は、前文に「勇気を与へた」とあるように、他の大勢の中学生に元気づけられるように思い切って古本の教科書を買ったことをいう。もし彼らの存在がなければ、「私」は到底「親孝行」をしようという勇気が出なかったのである。以上の三点を説明する。

解答ポイント

①古本の教科書を買おうと中学生が群れを成していること。②自分も古本を買って母親の負担を軽くしようと思い立ったこと。③中学生の群れに勇気づけられたこと。

問二

古本の教科書の裏表紙に書いてあった前の持ち主の名前を墨で消した跡が「犯罪の痕跡」に思えた直接の理

由は、傍線部前後で述べられているように、「虚栄心」から「いつはりの弁解」をしたからである。その後ろめたさが「犯罪」意識を生み出したのである。

そもそも「私」が「虚栄心」から「いつはりの弁解」をせざるをえなくなったのは、古本の教科書を買ってしまったことを後悔したことが誘因である（買った当座は「親孝行」だと思って喜んでいる）。その気持ちを「屈辱の想ひ」「軽率だつたと後悔され」「しみつたれた貧乏人根性がいまいましかつた」と表現している。したがって説明にあたっては、たんに兄のお古の教科書だとうそをついたやましさだけを述べるのではなく、後悔の念→虚栄心→虚言→やましさという経緯を説明しなければ十分な説明とはいえない。

解答ポイント　①古本の教科書を買ったことに対する後悔。②虚栄心からの虚言。③墨の跡が呼び覚ます後ろめたさ。

問三

「吝嗇」は〝ひどい物惜しみ。けち〟の意。傍線部より少し前に「ちよつとの金の違ひ」とあるように、新本を買わずに古本を買ってお金をけちることをいう。この、けちって得をした気分を「吝嗇の喜び」と表現している。

これに対して「一種美しい喜び」とは、これも傍線部より前にある「何か大変いいことをしたやうな喜び」と同じ性質の「喜び」、すなわち「少しでも安い古本を買つて母親の負担を軽くしよう」という「親孝行」、要するに孝心の喜びである。解答は「〜（喜び）」ではなく、〜喜び。」という形にまとめるのが基本。

解答ポイント　①古本を買って少し得をした喜び。②母親の負担を軽くしようという親孝行の喜び。

問四

「熱心」に傍点が施されているのは、評論文などで、懐疑的・批判的な意味を込めてカギ括弧を用いるのと同じ用法である。本来の意味での「熱心」なのではなく、間違った「熱心」なのである。つまり、秀才のような真面目さをいうのではなく、教師の話や板書をそのまま書き取ることだけに努力を傾けているような、たんなるやみくもさといった意味での「熱心」なのである。そのような様子を「下らない書き入れがびつしりとしてある」と述べている。ここでいう「下らない」とは落書きの類をいうのではなく、「桃李」や「責」に振り仮名を振っている例があげられているように、〝学習のレベルの低い〟といった意である。

以上より、本問の説明のポイントは「熱心」と「熱心」の違いの説明、および「劣等生」ぶりの具体的説明の二点である。

解答ポイント

①下らない書き込みに努力を傾けるという意味での「熱心さ」。②やみくもに振り仮名を振るような「劣等生」ぶり。

問五

「叱責を悔いてゐる」と「叱責よりも強く私を悲しませた」の説明がポイントになる。

まず前者については、教師が私を叱責した理由、およびそれを後悔する理由を説明する。そこで「険しい表情を変な困惑のそれに変へて」「何も言はず、そそくさと去つて行つた」に着眼する。教師は「私」の教科書が古本で、書き込みの犯人は「私」ではないと分かり「困惑」するが、「私」が新本を買えない貧しい家庭の出身だと思い、「そそくさ」と立ち去る。この事情を具体的に述べる。

後者については、教師の叱責よりも教師の後悔の方が「私」を強く悲しませた理由を説明する。それは端的にいえば、「私」が虚栄心が強いこともあって、教師に同情されてみじめな思いを味わったからということになる。だがここで「強く」という表現にこだわると、教師に同情された「私」はみじめだという以上の思いが読み取れる。つまり、たんなる叱責なら累が及ぶのは「私」個人だけだが、後悔による同情は「私」個人だけでなく、「私」を育てた母親や祖母にまで及ぶことになる。「親孝行」な「私」だけに、それはひどく悲しいことなのである。よってこの事情を説明する。

解答ポイント
①教師の叱責と後悔の具体化―教科書の書き込みをめぐる誤解。②誤解による叱責の場合の悲しみ。③教師の同情が「私」および家庭の事情にまで及ぶことのみじめさ・悲しみ。

二〇〇五年度　一

出典　下村寅太郎「知性改善論」

解答

問一
日本人の知性は、複雑多様で動揺可動な自然を有する風土的環境によって育まれたために、西洋人のように能動的に自然を自己の意志に順応させて、自然の活動力を支配し利用しようとするのではなく、精緻な自然認識を行い、植物のようにもっぱら受動的に自然に随順・合体する知恵として発達したという意味。

問二
日本的な自然は因果の法則に支配された一様で持続的なものとはみなされず、絶えず変化してやまない多様で複雑なもの、それゆえ分析や抽象に堪えないものとして理解されてきたという意味。

問三
空想力や想像力は自然と対立し自然から独立しようと意志することで発揮され育成されるが、日本人は逆に自然に随順し自然と融合することを理想的な生き方としてきたから。

問四
自然への随順を第一と考える日本人は、自然と精神を対立させて自然法則を追究したり精神世界を発展させたりするのとは逆に、自然と精神の融合を重んじ、自然に感応しながら情趣的な気分で生きているという意味。

問五　日本の知識人は精神を自然と対峙させて厳しく問うことをしないために、思想や知識に対して気分的で、それらを誠実に論理的に徹底的に追究することができないという意味。

解説

問一

第二段落終わりに「我々の精神の植物的性格はかくして成立した」とあるから、本問はおもに第二段落までの内容をふまえて説明することになる。第一段落では「植物的性格」を育んだ風土的環境が説明され、第二段落では「植物的性格」が具体的に説明される。

そこでまず「我々」とは西洋人と対置された日本人を言い、西洋人＝「動物的」、日本人＝「植物的」という対立図式が筆者の念頭にあることを確認する。次に第一段落の風土的環境をまとめるにあたっては、細々とした説明部分は割愛して「複雑多様・動揺可動」というポイント箇所をおさえる。第二段落については、「随順」「受動的」といったキーワードを中心に「植物的性格」を説明することになる。直後の第三段落冒頭に「そこ（＝「植物的性格」）では自然への随順、むしろ自然と合体することが理念的な在り方である」とあるので、「合体」もキーワードになるだろう。

さらに、対立図式である点をふまえて、西洋人の「動物的な」知性を、「積極的に自然に働きかけ……」「自然の活動力は支配し……」などを利用して説明しなければならない。

解答ポイント

①日本人の知性を育む風土的環境の説明。②西洋人の能動的知性の説明。③日本人の受動的な自然随順型の知性の説明。

問二

傍線部から読み取れる日本人の自然観を説明する。「無常」は〝一切の存在は生滅変化し、永遠に存在し続けるものはない〟といった意味で、仏教思想としてよく知られている。ただしここでは宗教性はないと見てよいが、「恒常性法則性」と対比されている点に注意する。

「恒常性」は「持続的」「不動」「一様性」などを利用し、「法則性」は第二段落の「分析抽象」や「因果性の追究」あたりを利用して説明すればよい。さらに、「無常」はこれらの「逆」であるので、「恒常性」の「逆」については直前の「可能なる限り多様であり複雑である」などを利用し、「法則性」の「逆」はそのまま「分析抽象に堪えず」「因果性の追究を拒む」などを利用して、変化・多様・複雑ゆえに抽象化・法則化を拒むものとして理解されてきたことを説明する。

解答ポイント

①「恒常性」＝自然の一様性・不動性。②「法則性」＝自然の因果的法則性。③「無常」＝自然の変化・多様・複雑とその法則化の困難さ。

問三

比較的まとめやすい設問。まず「そこ」が前の二文の内容（＝自然との対立・自然からの独立を意志せず、ひたすら自然への随順と自然との合体を求める日本人の生き方）を指していることをおさえる。次に傍線部直後の文に着眼する。空想や想像は自然からの意識的な独立・超越にほかならないと説明されている。この両者を組み合わせることで傍線部の理由づけが出来上がる。

解答ポイント

①日本人の自然に対するあり方＝随順・合体。②空想力・想像力の条件＝自然からの独立・超越。

問四

第三段落も日本人対西洋人という対立の構図で論旨が展開されている。「日本人自身の存在の仕方」については「自然への随順、むしろ自然と合体する」「精神は有機的に自然と一体となり、自然は精神と融合している」などと説明されている。またこのような日本人のあり方が「詩的文学的」であるとは、短歌や俳句に典型的に表れている「情趣的な気分」を生の基礎に置いているということである。

これに対して西洋人は自然と精神を対峙させ、一方では自然の意識から自然科学を生み出し、他方では精神の意識から哲学や文学（悲喜劇や知性・意志の文学）などを生み出したと説明される。

解答ポイント

①日本人の存在の仕方＝自然への随順・自然との融合。②詩的文学的＝情趣的気分。③西洋人のあり方＝自然と精神の対立。

問五

「純粋な思惟」とは要するに精神の純粋な活動である哲学思想をいう。それが「独立していない」とは、日本では哲学思想が学問として自立していない、言い換えれば厳密な学問になっていないことをいう。すなわち「思想や知識」に対して「潔癖（＝どこまでも追究する姿勢）」でなく、「論理の整合性」を徹底せず、西洋思想の新しい動向に「気分的に」同調するのみで「思想的清算（＝西洋思想と真摯に対決してそれを生産的に消化すること）」を行わないというのである。それというのも日本人は精神と自然を対立させず、精神を厳しく見つめることが不得手なために、どうしても情趣的な気分が紛れ込んでしまうからである。「我々の知識人の知識は文学であって」というのはこれをいう。

解答ポイント

①日本の知識人の精神的甘さ。②思想や知識に対して気分的で、学問的厳密さが欠如している。

二〇〇五年度　二

出典　横光利一「天城」

解答

問一

会社内と同じく、人生の競争に見立てられた天城山登山においても、社員共同のものである薬罐の水は、たとえ一杯でも山上に着くまでは勝手に飲んではならないという暗黙の規則が社員みんなの間に存在していたということ。

問二

罰則として水を持たされている畑中に同情して薬罐を持とうと申し出たところ、意外にも畑中は宇津に水を勧める。しかしこの水は勝手に飲んではならない社員共同の水だったので、宇津は畑中の親切心に感謝しながらも、自分も畑中の仲間になって罪を背負ったような後ろめたさを覚え、水の処置に困惑したということ。

問三

宇津は周囲のすがすがしい山の緑を目の当たりにすると、不文律を破って水を飲むことに良心の呵責を感じて、自らを厳しく律したということ。

問四

急な坂道を水をこぼさずに登るのは至難の業であり、自分一人が良心の呵責を感じて不文律を守っても、結局水がこぼれ出て無意味になるから、たとえ人生の競争の模擬という観点から見たとしても、水を飲まずに持って歩くのはばかげていると思えたから。

問五　水を飲んだことの後ろめたさがどこまでもつきまとい、山上で爽快な気分を味わうという目的が台無しになってしまったという後悔。

解説

問一　「ここ」は天城山登山を指す。「不文律」は〝集団の中で暗黙のうちに守られている約束事〟。したがって傍線部を直訳的に説明すると、「天城山登山においても、社内と同じく、社員が決して破ってはならない暗黙の規則が存在する」となる。「社内と同じく」というのは、前書きの部分で社員同士の結婚を禁じる不文律があったと説明されていることをふまえている。

この直訳的な説明を土台にして、補足的に天城山登山については「社員旅行」で、「人生行路の競争を模擬してゐる」ことを説明し、暗黙の規則については山上に着くまでは勝手に水を飲んではいけないという規則だと説明する。

解答ポイント　①天城山登山の性質＝社内旅行で、人生行路の競争に擬したもの。②不文律の意味と内容＝山上に着くまでは共同の薬罐の水を飲んではならないという暗黙の規則。

問二　「愛情」とは畑中が宇津に水を勧めた親切心をいう。それを「重み」に感じるとは、その親切心が心の負担となるということ。それというのも、その水が社員の間の不文律になっていたからであり、しかも前に不文律を破った畑中から勧められたからである。
したがって「多少のうるささ」とは、宇津が畑中と同じく不文律を犯すことで生じる心の騒ぎ、すなわち後ろめたさや困惑の情をいう。「宇津も同様に罪を持たされた」とあるのが後ろめたさ・やましさであり、「宇津は茶碗の水を持つたまま、これを零してもならず、飲み干してもならずといふ細かい辛苦」とあるのが困惑・ジレンマである。以上の事情を説明する。

解答ポイント

①「愛情」＝畑中の親切心。②「重み」＝不文律の水を不文律を破った畑中から勧められたから。③「うるささ」＝後ろめたさ・困惑。

問三

傍線部の前に「それまでは自分だけに……責任を果したいと思ふ」とあるように、宇津は自ら不文律を破って水を飲むようなまねは決してするまいと決意している。自らを厳しく律しようとしている。それというのも「何か厳として飲まさぬもの」が「山中の青さの中に潜んでゐた」からである。この場合「山中の青さ」とは宇津の良心を象徴したものといえ、宇津は山のすがすがしい緑に良心を触発され、不文律を破ることに良心の呵責を感じたのである。以上の事情を説明する。

解答ポイント

①「山中の青」＝すがすがしい緑＝良心。②「厳として飲まさぬもの」＝良心の呵責、自律。

問四

宇津はいったんは茶碗の水を飲むまいと決意するが、その決意も鈍ってついに水を飲んでしまう。その心理の推移が「平坦な道でも」以下に描写されている。まず「平坦な道でも……至難だつた」の部分では、水をこぼさずに山を登ることの物理的困難さを自覚する。次に「また自然に……誰もなかつた」の部分では、良心の呵責から水を飲まなくても自然と水がこぼれ出る以上、自分の努力が無意味になり、また誰も認めてくれないと考え直す。そして「模擬としてみても……ばかばかしい実験だ」の部分では、登山を人生競争に見立てたとしても、その中で水をこぼさずに登るというのはあまりにばかげた思いつきだと自嘲する。以上の事情を説明する。

解答ポイント

①物理的にどうしても水をこぼしてしまうこと。②良心が独りよがりのものになること。③人生競争の観点から見てもばかげていること。

問五

「宇津の後悔」とはもちろん共同の水を飲んでしまったことを後ろめたく思う気持ちである。「薄暗く曇つた気持ち」「何となく霽れぬ気分」「心の曇り」とあるのがそれである。これに対して「別なもの」とは、「爽快に山上の空気を吸ひたいと思つてゐ」たのに、「何のための山登りだつたのか、これは無益なことになつた」という思いである。ここから登山の目的が失われてしまったことに対する後悔を読み取る。すなわち、最初は水を飲んだことに対する後悔だったのが、登頂して爽快な気分を味わうことができなくなったという後悔に変わったという意味である。以上の事情を説明する。

解答ポイント

①「宇津の後悔」＝水を飲んだ後ろめたさ。②「別なもの」＝登山の目的を喪失したことに対する後悔。

二〇〇四年度 一

出典 野上弥生子「ローマへ旅立つ息子に」

解答

問一

趣味と教養は人間の生存に必要のない無駄な暇つぶしとみなされたり、搾取階級の道楽として軽蔑や反抗の目で見られたりする点で類似している。しかし、趣味が単に生活に潤いを与え物事を楽しむにとどまるのに対して、教養は知識を総合的に人間と生活の中に結びつけて、人格を形成し生活を意義あるものにする点で両者は相違している。

問二

知識はブルジョアが人民を搾取するために拵えたものにすぎず、人民の生活には必要のない否定されるべきものであるという考え。

問三

ヨーロッパの学者が自分たちの学問の伝統をふまえたうえで最新のさまざまな学問研究を行うのとは逆に、日本の学者は明治時代からヨーロッパの学問・文化の最新の成果を吸収するのに追われたために、その根源にある基礎的な部分およびその長い伝統を理解することなく、ただ最新の学問の趨勢に振り回されるばかりで、その徒労の挙げ句、遅ればせながらようやく基礎的研究の重要性に気づくという点。

問四

ヨーロッパの学問・文化の摂取の仕方が、その伝統の根源にある基礎的なものから遊離した雑多な知的断片の寄せ集めであったために、必然的に急拵えの学問や教育制度に欠陥が生じ、また政治制度や社会秩序に矛盾が生じた結果、摂取の仕方の誤りを棚に上げて、ヨーロッパの学問・文化そのものの欠陥をいい立て、もう十分に摂取したといって排除しようと努めているということ。

問五

教養とは、吸収した専攻学科の知識をただそれだけで孤立させておくものではなく、その知識やさまざまな人生経験を基礎として広い世界や周りの社会に対する正しい認識を持って、進歩した社会の実現に人々を向かわせるものであり、また常に新鮮で進歩的な文化意識に目覚めて、自己の人間性の完成に向かわせるものであるべきだということ。

解説

問一

類似点については、傍線部直後の文「同時に……」以下が手がかり。特に「有閑的な無駄な消費生活」「軽蔑と反抗で否定されかねない」「贅沢で滑稽に」「不当所得の拵らえあげたもの」あたりに着眼して、趣味も教養も強く否定されている点をおさえる。ここから生存に必要ない無駄で贅沢なもの、人民から搾取するブルジョアの慰みごと、という二つのポイントを説明する。

相違点については、傍線部直後の「それ（＝趣味）はただ……これ（＝教養）はもっと根の深い積極性をもっている」に着眼する。そのうえで、さらにこの「もっと根の深い積極性」を具体化した傍線部直前の「知識が単に……結びつく」、さらには第一段落の「専攻学科の知識を」以下に着眼する。ポイントは、趣味が生活をよりエンジョイさせるものにとどまるのに対して、教養は知識を生活と結びつけて、人生に意義を与え人格形成にあずかる点である。

解答ポイント

①類似点＝人間の生存に無駄なもの・ブルジョアの慰みごとであるとみなされがちである。②相違点＝生活をより楽しませること（消極性）と、生活に意義を与え人格を形成すること（積極性）との違い。

問二

設問の問い方に注意する。「知識の偏重だとして攻撃される考え」ではなく、「知識の偏重だとして攻撃する考え」である。「攻撃される」方は、傍線部(2)の「これらの考え方」すなわち作者の考え方をいう。知識を「体力」にたとえて擁護し、大学を退学することに反対する考えである。これに対して「攻撃する」方は、フランス革命やロシア革命や日本のマルキストの考え方をいい、教養や知識を「パンの問題」とは無縁なもの、「不当所得の拵らえあげたもの」として否定する考え方である。この考えが大学を退学する行動に結びつく。「パンの問題」とは生活の問題をいい、人民の生存の保障を第一の目標に掲げる。また「不当所得の拵らえあげたもの」とは「ブルジョアに専有された剰余価値」とあるように、資本家が人民を搾取し続けるためにでっち上げたものが知識で、何ら人民の現実に根ざしていないという意味である。だからこそそれは否定されるべきなのであり、実際にそれを実践して自ら大学を去ったのである。

解答ポイント

①知識の性質＝ブルジョアの拵らえもの。②知識の否定。

問三

説明である以上、「逆コース」とは反対の「順コース」も説明しなければならない。「順コース」については、傍線部直後の文の「ヨーロッパの学者たちは……便利な研究方法が取れる」に着眼する。「逆コース」については、それに続く「私たちは……外ならない」、さらには傍線部の前の「豊富に見えながら……誰が証明し得るでしょう」に着眼する。比喩が多用されているためポイントを絞りにくいが、「基礎的なもの」、「源泉」と「末端」、「伝統の根元をなすもの」あたりをふまえて、学問の基礎とその伝統→最新の学問研究という流れと、その「逆コース」を説明する。「逆コース」の説明にあたっては、その歴史的背景（「急場の必要に応じて……手っ取り早いことを第一条件とした」）にも言及する。

解答ポイント

①順コース＝学問の基礎・伝統→最新の学問研究。②逆コース＝最新の学問の趨勢を追う→基礎・伝統の重要性の認識。③逆コースの背景＝明治時代以来の、西欧の学問・文化の吸収のあり方。

問四

「その形態を特殊にした」とは、ヨーロッパの学問・文化の「享受の仕方」が特殊であったということ。すなわち「逆コース」のことをいう。これは前問で説明するから、ここでは要約的に短く説明すればよい。「弊害と不備」とは直後の文の「なにか魔法じみた」以下、「排除することに努めようとしている」までの内容をいう。まず「仮屋」の「雨洩り」とは、急拵らえの学問や教育制度の欠陥をいう。また「建てつけが狂いだした」とは、政治制度や社会秩序の矛盾・乱れをいう。そして批判の矛先がヨーロッパの学問・文化の摂取の仕方ではなく、その学問・文化自体に向かい、排除しようと努めていると述べられる。以上の事情を説明する。

解答ポイント

①「その形態を特殊にした」＝ヨーロッパの学問・文化の摂取の仕方を簡潔に説明する。②「弊害と不備」＝学問・教育・政治・社会それぞれの分野における欠陥・矛盾の説明。③ヨーロッパの学問・文化そのものの排除の動きの説明。

問五

教養のあるべき姿についてまとめた最終段落を中心に、第一・第二段落にも目をやりながらまとめる。まとめ方としては本文の論じ方に合わせて「AではなくB」という形でまとめるのがよいだろう。このうちAについては「知識が単に知識として遊離し」あるいは「知識をただそれだけの孤立したものとし」が利用できる。Bについては最終段落の「その専攻した知識を」以下をまとめる形で説明できる。そのポイントは世界や社会に対する正しい認識と進歩した社会の実現、および進歩的な文化意識と人間性の完成である。

解答ポイント

①知識が孤立しないこと。②世界・社会に対する正しい認識と進歩した社会の実現を目指すこと。③進歩的な文化意識と人間性の完成を目指すこと。

二〇〇四年度　二

出典　西田幾多郎「読書」

解答

問一　偉大な思想家の思想の全体を、自分の思考力と理解力を深めていった末に一挙に把握し、その思想家が激しい論争と深い思索の過程を経て掴み取った真理を会得して、自分の思想形成に活かすこと。

問二　全集を読まなくても、思想家の物の見方や考え方や論の進め方を把握すれば、ある問題を彼がどのように考えるかが予想できるからである。このやり方は思想家の真髄を掴めなければ、主観的で独断的な解釈になる危険があるから、誰にも勧められるわけではない。とはいえ全集を網羅的かつ精密に読んでも、その真髄を掴めなければ浅薄な読書法にすぎない。

問三　大きな思想の流れの淵源となった偉大な思想家の思想を把握すれば、彼から派生した諸々の思想家を理解することが容易となり、また今日のように思想的に行き詰まった時代においてはその淵源に立ち戻って新たな思想的可能性を探ることができるから。

問四　思想は他の思想との対話や論争によって生じ、その価値や可能性も他の思想との関連において見出される。

それゆえただ一つの思想を知るだけでは、思想が命とするこのようなダイナミズムを理解できないから。

問五

一時代を画したり大きな思想の流れの淵源となったりした偉大な思想家の書物を、細かい字句に拘泥することなく、その真髄を掴むまで何度でも読み、また一人の思想家に限定せず、いろいろな思想家の書物を読んだり思想の歴史的背景を知ったりして、自分の思想形成の糧とするような読書法。

解説

問一

「そこ」は傍線部前文の「俄にアリストテレスが……影響を受けた」を指し、これを一般化したのが傍線部後の「一脈通ずるに……自分のものとなる」である。読書によってアリストテレスのような偉大な思想家の思想の全体を明らかにし、それを十分に吸収して自分の思想の養分にする、というのがその趣旨である。ただしそれにはたゆまぬ思索が必要で、本文冒頭にあるように「自分の考へが進むに従つて異なつて現れて来る。そして新たに教へられる」という過程を経なければならないという。

次に同段落の「偉大な思想家の書を読むには、その人の骨といふ様なものを掴まねばならない。そして多少とも自分がそれを使用し得る様にならなければならない」とある部分に着眼する。「骨」とは思想の真髄、真理というほどの意に解すればよい。思想の真髄を掴んで、それを自分の思想に活かすことが読書の究極の目的であるというのである。以上の事情を説明する。

解答ポイント

①偉大な思想家の思想の全体を掴むこと。②たゆまぬ思索の必要性。③思想家の真髄を自分の思想に活かすこと。

問二

筆者が全集を持たないと述べる理由については、同段落冒頭から傍線部直前までの「例へば、アリストテレスなら……見当にして居る」に着眼する。思想家の物の見方や考え方や論の進め方（＝「刀の使ひ方」）がわかれば、種々の問題に対する考え方が予想できるからというのである。

また、これに対する筆者の考えについては、同段落後半「無論私は……粗笨といふこともできるであらう」に着眼する。筆者の読書法は思想家の「骨髄（＝真髄）」を掴めなければ「主観的な独断的な解釈に陥る」恐れがあるため、「人に勧めもせない」という。しかし逆に全集に拠って「徒らに字句によつて解釈し、その根柢に動いて居る生きもの（＝真髄）を掴まないといふのも、膚浅（＝浅薄）な読書法」だと反論する。以上の事情を説明する。

解答ポイント

①全集を持たない理由＝思想家の物の見方や考え方などがわかれば他を類推できるから。②筆者のやり方についての考え＝独断の恐れがあり、万人向きでない。③全集を読むやり方の批判＝精密にこだわるあまり真髄を掴めない。

問三

理由は二つある。傍線部直後の「かかる思想家の……理解せられて行く」と、さらに少し後の「今日の如く……来たかといふことを」に述べられている。前者では、一派をなす諸々の思想家の思想を理解するうえで、彼らが共通して大きな影響を受けた思想家の思想を知ることが大いに役立つと説明される。後者では、思想的な行き詰まりを見せる時代には、その思想的な流れを作り出した思想家の思想を理解することで、新たな思想的可能性を見出してその行き詰まりを打開できると説明される。この二点をまとめる。

解答ポイント

①第一の理由＝派生的な諸々の思想家を理解できる。②第二の理由＝思想的行き詰まりを打開できる。

問四

筆者はただ一つの思想ではなく、複数の思想を知ることが大切だと主張する。その理由はまず傍線部直後で「特にさういふ思想が……必要がある」からだと述べる。その部分に「どういふ歴史的地盤」とあるのは、思想が生まれた歴史的背景をいうが、特にその思想が影響を受けた他の思想との関わりをいうといえる。また「如何なる意義」というのも、特に他の思想との関連における相対的な意味づけである。

さらに「況して」以下にも着眼すると、在来の思想が行き詰まった時代における、偉大な思想が持つ豊かな可能性が指摘されている。

以上をふまえると、筆者は思想というものを、孤立し固定したものとはみなさず、他の思想との生きた交流や潜在する可能性というダイナミックなものと考えていることがわかる。したがって解答例のように「他の思想との対話や論争」とまで踏みこめなくても、「他の思想との歴史的な関わり」といった説明は必要である。

解答ポイント

①思想が命とするダイナミズム（歴史的地盤・意義・可能性）。②「唯一つの思想を知る」ことの欠点。

問五

要約問題となる。第一段落では、偉大な思想家の書物をその全体像や真髄を掴むまで読むことが説かれる。第二段落では、細部にこだわらず真髄を掴むことが説かれる。第三段落では、複数の偉大な思想家の書物を読み、歴史的背景も知るべきだと説かれる。よって解答のポイントは次の三点となる。

解答ポイント

①偉大な思想家の書物を読み込む。②思想の真髄を掴む。③一人の思想家に限定せず、また歴史的背景なども知っておく。

二〇〇三年度 一

出典 渡辺一夫「書籍について」

解答

問一

〔A〕は、書物から字句の表面的な意味だけでなく、文面に表れない深い意味まで鋭く読み取ることをいう。〔B〕はこれをもじったもので、書物にこめられた著者の精神を理解しようといくら努力し続けても、結局はそれがつかめず、読み残したものがあるのではないかとの不安に絶えずつきまとわれる状態を指す。

問二

人間の認識の質や量は、現在の生活環境や年齢などによって規定される問題意識の質や量によって決定されるのであり、自分に理解できる、もしくは自分が理解しようと願う範囲でしか物事を認識できず、したがって認識できない部分が必然的に存在するという事実。

問三

書物は、時には作者の意図さえ超えて、読者があらかじめ抱いているそれぞれの問題意識に応じた多様な読みを生じさせるが、書物のこのようなはたらきは、現像液が、それ自体は同一のものでありながら、さまざまな写真の種板にあらかじめ写されている、それぞれ異なった影像を現像して写真化するはたらきに似ているから。

問四

「有能な読者」はその豊富で生き生きとした問題意識によって、書物という「現像液」から本来作者が意図した以上の豊かで深い意味を読み取る。一方、「現像液」の方も作者の意図を超えて、「有能な読者」の当面の問題のみならず、心中に潜んでいた問題まで浮かび上がらせ、すぐれた読みを誘発するという関係。

問五

書物を読んでも、自分が持っている問題意識に応じただけの理解しか得られず、読み残しや読みの変化は必然的なものと思われる。さらに読者の複数性を考えると、書物は読者それぞれの問題意識に応じた多様な読まれ方をする。このように書物は自分の理解力を超えた存在なのであり、それゆえに「気味の悪い」ものである。しかし、有能な読者になるためには、多くの問題意識を生き生きと用意しておかねばならない。そのためには、「気味の悪い」書物を積極的に享受せねばならないと考えている。

解説

問一

〔A〕「眼光紙背に徹する」とは、〝眼力が鋭く、紙の裏まで見通す〟ことであり、〝書物から字句の表面的な意味を読み取るだけでなく、文面に表れない深い意味まで読み取る〟という意味の慣用句である。

これをもじった〔B〕は書物の深い意味を読み取れない状態を表している。「紙背に徹する」＝〝紙の裏まで貫徹する〟と「紙面に彷徨する」＝〝紙の表面をさまよう〟の違いに注意する。「彷徨する」は、第一段落の「いくらアンダーライン……読み通して」を参考にすると、書物にこめられた著者の精神を求めて努力をすることだと理解できる。さらに、同段落に「何か読み残してはいまいかという不安」「常に何かを読み残していることになる」、第二段落に「読み残しが必然的に存在し、完全に読んだという感情を持てない」とあるのに注目する。つまり、眼光が決して「紙背」まで貫徹することがなく、「紙面」をさまよい続けるというのは、いくら努力しても結局は読み残しが存在するということの比喩なのである。

解答ポイント
①「眼光紙背に徹する」の意。②著者の精神を理解しようとする努力。③読み残しの不安。

問二

この「人間的事実」については、次文で「本来我々の持っている問題（意識）の量や質が……というはなはだ寒々とした真実」と説明されている。また、さらにこれに関連して「我々の持つ問題とは我々の生活や……変身化態して行く」と指摘される。要するに人間の認識能力の限界をいったものである。なお、読書には読み残しが存在するという点については、この「人間的事実」が読書に介在した結果であり、「人間的事実」そのものではないので、解答では特に触れなくてもよいだろう。

解答ポイント
①問題意識の量や質による決定。②現在の生活や年齢の影響。③理解できる、あるいは理解したいと望む範囲を出ない。

問三

書物を現像液にたとえた理由を説明する。書物について、「読者の複数性のために、書物は、いよいよもって『浮動常なく多様な』読まれ方をする」と述べられ、これが「読者各自の精神の種板にあらかじめ写しおかれた影像を現像してくれる」と比喩的に言い直される。使われる現像液はどの種板に対しても同じものだが、現像された写真はそれぞれ異なったものとなる。そして、そのできあがりの違いは、現像液に予定された作用ではなく、あらかじめ写された影像の違いによるものなのである。この点が、同じ書物でも、作者の意図とは関わりなく、読者各自があらかじめもっている問題意識に応じて異なった読み方をされることと似ているわけである。書物＝現像液、問題意識＝あらかじめ種板に写されている影像、読まれ方＝現像された写真、という対応関係をつかむこと。

解答ポイント　①読者の問題意識の多様性。②読まれ方の多様性。③現像液・書物が種板・読者に及ぼす作用の共通点。

問四

「有能な読者」は「眼光紙背に徹して……それ以外のことをわかる」のであり、「各自の強力剤を用意してなかなか深い読み方」をする。一方「現像液」にたとえられる書物の方も、「作者が現像液に予定しなかったような作用」を行うというように、両者は双方向的な関係にある。ただし引用部分はやや抽象的なので、具体的に説明する必要がある。要するに前者は作者以上の深い読みを行い、後者も作者の意図を超えて（＝作品の自立）そのような読みを誘発するということ。なお、わかりやすい説明を求めているから、「有能な読者」について、「我々がなるべく多くの問題を常に生き生きと用意しておけるようになる」あたりを利用して説明する。

解答ポイント　①「有能な読者」の説明。②「有能な読者」の深い読み。③書物という「現像液」の誘発作用。

問五

「気味の悪い」といった表現は本文で数回出てくる。このうち第二段落までに出てくるものは、書物のつかみどころのなさをいったもので、これらは読み残しが存在すること（読者の理解力の限界）、および多様な読み方がなされること（書物の自立性）の二点にまとめられる。これらは問一～問三の解答内容と重なっている。さらに第三段落に進むと、それまでとは逆に「気味の悪さ」に書物の魅力を見出している。そしてその魅力を味わうためには読者が「有能」でなければならないと、自戒をこめて説かれる。これは問四の解答内容に関わる。有能な読者になるためには、多くの問題を生き生きと用意しておけるようになることが必要である。そして多くの問題を用意するためには、書物をますます読まねばならない、というわけである。

解答ポイント

「気味の悪い」の否定的な説明＝①読み残しとその理由。②多様な読まれ方とその理由。

「気味の悪い」の肯定的な説明＝③「有能な読者」の条件。

二〇〇三年度　二

出典　中勘助「こまの歌」

解答

問一　迎えに来るはずの伯母は来ず、雨に濡れながら独り取り残されて途方にくれ、心細さに泣き出したい気持ち。

問二　相合傘が物笑いの種になるほど男子と女子のつきあいが不自由な時代に、「私」を傘に入れて家まで送ってやってほしいと小使いのおかみさんに頼まれたから。

問三　相合傘になった「私」と女の子がお互いに緊張して恥ずかしがっている様子や、別れ際にろくにお礼や返事もできないでいる様子が、いかにもうぶで、微笑ましく思われたから。

問四　「私」の意気地なさを何とかしてやりたいという父の気持ちも分からなくはないが、雨が降ったら必ず迎えに行くという約束を破って、「私」を雨の中で途方にくれさせてしまったことがふびんでならず、その上それが父が「私」を試みるための命令であったなどと教えるのは可哀想なので、わざと行かなかったのではなく、忙しくて行けなかったのだと嘘をつくしかない、という気持ち。

問五
「私」の少年期、男女共学とはいえ男女の交流はなく、男女のつきあいは不自由で窮屈なものだった。それに比べて西洋では、小学生の男子と女子が一緒に歩いていても不自然でなく、男女交際は自由で、時にはそれが青年期の恋愛、さらには結婚へと発展し、生涯の伴侶となることもあるということ。

解説

問一
「大雨になりさうな模様」とは今にも泣き出しそうな様子をたとえた表現。不安・心細さで泣きたい心情を読み取る。解答にはその時の状況を説明する。迎えに来るはずの伯母さんがいつまでたっても迎えに来ず、「途方にくれてる」こと。学友がみな帰ってしまい、「学校がしんかんとしてきた」こと。雨に濡れ出したこと。

解答ポイント
①心細くて泣き出したい気持ち。②伯母さんが迎えに来てくれないこと。③雨に濡れながら独り取り残されたこと。

問二
「運悪く」とはもちろん、「私」を傘に入れてやるように小使いのおかみさんに頼まれたからだが、それがなぜ具合の悪いことなのかを説明する。「相合傘などはもつてのほか……物笑ひになる時代だつた」とあり、ここを利用するとよい。

解答ポイント
①相合傘を頼まれたこと。②男女のつきあいの不自由な時代。

問三

「その時の様子」を押さえる。「どちらも息をころして……先もろくに返事ができなかつたらしい」とある。ここから相合傘の二人が緊張し、恥ずかしがっている様子や、別れ際に挨拶もろくにできないでいる様子をつかむ。このような二人の様子を「愉快」と感じた理由は、男女づきあいの経験のないうぶな二人を微笑ましく思ったからといえる。

解答ポイント

①相合傘の二人の様子。②別れ際の二人の様子。③うぶな二人の様子を微笑ましく思う気持ち。

問四

伯母さんが迎えに来なかった本当の理由は、傍線部直後で「私といふ意気地なしが……わざとさうしたのだ」と明かされる。これは父の「善意」から出たことなのである。伯母さんとしては父の親心も理解できるところだが、「私」との約束を破って可哀想なことをしたとの思いは消えず、その後ろめたい気持ちが「忙しかつたからばあやに代りにいつてもらつた」と苦しい言い訳をさせたと考えられる。「この弱い子を一粒の雨にもあてまい」（第一段落）と考えるような、過保護なまでに「私」を可愛がって大事にしている伯母さんが、たとえ「善意」であったとしても、父が「私」を「意気地なし」だと考えて、わざと伯母さんに約束を破らせた、などという「一粒の雨」よりも余程「私」を傷つけるであろう事実をそのまま伝えるはずもない。

解答ポイント

①父の指図の説明。②「私」をふびんに思い、約束を破ったことを後ろめたく思う伯母さんの心情。③伯母さんの苦しい言い訳。

問五

第三段落で、西洋では小学校時代から男女が一緒に歩いたり、心を交流させたりすることに何ら不自然さも不自由さも感じていないことや、幼い男女の交際が生涯にわたる結婚へと発展することもあることに、「私」が強い印象を受けたことが回想されている。「自由で幸福な」とは西洋人のこのような男女のあり方をいったものである。解答をまとめるにあたって、傍線部直前の「私どものそれにひきくらべて」に着眼して、「私」の少年時代の男女のあり方を対比させると、出題者のねらいに合致するだろう。

解答ポイント

①「私」の少年期の男女交際の実態。②西洋の子どもの自由な男女交際。③子どもの恋愛が結婚へと発展すること。

二〇〇二年度　一

出典　高井有一「半日の放浪」（『夜の蟻』所収）

解答

問一
いつかは息子の家族と同居する心積りはしていたものの、彼に郊外分譲地への転居を万事そつなく提案されると、その計算高さや用意周到さに対して普段から内心抱いていた不快感や対抗心が目覚め、それと同時に、住み慣れた家に対する愛着心がよみがえったから。

問二
「私」は、近くにできた高速道路が自分の家から日照を奪ってしまったことに対して、やり場のない憤りを感じている。一方「妻」は、そんな「私」のいらだちに理解を示しながらも、そこに「私」の負けん気な性格を感じ取っておかしがっている。

問三
息子のことで苦労しないで済んでいることや、彼の家族と一緒に老後を暮らすのは、なるほど人に羨まれる幸せなことには違いない。しかし、万事そつのない息子の性格には物足りなさを感じるし、二世帯住宅への建替えも自分の本心から望んだものではない、という屈折した気持ち。

問四
家の建替えが現実的で最良の策であることは理解できるし、自分と息子の双方に対する妻の気遣いに感謝する気持ちもある。それでも、長年住み慣れた家を取り壊されることに対する不本意な気持ちや喪失感に加えて、この愛着の残る家を頑として守ってやれなかった自分をふがいなく思う自責の念。

問五

住み慣れた家も今日が最後というこんな日は、一人で感傷に耽りたいだろうと気を遣ってくれる妻の心遣いに感謝しながらも、家を守り通せなかったゆえの後ろめたさやいたたまれない気持ちを妻に理解してもらうことはできないのだとあきらめ、このやるせない思いを自分一人で引き受けようと思っている。

解説

問一

「反撥心」の理由として、一つには毅夫の性格があげられる。これは第一段落の「何事にも周到な」（傍線部）や「利口だと計算した」、第三段落の「そつがなかった」「慎重に計量した」に示されている。「私」は、こういった無難すぎる息子を理性では「いい息子だ」と思いつつも、内心では不快に感じている（第三段落「お前みたいなのは一流にはなれんぞ、と酔ったまぎれに私が言った」）。この内心が「自分でも予期しない反撥心」となって現れた。

もう一つの理由は住み慣れた家に対する愛着である。これは最終段落で具体的に描かれている。傍線部直後の「私」の言葉も、この愛着心の裏返しといえる。

解答ポイント

①毅夫の性格に対する不快感。②住み慣れた家への愛着心。

問二

「私」の気持ちについては、「高速道路の向うへ意外な早さで陽が隠れて行くのを、いまいましくみつめていたものだ」とある点から、日照を奪った高速道路に対する憤りが読み取れる。そして、傍線部の「わざと大きな嘘」は憂さ晴らしのためにやっていると考えられるので、この憤りがやり場のないものであることが分かる。一方、「妻」の気持ちについては「笑われたりした」とある点から、「私」のこれみよがしの嘘をおかしがっていることが分かる。もちろん、これは「私」がなぜ「わざと」嘘をしたのかを「妻」がちゃんと理解した上でのことである。彼女は、この行動に高速道路相手に虚勢を張ろうとする「私」の負けん気な性格を見出してもいる。

解答ポイント

①「私」のやり場のない憤り。②負けん気な「私」をおかしがる「妻」。

問三

「人に羨まれる種」とは、息子で苦労しないで済んでいることと、息子の家族と同居し、安定した老後を過ごせることをいう。しかし、「私」はそれを手放しで喜んでいるわけではない。その理由として、万事そつのない息子の性格に内心では不満を感じていることが挙げられる（問一参照）。さらには、二世帯住宅への建替えが紆余曲折を経た妥協の産物であり、「私」自身が積極的に望んだわけではない、という思いもある。このあたりの「私」の屈折した心情を説明する。

解答ポイント

①人に羨まれる理由。②息子の性格への不満。③家の建替え―妥協の産物。

問四

「それ」「虚しさ」「憤り」の説明がポイントになる。「それ」は前五文の内容をまとめる。「虚しさ」は家を失うという喪失感を中心にまとめる。「憤り」は息子あるいは妻に対する怒りではなく、次の最終段落から読み取れるように、家を守ってやれなかった自分自身に対する自責の念と理解すべきである。

解答ポイント

①「それ」の指示内容。②喪失感。③自責の念。

問五

まず、妻の気持ちについては「一人で感傷に耽りたいのだとでも思った」に着眼して、「私」への心遣いを読み取る。これに対して「私」は「まあ、それだって構わない」とあるように、妻の誤解をあえて解こうとはしない。

では、「私」の真情はどのようなものか。当然、「感傷」ではない。それは、「今日限りで消えてしまうものが、私に向って群がり寄って来る」などとあるように、家を守ってやれなかったことの後ろめたさ・いたたまれなさの気持ちであり、この気持ちを「私」は妻に説明して共感してもらおうとはせずに、一人で引き受けようとしている。

解答ポイント

①妻の心遣い。②妻の誤解に対するあきらめ。③苦衷を一人で引き受けようという思い。

二〇〇一年度 ㈠

出典　高階秀爾「近代美術における伝統と創造」（『日本近代の美意識』所収）

解答

問一

人は、絵画の表現様式といった技術的なことだけでなく、混沌とした視覚的映像世界に秩序をあたえ、視覚の対象を明確に認識すること、つまり「物を見る」という基本的な行為さえも先人の見方を通して学ぶものだということ。

問二

表面視と側面視とをごちゃまぜにしたようなエジプト人の人間像は、技術の拙劣さの結果ではなく、彼らが先人から学んで長い間そのように人間を認識していた結果であり、彼らにとっては見たままを描いているという意味で写実的といえるから。

問三

伝統にとって、古くから伝えられてきたもの、つまり歴史は重要であるが、単に伝えられてきただけなら、それは伝承にすぎない。そこに一つのモデル、手本といった理想化の意識が加わったときはじめて歴史は伝統になるということ。

問四

伝統が意識されるのはそれが失われたり、失われそうになったりするときであり、そこには現実には存在しなくなるものへの憧れの気持ちや、かつて自分がとっぷりとひたっていた故郷に近いものを恋しがる気持ちが生じるから。

問五

明治二十年代を、それ以前の明治変革期の極端な西欧化の時代、つまり日本美術の危機の時代をうけて、古いものが失われるかもしれないという危機感によって伝統の意識が急速に強まってきた「復古主義」の時代だと筆者は捉えている。

解説

問一

主要なポイントは次の一点のみ。つまり「その混沌に秩序をあたえ、対象を明確に認識」するのがここでいう「見る」ということであり、人はそれを他の人から学ぶものだということ。「すら」とあるので、絵画の表現様式と「見る」という基本的な認識との差異を示す。

解答ポイント

①「見る」の定義と、②それを先人に学ぶものだということ。さらに、③「すら」の含意。

問二

「写実」とは〝実際のままを写すこと〟の意。したがって、エジプト人が描いた人間像は現代人の目から見ると不自然なものであるにもかかわらず、彼らにとっては実際に認識したとおりのものであることをいえばよい。

解答ポイント

①「人間像」の説明。②それがエジプト人の見たままであったということ。

問三

本文に「歴史」の定義はないが、「……伝えられていった固定した様式は、伝統を形成する重要な要素である」の「重要な要素である」と傍線部の「必要である」の対応関係から、ここでいう「歴史」とは「古くから伝えられてきたもの」とわかる。あとは当段落の後半が「伝統」の説明になっているのでそのまま利用する。

問四

「理想主義的な憧れ」と「ノスタルジー」の原因となるものを探せばよい。「理想主義」も「憧れ」も現実には存在していないものについていう言葉だから、「失われた」がそれらの契機となる。一方、「ノスタルジー」とは、〝故郷を恋しがること〟の意で、「自分が現在とっぷりとそのなかにひたって少しも不自然と感じないもの」が〈故郷〉と比喩的に対応している。故郷にいるときは何も感じないが、そこを離れる〔失う〕とき〈ノスタルジー〉は起こる。

解答ポイント

①伝統の危機。②存在しなくなるものへの憧れ。③親しんだものの喪失。

問五

極端な西欧化↓日本美術の危機↓伝統の意識（反動・復古主義）という論理展開は最後の二段落から容易に読み取れる。ただ、明治二十年代とそれ以前の時代の記述が入り混じっているので混同しないように整理する必要がある。

解答ポイント

①それ以前に伝統の危機があった。②その反動として伝統の意識が急速に強まった。

二〇〇〇年度 一

出典 桑原武夫「現代社会における芸術」（岩波講座『哲学』第十四巻所収）

解答

問一 かつて自然は人為の及ばない永遠不変なものであったが、工業が発達するにつれて人類が自然を改変する度合いが増し、人類の経てきた歴史と同じように自然もしだいに変化しつつあるということ。

問二 芸術は、社会集団の共通認識から隔たり社会と対抗関係にある卓抜した個我による独創であるよりも、卓越した個我と多くの協力者によって、彼らに共通的なものを美しく磨こうという方向で共同制作されるものであったということ。

問三 複製技術の進歩で現代芸術は複製という観念なしには考えられないところまできており、オリジナルを尊重し、それに対立するものとしての複製を否定する「鑑定職人」の態度は、今日では芸術自体への否定につながるから。

問四

（イ） 芸術とは卓越した個我によって創作された独創的なもので、芸術作品は世の中にたった一つのかけがえのない貴いものであり、芸術の価値は時間・空間に制約されない普遍妥当性をもっている、という観念が従来の芸術観であると筆者はとらえている。

（ロ）　芸術の永遠不変性を認めず、個我の独創性は必ずしも芸術全般には必要でないものと考え、逆に複製芸術こそが現代芸術に不可欠なもので、芸術を制作あるいは享受する人間の心に影響を及ぼしており、そのために現代社会では芸術に対する感覚が変化していることを芸術の考察の上で重視しようとする立場。

解説

本文中の「志賀直哉の夢殿の観音についてのことば」は、小林秀雄が『私小説論』の中で紹介している言葉である。

問一

ここで「自然そのものが」というとき、〈芸術だけでなく〉という前提が想定されている。そこで芸術について述べられた「時間・空間に制約され」「社会条件がどのように変わろうとも」「永遠不変」といった語を利用する。「漸次」は「工業発達の初期」からの「自然のなかへ人為が乱入」の変化の度合いを考える。「歴史化」の意味が捉えにくいが、文脈に従えば、自然が永遠不変のものから人間が改変していくものに変わってきていることだとわかる。

問二

傍線部を含む「天才を……であった時代」は当段落前半の「ヨーロッパ近代」との対比なので、その説明を利用する。「卓越した個我が、その主観的生命を客体化する」との対比を考える。「主観的生命を客体化する」の対比は何かと考えると、「共通的なものを美しく磨こう」が見つかる。また、「社会と自己とのあいだにさけ目を自覚する」という比喩表現は「彼の属する社会集団の共通意識から、とくに自己を切り離そう」「社会との対抗関係」で言い換えられる。

問三

「芸術」と「鑑定職人」が対立するように項目を立てていけばよい。ただし、〈芸術＝複製尊重〉⇕〈鑑定職人＝複製否定〉では後の方が否定的説明だけで、なぜ「複製」を否定するのかが表現されない。そこで「オリジナルに対立するものは複製だ」を利用する。

解答ポイント

①芸術＝複製尊重。②鑑定職人＝オリジナル尊重。

問四

(イ)「従来の芸術」⇕「現代の芸術」の型がはっきり示されている項目を挙げていけばよい。芸術の永遠性の観念、個我（独創性）の観念、オリジナル（ホンモノ）の観念、の三項目である。

(ロ)(イ)で挙げた項目の対立項目を挙げていけば設問の「それに対して」の部分は説明できる。「どのような立場から」の部分は、なぜ芸術観が従来と現代ではこうも違うのかを考えればよい。三項目のうち、「永遠性」については従来の芸術観を本質的に否定しているが、「個我」と「オリジナル」については、芸術観が変化したというより、芸術自体が変化したことを理由にしている。

一九九九年度　一

出典　内山節『時間についての十二章』

解答

問一

「私」が歳を取るにふさわしい場所をないがしろにしているため、「私」の身にさしさわりがでてくるかもしれないという危惧と、それでも「私」は自分たちの村で歳を取るのだから、同じことならば自分たちと一緒にうまく歳を取ってほしいという願い。

問二

歳取りの場所は共同の世界がふさわしいが、「私」もこの村で畑仕事をしている、つまり自然と人間の共同の世界を共有しているので、「私」の歳取りの場所もこの村がふさわしいと村人は考えているから。

問三

村には自然とともに毎年循環してくる仕事があり、その仕事において自然と人間はひとつの世界を共有している。その共有された世界で流れる時間の世界。

問四

自然と人間との共同の世界がつくりだす仕事によって結びつけられた村人どうしの関係のなかで流れる時間の世界。

問五

「仕事」が自然と人間の共有する時間世界において、そこで結びついた人間と人間の関係の中で営まれる、お金を得ることを目的としない労働であるのに対して、「稼ぎ」は時計の時間を基準にした経営的合理性にもとづいて営まれる、お金を得ることを目的とした労働である。

解説

問一

①『もっと歳取りに……』という雰囲気」、②「私が……ないがしろにしているのではないか、という気持ち」、③「それなら……という願い」、④「新しい年……受け継がれた感覚」の四カ所が解答範囲。整理すると、「私」の歳の取り方への危惧の①②④と願いの③。

問二

「その理由」とは、村人たちが「私の歳取りの場所はこの村がふさわしいと考える」理由。村人たちにとっての「歳取り」の概念は、傍線部の二つ前の段落から「この世界を共有してきた者たちは、誰もが一緒に新しい年＝歳を迎える」もの、「新しい年＝歳は共同の世界で迎えるもの」といったものだということがわかる。「畑仕事をしていること」は傍線部の段落の最後の文にあるように、「自然と人間の共同の世界を共有する」ことを意味している。以上のことから、「歳取り」と「畑仕事」は「共同の世界」という観念を通じてつながっているので、これらをまとめる。

解答ポイント

①歳取り＝共同体。②畑仕事＝共同体。③歳取り―共同の世界―畑仕事

共同体┬歳┬共同の世界　という結合
　　　└畑┘

問三

「自然と人間の関係」がどういう「関係」かを説明すればよい。傍線部の次の段落から具体例を避けてまとめる。

解答ポイント

①「自然とともに毎年循環してくる仕事」。②「自然と人間はひとつの世界を共有」しているということ。

問四

「人間と人間の関係」がどういう「関係」かを説明すればよい。傍線部の二つ次の段落にある。

問五

「仕事」については問三と問四で説明した傍線部(3)、(4)の二項目がポイント。「稼ぎ」については「時計の時間を基準にした」「経営的合理性」の二項目がポイントである。「稼ぎ」がお金のための労働である点に着目して「仕事」がそうでないことを発見する。

近代文語文

【近代文語文を解き始める前に】

近代文語文の設問パターンは現代文と同じで、①内容説明型、②理由説明型、③心情説明型、④要約型の四つである。各パターンに対応する解法も基本的には現代文と変わらない。しかし近代文語文特有の表現法や論述スタイルがあるので、それらに絞って解法を解説しよう。

解法1 【二項対立】

現代文の解法のところでも二項対立を取り上げたが、簡潔さを尊ぶ近代文語文では、一方の項の性質・要素に対する他方の項の性質・要素が明示されていない場合がある。その場合は一方の項の性質・要素を裏返すことで、他方の項のそれを説明する。

解法2 【対句】

漢文で対句が多用されるように、漢文訓読体に拠った近代文語文でも対句が多用される。対句は文章のリズムを生み出すだけでなく、論旨を明快にする。設問は対句の一節について現代語訳や内容説明を求めるが、その一節のみを解答しただけでは不十分で、対句全体をふまえた解答でなければならない。一例をあげよう。

A昨日は東関の麓にくつばみを並べて十万余騎、B今日は西海の浪に纜《ともづな》をといて七千余人。

『平家物語』〈巻七福原落〉の有名な一節。例えば傍線部Bを説明せよとあった場合、Bだけ説明しても無意味である。昨日は十万余騎も騎馬武者がいたのに、今日舟に乗るのは七千余人しかいないという、対句をふまえた説明でなければならない。ましてや、今日は七千余人もいると理解するのは論外である。

要約・主旨が問われた場合でも、対句の一節を取り上げるなら、対句の両者を取り上げる。かりに両者を引用すると煩雑になるのであれば、両者それぞれを要約すべきであって、その一方のみを取り上げてはならない。

解法3　【漢文の句法】

漢文の句法でよく問われるのが抑揚、累加、反語、二重否定の形である。まずどの句形であるかを見極めたうえで、直訳を試みる。直訳さえできればおおよその内容が把握できる。設問はその句形全体に関わる部分を尋ねているから、傍線部のみで判断するのは危険である。抑揚形の例をあげよう。

A死馬すら且《か》つ之《これ》を買ふ。B況《いは》んや生ける者をや。

故事成語「隗より始めよ」の一節。Bを説明せよとあった場合、「まして生きている馬ならなおさら買ってくれる」とだけ説明しても何にもならない。Aの「死んだ馬でさえも買ってくれる」があってはじめてBが意味をもつのである。

二〇〇二年度 二

出典 永井荷風「浮世絵の鑑賞」(『荷風全集』第十四巻所収)

解答

問一

(イ) 後世に名を残すような仕事を成し遂げることなく、いたずらに一生を終えてもそれで良しとしよう、ということ。

(ロ) 西洋美術の模倣に終始するようなくだらない作品を展示して、実力の伴わない見かけだけの名声を求めて競い合っている、ということ。

問二

油絵は、陽光のように強烈で自己主張の強い色彩によって、制作者の精神や個性をはっきりと表現している。一方、木板摺の紙と顔料を用いる浮世絵は、行灯の火影のように淡くて光沢のない色彩によって、江戸時代の圧政に苦しむ庶民の恐怖や悲哀、疲労を暗示している。

問三

浮世絵は暗黒時代の圧政に苦しむ庶民の恐怖や悲哀を暗示するが、制度上は変革されたように見える現代においても、この構図は変わらず、現代でも庶民は権力者の横暴に苦しんでおり、その姿は、筆者の目には浮世絵が伝える当時の悲哀と重なって見えるから。

問四

作者の強烈な精神と個性が作り上げた西洋の芸術は、日本の気候風土や質素な生活様式に慣れた筆者にとっては威圧されるばかりで、慰安を感じさせるものではないと受け止めている。

問五

小型軽量で淡い色彩の浮世絵は、日本伝来の簡素で陰影に富む家屋に似つかわしく、また強い個性を主張しない点で慰安を感じさせる。さらに権力者が横暴を極める現代社会や、西洋の模倣に終始する浮薄な時代風潮に独り反発する孤独な身を慰めて、現代と同じ圧政に苦しんだ江戸の愛すべき民衆の世界に遊ばせてくれる、という理由。

解説

問一

（イ）「酔生夢死」は〝何も価値のあることをせず、無意味に一生を終えること〟。「満足せん」の「ん」は意志の助動詞。第三段落の内容（学問上の一大研究を行うつもりは毛頭ないということ）をふまえて具体的に説明するとよい。

解答ポイント

①「酔生夢死」の語意とその本文に即した説明。②「満足せん」の自足的なニュアンス。

（ロ）「虚名」は〝実際に合わない、実力以上の名声・評判〟。「都門の劇場に拙劣なる…賤しき画工」を手がかりに、実力の伴わない有名な日本の西洋画家を念頭に置いていることを具体化する。「鎬を削る」は〝激しく争う〟。実力ではなく名利を競い合っていることを示す。

解答ポイント

①「虚名」の語意とその本文に即した説明。②「鎬を削る」の語意。

問二　油絵と浮世絵に関して、色彩と制作者の精神が対比されている。

	色彩	制作者の精神
油絵	・活気ある／赫々たる烈日の光を望むが如く ・強き意味あり主張あり	・能く制作者の精神を示せり
浮世絵	・褪めたる如く淡くして光沢なし ・暗澹たる行灯の火影を見るの思ひあり ・眠気なる／裏悲しく頼りなき色調	・専制時代の萎微したる人心の反映 ・暗黒時代の恐怖と悲哀と疲労とを暗示せらる

解答ポイント　①色彩の対比（強烈で個性的な色彩と淡くて光沢のない色彩）。②制作者の精神の対比（強烈な精神と庶民の悲哀・疲労）。

問三　浮世絵の悲哀が作者の心を打つのは偶然ではない理由は、江戸時代と現代において、圧政に苦しむ庶民という構図が同一であること（「武断政治の精神は毫も百年以前と異なることなし」）、そして虐げられた両時代の弱者への共感（「義憤」）に求められる。

解答ポイント　①圧政に苦しむ庶民という構図の同一性。②虐げられた弱者への共感。

問四

「さながら山岳を望むが如く、ただ茫然としてこれを仰ぎ見る」とあるように、筆者は個性を主張する西洋の美術の威容を前に圧倒される思いを抱くばかりで、浮世絵のように「精神的ならびに肉体的に麻痺の慰安を感」じることはない。これと関連して、第四段落で、日本の気候風土やその質素な家屋には、西洋美術は適さないと述べている。

解答ポイント

①個性を主張する西洋美術。②威圧的で慰安を与えない。③日本の気候風土・家屋の中に暮らす。

問五

浮世絵の特徴と筆者の今の生活とを関連づけて説明する。前者については問二の解答ポイントを、後者については問三・問四の解答ポイントをそれぞれふまえてまとめる。

解答ポイント

①小型軽量で淡い色彩が慰安を与える。②圧政に苦しんだ江戸の民衆への共感をもたらす。③簡素で陰影に富む日本家屋。④浮薄な時代風潮に背を向けた孤独な生活者。

通釈

浮世絵は木板摺（用の紙）の紙質と顔料との相互作用の結果生じる特殊な色調と、その極めて小さなサイズとによって、まことに顕著な特徴をもつ美術である。浮世絵はだいたい奉書紙または西之内紙に印刷され、その色彩はいずれも色があせたように淡くて光沢がない。試しにこれを鮮烈な油絵の色と比較してみると、後者は赤く輝く太陽の光を眺めやるような感じがするが、前者はうす暗い行灯の火影を見るような感じがする。油絵の色には強烈な意味があり主張があって制作者の精神を大いに表している。これに反して、（浮世絵の）木板摺のいかにも眠たそうな色彩の中に制作者の精神があるとすれば、それは専制時代〔＝江戸時代〕の萎縮した人心を反映しているばかりである。私はこのような暗黒時代の恐怖と悲哀と疲労とをほのめかされる点において、まるで娼婦のすすり泣く忍び音を聞くような気がして、このもの悲しく頼りない色調を忘れることができないのである。

私は現代の社会とつき合って、常に強者が横暴を極めているのを見て憤りを感じるとき、反対にこの頼りない色彩の美を思い、その中に潜んでいる哀訴のメロディによって、過去の暗黒時代を再現させると、たちどころに東洋固有の専制的精神の正体を理解するとともに、正義についてあれこれ言うことの愚かさを深く悟らずにはいられない。ギリシャの美術はアポロンを神にいただく国土で生まれ、（一方）浮世絵は虫けら同然の町人の手によって、日当たりの悪い横町の借家で制作された。今や時代は全く変革されたというけれども、要するにそれは外観のみである。ひとたび理性の目でその外観を見破ってみると、武力に頼る専制政治の精神は少しも百年前と変わらない。江戸の木板画の悲しい色彩が、全く時間の隔たりを感じさせず深く私の胸底にしみ込んで常に親密にささやきかける理由は、おそらく偶然ではないだろう。

私はなぜか最近、自己主張の強い西洋の芸術と向かい合うと、まるで山岳を眺めやるように、ただ茫然としてこれを仰ぎ見る傾向があるのに対し、ひとたび目を転じて、個性に乏しく単調で疲労している江戸の文学美術と向かい合うと、たちまち精神的にも肉体的にも麻痺するような慰安を感じないではいられない。それゆえ私の浮世絵に関する鑑賞といい研究というようなものは、もちろん厳密な美学に基づくものではない。もし尋ねる人がいたら、私はただ特別な事情のもとで、特別な一種の芸術を喜ぶと答えるばかりである。ましてや西洋人の浮世絵に関する美学的工芸的研究は、すでに十年前にまったく微に入り細をうがって完了していることを考えれば、なおさらである。

私はすでに何度か、木材で造り紙で（障子を）張った日本伝来の家屋に住み、春風や秋雨といった四季の気候に対する郷土的感覚について書いた。このようにもろく弱くて簡素な家屋とこのように湿気に満ち（四季の）変化に富んだ気候の中に住んでいると、かつて広大で堅固な西洋の部屋の中を立って大股に歩いていたときとは、いろいろな面で自然と好みが違ってくるのは、おそらく当然のことであろう。私にもしマロック皮の長椅子に横たわって図書室で食後の葉巻を吹かすほどの財産があれば、きっとピアノと油絵と大理石の彫刻を欲しがるだろう。しかし幸か不幸か、私は今も畳の上で両足を折り曲げ、乏しい火鉢の炭火で寒さをしのぎ、簾を動かす朝の風や、廂を打つ夜の雨に耳を傾ける人である。清貧と平安と退屈の生涯を喜び、いたずらに一生を終えることに満足しようと努める者である。曇り空からもれる日の光は軒先に遮られ、障子の紙を透かしてここに特殊な陰影をつくる。このような部屋にふさわしい美術品は、まずその形が小さくなくてはならず、その質量は軽くなくてはならない。しかし現代の新しい美術品の中で、私は不幸にしていまだ西洋の細密画または銅版画に類する（小型の）ものを見たことがない。（だが）浮世絵木板摺はこの欠陥をよく補うものではないか。都の劇場に拙劣な翻訳劇がかかるや、批評家仲間が結託して直ちにこれは新しい芸術の出現だと叫び、国営の美術館に性根のいやしい画家どもが実力の伴わない見かけだけの名声を求めて競い合うと、猜疑心や嫉妬心交じりのくだらない議論が盛んに沸き起こるようなとき、秋雨がしとしとと降りそそいで、虫の音が次第に消えてゆく郊外の粗末な家で、退屈しきった昼下がり、訪れて来る友もいないままに、独りひそかに浮世絵を取り出して眺めると、ああ、春章、写楽、豊国（の浮世絵）は江戸盛時の演劇〔＝歌舞伎〕を眼前に髣髴とさせ、歌麿、栄之（の浮世絵）は不夜城〔＝遊廓〕の歓楽に人を誘い、北斎、広重（の浮世絵）は閑雅な市中の風景の中に遊ばせてくれる。私はこの浮世絵によって自らを楽しませることができるのである。

二〇〇一年度 二

出典 福沢諭吉「学者の職分を論ず」(『学問のすゝめ』〈四編〉の一節)

解答

問一

政府には個人としてみれば賢明な人物が多く集まっているが、彼らが役人として行った政治はまるでたった一人の愚か者のなしたことのようだということ。

問二

「洋学者流」が政府に所属することばかりを求めて民間にとどまろうとしない動機が利を貪るためではなく、立身出世の志によるものであるのは許容できるが、官尊民卑という世間一般の風潮に無自覚に染まっている点で彼らの生き方を批判している。

問三

民間の人々が政府に依存し卑屈になっており、政府から独立した対等の立場で批判なり称賛なりを率直に表現できない悪しき状況を見る限り、日本に独立した個人として国家を支える真の国民が存在しているとは言えないということ。

問四

命令を下す役割は政府に委ねるが、国民の権利として許される範囲を超えない限り政府の忌み嫌うことでも遠慮せず様々な事業を行い、政府の命令が不正ならきびしい反論、批判を加え、政府主体という古くからの悪弊を廃して民権を取り戻す点。

問五

「私立」の役割を国民に示すことによって、政府の言いなりにならず政府に働きかけることのできる真の国民が誕生し、学術・商売・法律等も国民のものとなり、国民の力と政府の力が対等になることで、国家の独立を維持できるようになること。

解説

問一

「衆・智者」「一・愚人」を説明する。直前の二文を受けている。

解答ポイント

①個人としては多くの智者の集まり、②役人としては一人の愚人。

問二

第二・三段落の内容をまとめる。官に固執することへの批判と、その動機については同情的であることの二点をおさえる。「生来の教育に先入し」とは生まれて以来受けてきた教育による先入観から脱していないこと。「世間の気風に酔ひ」と同じ。

解答ポイント

①動機が利ではなく青雲の志であっても、②官尊民卑という世間の風潮に無自覚に染まっている点への批判。

問三

「これを概すれば」とあるので、それ以前の部分をまとめればよい。「たとへば……その実に過ぐ」は一般化して解答に盛り込む。

解答ポイント ①政府への卑屈。②率直な批判、称賛の欠如。

問四

第五段落の第一・二文をまとめる。「或は学術を講じ」以下の、事例の羅列は省いた、残りのまとめ。

問五

「わが目的とする所は……ただ天下の人に私立の方向を知らしめんとするのみ」とあるが、さらに「知らしめ」た結果として期待される状況、すなわち「人民漸く……」以下を、最終的に「目的」ととらえ、解答としてまとめる。

通釈

いま在官の人物は少なくなく、個人的に彼らの言葉を聞いてその行いを見ると、大概皆度量が大きく〔学問に通じ徳の高い〕士君子であって、その言行には、ある場合には慕うべきものがある。けれども今この士君子が、政府に集まって政治をなすにあたって、その行った政治の跡を見ると、私が快く思わないものがはなはだ多く、あたかも一つの身体に二つの頭があるかのようである〔矛盾している〕。個人の立場にあっては賢く、政府役人の立場にあっては愚かである。彼らを別々にすると賢明であり、彼らを集めると暗愚である。政府は多くの知者が集まるところであると同時に、一人の愚人が事を行うところだということができよう。維新以来、政府で学術、法律、商売の分野を興そうとしたが効果がないのも、その病の原因は、たぶんここにあるのである。

わが国の文明を進めるには、まず例の気風を一掃しないわけにはいかない。その〔文明を進める〕役目に当たる者は、ただ洋学者たちがいるだけである。けれども彼らの所業について私が疑問をもつことが少なくない。その疑問をもつこととは、この学者士君子が、皆政府があることを知っているが個人の立場があるのを知らず、政府の上に立つやり方を知らないという一事である。

現在、世の洋学者たちは大概皆官途について、個人の立場で事をなす者はわずか指を折って数えるほどにも及ばない。思うに彼らが政府の官職にあるのは、ただ利を貪るためだけなのではなく、生まれて以来の教育によって先入観をいだき、ひたすら政府に目を向け、政府でなければ、決して事をなすことができないものだと思い、政府を拠り所としてずっと抱き続けてきた立身出世の志を遂げようとしているだけである。その所業は、ある場合にはいやしむべきことのようではあるが、その気持ちは深くとがめるにはあたらない。思うにそのような気持ちが悪いのではなく、ただ世間の気風に心を迷わされて、（政府一辺倒の間違った認識を）自覚していないだけである。

一般に民間の事業で、その十に七、八は政府の関係しないものはない。このため、世の人はますますその（政府一辺倒の）風潮に流され、政府を慕い政府を頼りとし、政府を恐れ政府にへつらい、少しも独立の真心を発揮する者はいなくて、その醜態は、見るにたえないことである。たとえば現在出版される新聞や諸方面で出される上書・建白の類もその一例である。出版に関する条例は、はなはだしく厳しいわけではないのに、新聞の紙面を見ると、政府の忌み嫌うことに関することはまったく掲載しないだけでなく、政府に少しの美事でもあると、実際以上にむやみに称賛する。このようなはなはだしい事態に至る原因は、いまだ世間に民権を主張する実例がないため、ただ例の卑屈な気風に支配され、その気風に雷同して、国民の本来の性質を発揮できないことにある。これをまとめていえば、日本にはただ政府のみがあって、いまだ国民は存在しないともいえよう。

政府はただ命ずる権利があるだけである。国民を教え導き実例を示すのは個人個人がすべきことだから、私はまず私立の地位を自分の立脚地として、あるいは学術を講義し、あるいは商売に従事し、あるいは法律について議論し、あるいは書物を書き、あるいは新聞を出版するなど、およそ国民の分限を超えないことは、(政府の)忌み嫌うことでも遠慮せず行い、固く法律を守って正しく事を処理し、あるいは政令が正しくなくて不正な扱いをこうむることがあるなら、自分の地位を曲げずにそれを論じ、いわば政府の頂門に一針を加え(=痛烈な批判を加えて戒め)、旧弊を除いて民権を回復することが、現在至急の重要な任務であろう。もちろん私立の事業は多様であり、その上これを行う人にもそれぞれすぐれているところもあるのだから、わずかに数名の学者によってすべてそのことをすべきではないけれども、私の目的とするところは、事を行うことの巧みであることを示すのではなく、ただ天下の人に(政府に拠らない)私立の方向を知らせようとすることだけである。今、私から私立の実例を示し、「世の中の事業は政府だけの役目ではない。学者は学者で個人の立場で事を行うべきだ。町人は町人で個人の立場で事を行うべきだ。政府も日本の政府である。人民も日本の人民である。政府を恐れるべきではなく近づくべきだ。疑うべきではなく親しむべきだ」という趣旨を(天下の人々に)知らせたなら、人民はしだいに向かうべき方向を明らかにし、政府と人民両者それぞれに固有の(悪しき)気風もしだいに消滅して、はじめて真の日本国民が誕生し、政府のもてあそびものではなくて政府を導く刺激となり、学術以下三者も、自然と国民のものとなり、国民の力と政府の力とは互いに均衡し、そうすることで国家全体の独立を維持できるのである。

二〇〇〇年度 二

出典 大西祝「悲哀の快感」(『国民の友』明治二十四年三月、抜粋)

解答

問一

悲哀の感情には一種の快感が存するため、人は喜ばしいことをだけ喜ぶのではなく、悲しいことをも喜ぶということが古今を通じて普遍的な現象であることを言うため。

問二

他人のために涙を流し他人と自分との区別を忘れることで、本来の自己とはちがう狭隘で利己的な自己から、広大で社会的な心をもった本来の自己に戻るという事態。

問三

人が悲痛な苦労を経験したり自らの生命を犠牲にしたりしてまで道徳を守ろうとする様を見て、その高潔さに感動し、深い喜びを味わうこと。

問四

人が自分の社会的な性情や道徳的な意識を真に満足させるためには、喜びの感情を契機とする可能性もあるはずであり、その方が望ましいのに、現実には悲哀の感情を契機としているから。

問五

人が喜ばしいことだけでなく悲しいことをも喜ぶのは、悲哀の感情に一種の快感が伴うからである。たとえば、人は他人のために泣くとき、狭隘で利己的な心から広大で社会的なその人本来の心に戻ったと感じて、社会的な性情を満足させる。また、他人が道徳を守って悲痛な経験をしたり死んだりするのを見るとき、道徳がかくまで大切にされていると感じ、道徳的意識を満足させる。つまり人は満足感を得るのに悲哀の感情を経由しているのである。そして悲哀の感情を経由しなければならないところに人生の悲しい現実がある。（二四〇字以内）

解説

問一

解答の核心に当たる部分が本文にはないため難問。傍線部は冒頭の「人は喜ばしきをのみ悦ばず」に対応しており、さらに〝散る花や雲に隠れる月にも見所がある〟という意味を暗示している点で、「悲しきをも悦ぶ」とも対応している。その意味で兼好の言葉は「何故小説家は……」以下で示される三つの例と同様、冒頭部分の例証となっている。異なるのは兼好の例がずいぶん古いことだけである。そこから考える。

問二

「仮我」が「わが狭隘なる窮屈なる利己」の心、「実我」が「わが心は人類の大なるが如くに大に、社会の広きが如くに広きを覚ゆ」る状態であることは明らか。「自己」の修飾句は対比的にバランスよく拾っていけばよい。設問に「どういう事態」とあるので、傍線部の言い換えだけでなく、そうなった契機まで答える。

解答ポイント

①「仮我」の具体化。②「実我」の具体化。③契機。

問三

「例へば……発揮せしむ」と「故に……覚ゆるなり」とは「故に」によって因果関係にあるように見えて、

実は共に「道徳的の愉快を来たす」例。両者に共通する要素を拾って一般化すればよい。

解答ポイント

①人が道徳を守るため受けた悲哀。②その高潔さに感動するという道徳的満足感。

問四

理由は本文にないので難問。「悲哀に訓練されて真正の楽境に至る」は第二・三段落の要約である。「真正の楽境」は第二段落の「社会的の性情を満足せしむる」であり、第三段落の「道徳的の愉快を来たす」である。「悲哀」の感情を経由して、それらに至ることが何故「悲しい」のか、明確な記述は本文にないが、二項対立的思考になじんでいれば本文にない他の可能性〈喜びの感情〉を思いつけるはず。

解答ポイント

①第二・三段落との対応。②喜びに訓練されて真正の楽境に至る可能性。

問五

第一段落で悲哀の快感という一見道理に反する現象が一般的に存することを述べ、第二・三段落はその具体的説明になっている。第二段落と第三段落の関係は「社会的」「道徳的」という言葉で代表されるように、直接のつながりはなく、並立関係である。そして第四段落の第一文が第二・三段落のまとめであり、最後の二文は論ではなく筆者の感想である。以上の文章構成を念頭に、具体例を避け重複を整理してまとめていけばよい。

解答ポイント

①各段落の要旨。②段落相互間の関係付け。

通釈

人は喜ばしいことをだけ喜ぶのではなく、悲しいことをも喜ぶといえば、一見道理に反していることのようであるが、少し考えれば、これはかえって常に我々の耳目にふれ、常に我々の経験している事実である。なぜ小説家は哀れな話を書き綴って、読む者に涙で袖を濡らさせようとするのか。なぜ婦女子は泣くために芝居の愁嘆場を観にいくのか。悲しいことを、わざわざ語り出してひたすら涙を落とすのを、一つの楽しみとする者さえいないわけではない。これはすべて結局、悲哀に幾分かの、また特別の快感が伴うからである。世間にもし生者必滅、会者定離の嘆きがなかったとしたら、「あはれ」〔ここでは情趣とか感動の意〕という感情は全く存在しないであろう。秋の夕べをしみじみと思い、散りゆく花をしみじみと見ることには、これはただ悲哀の情だけでなく、その悲哀の情につきまとって存在する一種の快感がある。この世は思い通りにならないことがあるからこそ、また一つの面白味が加わるのである。「花は盛りであるのを、月はくもりのないのをばかり見るものであろうか」と兼好法師が言ったのはこのためである。

私は思う。小説もしくは戯曲を読んで可憐なる少女が悲哀に泣くのを見て、自分もともに泣くときの心の中に言いようのない快味を感じるのは、これは自分の社会的な性情を満足させることによるのであろう、と。自分が他人のために泣くときは、自分の狭隘で窮屈な利己という拘束を脱して、自分の心は人類が大であるように大きく、社会が広いように広いと感じる。これは自分の心の一時の救いではないのか。狭隘な利己的な心は自分の本性ではない。他人のために涙を流して他人と自分との区別を忘れるときは、自分の本性が光明を放つ瞬間である。我々は自分の本性に帰ることを望む。それは、そうすることで仮の自分から脱して本当の自分を得るからである。これは真に自分に帰ることである。あのいわゆる社会的な性情は、すなわちこの自分に帰るということの一部にすぎない。詩歌でも、美術でも、すべてこの大目的に向かって進むものではないのか。

我々の感覚する悲哀の情がもし道徳的な観念または感情と互いに結びつくとき、あるいはその悲哀の情があるために一層道徳的な観念または感情が活力光輝を表すときは、その悲哀の情は多少道徳的な愉快さをもたらすきっかけとなるであろう。例えば高節廉潔の士が堪え難い艱苦の中にいながら、それでもよくその節操を守る様子を見れば、一方にはもちろん悲痛辛酸のありさまはあるけれど、しかしかえってそれがあるために、また一方には道徳的意識の満足を発揮させる。だから悲壮な戯曲の主人公が正義公道を守ってついにそのために非命〔天寿を全うできないこと〕の死を遂げる様を見るときは、悲痛惨憺なありさまはもちろん、これ以上のものはないけれど、しかしその惨憺たる中になお一種高等な快感が存在するのを感じるのである。

人は悲哀に訓練されて真正な快楽境に至る道を知る。これはもちろん人生の悲しい事実に相違ない。しかしその事実であることはどうしようもない。

一九九九年度　二

出典　永井荷風「矢立のちび筆」

解答

問一　「主張の芸術」が当時の政治や社会に直接関わる活動や進歩を主張する芸術であるのに対して、「趣味の芸術」は当時の社会から退いて静安と休息を求める芸術である。

問二　世間に対して不満があっても、それを主張する強い心意気がなかったり、それができない事情があったりして、不本意ながら暮らしていくこと。

問三　文学者が無用な新語を作り、新聞が営利目的でわざと議論を起こすようなことを文芸評論において行うことを、他の分野の安易な西洋の模倣以上に筆者は恥じているということ。

問四　文学美術の手本を安易に西洋に求める風潮は、内的動機からではなく、一代の流行に乗って世間の人気を博そうとする営利目的から起こっているにすぎないという批判的なニュアンス。

問五　文壇の急進者に排斥嫌悪されることは、時勢におもねり安易に西洋文化を取り入れる文壇を批判し得たということであり、また政治や社会から遠ざかり静安と休息を旨とする趣味の芸術を志向する筆者の立場を明確に示し得たということでもあるから。

解説

問一

解答欄の大きさから考えて傍線部までの記述をまとめればよい。主に(2)について述べられているから、(1)についてはその対立概念として考える。両者の要素をバランスよく配すること。

解答ポイント

①政治や社会との距離の遠近。②「活動と進歩」と「静安と休息」。

問二

直前の「世を罵りて憤死する」との対比において説明する。「心ならず」とあるから本心は世に不満があるということ。また、「われは戦場に……」以下の例は「世を罵りて」以下と対応しているので一般化して利用する。狂歌も参考にできよう。

解答ポイント

①「世を罵」れないこと。②「われは戦場に」以下の例の一般化。

問三

「Aすら～、況やBをや」の抑揚形。「Aすら～」にあたるのが「余は、さほどに自由を……迎ふるが如き軽挙を恥づ」の部分。「宛ら新聞紙の……人気を博するが如き」の部分は全体として「機敏」にかかる。

解答ポイント

①傍線部内の現代語訳。②「さほどに自由を……軽挙を恥づ」の要約。③抑揚形に従って〝私が恥じるの

はなおさらだ〟といった意味を補う。

問四

「されどわれは」で始まる段落の後半に述べられている表面的な西洋文化移入に対する筆者の批判点を挙げていけばよい。「本文中の語句を用いて」という条件に注意。

解答ポイント　①内的動機の欠如。②流行→「世人に喜ばるる」→営利。

問五

傍線部の「現代文壇の急進者」に対する皮肉で挑戦的ですらある調子を読み取る。本文後半で展開される「現代文壇」に対する批判とともに、その反面として、「趣味の芸術」を志向する筆者の立場（＝「戯作者気質」）がより鮮明になるという点にも言及すること。

解答ポイント　①「現代文壇の急進者」に対する皮肉・批判。②その反面としての自らの立場の鮮明化。

通釈

私は今、自分の体質と自分の境遇と自分の感情とに最も親密であるはずの芸術を求めようとしつつある。現代日本の政治と社会一般の事象を無視した世界に遊ぶことを望んでいる。社会の表舞台で活動していない職を持たない人、または公人としての義務を終えて隠退した老人などの生活に興味を移そうとしている。垣根によって車や馬の往き来する街路から隔たった、庭園の花鳥を見て憂苦の思いを忘れようとしている。人生は常に二つの面を持つということは、天に太陽と月があり、時に昼と夜があるようなものである。活動と進歩だけでなく、静安と休息もまた人生の一面ではないのか。私は主張の芸術を捨てて趣味の芸術に向かおうとしている。

私は現在の文壇の動向を顧みず、(その芸術が)どこの国のものであるかを問わず、いつの時代のものであるかを問題とせず、ただ最も自分に近いものを求めてそこに落ち着こうと望むものである。イタリア未来派の詩人マリネッチの著述は、二、三年前、私も既にその名声を伝え聞いて一読したことがあった。けれども彼が説く人生をまっしぐらに進もうとする意気込みが、あまりに威勢がよすぎるため、私はすぐにそれを捨てて顧みなかった。私は戦場で名誉の死をとげる勇者の覚悟よりも、家に残って(勇者が遺した)孤児を養育する老母と、さみしい暖炉の火を焚く老父の心を、もっと哀れと思うからである。世を罵って憤死する者よりも、心ならず世に従っていく者の胸中に一層同情しないではいられない。

世に立つは……〔世間で暮らしていくのは苦しいことだなあ。腰屏風が折れ曲がることによって、やっと立っているように、私も腰を低くして何とかやっていこうとしているのだが〕

私は、(山東)京伝が描いた『狂歌五十人一首』の中に掲げられたこの一首を見たとき、初めて狂歌を捨てがたいと思った。

けれども私は人に向かって狂歌を吟じろ、浮世絵を描け、三味線を聴けと主張する者ではない。私はただ西洋の文芸美術でなくても、やはり時として自分の思いを託すに値するものがあるにちがいないと思い、母国の文芸の中から自分の現在の詩情を動かすことのできるものを発見しようと努めるだけである。文学者の事業は、無理に文壇一般の風潮と一致する必要はない。本来利益を得ようとする商業ではないからである。当代の流行が西洋を歓迎する時にあたって、文学美術もまた模範を西洋に求めるなら、世間の人に喜ばれることは火を見るより明らかである。けれども私は、それほど自由を望まないのにそれでも革命を唱え、それほど奥深い空想がないのに、しきりに西洋の音楽を説き、それほど知識の要求を感じないのにむやみに西洋哲学の新論を主張し、あるいはまた、それほどに生命の活力がないのに無意味に未来派の美術を歓迎するような軽はずみな行いを恥ずかしいと思う。まして無用な新用語を作り、文芸の批評をするのに、ちょうど新聞の言論がわざわざ問題を提出して人気を博するような機敏さだけに専念することに対してはなおさら恥ずかしいことと思う。

私は今自ら退いて進取の気運から遠ざかろうとしている。幸いにしてわが戯作者気質がいわゆる現代文壇の急進者によって排斥嫌悪されるようになったら、本望の至りである。よって、ここにこの一文を記す。

一九九八年度　二

出典　大西祝「批評心」（『中央学術雑誌』明治二十六年一月。一部省略あり。後に『大西祝全集』に収録）

解答

問一
（A）その時の社会の状態に満足できず、社会に変化の起こらないことを苦痛に感じる部類の者だという意味。
（B）権力がいかに神聖で揺るがしがたく見えようと、社会的習慣がいかに深く人々に根づいているように見えようと、批判にさらされないことはありえない、ということ。

問二
社会の現状に満足し、ただ何となく旧来の習慣を守り、自分に課せられた義務を尽くそうとするだけの、良民とされる者たちで、何ら理想をもたず、あえて社会を変革しようとはしない保守的な傾向を支える人間のこと。

問三
旧来の制度や習慣的なやり方を維持していくことができなくなったとき、一時しのぎに取り繕うのではなく、むしろそれらを完全に取り止めて、恐れることなく変革してしまうことが、国家が永久に存続していくためには大切だ、ということ。

問四
批評心を抑圧すれば、社会の制度や習慣の根本を考え直す健全な力が失われ、必要な改変が行われることなく旧来の状態が続くことになり、やがてひずみが大きくなって矛盾や不満が噴出し、結果的に国家の存続自体が危うくなってしまうから。

問五

批評心とは、社会の現状に甘んじず、常に問題意識と理想をもって、社会を改良・変革していこうとする批判精神のことである。健全な社会には、この批評心をもった進歩主義者と、現状に満足しこれを維持しようとする者がバランスよく存在するものである。また、国家永久の繁栄のためにもこの批評心は必要であり、決して抑圧すべきではない。批評心の芽の生長は妨げられるものではなく、どのような社会でもこれにさらされないことはないのである。

解説

問一

（A）対立項に「社会当時の状態に満足して」とあるのを利用。大西は哲学者であり、哲学を文明諸学批判の学として権威づけることに努力した。

（B）「批評心の襲撃」の説明。

問二

「保守と進取」のうち、「保守」派の者を指す。「概ね社会当時の状態に満足して……保守の傾向の由りてその重きを有する所なり」をまとめる。

解答ポイント

①現状に満足して慣例を守る。②保守の側の者。

問三

「国家永久の計」とは、一国が危機にある時、「一時の安寧」を得るために取り繕うのではなく、「永久」に安定させるために行う策略である。生じたほころびをそのつど繕うだけでは、一時は安定するかもしれないがやがて追いつかなくなり、国そのものが滅びてしまう。そうではなく、一旦すべてを破壊して作り直すのが根本的な解決策であるということである。

解答ポイント

①「一時の安寧」の説明。②それに対立するものとしての「永久」の説明。③その手段である「破壊」の意味。

問四

「曾て恐るべしと思ひし」とは、危険分子を放置していたら国家の安定が揺さぶられると恐れたということ。「なほ恐るべき結果」とは、危険分子を抑圧したために批判精神が失われ、進歩が起こらず沈滞して国家そのものが危うくなってしまうということ。

解答ポイント

①「批評心」の必要性。②「恐るべき結果」の具体的説明。

問五

「批評心」をキーワードとして、文章全体の主旨をまとめる。解答ポイントのそれぞれに「批評心」をからめて説明すればよい。

解答ポイント

①保守と進取の傾向のバランス。②批評心が健全な国家のために必要であること。

通釈

社会の従来の状態に満足せず、あるいは改良だと呼び、あるいは革命だと叫ぶ者は、思うにあのいわゆる「良民」の部類に属する者ではない。その連中は大概その社会における不平家である。その連中の言行はその時の社会から見て危険だと考えられる者である。けれども、もしそんな連中がいないなら社会は変動の要素を欠くであろう。社会の一隅に常にこれら少数の不平家が潜伏することがないなら、社会はひたすら以前の状態を維持する方に偏ってしまうであろう。社会の健全な生活は保守と進取との傾向がうまく釣りあっていることからくるとするなら、必然的に、その一方をだけ取って他方を捨ててはならない。そしてあのいわゆる「良民」という者はどちらの傾向を代表する者なのかといえば、大概社会のその時の状態に満足して、その（良民）各自の分際における従来の義務を尽くすこと以外に理想をもたない者たちであろう。ただ何気なくその時代の社会の慣例を守って、あえてそれに背く必要を感じない者たちであろう。つまり彼らは保守の傾向がそれに基づいてその（傾向の）重さを保っているよりどころである。物理上の比喩を用いれば、彼らは社会の惰性を代表する者と言えるであろう。これに対して進歩主義の率先者となる者は社会の不平家であり、（社会に）何事もないことに苦しむ部類の者である。

一国の風儀習慣で従来の状態を維持できなくなりそうなものがあると、一時しのぎの安寧をかすめとる策はそれ〔＝風儀習慣の欠点〕をとりつくろうことにある。けれども国家の永久（に保つ）策はそれ〔＝風儀習慣〕を破壊することにある。それを破壊する者はその時には危険だと言われるだろう。危険だと言われて社会の責めを受けることは、彼の甘受しなければならないことである。ただ何気なく従来の風俗習慣を墨守するというのではなく、その風俗習慣の根拠を深く調べる時勢になって、依然として無闇にこの考究心を、この批評心を抑圧するのは決して得策ではない。これを最後まで抑圧すると、結局はかつて「危険だ」と思ったよりももっと恐るべき結果を招くことになるであろう。火炎の害を恐れるなら、火炎を（よそへ）逃れさせる道を与えるのがよい。権勢が長く続くことを願うなら、権勢（の一部）を弱めればよい。従来の考えを批判する時はそのことに伴う多少の危険が必ずある。けれどもその多少の危険を恐れて批判を抑圧しようとするのは物事を判断できる見識を備えた人物のすべきことではない。批評心がひとたびその芽を出してからは、どんなにこの批評心を撲滅しようとしても、どうして長くその生長を妨げることができようか。神聖なる権勢も、固定した習慣もどうして批評心の襲撃を免れることができようか。批評心がひとたび起こるなら何物がこれに抵抗できようか。

MEMO

MEMO

難関校過去問シリーズ

京大の現代文

25カ年［第2版］

別冊 問題編

教学社

京大の現代文25カ年［第2版］

別冊　問題編

現代文

近代文語文

掲載省略についてのお断り

本書では、編集の都合上、以下の問題を省略しています。あしからずご了承ください。

現代文　一九九八年度　□一

現代文

二〇二二年度　文理共通

一

次の文を読んで、後の問に答えよ。

現実は残酷です。今日の若い世代に、古典芸術についてたずねてみてごらんなさい。*コーリンとか、タンニュー、トーハク、なんて言ったら、新薬の名前かなんかと勘ちがいすること、うけあい。そうしてダ・ヴィンチやミケランジェロならご存じだということになると、(1)どっちがこれからの世代に受けつがれる伝統だか分からなくなってきます。

さらに一例。――やや古い話ですが、法隆寺金堂《こんどう》の失火で、壁画を焼失したのは昭和二十四年のことです。この年、某新聞社の十大ニュースの世論調査では、第一位が*古橋の世界記録、二位が湯川秀樹のノーベル賞、以下、*三鷹《みたか》事件、下山《しもやま》事件などの後に、あれだけさわがれた法隆寺の壁画焼失という、わが国文化史上の痛恨事は、はるかしっぽのほうの第九位に、やっとすべりこんでいた。これは有名な事実です。（法隆寺は火災によってかえってポピュラーになりました。以前には、*大仏殿の年間のあがりが十とすると、法隆寺は一、古美術の名作をゆたかに持っている寺でも、薬師寺とか唐招提寺などになると、〇・一という比例だったと聞きました。それが金堂が焼け、壁画が見られなくなった、と聞いたとたん、法隆寺の見物人が急に四倍にふえたということです。）

伝統主義者たちの口ぶりは目に見えるようです。「俗物どもは」――「近頃の若いやつらは」――「現代の頽廃《たいはい》」――などと時代を呪い、教養の低下を慨嘆するでしょう。

だが嘆いたって、はじまらないのです。今さら焼けてしまったことを嘆いたり、それをみんなが嘆かないってことをまた嘆いたりするよりも、もっと緊急で、本質的な問題があるはずです。

(2)自分が法隆寺になればよいのです。

失われたものが大きいなら、ならばこそ、それを十分に穴埋めすることはもちろん、その悔いと空虚を逆の力に作用させて、それよりもっとすぐれたものを作る。そう決意すればなんでもない。そしてそれを伝統におしあげたらよいのです。

そのような不逞《ふてい》な気魄《きはく》にこそ、伝統継承の直流があるのです。むかしの夢によりかかったり、くよくよすることは、現在を侮蔑し、おのれを貧困化することにしかならない。

私は嘆かない。どころか、むしろけっこうだと思うのです。このほうがいい。今までの登録商標つきの伝統はもうたくさんだし、だれだって面倒くさくて、そっぽを向くにきまっています。戦争と敗北によって、あきらかな断絶がおこなわれ、いい気な伝統主義にピシリと終止符が打たれたとしたら、一時的な空白、教養の低下なんぞ、お安いご用です。

それはこれから盛りあがってくる世代に、とらわれない新しい目で伝統を直視するチャンスをあたえる。そうさせなければなりません。私がこの、『日本の伝統』を書く意味もそこにあるのです。つまり、だれでもがおそれていまだにそっとしておく、ペダンティック*なヴェールをひっぱがし、みんなの目の前に突きつけ、それを現代人全体の問題にしようと考えるからです。

先日、竜安寺《りょうあんじ》をおとずれたときのこと、石庭を眺めていますと、ドヤドヤと数名の人がはいってきました。方丈*の縁に立つなり、

「イシダ、イシダ」

と大きな声で言うのです。そのとっぴょうしのなさ。むきつけ*な口ぶり。さすがの私もあっけにとられました。

彼らは縁を歩きまわりながら、

「イシだけだ」

「なんだ、タカイ」

なるほど、わざわざ車代をはらって、こんな京都のはずれまでやって来て、ただの石がころがしてあるだけだったとしたら、高いにちがいない。

シンとはりつめ、凝固した名園の空気が、この単純素朴な価値判断でバラバラにほどけてしまった。私もほがらかな笑いが腹の底からこみあげてきました。

私自身もかつて大きな期待をもって、はじめてこの庭を見にいって、がっかりしたことがあります。ヘンに観念的なポーズが鼻について、期待した芸術のきびしさが見られなかった。

だがこのあいだから、日本のまちがった伝統意識をくつがえすために、いろいろの古典を見あるき、中世の庭園をもしばしばおとずれているうちに、どうも、神妙に石を凝視しすぎるくせがついたらしい。用心していながら、逆に、うっかり敵の手にのりかかっていたんじゃないか。(3)どうもアブナイ。

『裸の王様』という物語をご存じでしょう。あの中で、「なんだ、王様はハダカで歩いてらぁ」と叫んだ子どもの透明な目。あれをうしなったらたいへんです。

石はただの石であるというバカバカしいこと。だがそのまったく即物的な再発見によって、権威やものものしい伝統的価値をたたきわった。そこに近代という空前の人間文化の伝統がはじまったこともたしかです。

なんだ、イシダ、と言った彼らは文化的に根こぎにされてしまった人間の空《むな》しさと、みじめさを露呈しているかもしれません。が、そのくらい平気で、むぞうさな気分でぶつかって、しかもなお、もし打ってくるものがあるとしたら、ビリビリつたわってくるとしたら、これは本ものだ。(4)それこそ芸術の力であり、伝統の本質なのです。

戦前、私がフランスから帰ってきたばかりのときでした。*小林秀雄に呼ばれて、自慢の骨董《こっとう》のコレクションを見せられたことがあります。まず奇妙な、どす黒い壺《つぼ》を三つ前に出され、さて、こまった。なにか言わなきゃならない。かつて骨董なんかに興味をもったこともないし、もとうと思ったこともない。徹底的に無知なのです。だが見ていると、一つだけがピンときた。

「これが一等いい」

とたんに相手は「やあ」と声をあげました。

「それは日本に三つしかないヘンコ（骨董としてたいへん尊重される古代朝鮮の水筒型の焼きもの）の逸品の一つなんだ。今まで分かったような顔をしたのが何十人、家に来たか分からないけれど、ズバリと言いあてたのはあなたが初めてだ」

というのです。私のほうでへエと思った。つぎに、白っぽい大型の壺を出してきました。

「いいんだけれど、どうも口のところがおかしい」というと、彼、ますますおどろいたていで、「するどいですな。あとでつけたものです。これはうれしい」とすっかり感激し、ありったけの秘蔵の品を持ちだしてしまいました。えらいことになったと思った。しようがないからなにか言うと、それがいちいち当たってしまうらしいのです。だが私にはおもしろくもへったくれもない。さらにごそごそと戸棚をさぐっている小林秀雄のやせた後姿を見ながら、なにか、気の毒なような、もの悲しい気分だったのをおぼえています。

美がふんだんにあるというのに、こちらは退屈し、絶望している。

しかし、(5)美に絶望し退屈している者こそほんとうの芸術家なんだけれど。

（岡本太郎『日本の伝統』〈昭和三十一年〉より。一部省略）

注（＊）

コーリンとか、タンニュー、トーハク＝尾形光琳、狩野探幽、長谷川等伯。桃山時代〜江戸時代中期に活躍した画家。

古橋＝古橋広之進。第二次世界大戦後、自由形の世界記録を次々と打ち立てた水泳選手。

三鷹事件、下山事件＝いずれも昭和二十四年に国鉄（現ＪＲ）で起こった事件。

大仏殿＝大仏を安置した殿堂。ここは奈良東大寺の大仏殿。

ペダンティック＝物知りぶったさま。

方丈＝禅宗寺院で、住職の居室を言う。
むきつけな＝無遠慮なさま。
小林秀雄＝文芸評論家（一九〇二〜一九八三）。古美術収集家としても知られた。

問一　傍線部(1)はどういうことか、説明せよ。　解答欄：一四・〇㎝×三行

問二　傍線部(2)はどういうことか、説明せよ。　解答欄：一四・〇㎝×四行

問三　傍線部(3)のように筆者が言うのはなぜか、説明せよ。　解答欄：一四・〇㎝×三行

問四　傍線部(4)はどういうことか、説明せよ。（文系のみの出題）　解答欄：一四・〇㎝×四行

問五　傍線部(5)について、「ほんとうの芸術家」とはどういうものか、本文全体を踏まえて説明せよ。　解答欄：一四・〇㎝×五行

二〇二二年度　文系

二

次の文を読んで、後の問に答えよ。

*『千一夜物語』は周知のように、大臣の娘姉妹が宮廷におもむき、夜ごと興味尽きぬ話を王にきかせてゆくという発想からなっている。そして、そのシャハラザードなる姉娘の話は、いわば萌芽《ほうが》増殖とでもいうべき形態をとり、たとえば旅をする一人の商人が道中不思議な三人の老人に会うと、その三人の老人がめいめいに自己の境遇を話し出して独立の物語となり、あるいは一人の登場人物がある状況に出くわして、「これは嘗《か》つてあったある大臣と医者の話そっくりじゃ」と歎息《たんそく》すると、その大臣と医者の物語が不意に膨脹《ぼうちょう》して独立の一篇《いっぺん》をなすといった具合である。物語が物語を生み、登場人物が語り出した物語の中の人物がまた一つの物語を語り出す。土地に接触した茎から根がはえ、そこからまた茎を出し、その茎の一部からまた根がはえて独立する、ある種の植物の繁殖にそれは似ている。

察するにこうした発想法(1)の背後には、従来あまり問題にされないアラビア文化圏特有の存在論が秘められているのであり、それは彼らの生命観や歴史意識ともおそらくは無縁ではない。仏教に地獄の中に極楽がふくまれていて、その極楽の中にまた地獄があるといった思念があって、それが仏教文学の発想や存在論とかかわりがあるのと、多分同じことであろう。

いまここで私は存在論を問題にしようとしているのではなく、考えてみたいのは「読書について」であるが、『千一夜物語』をふと思い出したのは、かつて青春の一時期、私はこの物語の発想に近い読書の仕方をしていたことのあったのを想起したからである。

一時、痩身病弱だったことのある私は、暗い下降思念のはてに死の誘惑にとりつかれ、それから逃れるために手当りしだいに書物を読んだものだったが、それが何か確実な、具体的認識をうるためというよりは、パスカルの言う〈悲惨なる気晴し〉に*近かったために、逆に一冊の書物を読んでいる過程での思念の動きは、あたかも『千一夜物語』のように、一つの瘤《こぶ》の上にまた一つ瘤が出来るといった気ままな膨脹をした。

当時友人の一人に一冊の書物を読みきれば、その理解したところを見事に要約してみせねばやまない〈要約魔〉がいて、電車の中や街頭で彼の的確精密な要約を聞きながら、(2)しばしば自分の読書の仕方に対するある後ろめたさの念におそわれたものである。「あの本を読んだか」と聞かれ、嘘《うそ》ではなく読んだ記憶があって、「ああ」と答えるのだが、想念を刺戟《しげき》された部分や、小説ならば作中人物のある造形に共感を伴うイメージはあるのだが、どうしてもその友人がしてみせるようには、内容を整然と紹介したり説明したりできないのだった。後年、生活の糧をうるべく某新聞の無記名書評を担当したりしていた時、必要上、そうした技術も身につけたが、当時には、どうもその気にはなれず、また周囲にある事柄に関して及びがたい人物がいると、却《かえ》って逆の性質を増長させてしまう交友心理もはたらいてか、私はますます妄想的読書にのめり込んでいった。やがて病は昂《こう》じ、一つの思念や想像が刺戟された時には、その思念や想像のがわに身を委ねて、あえて一つの書物を早急に読み切ることに執着しなくなっていった。あげくの果てには、人が死ぬのは、疾病や過労によって肉体的生命が涸渇《こかつ》するからではなく、想像の世界が縮小し消失した時、なにものかに殺されるのであるという私《ひそ》かな確信すら懐《いだ》くようになってしまったのである。

(3)これはむろん読書の態度としては、いわば〈邪読〉であって、読書はまず即自有としての自己を一たん無にして、他者の精神に接するべきものであり、あるいは確実な、あるいは体系的な知識を身につけるために読むべきものであることは知っている。また客観的精神というものは、そうした過程を経なければ形成されず、また、そうでなければ、認識と実践の統一という美しい神話も成り立たない。

しかしすべて邪《よこしま》なるものには、悪魔的魅力があるものであって、常に正しく健全であり続けることは、おそらくは索漠として淋《さび》しいものなのではあるまいか。

私見によれば、ある領域に関して長ずるための唯一の方法は、半ば無自覚にそれに耽溺《たんでき》することであって、中庸というのはあくまで晩年の理想にすぎない。読書に関してもまた同じ。厠《かわや》の中で何か読みはじめたために厠から出るのを忘れ、飯を食っている間ぐらい、考えごとをするのをやめなさいと両親にさとされても、生返事をしてあい変らず妄想し、なおさっきの続きを読んでいるといった耽溺がなければ、なんらかの認識の受肉はありえないという気がする。そして、それは客観的精神がある時期に芽ばえ育つこととは必ずしも矛盾しない。

あえて〈邪読〉について書きつづければ、こうした耽溺のあとには必ず〈忘却〉がやってくる。何を読んだのだったか、題名の記憶はありながらもその内容の痕跡《こんせき》がほとんど残らず、あたかもその時間が無駄であったように印象される。読んだ内容を可能な限り記憶にとどめているべき学問的読書や実務型の読書、あるいは次の実践や宣伝の武器としても、章句を記憶にとじこめておくべき行動型の読書から言っても、この〈忘却〉は、はなはだしく迂遠《うえん》である。せっかく読んで忘れてしまうくらいなら読まない方がまし、とも言える。だがしかし、(4)その〈忘却〉にも、意味があると私は言いたい気もする。

これは経験的に確かなこととして言えると思うが、もし創造的読書というものがあるとすれば、それは必ずこの忘却を一つの契機とするからである。

かつてショーペンハウエル*が思考なき多読の弊害を説き、ニイチェ*が文献学者から哲学者への転身に、その〈忘却〉の契機を積極的に生かしたことは周知のことに属するが、まこと読書は各自の精神の濾過《ろか》器を経て、その大部分が少くとも顕在的な意識の上からは、一たん消失するということがなければ、精神に自立というものはなくなるかもしれない。

ものごとはすべて失いかけた時に、そのことの重大さを意識する。いま私が〈邪読〉についてしるすのも、率直に言えば、私自身がすでにその〈邪読〉の条件を大はばに失ってしまっているからである。職業*上の読書、下調べのための走り読み……。もっとも書物と縁が深いようで、少し心を許せば(5)読書の本質から遠くなる危険をもった生活が、おそらく私にかつてあった豊饒《ほうじょう》な時間を無限に愛惜させるのであろう。

むろん、そうであっても、なお〈邪読〉は〈邪読〉であり、一つの読書のあり方ではあり得ても、他の読書のあり方を排除すべき権利も理由もない。むしろ、人の顔がそれぞれ違うように、無限に多様な読書の態度がありえていいのである。

一冊の書物にほとんど救いを求めるようにして接する求道型の読書、具体的な生活上の知識や知恵を得るための読書、あるいは無目標なしかし存在の奥底からの渇望から発する読書等々。各人がその人の個性にあった読書のかたちを造り出せばいいのであろう。

そして人生がそうであるように、誰しもあれもこれもと欲し、理想はさまざまの読書の型をそれぞれの人生の時期に経過することにあるのだろうが、しかしまた人生そのものがそうであるように、人は一つの読書のあり方に比重をかけたまま、その生を終らざるをえないのであろう。

（高橋和巳「〈邪読〉について」。一部省略）

注（＊）

『千一夜物語』＝『千夜一夜物語』や『アラビアン・ナイト』の名称でも知られるアラビアの説話集。

パスカル＝フランスの数学者、自然哲学者、神学者（一六二三〜一六六二）。遺稿集『パンセ』の中で、悲惨な境遇を考えることから意識をそらすことを「気晴し」と呼んでいる。

即自有＝ドイツの哲学者ヘーゲル（一七七〇〜一八三一）の用語。「即自存在」ともいい、他者との関係によらずに、それ自体として存在するもの。以下の本文にある「客観的精神」、「認識と実践の統一」もヘーゲル哲学を意識したもの。

ニイチェ＝ドイツ出身の文献学者、哲学者（一八四四〜一九〇〇）。

ショーペンハウエル＝ドイツの哲学者（一七八八〜一八六〇）。

職業上の＝当時、筆者は大学で中国文学を講じつつ、作家として活動していた。

問一　傍線部(1)はどのような発想法か、説明せよ。

解答欄：一四・〇㎝×二行

問二　傍線部(2)について、筆者が「ある後ろめたさ」を感じたのはなぜか、説明せよ。

解答欄：一四・〇cm×三行

問三　傍線部(3)のように筆者が言うのはなぜか、説明せよ。

解答欄：一四・〇cm×四行

問四　傍線部(4)のように筆者が言うのはなぜか、説明せよ。

解答欄：一四・〇cm×四行

問五　傍線部(5)について、筆者にとっての「読書の本質」とはどのようなものか、本文全体を踏まえて説明せよ。

解答欄：一四・〇cm×四行

二〇二二年度　理系

二　次の文を読んで、後の問に答えよ。

手紙の返事を書こうとしてもなかなか書けない時、つい日記をひろげてしまう。悪い癖だと思う。手紙は一人の人間に向かって真っ直ぐ飛ばさなければならない紙飛行機のようなもので、(1)紙とは言え、尖《とが》った先がもし眼球に刺さってしまったら大変。責任を持って書かなければならない。責任を気にかけすぎると、書きたいことが書けない。それで、とりあえず責任のない日記をひろげてしまうのかもしれない。日記を前にすると頬杖《ほおづえ》がつきたくなる。頬杖をつくと、顎がかくっと上に向けられ、窓ガラスを通して青い空が見える。

今日の西の空は白い鱗《うろこ》に覆われていて、「いわし」がひらがなで浮かんだ。まだ朝早いせいか、いつまで待っても漢字に変換されない。ひらがなの味も悪くない。火を通さないナマの味。ひらがなで「いわし」と書いてみると、まるでドイツ語で「ふぉれれ」と書いた時のように口の中で柔らかく崩れる。フォレレというのは鰯《いわし》ではなく鱒《ます》のことだけれど、頭の中で魚を介さずに単語同士が互いに結びつき合っている。

わたしが心の中でひそかに「鱒男」と呼んでいたブレーメン出身の青年のことを思い出してしまうのは、今手紙を書こうとしている相手と彼が似ているからだろう。数ヵ月前、知人に頼まれてハンブルグ市の成人教育センターで日本語集中講座の手伝いをした。中級を受け持っている先生が喉の手術を受けてしばらく教えられなくなったということで、わたしはアルバイトで代理として雇われ、週に一度、大学の授業が終わってからセンターに足を運んだ。その時の教え子の一人が鱒男だった。言葉に対して繊細でかろやかな遊び心を持つ学生の多い中で、鱒男は口が重く、実直で無骨な印象を与えた。「赤い家の外に出ます」、「火曜日に、町から外に出ました」、「カエルが川から出ました」など、正しさがぎりぎり怪しい例文を作って文法を稽古するにあたっては、あることないこと文章にしてしまった方が練習になるのに、鱒男は「わたしは学生です」など最低限の守りの真実しか言わず、しかも、そんなことでさえ言うのがばかばかしい、といういらだちが声にも目元の表情にも出てしまう。その鱒男が急に顔をあげて「出たい」と言った時、(2)わたしはどきっとした。前も後ろもなし、ただ「出たい」と言ったのである。どこから出たいと言う以前に、とにかく出たいのだ、という切実な気持ちだけが伝わった。

「書く」を例にすれば分かりやすい。学生たちは、「書きます」など、いわゆる「ですます形」を初級クラスで覚え、中級クラスでは「書きます」から「ます」を引き算して、「たい」を足して、「書きたい」と欲望を表現する。そういう意味では、「書きます」という形は、「書く」という形よりも直接的に欲望につながっていく。鱒を取り除いて鯛《たい》を入れれば欲望が現れる。

そういうわけで鱒男も「出ます」の「ます」を取って「たい」を付けたのだが、それにしても鱒男の「出たい」は突飛で、どこから出たいのか見当がつかない。「出たい、という文章は間違ってはいないけれど、もう少し言ってくれないと意味が分からない」とわたしが言うと、鱒男は眉間に皺《しわ》を寄せてしばらく考えてから恥じらいもためらいも見せずに、「春が来ると、出たいです」という文章を作ってみせた。こうなってくるとどこから出たいのかだけでなく、誰があるいは何が出たいのかまで分からなくなってくる。

「と」を使ってある状況を仮定してから話者の希望を述べるのはまちがいだと日本語の教科書には書いてある。でもその理由を手早く説明するのは難しいだけでなく、わたしにはその瞬間、その文章が間違っているのかどうか、確信が持てなくなった。春が来ると出たい。鱒男は必死でこちらを見ていた。「春が来ると」という文節を他人の庭の木から折ってきて接ぎ木した。どうして春なんだ、と呆《あき》れてみせたい一方、何か本当に言ってみたい時の文章というのは(3)そういう風な手触りなのかもしれない、とも思う。

そしてその日の帰り道、気がつくとわたしは口ずさんでいた。春が来ると、出たいです。春が来ると、出るつもりです。春が来ると出ませんか。春が来ると、いっしょに出ましょうよ。

しばらく歩いて行くと、信号が目の前で赤に変わって、その瞬間どうして「春が来たら」って言わないんだろうと思った。そうすれば、誰にも文句を言われないのに。「春が来たら」と言える人間は、春が来ることを確信している。べったりと確かな未来を今の続きとして感じている。その春を自分が体験できると単純に信じ切っている。つまり、自分が明日死ぬかも知れないということをうっかり忘れている。それに対して、「春が来ると」と言う人は、どこでもない場所から一般論を述べている。話し手の存在は薄い。声が小さい。何を恐れているのか。自分はどこにもいないのに、急に濃い欲望、出たい気持ちを述べている。そこに矛盾があるのかもしれない。「春が来ると、出たいです。」鱒男は今どこにいて、どこへ出たいのか。

（多和田葉子「雲をつかむ話」より）

問一 傍線部(1)はどういうことか、説明せよ。　解答欄：一四・〇㎝×三行

問二 傍線部(2)について、「どきっとした」のはなぜか、説明せよ。　解答欄：一四・〇㎝×三行

問三 傍線部(3)はどのような「手触り」か、説明せよ。　解答欄：一四・〇㎝×四行

二〇二一年度　文理共通

一

次の文を読んで、後の問に答えよ。

もうかれこれ三十何年も前の話である。当時、私は京都大学の学生で、北白川に下宿し、やはり東京から来て同じ区域にいた何人かと特に親しいグループを作っていた。（今でも親しくつき合っている。）いずれも気儘《きまま》な者ばかりだったが、ただ兄貴株の山崎深造だけは別であった。彼はおだやかな、思いやりの深い、そして晴れやかな落着きを感じさせるような人間で、時にはかなり辛辣な皮肉も言ったが、不思議に少しも嫌な気持が起らなかった。彼だけは既におとなであった。

京都へ来て二年目の六月に、私は熱を出し、＊チブスの疑いがあるというので入院させられることになった。

そのとき彼は、私の蒲団《ふとん》があまり汚れているというので、自分のを分けて貸してくれた。そして入院の手続きから必要な買物まで、万事世話をしてくれた。幸いチブスではないとわかって、半月程して退院したが、医師のすすめで、そろそろ始まる夏休みには東京へ帰らずに郷里で保養することにした。それで、退院の直後、私は彼の下宿の部屋で雑談しながら、郷里の海や景色の美しさ、軽いボートを操って釣をしたり泳いだりして遊ぶ楽しさのことなどを、はずんだ気持で、調子づいて話していた。その時、彼は突然軽く笑いながら、一言、「君も随分おぼっちゃんだなア」と言った。そして(1)それが私には「忘れ得ぬ言葉」になってしまった。彼はその言葉を嘲りや嫌味の気持で言ったわけではない。彼はそういう、自分自身を卑しめるたぐいのことは、もともと出来ない人柄であった。だから、単にからかい半分の軽い気持で言ったに違いない。しかしそれを聞いた私にとっては、その一言は何かハッとさせるものをもっていた。私はその時の自分の心が自分自身のことで一杯になっていて、彼の友情、彼が私のために払ってくれた犠牲、についての思いが、そこに少しも影を落していないことに気付かされた。しかもその時の自分のそういう心持というばかりでなく、自分というもの、それまでの自分の心の持ち方というものが、鏡にうつし出されたかのような感じであった。いわば生れてからこのかたの自分に突然サイド・ライトが当てられて、それまで気が付かなかった自分の姿に気が付いたというような気持であった。彼の眼には、散々厄介をかけながら好い気持でしゃべっていたわたしが、罪のない無邪気なおぼっちゃんと映ったに違いない。しかしその一言によって、(2)私の眼には、その自分の「罪のない」ことがそれ自身罪あることと映って来たのである。それは眼が開かれたような衝撃であった。実際に、私はそれ以来自分がおとなの段階、乃至《ないし》はおとなに近い段階に押し上げられたと思っている。

実はそれまでにも高等学校の頃など、時たま友人達から「世間知らず」とか「おぼっちゃん」とか言われたことがある。兄弟姉妹というものをもたない独り子として育ったので、そういうところが実際あったのかも知れない。しかしそういう場合いくら「世間知らず」といわれても、殆《ほと》んど痛痒《つうよう》を感じなかった。というのは、少年の時に父親を失って以来、物質的にも精神的にもいろいろな種類の苦痛を嘗《な》めて、いわば人生絶望の稜線《りょうせん》上を歩いているような状態で、批評した友人達よりはずっと「世間」の何たるかを知っているという気持だったし、同時にまたそういう「世間」的なものを、十把一からげに自分の後にして来たような気持だったからである。しかし今度はまるで違っていた。(3)今度は、自分が、以前に言われたとは全く別の意味において「世間知らず」であったことを知った。という事は、裏からいえば、山崎の友情が私に実感となることによって、私は彼という「人間」の存在に本当の意味で実在的に触れることが出来、そして彼という「人間」の実在に触れることにおいて、本当の意味での「世間」に実在的に触れることが出来たということである。他の「人間」に触れ、彼とのつながりのなかで自分というものを見る眼が開けて初めて、普通に世間といわれるような虚妄でない実在の「世間」に触れたように思う。自分というものにサイド・ライトが当てられたのと世間というものを知ったのとは同時であった。それまでは、本質的な意味で「世間知らず」であり、同時に「自分知らず」であった。ずっと後になって考えたことだが、仏教でよく「縁」と言うのは、今いったような意味での人間と世のつながり、又あらゆるものとのつながりのことではないであろうか。それはともかく、そういう意味で「人間」に触れ、「世間」に触れたことが、絶望的な気持のなかにいた当時の私には、何か奥知れぬ所から一筋の光が射して来て、生きる力を与えてくれるかのようであった。

それにしても、ほんのちょっとした言葉が「忘れ得ぬ」ものになるのだから、言葉というものは不思議なものだと思う。現代の＊セマンティックスの人々や＊論理実証主義の哲学の人々が何と言おうと、言葉の本源は、生き身の人間がそれを語るというところにある。忘れ得ぬ言葉ということは、他人が自分のうちへ入って来て定着し、自分の一部になることだろうが、そのなり方はいろいろである。書物から来た言葉の場合には、どんなに深く自分を動かしたものでも、それが繰返し想起され反芻《はんすう》されているうちに、初めそれが帯びていた筆者のマークがだんだん薄れてくる。言葉の抽象的な意味内容だけが自分のうちに定着して、血肉に同化したかのように自分のうちへ紛れ込んでしまう。ところが、(4)言葉が生き身の人間の口から自分に語られた場合は、全く別である。その場合には言葉は、それを発した人間と一体になって自分のうちへ入ってくる。それが忘れ得ないものになるという時には、独立した他の人間がその人間としての実在性をもって自分のうちに定着し、自分とつながりながら自分の一部になる。彼の言葉は自分のうちで血肉の域を越えて骨身に響くものになってくる。それが忘れ得ぬ言葉ということである。その言葉が想起されるたびに、言葉は語った人間の「顔」、肉身の彼自身、を伴って現われてくる。そしてその言葉を反芻するたびに、我々は我々の内部でその彼の存在の内部へ探り入り、彼を解読することになる。それによって彼はますます実在性をもってもくるし、同時にまたますます我々自身の一部にもなってくる。つまり、言葉は人間関係の隠れた不可思議さを現わしてくる。

私にとって、山崎の場合がまさしくそうであった。彼と彼の言葉を思い出す毎《ごと》に、彼はますます私に近付いてくるようでもあるし、私がますます彼のなかへ、もはや何も答えない彼という「人間」の奥へ、入って行って、彼を解読しているようでもある。(5)生きているとか死んでいるとかという区別を越えた、そういう人間関係は、夢のような話と思われるかも知れないが、私にはいわゆる現実よりも一層実在的に感ぜられるのである。明日には忘れられる「現実」よりも、何十年たってもますます実感を増すものの方が一層実在的ではないだろうか。本当の人間関係はそういう不思議な「縁」という性質があり、人間とはそういうものではないだろうか。

（西谷啓治「忘れ得ぬ言葉」〈一九六〇年〉より。一部省略）

注(*)

チブス=チフスのこと。

セマンティックス=意味論。言語表現とその指示対象との関係の哲学的研究を指す。

論理実証主義=二〇世紀初頭の哲学運動。哲学の任務はもっぱら科学の命題の論理的分析にあるとする。

問一 傍線部(1)について、なぜ「忘れ得ぬ言葉」となったのか、説明せよ。 解答欄:一四・〇cm×三行

問二 傍線部(2)はどういうことか、説明せよ。 解答欄:一四・〇cm×三行

問三 傍線部(3)はどういうことか、説明せよ。 解答欄:一四・〇cm×三行

問四 傍線部(4)のように筆者が言うのはなぜか、説明せよ。 解答欄:一四・〇cm×四行

問五 「本当の人間関係」について、傍線部(5)のように言われるのはなぜか、説明せよ。(文系のみの出題) 解答欄:一四・〇cm×四行

二〇二一年度　文系

二　次の文を読んで、後の問に答えよ。

ひとりの少女が直撃弾にうたれて路上に死んだ。さういふ死体は、いや、はなしのたねは、いくさのあひだ、空襲のサイレンが巷《ちまた》に鳴りわたつたあとには、おそらく至るところにころがつてゐたのだから、その場所が山の手の某アパートのまへであらうと、他のどこであらうと、(1)後日の語りぐさになるやうなことではない。しかし、わたしはこの小さい事件をおぼえてゐる。といふのは、当時わたしはそこのアパートの一室にひとりでくらしてゐて、少女もまたおなじ屋根の下の、となりの室に、これもひとりで住んでゐたからである。そして、少女の倒れたところは、わたしの室の窓からすだれ越しに見える鋪道《ほだう》の上であつた。

さういつても、わたしはかねて少女と口をきくどころか、顔すらろくに見たことがなかつた。関係といへば、ただ壁をへだてて声を聞いただけであつた。毎朝、わたしはサイレンの吠《ほ》える声に依つてたたきおこされないときには、少女の歌ふ声に依つてうとうと目をさますといふたのしい習慣をあたへられた。歌はシャンソンであつた。そして、その歌の音色が青春を告げてゐた。それはいつ炎に燃えるとも知れぬ古い軒さきに、たまたまわたしの束の間の安息のために、カナリヤの籠が一つさげられたといふに似てゐた。しかし、(2)あはれなカナリヤもまた雷にうたれた。その日わたしはアパートを留守にしてゐたので、かへつて来て窓の外を見たときには、少女の死体はすでにどこやらにはこばれて、道は晩春の月の光に濡れてゐた。昭和二十年四月某日の夜のことである。

となりの室の歌声が絶えたあとに、アパートでは当分少女のうはさが尾を曳《ひ》いた。ひとが室内をしらべてみると、二万円の現金とおびただしいタバコの量とが発見されたといふ。そして、ときどき少女をたづねて来た中年の紳士がその後ぷつつりすがたをあらはさないといふ。うはさにはさまざまの解釈が附せられた。しかし、わたしにとつては、解釈はもとより、うはさも不要であつた。ただ朝の軒さきにカナリヤのうしなはれたことが不吉の前兆のやうにちよつと気になつたが、それもぢきにわすれた。おもへば、(3)わたしは当時すべての見るもの聞くものとすだれ越しの交渉しかもたないやうであつた。実際に、わたしの室の窓には一枚の朽ちたすだれがぶらさがつてゐて、それがやぶれながらに、四季を通じて、晴曇にも風雨にも、ともかく時間に堪へつづけてゐた。

越えて五月、その二十五日の夕方、Aといふ友だちが塩豚をみやげにもつてたづねて来た。ちやうど、わたしのところにちとの酒とちとの野菜とがあつた。たちまち、饗宴がひらかれた。当日は晴天であり、巷のけしきは平穏に見えた。そして、塩豚のスープは極上であつた。われわれは上機嫌で、いづれ焼けるかも知れないがなんぞと、まだ焼けてゐない現在をはかなくも恃《たの》んで、すだれからすかして見た外の世界の悪口をいつて笑つた。やがて酒が尽きると、笑もにがく、巷もすでに暗く、家の遠いAはいそいでかへつて行き、わたしはごろりと寝た。サイレンの音にねむりがやぶれたのは、それから三時間ほどのちであつた。おきて出ると、まぢかの空があかあかと燃えあがつて、火の子が頭上にふりかかつた。猛火は前後から迫つて、すなはち窓のすだれを焼いた。すだれのみならず、室内のすべて、アパートのすべて、いや、東京の町*のすべてが一夜に焼けおちた。わたしはどうやら路上の死体になることはまぬがれたが、そのときわたしのポケットには百円ぐらゐの現金と五本ぐらゐの夕バコしか残つてゐなかつた。

その後、わたしはわたしの室の焼跡をただの一度も見に行つたことはない。しかるに、猛火の夜のあくる日、これは災厄に遭はずじまひのAがわざわざわたしのゐない焼跡を見舞つてくれたさうである。後日に、そのAのはなしに依ると、もとわたしの室のあつたところに、そこのいぶりくさい地べたの上に、焦げた紙きれが一枚落ちてゐたので、拾ひとつて見ると、それは古今集の一ひらであつたといふ。わたしのもつてゐた古本の山がぞつくり灰になつたあとに、どうすれば古今集の一ひらだけが焼けのこつたのか。合理主義繁昌の常識からいへば、(4)これははなしができすぎてゐて、ウソのやうにしかおもはれないだらう。しかし、決して非常識ではないAがかういふことでウソをつくとは絶対におもはれない。人生の真実のために、このはなしはウソではないと信じておかなくてはならぬ。

そのときから十年をへた今日に至るまで、わたしは窓にすだれがぶらさがつてゐるやうな室に二度と住んだことがない。またその当時にしても、毎日すだれを意識しながらくらしてゐたわけでもない。それに気がついたのは、いくさがをはつてから年を越したつぎの春であつた。

ある日わたしは旅に出て、あたりに田圃《たんぼ》を見わたす座敷でどぶろくをのんでゐた。すつぱいどぶろくであつた。座敷は障子をあけはなしてあつたが、片側が窓で、そこにすだれがさがつてゐた。煤《すす》けた古すだれで、いくさのあひだから長らくそこにさうなつてゐたのが、たれの気にもとめられずに、ついうち捨てられたままのふぜいと見えた。あついといふ日ざしでもないのに、すだれは風をさへぎつて、うつたうしくおもはれた。窓のそばに寄つて巻きあげようとすると、古すだれはあはや切れて落ちさうで、黒ずむまでにつもつた塵は手をふれることを禁じてゐた。それはあたかもわたしの室の焼けたすだれがここにそつくり移されて来たやうであつた。そのとき、すだれの向うに、花の色のただよふのが目にしみた。藤であつた。窓の外に藤棚があり、花はさかりであつた。

庭に出て、そこにまはつて行くと、座敷は中二階のやうなつくりになつてゐたので、窓の下と見えた藤棚はおもつたよりも高く、手をのばすと、指さきは垂れさがつた花の房を掠《かす》めようとして、それまでにはとどかなかつた。わたしは悪癖のへたな狂歌をつくつた。

むらさきの袂《たもと》つれなくふりあげて引手にのらぬ棚の藤浪

(5)わたしが花を垣間見るのはいつもすだれ越しであり、そしていつもそこには手がとどかないやうな廻合《めぐりあは》せになつてゐるらしい。

（石川淳「すだれ越し」より）

注（＊）

東京の町のすべてが……＝昭和二十年（一九四五）五月二十五日、東京の中心部がアメリカ軍爆撃機による大規模な空襲を受けたこと。「山の手大空襲」と呼ばれる。

問一 傍線部(1)のように筆者が言うのはなぜか、説明せよ。

解答欄：一四・〇㎝×二行

問二 傍線部(2)はどういうことか、説明せよ。

解答欄：一四・〇㎝×三行

問三 傍線部(3)はどういうことか、説明せよ。

解答欄：一四・〇㎝×四行

問四 傍線部(4)のように筆者が言うのはなぜか、説明せよ。

解答欄：一四・〇㎝×四行

問五 傍線部(5)はどういうことか、前年(昭和二十年)の「すだれ越しの交渉」を踏まえて説明せよ。

解答欄：一四・〇㎝×五行

二〇二一年度　理系

二　次の文を読んで、後の問に答えよ。

短歌を五七五七七と呼ぶ場合に、見逃してはならない点が一つあります。というのは、この音数律が日本語――(1)とくに日常語から自然に、するすると引き出され、定着したなどというものではないということです。それは、「自然に」どころか、「不自然に」存在します。定型とは、つねに、超日常的な不自然な規約にほかなりません。

五七の音数律には、あるいは日本語の日常態からの自然な推移・定着があるかも知れません。また、さらにさかのぼって、五拍、七拍という拍数が一かたまりの句単位を形づくりやすいということは、日本語の自然かも知れません。国語学者たちの分析は、たしかにそういう結論を許しているようです。しかし、五拍がまず最初に来て、次に七拍が接続し、さらに五拍、そして七拍、最後に七拍で締めくくるという、この五と七の特殊な連結法――組み合わせは、必然でしょうか。

五、七、五、七、七は、これを拍数の多い少ないにしたがって各句単位の読過時間の長短からみれば、短・長・短・長・長というリズムになります。そして、長句と短句の拍数差は、二拍にすぎず、たとえば長句と短句の間に倍数関係が成り立つようなことはない。また、短句はすべて五拍であり長句はすべて七拍であって、五拍七拍以外の拍数を含まない。

この特殊なかたち、組み合わせは、おそらく、日常語あるいは散文の持っている乱雑で即興的で無方向な、またそれだけに生き生きと多彩で変化するリズム（むろん、それもまた音数律です。不定の一回かぎりの音数律です。日本語でリズム感を出すには、音数律によるほかないのです。）からは、到底、抽出しがたい。たとえ、日本語の散文のリズムが、結局は、七五音数律のヴァリエーションに還元できるとしても、短歌の五拍七拍のこの特殊な組み合わせ方は、不自然と呼ぶよりほかないのではないでしょうか。

定型詩の概念は、もともと、その詩型が、以上の意味で自然に反し、人工の約束という側面を持つことによってのみ成立するものではあるまいか、とわたしは思います。

(2)古代日本語を背景にした時には、短歌詩型は、今よりもはるかに自然で、作りやすかったろう、などと羨ましげに言う声を時々聞くことがあります。また、古代日本語から抽出された詩型が、近代に通用するわけがないから、近代短歌の貧困さは、この時代錯誤によるものだといった論をなす人もあります。

だが、一体、詩は散文に解消されうる位置にみずから晏如《あんじょ》＊たりうるものですか。詩ほど、散文を超えて、それに対立しようとするものはない。定型詩型は、つねに、その型へと、あらゆる内容を還元せねばならぬ、集約せねばならぬという意味では、日常語の自然なリズムと闘い、それを断ち切り、また強引に接続するというエネルギッシュな作業を、詩人に要求するものではありませんか。定型は、その意味では、かたちの上から、外から、非日常的な詩の世界を支えるバネ仕掛のワクとも言えましょう。

古代においても、中世にあっても、短歌は、現代と変わらぬ、むつかしさを抱えていたとみるべきではないでしょうか。日常語の世界から、一つ飛躍したところに短歌の世界はある。しかし、それは、日常語の世界に単に反してあるのではなく、そこに基礎を置いて、そこの世界のささやきがおのずから叫びにまで高まり煮つまるかたちをとって、(反日常ではなく)非日常的世界へと昇華するのではないでしょうか。

短歌が、各時代の文章語の文法的なあるいは語彙の上での遺産を、いまなお使っているのは、単純な理由ではないと考えます。少なくとも、この詩型と現代日本語(とくに音声言語という意味での口語)との不協和が、主たる理由とは思えません。どの時代にあっても、一定の音数律上の約束を持ち、この短さを持った詩型なら、その時代の口語や散文文章語とそうたやすく交流しうるわけがありません。

歌人は、古語に不必要に執着して来たように言われます。ちょっと見ると、たしかに、因襲的な古語へのなずみ方はかなり一般的なもののように見える。しかし、見方をかえれば、一部の自覚した人たちをのぞくと、一般の歌人は、案外、現代口語の世界にのみ安住して来たのではありませんか。ある表現内容を、この厳密な定型の約束のもとに表明するために、古今東西に語を求める態度は、はたして歌人のすべてにゆきわたっていたでしょうか。

　民族《みんぞく》のエミグラチオはいにしへも国のさかひをつひに越えにき　（斎藤茂吉）

「民族」という漢語は、現代口語における頻繁な使用例を背景において選出されています。「エミグラチオ」はラテン語で、移住とか移住民を言いますが、（英語やドイツ語ではなく）ラテン語を使うことによって、日本語と同じく母音で終わらせて、一首への音韻上の親和性をたかめています。「いにしへも……」以下は、いわゆる文語的な表現ですが、「昔も今も」とか「国境線」とか「越境」とかいう概念を、たくみに、短歌の言葉に翻訳して、しかもそこに、沈痛なひびきをこもらせているのです。この歌における茂吉は、(3)彼の全教養をあげて、うたうべき思想内容と短歌定型律とに忠実たらんと努めているように見えます。この態度の前には、すでに通俗の口語文語の区別は消えているのです。

（岡井隆「韻と律」より）

注（＊）
　晏如＝落ち着いているさま。

問一　傍線部(1)のように筆者が考える根拠はなにか、説明せよ。　解答欄：一四・〇㎝×三行

問二　傍線部(2)の考えに筆者が反対するのはなぜか、説明せよ。　解答欄：一四・〇㎝×三行

問三　傍線部(3)はどういうことか、説明せよ。　解答欄：一四・〇㎝×三行

二〇二〇年度　文理共通

一

次の文を読んで、後の問に答えよ。

例えば戦争に関してだけれど、体験をそれがあったままに語り得る人はまれだ。意識して潤色しなくても、自然に武勇談になってしまうことが多い。武勇談につきもののフィクションはいく種類かあるだろうが、その一例は、自分は臆病ではなかった、むしろ勇敢だったと証明するためのものだ。或《あ》ることを証明するためにフィクションが必要というのは逆説めくけれども、そういう場合が多い。自分に都合のいい事実だけを語り、都合が悪いことは黙っているというのも一種のフィクションであろう。

このことは戦争に限らず、すべての体験談にあてはまる。つまり言葉で事実を美化する。だから、言葉とは便利なもの、といわれるわけだ。しかし、よく考えれば逆で、言葉とは不便なもの、といわなければならない。なぜなら、言葉は体験の真実を隠してしまうからだ。霧みたいなもので、本人に対してさえ、真実のありかを判《わか》らなくしてしまう。なぜ言葉はこのように否定的に働くのだろう。それは、語る人が他人の納得を得ようとして、話の客観化に心を砕くからだ。つまり、彼の心を占めているのはリアリズムの感覚だ。ところで、彼がリアリズムの衣の下で本当にいわんとしていることは、自分は勇敢だったということだとすれば、多くの場合、それは真実に反する。

非真実をいかに本当らしく語るか、ということが彼の本能的な性向だ。したがって、真実を知ろうとする人は、言葉の分厚い層の奥を見きわめようとする。その人の意は言葉を次々と剝ぎ取って行くことに注がれる。或《ある》いは、言葉の霧を透明化することに注がれる。つまり、これを高度のリアリズム精神といえよう。

井原西鶴の作品について、いわゆるキー・ワードに当たる言葉は何であろうか、と考えたことがある。それは読む人によってさまざまだろうが、私には、〈真実よりつらきことはなし〉という一句であるように思える。冒頭の例でいうなら、自分は勇敢だと証明しようとする人に、君は実は勇敢ではない、と気付かせることだ。西鶴らしい直言だ。勇敢だと思う、思わせようと努める心の奥に、臆病なのではないかと危惧を抱いている。臆病であることは隠さなければならない。(1)それと今一つ、それにこだわっている自分も見抜かれたくない。

しかし、たとえ見抜かれてしまったとしても、彼にも反論の根拠はある。自分を見透かした人間にとっても、その人自身の〈真実〉はこの上なくつらい。その人間も自分の弱点のつらさを知っているからこそ、相手の弱点を識別できる、と反論し得る。この間の事情をユーモアをもって語ったのはツルゲーネフ*だ。彼はいう。(2)他人を有効に罵りたければ、自分の欠点を相手のこととして並べ立てればいい。つまり、人間にはこうした共通の過敏な粘膜がある。

ここまで、私は体験談について書いて来た。それは好ましく写真に撮られたいという望みに似ている。自分の好ましい姿を、写真の〈真〉によって保証されたいのだ。しかし願望が混っている以上、結果は全てが真とはいえない。この場合願望とは、人間に共有な過敏な粘膜を、それぞれに包み隠したい意思といえよう。ここで小説について触れると、こうした人間の弱点が、いわゆるリアリズム小説の第一の着眼点なのだ。筆がこの部分に相わたらなければ、小説の迫力は湧かない。

つまり〈あばく〉ということなのだが、それでは、人間はなぜ自分たちの弱点について書き、また、それを読むのだろうか。その積極的意義は見当たらない。人間研究をしたいからだ、といっても充分な答えにはならない。きれいごとの答えではあるが、本当ではない。せいぜい、小説を書いたり読んだりするのが面白いからだ、としかいえない。さまざまな性質の違いはあるにせよ、小説とは興味本位のものなのだ。

更に、(3)人間が人間に対して抱くこの種の興味が、いかに矛盾しているかを衝《つ》いた人がいる。それはアウグスチヌス*で、彼がいうには、劇を見る人は他者をあわれむことを欲しているが、自分があわれであることは欲しない。アウグスチヌスがいいたいのは、人間は本来あわれであるのに、その事実を自認しようとはしないで、劇を見たりして、他人の運命をあわれむことなどを望んでいるということだ。ここに彼の実存主義があり、まことに鋭敏な洞察だ。劇が多くの人の心をとらえることはだれも知っているが、それは酔うためであって、あわれな自己を直視するのを避けるためだという。或いは、劇が存在するのは、観客の自己認識の甘さによりかかっているというわけだ。アウグスチヌスのこの冷厳な見方には、反論の余地はない。彼がこうした認識に到る前、劇や物語に耽溺《たんでき》し、いうまでもなく一流の鑑賞者だったことを思うと、なお更だ。

トルストイの思想が、これにはなはだ似ていることは、知る人も多いだろう。彼はあの大部の傑作を成した後に、また新しい世界に踏み込んで行った。そして、考えて行くにつれ、自分の小説を含め、往時読まれていた大部分の小説を否定せざるを得なくなった。この思想と彼が築き上げた近代小説とは、互いに矛盾したままで併存し、現代に残ってしまったわけで、例えていうなら、小説という山脈の中心は空洞で、暗闇に寒々と風が吹き抜けている観がある。その後の小説家たちは、この事態を放置したままで、小説を書き続けているのだ。勿論《もちろん》私も、こうした人々の中の一個のチンピラに過ぎないわけだけれど、以上のアウグスチヌスとトルストイの思想は心に懸っていて、時々灰色の雲のように心を去来している。

だれも子供の頃には、見聞きするものすべてが量り知れない意味を孕《はら》んでいるように思っている。その一つとして、人間の世界に好奇心をはせ、大人たちの話に耳を澄ます。その秘密をときほぐし、実態を知らせてくれるものは、彼らの体験談だと思うわけだ。しかし、体験談は真実をあきらかに示すというよりも、しばしば真実を覆ってしまうものだということを、彼は知る。その結果、体験談の語り直しが行われた。それが小説であったといえよう。つまり、体験談からは現れてこない人間の真実に気付いて、これをあらわにする方法を考えた。それがリアリズムの小説であり、(4)かつては、真実は小説でなければ語り得ないという信念さえあった。

成果はあったといえよう。リアリズム小説は、人生の分厚い雑多な層を透視するレントゲン光線のような役割を果たした。しかし、その結果もたらされたのは、〈人生はひとつの崩壊の過程に過ぎない〉という結論めいたことだった。トルストイが反省し、苦しんだことは、リアリズムがもたらしたこのような決定論であった。この開拓者にはリアリズムの行き着いた場所があきたらなかった。更にその先に、果て知れない地域が拡《ひろ》がっていたわけだ。

人の世はそれ自体が喩《たと》え話のようなもので、意味を隠し持っている。これは大勢の人間の思い込みであって、それをあきらかにしたいという意思は捨てきれない。この場合、人生の外貌を形づくっている大きな要素は、人の口から出る言葉・言葉だ。体験談もまた、永遠に雑草のようにはびこって、地球を覆っている。

リアリズムの小説は、それへの優れた考察であり、解釈であったが、この生《なま》の言葉の原野に較《くら》べれば、庭園のようなものであったことはいうまでもない。(5)これからも、或る種の人々は言葉・言葉にいどみ続けるであろうが、その場合、鍵になるのは、体験談と告白という二つの観念の識別、把握のし方であるように、私には思える。

（小川国夫「体験と告白」）

注（＊）　ツルゲーネフ＝ロシアの小説家。
アウグスチヌス＝四〜五世紀のキリスト教会の神学者。
〈人生はひとつの崩壊の過程に過ぎない〉＝アメリカの小説家フィッツジェラルドのことば。いくら努力しようとも人生は不幸へ向かう無意味な過程に過ぎないという見方を表す。
決定論＝すべてのできごとはあらかじめ決まったとおりに生起するという考え。

問一　傍線部(1)はどういうことか、説明せよ。
解答欄：一四・〇㎝×三行

問二　傍線部(2)はどういうことか、説明せよ。
解答欄：一四・〇㎝×三行

問三　傍線部(3)はどういうことか、文中のアウグスチヌスの議論を参考に説明せよ。
解答欄：一四・〇㎝×四行

問四　傍線部(4)について、このような信念が失われたのはなぜか、説明せよ。
解答欄：一四・〇㎝×三行

問五　傍線部(5)のように筆者が言うのはなぜか、説明せよ。(文系のみの出題)
解答欄：一四・〇㎝×五行

二〇二〇年度　文系

二

次の文は、太宰治に傾倒していた作家、小山清による井伏鱒二訪問記の一節である。井伏は太宰の師匠であった。これを読んで、後の問に答えよ。

私が初めて井伏さんに会つたのは、終戦の年の春、太宰さんが甲府の奥さんの里に疎開したときのことであつた。その年の三月上旬に私は罹災《りさい》して三鷹《みたか》の太宰さんの許《もと》に同居してゐたが、四月上旬に三鷹界隈《かいわい》に敵機の来襲があり、太宰さんの家も半壊の憂目《うきめ》に遭つたので、太宰さんは先に奥さんや子供さんを疎開さしてあつた甲府へ行くことになり、私は独り三鷹に残ることになつたのだが、その際私は太宰さんを送つてゆき、一週間ばかり甲府で遊んできた。その頃、井伏さんは甲府市外の甲運村に疎開してゐた。ある日、甲府の井伏さんの行きつけの梅ヶ枝といふ旅館で、三人で酒を飲んだ。そのとき、井伏さんは太宰さんに向つてふと、「君は運がよかつたね」と云《い》ひ、その言葉に太宰さんが一寸《ちよつと》表情をすると、井伏さんはすかさず、「僕もよかつたがね」と云つた。私は自分が傾倒してゐる人に対して、こんな口をきける人がゐようとは思つてゐなかつた。井伏さんと別れて帰る道すがら、太宰さんは私に向ひ、「井伏さんつて興奮させるところのある人だろ」と云つた。

終戦後私は北海道へ行つたが、太宰さんが逝《な》くなつた年の秋に、また東京に帰つてきた。その後、私はときどき清水町の井伏さんのお宅に伺ふやうになつた。そして井伏さんに親炙《しんしや》するにつれ、太宰さんが身につけてゐた雰囲気の幾分かは、井伏さんから伝はつたものであることを感じた。また、「井伏鱒二選集」の後記で、太宰さんが云つてゐる、「さまざま山ほど教へてもらひ」といふことが、よく合点がいつた。(1)井伏さんと対坐《たいざ》してゐるときほど、逝くなつた太宰さんの身近にゐる気のされることは、私にはないのである。

井伏さんのお宅に伺ふと、いつも玄関からは入らずに、庭先へ廻り、縁側から書斎に上る。井伏さんの書斎は庭に面した八畳間で、ここで井伏さんは客に会ふ。

井伏さんは庭のことを植木溜《うゑきだめ》と云つてゐる。実際、処狭きまでに、庭いつぱいにいろんな樹木が植ゑてある。井伏さんはその樹の一つ一つを、井伏さんの郷里、深安郡加茂村の家の背戸から眺めた、故郷の山々の姿になぞらへて見てゐるのだといふ。あの樹はなに山、この樹はなに山といふやうに。

私は書斎に上り、井伏さんと二言三言話すと、ホッとして気持が寛《くつろ》いでくる。井伏さんの話ぶりは静かで、(2)こちらの気持が吸ひ込まれてゆくやうな感じがする。たしか青柳瑞穂氏*が書いた井伏さんの印象記であつたと思ふが、道で井伏さんに逢つたやうな場合、井伏さんはひとところに立ち止つてゐて、自分だけが歩いて近づいてゆくやうな感じがすると云つてあつたのを覚えてゐるが、井伏さんと向ひあつて話をきいてゐるときの気持がさうである。井伏さんの話には目だたない吸引力があつて、いつか自然に井伏さんの身についた雰囲気にこちらが同化されてゆくのである。井伏さんが頭で話す人でなく、気持で話す人だからであらう。そして井伏さんの話は、きいてゐると、釣りのことにしろ、植木のことにしろ、または人の噂にしろ、そのままで滋味ゆたかな随筆や小品になる感じがする。

こんど私はこの訪問記を書くために、井伏さんをたづね、いろいろ意見を伺つたのだが、格別改まつた気持では質問をしなかつた。いつもと同じやうに楽な気持で、記事をつくることなどは忘れて、話をきくことが出来た。私はその日の話ばかりではなく、平素私が井伏さんについて感じてゐることを順序不同に書いて、責を塞ぎたいと思ふ。話をきいてゐたときは楽しかつたが、さてかうして筆を執つてみたら、なんだか難しい気がしてきた。(3)井伏さんといふ芳醇《はうじゆん》な酒を、私といふ水で、いたづらに味ないものにしてしまふのではないかと思ふ。

井伏さんは五十も半ば越して、いまが男盛りである。鬢《びん》にも大分白いものが見える。太宰さんが同じく選集の後記で云つてゐる、「渋くてこはくて、にこりともしない風貌」である。「叔父ワーニャ*」の中に「昔とはお綺麗さが違ひます」といふ台詞があるが、私は井伏さんの若い頃のことは知らないが、なんだかそんな感じがする。井伏さんの風貌には一寸男惚《ぼ》れをさせるものがある。恰幅《かつぷく》も立派で、てこでも動かない感じである。私などはもう少し太つて、見かけだけでも立派に見えるやうになりたいのだが、井伏さんは自分の「立派さ」を持てあましてゐるやうである。「太つてゐると、小説が下手に見えていけない」と云ふ。「芥川龍之介が人気があるのは痩せてゐたからだ」と云ふ。(4)殊更に自分を人に野暮つたく印象づけようとしてゐるのかも知れない。それほどに井伏さんは、いはばスマートなのである。雨河《あめが》内川《ふちがは》かに釣りに行つたときの写真があるが、岩の上にゐて釣竿をあつかつてゐる井伏さんの姿は、軽快で、若いなあといふ気がする。そしてその衰へぬ若さは、常に井伏さんの作品の艶になつてゐる。

清水町のいまの住居は、昭和二年に建てたもので、間取りなども井伏さんの設計になるものだといふ。もう三十年近くにもなるわけである。*根太《ねだ》がすつかり緩んでゐるので、風や地震には油断が出来ないさうである。いつぞや台風が吹くといふ前ぶれがあつた日に伺つたが、井伏さんは実に不安な面持をしてゐて、家の裏側に材木で突かひ棒をしてゐると云つた。またある日、お邪魔してゐる間に微震があつたが、井伏さんは立ち上つてそはそはした。住居についての意見をきいたら、なによりも耐風耐震といふことが懸念されるやうな塩梅《あんばい》であつた。住居にあまり凝る気持はないのであらう。井伏さんの日常も、凡《およ》そ簡素を旨としてゐるやうに見受けられる。

井伏さんの机は、横長の抽斗《ひきだし》のない、材は赤松の、もう五十年来愛用してゐるものである。夜になると、井伏さんはこの机のうへに電灯を引つぱつてきて、執筆するやうである。文房具なども、とりわけて好みに執することもないやうである。井伏さんは身のまはりをかへりみて、あれも貰《もら》ひもの、これも貰ひもの、それも、と云つた。井伏さんはいまいい硯箱《すずりばこ》が欲しいさうである。

部屋の壁には、ゴッホの糸杉の絵の複製が貼つてある。カレンダー附《つき》のポスターである。どこやらの酒場に掲げてあつたのを、気に入つたので、無心してきたのだといふ。

井伏さんは机のわきにある小抽斗をあけて、なにやら取り出し、私に渡して寄こした。見ると、*馬糞紙《ばふんし》でこしらへた*メンコであつた。井伏さんが子供の頃に弄んだ品ださうである。こなひだ郷里へ帰つたときに、生家で見つけたのだといふ。

「心が荒れてゐるときなど、こんなものを取り出して見てゐると、柔らいでくるね」

と井伏さんは云つた。

丸メンで、表には武者絵が描いてある。私が子供の時分に流行《はや》つたものよりも、もう一つ時代がついてゐる。(5)見てると、私の胸の中にも、泉のやうに湧き出てくるものがあつた。

（小山清「井伏鱒二の生活と意見」より）

注（＊） 青柳瑞穂＝仏文学者。

「叔父ワーニャ」＝ロシアの作家チェーホフの戯曲。

根太＝床板を支える横木。

馬糞紙＝質の悪い厚紙。ボール紙。

メンコ＝表面に絵や写真のあるボール紙製の玩具。文中にある「丸メン」は円形のメンコ。

問一 傍線部(1)のように感じられるのはなぜか、説明せよ。 解答欄：一四・〇cm×四行

問二 傍線部(2)のように感じられるのはなぜか、説明せよ。 解答欄：一四・〇cm×二行

問三 傍線部(3)はどういうことか、説明せよ。 解答欄：一四・〇cm×三行

問四 傍線部(4)はどういうことか、説明せよ。 解答欄：一四・〇cm×四行

問五　傍線部（5）はどういうことか、説明せよ。

解答欄：一四・〇㎝×四行

二〇二〇年度　理系

二　次の文を読んで、後の問に答えよ。

私たちの身の回りから「闇」がなくなりだしたのは、いつのころからだろうか。地域によって違いがあるのは当然であるが、文学者の鋭い感性で(1)「闇」の喪失の危機を感じ取った谷崎潤一郎が、*『陰翳礼讃《いんえいらいさん》』という文章のなかで「私は、われわれが既に失いつつある陰翳の世界を、せめて文学の領域へでも呼び返してみたい。文学という殿堂の檐《のき》を深くし、壁を暗くし、見え過ぎるものを闇に押し込め、無用の室内装飾を剝ぎ取ってみたい。それも軒並みとは云《い》わない、一軒ぐらいそう云う家があってもよかろう。まあどう云う工合《ぐあい》になるか、試しに電灯を消してみることだ」と書いたのが、昭和の初めのことであった。もうこのころには、闇の喪失が目立ったものになってきていたのである。その文章のなかで、谷崎は妖怪の出現しそうな室内の陰翳のある闇について、こう書き記している。

> 現代の人は久しく電灯の明《あか》りに馴《な》れて、こう云う闇のあったことを忘れているのである。分けても屋内の「眼に見える闇」は、何かチラチラと*かげろうものがあるような気がして、幻覚を起し易《やす》いので、或《あ》る場合には屋外の闇よりも凄味がある。*魑魅《ちみ》とか妖怪変化とかの跳躍するのはけだしこう云う闇であろうが、その中に深い帳《とばり》を垂れ、屏風《びょうぶ》や襖《ふすま》を幾重にも囲って住んでいた女と云うのも、やはりその魑魅の*眷属《けんぞく》ではなかったか。闇は定めしその女達を十重二十重に取り巻いて、襟や、袖口や、裾の合わせ目や、至るところの空隙を塡《う》めていたであろう。いや、事に依ると、逆に彼女達の体から、その歯を染めた口の中や黒髪の先から、*土蜘蛛《つちぐも》の吐く蜘蛛のいとの如く吐き出されていたのか

も知れない。

谷崎が嘆いているのは、「眼に見える闇」の喪失であって、「眼が効かない漆黒の闇」の喪失ではない。燭台《しょくだい》や行灯《あんどん》の明かりとその明かりの陰にできる闇とがほどよく調和したところに日本文化の美しさを見いだし、明る過ぎる電灯によってそうした陰翳のある世界が消失しようとしていることを憂い悲しんでいるのである。すなわち、明かりのない闇も好ましくはないが、闇のない白日のような過度の明るさも好ましいことではなく、光りと闇の織りなす陰翳ある状態こそ理想だというわけである。

谷崎はそこに日本の美の理想的姿を見いだした。しかし、陰翳の作用の重要性はその配合調和の度合いに多少の違いはあるにせよ、美のみではなく、日本人の精神や日本文化全体、さらにいえば人間全体にとっても重要なことだといっていいのではなかろうか。

谷崎の文章からもわかるように、光りと闇の、ときには対立し相克し、ときには調和するという関係が崩れ、急速に闇の領域が私たち日本人の前から消滅していったのは、電線が全国に張りめぐらされていった大正から昭和にかけての時代であった。この時代に大正デモクラシーという名のもとに、近代化の波が庶民のあいだにも押し寄せ、その一方で、人々は資本主義・近代的消費社会のシステムのなかへ編入されていったのである。銀座にネオンが輝き、『東京行進曲』*が明るい大都会の明るいイメージをアッピールし始めたころである。そのころから高度成長期にかけて、戦争という緩慢期はあったものの、闇の領域が人々の身辺から消え、(2)それとともに多くの妖怪たちの姿も消え去ってしまったのである。

大正時代に流行《はや》った童謡に*西条八十《さいじょうやそ》の『かなりや』*がある。「唄を忘れた金糸雀《かなりや》は、後《うしろ》の山に捨てましょか、いえいえ、それはなりませぬ」というフレーズのこの歌を、私たち現代人もときどき思い出し口ずさむことがある。この歌の「かなりや」が海の向こうからやってきた西洋の文明を象徴しているとすれば、「後ろの山」は人間の完全な管理下に置かれた山でなく、それ以前の「闇」の領域としての恐怖に満ちた山であった。この「後ろの山」は自分の家のすぐ裏手の山であったかもしれないし、*小盆地宇宙モデルでいう周囲の山であったかもしれない。あるいは近くの森や林や野原だったかもしれない。いずれであったにせよ、この「後ろの山」は前近代が抱えもっていた深い闇の恐怖空間であった。こうした「後ろの山」や「*背戸《せど》」という言葉で表現される空間が、当時の子どもたちにとって、さらには大人たちにとっても謎めいた闇の空間としてまだしっかり生きていたのである。児童文学者の村瀬学は、『子ども体験』という本のなかで、次のように説いている。

子どもたちの直面する空間には、常に「向う側」「背後」があって、それがよくわからないと不安になるのである。仏壇や納戸の恐さは、その暗さが特有の「向う側」を隠しもっている感じがするからである。

しかし、これは子どもたちだけではなく、大人たちにとっても同様であった。『かなりや』のような明るさと暗さが漂う大正童謡が流行った理由の一つは、それが子どもたちに向けての歌であると装いつつ、じつは(3)大人たちの心情に訴えかけるように仕組まれていたからである。それゆえ大人たちの心を揺さぶり支持されたのである。

（小松和彦『妖怪学新考　妖怪からみる日本人の心』より）

注（*）『陰翳礼讃』＝谷崎潤一郎の随筆。昭和八年（一九三三）から翌年にかけて発表された。
かげろう＝姿などが見えたり消えたりするという意味の動詞。
魑魅＝山林の精気から生じるという化け物。
眷属＝身内、配下の者。
土蜘蛛＝クモの姿をした妖怪。

『東京行進曲』＝昭和四年（一九二九）に公開された同名の映画の主題歌。

西条八十＝詩人・童謡作家。『東京行進曲』の作詞者でもある。

『かなりや』＝大正七年（一九一八）に西条八十が発表した詩で、後に曲が付けられた。

小盆地宇宙＝盆地の底に町などがあり、その周囲が農村や丘陵などに囲まれた空間。

背戸＝ここでは家の後ろの方、裏手。『かなりや』の歌詞に現れる。

問一　傍線部(1)について、どのような意味で「危機」なのか、説明せよ。
解答欄：一四・〇㎝×三行

問二　傍線部(2)のように言うのはなぜか、本文に即して説明せよ。
解答欄：一四・〇㎝×三行

問三　傍線部(3)について、「大人たちの心情に訴えかける」ことができたのはなぜか、説明せよ。
解答欄：一四・〇㎝×三行

二〇一九年度　文理共通

一　次の文を読んで、後の問に答えよ。

現代イタリアの重要な思想家、アガンベンには「インファンティアと歴史」という論攷《ろんこう》がある。その冒頭近くに、われわれの問題意識からしても極めて興味深い指摘がなされている。

常識的な理解では、一七世紀前後に西欧で近代科学が生まれたのは、それまで〈書斎〉であれこれ観念を振り回しては世界を理解していたつもりになっていた人間が、実際に〈外〉に出て、物事をしっかり見るようになったからだ。観念から経験へ。それこそが、〈科学の科学性〉を保証するものなのだ。——こんな類《たぐ》いの話をさんざん聞かされてきたわれわれだが、アガンベンは、それをほぼ逆転させるのである。

彼にいわせれば、(1)事態は遥かに複雑なのだ。それは、今述べたばかりの〈常識〉とは、むしろ逆方向を向いている。近代科学がその実定的科学性に向けて一歩を踏み出すためには、それまで〈経験〉と思われてきたことをあまり信用し過ぎないことが大切だった。なぜなら、日常的な経験などは、ごちゃごちゃとした混乱の集積であるに過ぎず、それをいくら漫然と観察しても、科学的知見などには到達できないからだ。伝統的経験へのこの上ない不信感、それこそが、近代科学の黎明《れいめい》期に成立した特殊な眼差《まなざ》しだったのだ。

(2)〈実験〉は、〈経験〉の漫然とした延長ではない（確かに、近代科学以降も系統的観察を中心とした科学は存在する。だがそれは一応度外視し、実験中心の科学を科学の範型と見る）。一定の目的意識により条件を純化し、可能な限り感覚受容を装置によって代替させることで、緻密さの保証をする。*原基的構想がどの程度妥当かを、〈道具と数〉の援助を介在させながら試してみること——それこそが実験なのであり、それは、経験は経験でも極めて構築的な経験、極めて人工的な経験なのだ。ベーコン風にいうなら、それは〈暗闇での暗中模索〉とはほど遠い。さらに時代が下り、一九世紀半ばにもなってから、＊クロード・ベルナールが『実験医学序説』の冒頭のかなりの紙数を割いて力説していたのも、それと似たようなことだった。

その意味で、若干＊箴言《しんげん》めかした逆説を弄するなら、経験科学は非・経験科学、というより、特殊な経験構成を前提とした科学だということになる。日常的世界での経験などは、多くの場合、科学にとってはそのままでは使い物にならない〈前・経験〉、あるいは〈亜・経験〉であるに過ぎず、その華やかで賑々《にぎにぎ》しい経験世界からの一種の退却こそが、実定的な科学的認識には必要な前提だと見做《みな》されるのである。学問的な物理世界で語られるのは、あくまでも〈紫色〉ではなく〈波長〉であり、〈笛太鼓〉ではなく〈波動〉なのだ。特に物理学の場合には、基底概念自体が、自然界の模写から来ているというよりは、大幅な単純化と抽象化を経た上で構成された概念だという印象が強い。後はその基底概念が孕《はら》む物理的含意を演繹《えんえき》的に敷衍《ふえん》し、それが正しいかどうかを、ときどき実験でチェックする。私から見ると、どうもプロの物理学者たちの仕事はそのような種類のものに見える。いずれにしろ、それが〈日常世界〉の技巧的模写などではないというのは、確かなものに思えるのだ。

それを確認した上で述べるなら、寺田寅彦の物理学が、いささか変わった物理学だということは、やはり改めて強調しておくべきだ。もちろん寺田には、プロの物理学者として多くの業績があり、それについて私などがあれこれ口を挟む余地はない。だが、寺田が「趣味の物理学」、「小屋掛け物理学」としての相貌を顕著に示すのは、割れ目、墨流し、金平糖の研究などの一連の仕事、あるいは、まさに日常世界での経験に〈科学的検討〉を加えた一連のエッセイを通してなのだ。かの有名な市電の混み具合を巡るエッセイ（「電車の混雑について」）などが、その代表的なものだろう。

それはあたかも、先に触れた、(3)近代科学の〈経験からの退却〉を惜しむかのような風情なのだ。ただ、注意しよう。寺田がX線回折の研究では同時代的にみて重要な貢献をなしたとか、地球物理学の分野で力を発揮したなどという事実は、決して看過されてはならない。仮に彼が、〈経験からの退却〉を惜しんだとしても、それは例えば一八世紀フランスの素人物理学者、トレサン伯爵が大著で〈電流〉を論じたありさまとは、あくまでも一線を画する。トレサン伯爵の〈電流一元論〉は、荒唐無稽、珍妙奇天烈《きてれつ》な議論のオンパレードだ。その最大の特徴は、物理学的言説であろうとしながらも、あくまでも日常的水準での直観が基盤となり、その直観からそのまま連続的な推論がなされているところにある。それはまさに(4)〈経験からの退却〉のし損ないなのである。

それに対して、寺田の場合には、同時代の学問的物理学の言説空間の中で或《あ》る程度行くところまで行った後での遡行的な運動なのであり、途中で頓挫した前進運動なのではない。〈日常世界〉と〈物理学世界〉のどこか途中に潜む、恐らくは無数にある中間点、そこをいったん通り過ぎた後で、また戻ろうとすること。(5)その興味深い往復運動がもつ可能性に、西欧自然科学が本格的に導入されてから百年もしない内に目を向けた貴重な人物――それが寺田寅彦なのだ。

プロの物理学者は、その後、寺田の学統をあまり積極的に受け継ごうとはしていないらしい。中谷宇吉郎については、さすがに一定の研究が進んでいるようだが、宇田道隆や平田森三《もりぞう》など、興味深い境地を実現しえている何人かの物理学者たちに、私のような部外者ではなく、物理学者自身も目を向けて、その可能性に思いを馳《は》せてほしい。いまさら〈日本的科学〉などについて語るつもりはない。だが、自然科学が文化全体の中でもちうる一つのオールタナティブ*な姿を、寺田物理学は示唆している。私にはそう思われてならない。

（金森修『科学思想史の哲学』より）

注（＊） 原基的＝全ての大もととなる。
クロード・ベルナール＝一九世紀フランスの医師、生理学者。実験医学の祖として知られる。
箴言＝教訓を含んだ短い句、格言。
オールタナティブな＝ alternative「代替的な、代案となる」の意。

問一　傍線部（1）のように言われるのはなぜか、説明せよ。

解答欄：一四・〇㎝×三行

問二　傍線部（2）のように言われるのはなぜか、説明せよ。

解答欄：一四・〇㎝×四行

問三　傍線部（3）はどのような意味か、説明せよ。

解答欄：一四・〇㎝×四行

問四　傍線部（4）のように言われるのはなぜか、説明せよ。

解答欄：一四・〇㎝×三行

問五　傍線部（5）はどのようなものか、説明せよ。（文系のみの出題）

解答欄：一四・〇㎝×五行

二〇一九年度　文系

二

次の文は、大岡信と谷川俊太郎による対話の一部である。これを読んで、後の問に答えよ。

大岡　詩が生まれる瞬間は感じとしてわかるだろう。自分が詩を書きはじめた時期のことを考えても、なにか言葉がムズムズ生まれてくるというか、むしろどこかがひっかかってるような気がして、その言葉を紙に書きつけてみたら、それから一連の形をもった言葉が生じてきたというようなことがある。個人のなかでの自覚的な詩の誕生としては、そういうのがわりあい普遍的な形としてあると思うんだけれども、詩の死滅については、それぞれの詩がどこかで死んでいるはずなのに、それがわからない。

詩てのは現実にいつまでも存在しているものじゃなくて、どこかに向って消滅していくものだと思う。消滅していくところに詩の本質があり、死んでいく瞬間がすなわち詩じゃないかということがある。あるものが生まれてくることはわりあい自然であって、むしろそれが消えていく瞬間をどうとらえるかが、実はその次の新たな「詩の誕生」につながるのじゃないかな。

(1)活字になった詩は永久に残ってしまうみたいな迷信がわれわれにあるけれども、実はとっくの昔に生命を終えているのかもしれないということは考えたほうがいいのじゃないか。そう考えたとき、本なら本のなかに詩という形で印刷されてるものをもう一回生きさせる契機も、またそこから出てくるのじゃないか。これは死んでるから、おれはもう一回生きさせてやるぞ、ということが出てくると思う。

谷川　詩が死ぬ死に方だけれども、それが社会のなかでの死であるのか、それともその詩を受取る個人のなかでの死であるのか、二つあるよね。個人のなかで詩が死ぬというのは、たとえば三年前にすごく感動した詩が、いま読んでみたらどこに感動したのかぜんぜんわからないということがあるでしょう。

大岡　あるある。すごくある。

谷川　僕もその経験が、詩にもあるし音楽にもあるのね。非常に感動した音楽にまったく感動しなくなっている。それを単純に、自分が大人になったから、あるいは自分がすれてきたから感動しなくなったんだみたいな言い方もあるけれども、それはちょっと信用できない。そういうものとぜんぜん違う何かがあって、詩が死に、音楽が死ぬ。個人的な経験から言ってそうだね。それがなぜなのか、とっても気になるんだけれどもね。

　また、もっと(2)微視的に見ると、ある一つの詩を読むにしろ聞くにしろ、その詩に感動したらその詩が受取り手のなかで生まれたと考えられるけれども、その感動は生理的にどうしても長続きはしないよね。電話がかかってきたとか何かほかの仕事しなきゃいけないとか、すぐ日常的なことにまぎれちゃう。そのときには、その詩は死んでいるとも言える。もちろんそういうふうにあまりにも微視的に見ると、詩は単に人間の生理にかかわるものだけになりかねないから、そういう考えは危いけれども、われわれは従来あんまりそういうふうに考えてこなかったでしょう。たとえば万葉集という詩集が千数百年をずっと生きつづけてきたというふうに、どうしても意識しがちだよね。僕はこのごろその考えにやや疑問があるわけ。詩てのはそんなふうに確固としたものであってはいけないのじゃないかな。

大岡　たしかに個人のなかでの詩の生き死にと社会化された詩の生き死にとあると思うね。即物的な言い方をすると、一人の人間の脳髄から生まれた言葉が文字になった瞬間に詩が社会化されているんだと思う。もちろん、音声だけで詩がうたわれ、語られていた時代のことを考えれば、それこそ詩が最も幸福な形で社会化されていた時代だといえるかもしれないけれども、現在のわれわれの表現手段からいうと、文字にいったん書くということが基本的にあると思うね。文字になった瞬間にその詩が、少なくとも(3)潜在的には社会化されているということなんだ。

　つまり人類が文字をもった瞬間から、詩の社会的な生き死にと個人のなかでの生き死にと、二つがはっきり存在するようになったんじゃないかしら。そして文明が進めば進むほど、文字＝本という形で存在する詩の社会的な存在の仕方というのは無視することができなくて、(4)そういうものは簡単に生きたり死んだりするものじゃないということになる。で、そうなってくると、詩というものをある「全体」のなかでとらえるということがどうしても問題になってくる。ある文明のなかでその詩がどれだけ、人びとのなかに無意識に蓄えられてきた言語構造体のなかに、いわば雨水が土に浸透するようにジワッと浸透したか、そういうところで、ある詩の価値が測られるようなことも出てくるわけだね。うろおぼえだけれども、T・S・エリオットが「伝統論」のなかでたしかこういうことを言っていた。——ある新しい時代に新しいものがつくられるが、それは新しいものとして単独に存在するのではなくて、そういうものが付け加えられると過去に蓄積されたものの全体もジワッと変る。その総体が伝統というものだ。だから伝統は毎日毎日変っているのだ、とね。

その意味でいうと、詩てのは死ぬことによって実は伝統を変えていくのだと言えるのかもしれないね。一篇の詩は、個人のなかで生きたり死んだりするけれども、その同じ詩が社会的性格を持っている。その側面でいえば、一篇の詩が社会的にある新しい衝撃力を持った時代から、やがてその詩はみんなが読んでみて「もうちっともショックじゃない」というものになっていく。それはその詩の社会的な死だけれども、実は全体が変ったからその詩が死んだのであって、全体が変ったってことは新しい事件なんだよね。逆に言うと死ぬことが新しさをつくっていく。そういう考え方が、ヨーロッパの文学伝統についての考え方をある意味で代表していると思う。

学生時代にはそういう考えが頭のなかで理屈としてわかったような気がしていたんだけれども、その実感はなかった。ところがその後、たとえば紀貫之を読むことで古今和歌集なんてのをあらためて知ったりして、古い時代のものを読み直してみると、伝統のなかでの古今集の意味などが実感としてわかってきた。T・S・エリオットの言ったことも、自分なりに理解できるように思えてきたんだ。

つまり紀貫之がつくったものが、彼より以前の時代の伝統全体に対して、非常に新しい意味で働きかけている。貫之の仕事が付け加わったことによって、それ以前の古代の詩歌全体の構造が、わっと変ったところがあるはずだ。そういうところが見えてきたわけね。それを考えていくと、われわれがいまあらためて紀貫之について考えるということは、どうやらそのことを通じて全体をかきまわし、もう一回新しい一つの構造体をつくるということになるらしい。(5)詩が死ぬってことはとてもいいことなんじゃないか。死んでると認められる詩は、実は甦《よみがえ》らす可能性のあるものとして横たわっているのだということを思うんだ。ただ、横たわっている状態があまりにきちんとした死体に見えるときは、こちらを刺戟《しげき》するどころか、はじめから一種の圧迫感になって、貝殻のかたい殻みたいにのしかかってくるから、そうなると揺り動かしたり叩いたり、やり方がいろいろむずかしいと思うけれどもね。

結局、詩が一人の人間のなかで生きたり死んだりする動きと、その詩が社会的に生きたり死んだりする動きと、両者はあるところで重なるけれども、あるところでぜんぜん別なんだ。僕は、ぜんぜん別であるところに実はおもしろい要素があるような気がするね。

（大岡信・谷川俊太郎『詩の誕生』より）

問一　傍線部(1)で「迷信」と言うのはなぜか、説明せよ。

解答欄：一四・〇㎝×二行

問二　傍線部(2)はどういう見方を言うのか、説明せよ。

解答欄：一四・〇㎝×二行

問三　傍線部(3)はどういうことか、説明せよ。

解答欄：一四・〇㎝×二行

問四　傍線部(4)はどういうことか、説明せよ。

解答欄：一四・〇㎝×四行

問五　傍線部(5)のように言うのはなぜか、説明せよ。

解答欄：一四・〇㎝×五行

二〇一九年度　理系

二

次の文は、「音楽評論家になるにはどうすればよいのか」という高校生からの質問に答えたものである。これを読んで、後の問に答えよ。

批評家とは批評を書いて暮らすのを業とする人間というにすぎない。音楽評論家になりたければ、まず音楽を勉強することです。現に最近の音楽批評家には音楽大学で楽理とか音楽学とかを修めた人もボツボツ見かける。わが国の既成の評論家にそういう経歴の人が少ないのは、これらの学科が戦後の産物だからにすぎない。

だが、それだけですべてがきまりはしない。それに批評家といっても、その中にいろいろと良否の別がある。その違いはどこにあるか。私の思うに、芸術家や作品を評価するうえで自分の考えをいつも絶対に正しいと思わず、むしろ自分の好みや主観的傾向を意識して、それを、いうなれば、読者が「そういえばそうだな」と納得できる道具に変える心構えと能力のある人が批評家なのではなかろうか。論議が正しくなければ困るのだが、自分がいつも正しいと限らないことをわきまえた人でないと、他人を説得し、納得させるために、自分の考えを筋道たてて説明したり、正当化につとめたり検討したり訂正したりという手間をかける気にならないのではないか。これをしない人は、たとえ音楽の天才であり大理論家であっても、批評家ではないのではないか。

また批評家はすべて言葉を使うわけだが、すぐれた批評家とは対象の核心を簡潔な言葉でいいあてる力がなければならない。名批評家とは端的な言葉で的確に特性指摘のできる人をさすと、私は近年ますます考えるようになってきた。モーツァルトを「耳におけるシェイクスピア的恐怖」と呼んだスタンダールだとか、シューベルトの大交響曲を「天国的長さ」と呼んだシューマンだとかがその典型的な例で、後世にとっては、そういう言葉をはなれて、その対象を考えるのがむずかしくなってしまったくらいである。ベートーヴェンのソナタに勝手に《月光ソナタ》という名をつけた人物もその一人かもしれない。

しかし、これはまた、対象に一つの枠をはめてしまい、作品を傷つけることにもなる。そのために、たとえば凡庸な演奏家はますますそのレッテルにふさわしい演奏を心がけ、凡庸な批評家はその角度からしか作品を評価できなくなる。ということは逆に、すぐれた演奏家なら既成概念をぶちこわし、作品を再び生まれたこの無垢《むく》の姿に戻そうとするだろう。こうして、批評は新しい行動を呼びさますきっかけにもなりうるわけである。

しかし、いずれにしろ元来が鑑定し評価し分類する仕事から離れるわけにいかない批評にとっては、音を言葉でおきかえる過程で、「レッテルをはるやり方」からまぬがれるのは至難の業《わざ》となる。音楽批評、音楽評論とは、音楽家や音楽作品を含む「音楽的事物」「音楽的現象」に言葉をつける仕事、名前を与える作業にほかならない。別の言い方をすれば、ある作品を「美しい」とか、ある演奏を「上手だ」とかいう無性格な中性的な言葉で呼ぶのは、(2)批評の降伏の印にほかならない。

だが音楽批評に限らず、およそ美術、演劇、文学等の批評一般にまつわる誤解の中でも、批評を読めば作家なり作品なりがわかりやすくなるだろうという考えほど広く流布しているものはなかろう。しかし批評は解説ではない。私は前に対象の核心を端的にいいあてる力と書いたが、作品そのものはけっして核心だけでできているのではない。核心だけできこうとすると『月光ソナタ』や『運命交響曲』になってしまうのであり、その時、作品は別のものでしかなくなる。

批評は作品を、作家を理解するうえで、役に立つと同じだけ、邪魔をするだろう。それは批評がそれ自身、一つの作品だからである。では批評は何の役に立つのか？　批評は、言葉によるほかの芸術と同じように、読まれ、刺激し、反発され、否定され、ときに共感され、説得に成功し等々のために、そこにある何かにすぎない。そうして、(3)批評のほうが、その対象よりわかりやすいと考えるのは、真実に反する。

（吉田秀和「音を言葉でおきかえること」より）

問一　傍線部（1）について、良い批評家はどうして手間をかけるのか、説明せよ。

解答欄：一四・〇㎝×三行

問二　傍線部（2）はどういうことか、説明せよ。

解答欄：一四・〇㎝×三行

問三　傍線部（3）のように筆者が考えるのはなぜか、説明せよ。

解答欄：一四・〇㎝×三行

二〇一八年度　文理共通

一　次の文を読んで、後の問に答えよ。

皆人の「からだ」ばかりの寺参り「こころ」は宿にかせぎをぞする（為愚痴物語巻六ノ一二）

生きた人間を「からだ」と「こころ」で対立させる二元論的把握は、視野を転じて、言語記号の成り立ちという問題に対しても、アナロジカル*に適用することができる。

言語記号は、一定の音声形式と意味とから成り立っている。人間の「からだ」が「こころ」の器であるなら、音声形式も、また、意味の器にほかならない。「からだ」に「こころ」の宿っているものが生きた「身」であるなら、音声形式に意味の宿っているものが、すなわち「語」にほかならない。

語の成り立ちを「身」との対比において把握する観点から、とりわけ注目される問題は、「語」の意味に対応する概念として、「身」の方に、「こころ」という言葉が見出されることである。わが国で、「意味」という言葉が、いつごろから使用されるようになったのかは判然としない。ヘボン*の辞書には収められているが、日葡辞書*など中世の辞書には見当らないようである。しかし、「意味」という漢語を知らない時代にも、「意味」を含意する言葉は存在した。それが、「こころ」という和語であったことは、あらためて紹介するまでもない。のみならず、この事実は、たとえ偶然であるかもしれないにせよ、語を人間とのアナロジーで捉える観点から導かれた、「意味」と「こころ」の対応関係にいみじくも合致している。

一般に、意味論は、意味を客観的認識の対象として、当の言語主体から切り離しすぎたうらみがある。いま、語の意味を、「こころ」という和語によって認識しなおしてみるとき、(1)語の意味と言語主体の心的活動は、確実に一本のキイ・ワードで架橋されることになるであろう。意味論にとって、これは、すこぶる重要な示唆だとはいえないであろうか。

共鳴、親愛、納得、熱狂、うれしさ、驚嘆、ありがたさ、勇気、救ひ、融和、同類、不思議などと、いろいろの言葉を案じてみましたけれど、どれも皆、気にいりません。重ねて、語彙の貧弱を、くるしく思ひます。（太宰治『風の便り』）

＊

事物は、それを名づける言葉が見出されない限り、存在しないに等しい。言語主体は、なにか明晰《めいせき》なかたちで認識したいものがあるとき、現在の自分の「こころ」に過不足なく適合する「こころ」を具有した言葉をさがし求める。そうして、該当する言葉がつかまえられないとき、自分の「語彙の貧弱を、くるしく思」う。だが、語彙の多寡など、所詮は程度の差である。いくら語彙の豊富な人間でも、自分の「こころ」をぴたりと表現できない苦しみから完全に自由であることはできない。人間の世界は、言葉によって縦横に細分されてはいるものの、語の配分は、決してわれわれの経験世界に密着した精密度で行われているわけではない。(2)もっとも客観的に見える自然界ですら、実際は、なんら客観的に分割されていないというのが、言葉の世界である。以前、「語彙の構造と思考の形態」と題する小論の中で、次のように述べたことがある。「スペクトルにかけられた色彩を、現代日本語は七色で表わす。しかし英語では六色であり、＊ロデシヤの一言語では三色、リベリアの一言語では二色にしか分けない。言語によって、色彩の目盛りの切り方が相違しているのである。これが直ちに言語の構造の問題と結びついていることは、言語構造の概念を説明するための雛型《ひながた》として、スペクトルの例が好んで採りあげられることを想起すれば十分である。言語が構造であること、構造とは分節的統一にほかならないことを、ここからわれわれは容易に認めることができる。思考活動は、この目盛りの切り方、言語の構造性に応じて営まれる。同じ虹に対しても、人はその属する言語の構造という既成の論拠の上においてのみ、色合を認知しうるのである。スペクトル中の色帯の数を、ミクロン単位で数えるならば、三七五種の多くにのぼると言われる。それを何色かに分割するということは、無限の連続である外界を、いくつかの類概念に区切り、そこにおける固定した中心、思想の焦点としての名称をもって配置することである。曖昧で不確かで変動しやすい人間の知覚は、名称によって新しい形をとり始める。客観的世界ははじめて整理せられ、一定の秩序と形態を与えられる。朦朧《もうろう》として不分明な個人の感情、捉えがたい心理の内面も、すべて名称による以外には、自己を客観化し明確化するすべを持たない。スタンダールの『赤と黒』に、ジュリアンとの媾曳《あいびき》のあとで、幸福の陶酔に耽《ふけ》っていたその夜のド・レーナル夫人が、突然、自分の行為の「姦通《アデュルテール》」という怖ろしい言葉に宛てはまるのに気づいて愕然《がくぜん》とする場面がある。言語以前の無意識の状態における個人的感情が、判然たる姿をとってその性格を客観的に現示するものは名称であることを、これは端的に物語っている」。考えてみれば、これほど危険千万なことはない。言葉によって、カオスがコスモスに転化することは事実だとしても、そのとき、名づけられたものは、他のあらゆる属性を切り捨てられ、(3)無垢の純潔性を失ってしまう。

ベンジャミン・リー・ウォーフも言うように、言語とは、それ自体、話者の知覚に指向を与える一つの様式であり、言語は、話者にとって、経験を意味のある範疇《はんちゅう》に分析するための習慣的な様式を準備するものである。言語が押しつける恣意的な分類法、その上に立つ一定数の限られた言葉で、無限の連続性を帯びている内的外的世界を名づけること、それは、言語主体に指示して彼を特定のチャンネルへと追いこむこと、外部から一つの決定を強制することではないか。もしあなたが、或る人の行為や心理を一つの言葉で名づけるならば、あなたは、その人に、その人の行為や心理を啓示することになる。その人は、名づけられた言葉を手がかりに、あらためて自分をかえりみるだろう。

「泣きぬれた天使」という往年のフランス映画にも、そうした場面があった。ジュヌヴィエーヴは、盲目の彫刻家に対する友情とも憐愍《れんびん》ともつかない漠然たる心情を、他人から「愛《アムール》」という言葉で啓示されたとき、自分のすべてが決定されたことを知った。今度は、「愛」という言葉が、彼女の「こころ」を鍛えあげてゆく。或いは、人間の「こころ」が、言葉につかみとられて、否応なしに連行されてゆくのだといってもいい。「愛」とか「嫉妬」とか「憎悪」とかいう言葉が現れると、（4）その言葉とともに、愛や嫉妬や憎悪が結晶してくる。もやもやした感情を、「愛」でとらえるか、「嫉妬」でとらえるか、「憎悪」でとらえるか、結びつき次第で、彼の運命は大きく違ってくるであろう。彼は「愛」をそだてることに成功するかもしれない。「嫉妬」に懊悩《おうのう》する男になるかもしれない。「憎悪」のあまり、女を殺す大罪を犯すに至るかもしれない。

＊

人間の「こころ」と言葉の「こころ」との間には、相互にはたらきかける二つの力がある。一つは、言葉の「こころ」が人間の「こころ」に作用する力であったが、もう一つは、人間の「こころ」が、言葉の「こころ」に作用して、それを変えてゆく力である。言葉が、人間世界の細目に対してごく大まかにしか配置されていないものである以上、われわれは、自分の「こころ」を、適切な言葉によって表現できないという不幸を宿命的に負わされている。どうしても、「こころ」を託すべき言葉がなければ、穴埋めに、新語を創造し、古語を復活し、外国語を借用するという方法も講ぜられる。

人間は、絶えず、その人、その時代に固有の「こころ」を持った言葉をさがし求めているものだ。新しい「こころ」は、それを関連づけることのできそうな「こころ」を持った言葉を見つけて、その中に押しこまれる。あとから押しこまれた方の「こころ」が、人々から強力に支持されつづければ、新しい「こころ」は、古い「こころ」を押しのけて、新規にその主人ともなりうる。言葉の「こころ」を変える力は、すなわち、人間の「こころ」であって、言葉の「こころ」が、人間から独立して、勝手に変わるのではない。言葉の意味変化が、人間の「こころ」の変化を前提とする以上、人間の「こころ」の側から、言葉の「こころ」が追究されなければならないのは当然であろう。（5）意味論は、人間の「こころ」と言葉の「こころ」の相互関係を究明する「こころ」の学とならない限り、人間の学としての「意味」を持ちえないといっても過言ではない。

（佐竹昭広「意味変化について」より。一部省略）

注（＊）　アナロジカル＝analogical「類推による、類推的な」の意。
ヘボンの辞書＝ジェームス・カーティス・ヘボンによって幕末に編纂された、英語による日本語の辞書。
日葡辞書＝ポルトガル語による日本語の辞書。一六〇三年から一六〇四年にかけてイエズス会によって長崎で出版された。
ロデシヤ＝アフリカ大陸南部の地域名称。現在のザンビアとジンバブエを合わせた地域にあたり、二〇以上の言語が話されている。同じく西アフリカのリベリア共和国も三〇近い言語が話されている多言語国家。

問一　傍線部（1）はどういうことか、説明せよ。　解答欄：一四・〇㎝×三行

問二　傍線部（2）はどういうことか、説明せよ。　解答欄：一四・〇㎝×四行

問三　傍線部（3）はどういうことか、説明せよ。（文系のみの出題）　解答欄：一四・〇㎝×二行

問四　傍線部（4）はどういうことか、説明せよ。　解答欄：一四・〇㎝×三行

問五　傍線部（5）のように筆者が考えるのはなぜか、説明せよ。　解答欄：一四・〇㎝×五行

二〇一八年度　文系

二

次の文を読んで、後の問に答えよ。

　私の咳《せき》は風邪の咳と違って、気管の奥まで届かない。気管の奥まで届いて、そこにたまっている痰《たん》をゼイゼイと震わせる咳には、一種独特な快感があるものだ。熱っぽい躰《からだ》の内部に力ずくで風穴をあけようとしているような、もうひと息で風が通って躰じゅうが爽やかになりそうな、*カタルシスの予感がつきまとう。私の咳ははじめのひと声ふた声はともかく、三声目からはもう空咳なのだ。内のものが外へ押し出るとか、外のものが中へ流れこむだとか、そういった感じはなくて、通路そのものがいたずらにケイレンを起こす。気管が身勝手に神経的な苛《いら》立《だ》ちをぶちまけ、こちこちになるまで力んで、われとわが身をいためつける。私はこらえられるだけこらえて、それから《俺はいつかこれで死ぬぞ、これで死ぬぞ》とやくざな喉と気管をなじりながら、手ばなしで咳きこみはじめる。咳の音がコンコンなどというしおらしさを通り越して、キィーンキィーンとどこか金属的な響きを帯び出すと、左の胸の奥がふと異な感じになりかかることがあるけれど、私の気持はかえって平静になって、《心臓が止まるとは、こういう感じか》などと思ったりする。どうかすると、私は身も世もあらず咳きこみながら、咳きこんでいる自分の姿を冷やかに眺めたりする。肩に力をこめ、背を丸め、胸板を震わせている姿が、どうにも子供っぽいのだ……。

　ベランダに出ると咳が出るのは、躰が急に冷やされるせいだろうが、それよりも先に、（1）夜気の中に立った不節制な躰の、いわば戸惑いといったものが働いているようだ。いくら都会とはいえ夜半をまわればいくらか清浄になる空気に触れて、タバコの煙と坐《ざ》業《ぎょう》にふやけた躰が自分の内側の腐敗の気を嗅ぎ取り、うしろめたく感じるのだ。あるいは、それは出つけぬ人前に出て話をしようとする人間の神経質な咳ばらいに似てるかもしれない。曖昧に喉から洩《も》れた咳が静まりかえった夜半の棟と棟の間で意外に高く響き、耳障りな音で人の眠りを乱してしまったような恥しさが、また咳を誘い出す。はじめは照れかくしの咳ばらい程度でも、ちょっと切羽つまった響きがその中に入り混ると、たちまち自己暗示にかかって、ほんとうに身も世もあらず咳きこみ出す。

ある夜、私はベランダの手すりにもたれて、誰もいない中庭の遊園地にむかって手ばなしで咳きこんでいた。昼間は子供たちの声に賑《にぎ》わうブランコや滑り台や砂場が街燈の光の中で静まりかえって、私の咳を無表情に受け止めていた。そのうちに、私が咳くたびに、向かいの棟の壁いっぱいに洞《うつ》ろな音が走るのに、私は気づきはじめた。内側から胸を揺さぶられながら耳を澄ますと、たしかに私の気管が子供じみた悲鳴を上げるたびに、百何世帯かの暮しをおさめて夜の中に白々と立つ大きなコンクリートの箱が、ちょうど屋上から地階にかけて水しぶきを勢いよく叩きつけられるみたいに、ピシャッピシャッと無機的な音を立てている。私の声が向かいの壁にひろがって谺《こだま》しているらしかった。私は急に空恐ろしくなって手を口に押し当てた。掌《てのひら》に抑えこまれて、咳は私の胸の奥にゴボゴボとこもった。その音はもちろん向かいの壁で繰り返されたりはしなかった。

向かいの棟の壁に大きく、頭が屋上に届きそうに映った人影を、私は一度ベランダから見たことがある。夢でも錯覚でもない。光の加減でそんな事があるのだ。その影はレインコートを着て歩いていた。足が四階ぐらいにあって、頭が十階あたりにかかっていた。そして黄色い光の中に濃く浮き出て、気ままな感じで歩きながら、壁を斜めに滑って消えた。ものの二、三秒だった。建物の近くを歩いていた男の姿が、車のライトに照らされて壁に投じられたとしか考えられない。横断歩道か車道を横切っていた男の背後に車が迫って、その姿をライトの中心に捉えたのだろうか。あるいは普段そんな影が映らないところを見ると、車がふいに妙なところで妙な風に向きを変えて、その近くを歩いていた男か(2)ら影をさらっていったのだろうか。しかし建物の脇を走る道路をベランダから見渡してみても、歩いている人影はなく、車のライトはどれも地を低く掃いて走っている。

とにかく壁に映った男はレインコートを無造作に着流して、じつに気ままそうに歩いていた。酔っぱらって一人で夜道を帰るところだなと私は想像した。祝い酒だか、ヤケ酒だか、うまくもない仕事の酒だか知らないけれど、ここまで来れば、(3)酔いはもう自分一人の酔いであり、誰に気がねをする必要もなく、酒を呑《の》んだ理由さえもう遠くなってしまって、一歩ごとにあらためてほのぼのとまわってくる。何もかも俺の知ったことじゃない。いま家に向かっているのも、明日の勤めのためにこの躰をとにかく家まで運びこんでおくためだ。毎日の暮しには、いまはそれだけの義理立てをしておけば沢山だ……。

発散しない酔いにつつまれてベランダに立っている我身に引き比べて、私は男の今の状態をうらやましく思った。どちらからどちらへ歩いて行ったのかは知らないが、その後姿を見送るような気持で、私は影の消えた壁を眺めていた。

しかしあんな風に一人気ままに歩いている時でも、自分の姿がどこかに大きく映し出されて、見も知らぬ誰かに見つめられているということがあるものだ。本人は何も知らずに通り過ぎてしまう。影が一人勝手に歩き出して、どこかの誰かと交渉をもつというのはまさにこの事だ。そんな事を私は考えた。

というのも、ほんの一瞬ではあるが、私は壁に投じられた影を自分自身の影と思ったのだ。そして影が投げやりな足どりで壁を斜めに滑り出した時、自分が歩み去っていくような、(4)奇妙な解放感さえかすかに覚えたものだった。夜道を一人気ままに歩く男の、その影が本人の知らぬ間に壁に大映しになって、赤の他人の私の目を惹《ひ》きつけて歩み去る。私はその影につかのま自分自身の姿を認めて、自分自身が気ままに歩み去っていくのを見送る。われわれには(5)影の部分の暮しがあるのかもしれない。あるいは、われわれの中には、影に感応する部分があるのかもしれない。

（古井由吉「影」より。一部省略）

注（＊）　カタルシス＝感情が解放され浄化されること。

問一　傍線部(1)における「戸惑い」とはどういうことか、説明せよ。

解答欄：一四・〇㎝×二行

問二　傍線部(2)はどういうことか、説明せよ。

解答欄：一四・〇㎝×二行

問三　傍線部(3)はどういうことか、説明せよ。

解答欄：一四・〇㎝×四行

問四　傍線部(4)の「奇妙な解放感」を「私」が感じたのはなぜか、説明せよ。

解答欄：一四・〇㎝×四行

問五　傍線部(5)はどういうことか、説明せよ。

解答欄：一四・〇㎝×四行

二〇一八年度　理系

二

次の文を読んで、後の問に答えよ。

「科学には限界があるかどうか」という質問をしばしば受ける。科学が自分自身の方法にしたがって確実なそして有用な知識を絶え間なく増加し、人類のために厖大《ぼうだい》かつ永続的な共有財産を蓄積しつつあるのを見ると、科学によってすべての問題が解決される可能性を、将来に期待してもよさそうに思われる。しかしまたその反面において人間のさまざまな活動の中のある部分が、ある方向に発展していった結果として、今日科学といわれるものができ上がったこと、したがってつねに科学と多かれ少なかれ独立する他の種類の他の方向に向っての人間活動が存在し、それらと科学とがある場合には提携し、ある場合には背馳《はいち》しつつ発展するものであること、現在の科学者にとってまだ多くの未知の領域が残っていることなどを考慮すると、素朴な科学万能論を信ずることはできないのである。

大多数の人は、恐らく何等かの意味において漠然とした科学の限界を予想しているに違いないのであるが、この問題に多少なりとも具体的な解答を与えようとすると、まず科学に対するはっきりした定義を与えることが必要になってくる。ところがそれは決して容易でなく、どんな定義に対してもいろいろな異論が起り得るのである。しかし科学の本質的な部分が事実の確認と、諸事実の間の関連を表す法則の定立にあることだけは何人《なんぴと》も認めるであろう。事実とは何か、法則とは何かという段になると、また意見の違いを生ずるであろう。しかしいずれにしても、とにかく事実という以上は一人の人の個人的体験であるに止まらず、同時に他の人々の感覚によっても捕え得るという意味における客観性を持たねばならぬ。したがって自分だけにしか見えない夢や幻覚などは、一応「事実」でないとして除外されるであろう。

もっとも心理学などにとっては、夢や幻覚でも研究対象となり得るが、その場合にもやはり、体験内容が言葉その他の方法で表現ないし記録されることによって、広い意味での事実にまで客観化されることが必要であろう。この辺までくると、(1)科学と文学との境目は、もはやはっきりとはきめられない。自己の体験の忠実な表現は、むしろ文学の本領だともいえるであろう。

それが科学の対象として価値を持ち得るためには、体験の中から引出され客観化された多くの事実を相互に比較することによって、共通性ないし差違が見出され、法則の定立にまで発展する可能性がなければならぬ。赤とか青とかいう私の感じは、そのままでは他の人の感じと比較のしようがない。物理学の発達に伴って、色の感じの違いが、光の波長の違いにまで抽象化され客観化されることによって、はじめて色や光に関する一般的な法則が把握されることになるのである。その反面においてしかし、私自身にとって最も生き生きした体験の内容であった赤とか青とかいう色の感じそのものは、この抽象化の過程の途中で脱落してしまうことを免れないのである。科学的知識がますます豊富となり、正確となってゆく代償として、私どもにとって別の意味で極めて貴重なものが、随分たくさん科学の網目からもれてゆくのを如何《いかん》ともできないのである。科学が進歩するにしたがって、芸術の種類や形態にも著しい変化が起るであろう。しかし(2)芸術的価値の本質は、つねに科学の網によって捕えられないところにしか見出されないであろう。

一言にしていえば、私どもの体験には必ず他と比較したり、客観化したりすることのできないある絶対的なものが含まれている。人間の自覚ということ自体がその最も著しい例である。哲学や宗教の根がここにある以上、上記のごとき意味における科学が完全にそれらに取って代ることは不可能であろう。科学の適用される領域はいくらでも広がってゆくであろう。このいわば遠心的な方面には恐らく限界を見出し得ないかも知れない。それは哲学や宗教にも著しい影響を及ぼすであろう。しかし、科学が自己発展を続けてゆくためには、その出発点において、またその途中において、故意に、もしくは気がつかずに、多くの大切なものを見のがすほかなかったのである。このような(3)科学の宿命をその限界と呼ぶべきであるならば、それは科学の弱点であるよりもむしろ長所でもあるかも知れない。なぜかといえば、この点を反省することによって、科学は人間の他の諸活動と相補いつつ、人類の全面的な進歩向上に、より一層大きな貢献をなし得ることになるからである。

（湯川秀樹「科学と哲学のつながり」より）

問一　傍線部（1）のように筆者が考えるのはなぜか、説明せよ。

解答欄：一四・〇㎝×三行

問二　傍線部（2）のように筆者が考えるのはなぜか、説明せよ。

解答欄：一四・〇㎝×二行

問三　傍線部（3）「科学の宿命」とは何か、筆者の考える「科学」の本質を明らかにしつつ説明せよ。

解答欄：一四・〇㎝×四行

二〇一七年度　文理共通

一

次の文を読んで、後の問に答えよ。

今日思いがけなく、古い友だちから葉書を受け取った。山の奥の村に移り住んでもう三年になり、再び都会の生活に戻ることもあるまいから住所を知らせておくという、それだけが書いてある葉書だった。その数行の文句を、一字一字見ているうちに、何という贅沢《ぜいたく》な奴なのだろうと思った。(1)まさか何というずるい奴だとまでは思うわけには行かなかった。

上州の、そこへ行く途中の街道を辿《たど》って行けば、末は道が山へ消えるようにせばまりながら越後へ入ってしまうそのあたりを、私も詳しくはないが知っていた。そして彼の住んでいるという村も、彼とは全く無関係に、もうずいぶん前に訪れたことがある。

私のその友人と、その村とがどういう関係にあるのかは葉書にもひと言も書いてはないし、これまでにそんな話を聞いたこともついぞない。何しろ二十年は会っていないし、その一枚の葉書をいくら睨《にら》んでいたところでそこに書いてある極《ご》く簡単な文句からは何も考えられない。だから彼にしてみれば山村に移り住んでもう都会には出ないだろうということが、私がついそう思ってしまったように決して贅沢なことなどではないのかも知れない。ただこの葉書は、もう忘れかけていたその山村の秋を私の記憶の中からいやに鮮やかに想い出させる役目はしたことになる。

＊

そういえばあの時、私は何でも栃木県の山ぞいの、丘をほんの一日二日歩くつもりで出かけたのだった。稲刈ももう殆《ほと》んど終わって、束ねた稲が干してあるころだった。景色を眺めるというより秋の空気の匂いを嗅いで歩くのが嬉しかった。二日歩いて夕暮れ時に、そろそろ帰ることも考えなければと思いながら、空の色とそこを並んでゆっくりと通る雲があまり穏やかで、そのまま上州の山麓へと足を向けたのだった。

古いことで泊った場所や宿のことなどは何も想い出せない。まるで放心の状態で歩いていたとしか思えないように、その辺のところは記憶にない。

秋が安らかに草に住む虫たちを鳴かせ、羊のような雲を空に遊ばせておく限り私は(2)こういう旅を続けていたい気持にさせられてしまった。だからこの村に私がやって来て、水車の音をきいたり、農家の納屋に出入りしている鶏たちを見たのは旅に出て幾日目だったのかさっぱり想い出せない。

＊

こうした山麓の旅のあいだには幾つもの集落を通って来た筈《はず》なのに、どうしてこの村だけが、たった一枚の、その村の容子《ようす》などは何一つ書いてない葉書によってこんな工合《ぐあい》に鮮やかに甦《よみがえ》るものなのか。

私は、牛を牽《ひ》いてちょうど自分の家に戻って来た農夫に、多分この村の奥の道がどうなっているかを訊《たず》ねながらほかの話もしているうちに、その家に熟したままかなり残っている柿が急に食べたくなって、三つ四つ売ってもらえないものかと頼んだ。

農夫は、竿《さお》をにぎって柿を少し乱暴にはたき落した。私は黙って見ていることも出来ずに、柿の木の下に走りよって、落ちて来る柿をうけ止めて、もうこれだけで充分だと言った。

柿は枝についている時には、どこにも傷一つなく、一つ一つが大きな酸漿《ほおずき》のように見えていたが、受け取ってみると、あっちこっちに黒いしみだの傷もあった。ところがそれを持って行って食べなさいと言われた時は、(3)なんにも邪気のない、正直で素朴な農夫の心を手のひらに渡されたような気持だった。

＊

点々とある農家のあいだの、まっすぐにはなっていない道の両側には、幅は一尺ほどではあるが流れがあり、豊かな水が方々で音を立てていた。道も坂だったのだろうが、流れにも勢いがあり、ところどころに野菜や農夫たちの道具を洗うための場所が出来ていて、そういうところでは水は小さい渦をまいていた。

その頃私は、物そのものよりも、色や光の組み合わせによって風景を見て、またそういう印象を強く残そうとしていたためなのか、西に廻《まわ》った太陽からのやわらかな橙《だいだい》色の陽光による、あたり一面の、かすかにほてるような、あるいは恥《はず》かしさのための赤らみのような、その色合が私に何か物語をきかせているようだった。

それは改めて私から人に語れるような筋を持ったものではなく、私をその場所で深く包み込んで行くような物語だった。

＊

上へ登って行けば僅かばかり畑があって山道になると言われたその道を、もちろんいい加減のところで引き返すつもりで登って行くと、誰がそこに据えたものとも思えない、また自然に大昔からそこにあったとも思えない岩を見つけ、それに腰をかけて私は貰《もら》った柿を食べた。

そうしてこの高みから村を見渡して、もしも私がここへ移り住もうという気持を起こしたとしたら、どこへどんな小屋を建てて生活することが許されるのだろうかと考えてみた。

この村はどこに特徴があるというのでもないし、東側から左手で抱き込むように出ている尾根にしても、ところどころに私が腰を下ろしているのと同じような岩が露出しているだけで平凡なものである。だが太陽は秋になると暫くのあいだ、この村が好きで好きでたまらなくなると言った、優しさがこぼれたような光をそそいでいる。

(4)ここは恐らく太陽にとっては秘密の土地であるに違いない。そこに昔ながら住んで土を耕している者たちは、そんなことに気もつかずにいるかも知れない。それを、たまたまここを通り過ぎて行く私が、僅かの憩いの時間だけ、優しく高貴な光を浴びるのを許してもらえたのだろう。

＊

だが、それに有頂天になって、私自身がこの秋の太陽に愛されている土地に移住を企てることは、ここがそうしためぐみを受けているところだけに、その値打を然程《さほど》に知らずに頸《くび》に飾っている宝石をちょっとした簡単な言葉でどこかの島の住人から奪いとるのと似ているような気がした。

この村は秋の、そこに秘かに憩う太陽の愛撫をうけて、貧しさの故に落ちた壁も、古さの故に倒れかけた納屋も、労働のために褐色にやけた人々の顔も、過不足のない調和の中で静かな息づかいをしていて、(5)私が住む場所は勿論《もちろん》のこと、休息の場所さえ見当りにくいところだった。

葉書をくれた友人はこういう村に今住んでいる。

（一九六二年九月）

（串田孫一「山村の秋」より）

問一　傍線部(1)はどういうことか、説明せよ。　解答欄：一四・一㎝×三行

問二　傍線部(2)はどのような「旅」か、説明せよ。　解答欄：一四・一㎝×二行

問三　傍線部(3)のように筆者が感じたのはなぜか、説明せよ。　解答欄：一四・一㎝×三行

問四　傍線部(4)のように筆者が思ったのはなぜか、説明せよ。　解答欄：一四・一㎝×四行

問五　傍線部(5)のように筆者が思ったのはなぜか、説明せよ。（文系のみの出題）　解答欄：一四・一㎝×四行

二〇一七年度　文系

二

次の文を読んで、後の問に答えよ。

(1)「古事記伝」は不壊《ふえ》の書だが、それに追随すればすむというのではない。私たちはもはや、宣長が古事記を読んだようにはそれを読まぬ。「古事記伝」一之巻には「直毘霊《なおびのみたま》」と題する古道論が載せられている。「皇大御国《スメラオホミクニ》は、掛《カケ》まくも可畏《カシコ》き神御祖天照大御神《カムミオヤアマテラスオホミカミ》の、御生坐《ミアレマセ》る大御国《オホミクニ》にして」に始まる文章なのだが、それと「古事記伝」の本文とを読みあわせてみると、もっぱら儒教相手にたたかった宣長において、経験主義と独断論とが奇妙な形で結合しており、古事記を読む視点が私たちといかに距《へだ》っているかを知ることができる。宣長には、天皇を中心とする国家というのが、一つの動かしがたい規範的観念であった。私たちには、私たちの文脈において古事記を読み直すことができるし、またそれが必要である。そこでもう一度、〈読む〉とは何かという問題にたちもどって考えてみよう。

ある作品の読みが、四十歳になっても二十歳のときのままだ、というような人はおそらくいないだろう。二十歳のときにはうっかり読みすごしていた側面や、気づかなかった層が、後になって急にあらわれたり、興味の向けかた、作品への眼なざしともいうべきものが、おのずと変ってきたりする。ひどい場合には、かつて愛読していた作品が後ではもうまるで読めなくなることだって珍しくない。おのれの閲歴をふり返ってみれば、誰しも思いあたる節があるはずである。

まず、はっきりしておきたいのは、作品を読むとは作品と出会うこと（encounter）であり、出会いとしてそれは、深い意味での一つの歴史的経験に他ならないという点である。経験はたえず期待を裏切り、あらかじめ用意された方法や理論をのりこえたり、それからこぼれ落ちたりする。経験は弁証法の母であり、そこには否定的創造性ともいうべきはたらきがある。作品をくり返し経験することによって、以前の読みが訂正され読みが深まるのも、かくしてそこで何ものかが否定されつつ創造されてくるからである。専門家が或る作品を研究する時も、事情は同じである。というより、(2)出会いであるところのものをもっぱら知識や観察の問題であるかのように思いなす点に、専門家の陥りがちなワナがあり、学問の硬直化が起ってくるのも、このことに端を発すると見ていい。研究とはむしろ間断なき出会いのことではなかろうか。初恋でも語るように想い出話としてこの出会いの件は持ち出されることが多いが、しかし真に大事なのは、いま何といかに出会っているかという自覚であると思う。

時代とともに、あるいは世代とともに作品が解釈し直され、読みや評価が変ってくるのは当然である。しかしその変化を、無媒介に超個人的なものとするわけにゆかない。時代による読みの変化と個人における読みの変化とは、たがいに包みあっている。個人における、前にいったような縦の変化を横断面として眺めてみると、他人との共時的な関係があらわれてくる。すなわち、(3)過去から今日にかけての私の、あるいはあなたの読みの変化は、共時における私と、あるいはあなたと他人との読みの違いの通時態でありうる。ある意味で自己はつねに他人のはじまりである。赤い糸のごときものが何ほどか貫いているにしても、今の私にとって二十歳のときの私が私でありながら他者であるのは、共時における私と他者との関係に、図形としてはほぼ等しいといえるだろう。この二つの次元は、たがいに交叉《こうさ》する。しかもそれは固定的でなく、たえず時間的に動いており、各個人はこの弁証法的な運動の支点である。

こうした過程が曖昧に入りくみ、微妙にからまりあいながら、読みの時代的変化を生み出してゆく。それは時代に挿入されて生きる個人間の諸関係の網の目が織りあげる模様でもある。そういう模様として、例えば古事記について私たちはもはやそれを、儒教の向うを張って神典視した本居宣長のようには読まない。また、神話を幼稚な「思想」のあらわれと見た津田左右吉《そうきち》にならってそれを読むことにもやはり甘んじない。それらは伝統ではあっても、それらとはおのずと違った読みかたを、私たちは探し出そうとしている。古典の永遠性といった概念は、軽々しく持ち出さぬ方がよかろう。かりに或る作品がずっと読みつがれてきているにせよ、その読まれかたは決して一様ではない。つまり永遠と見まがうばかり、それは歴史的に生成発展しているわけだ。それというのも、作品を読むということが、一つの歴史的経験であるからに他ならない。私たちはたんに自分の外側に歴史をもつと考えがちだが、しかし自分の経験そのものが歴史的でないならば、歴史をもつということも不可能なはずである。

＊

これはむろん、作品を勝手放題に読んでもいいという意ではない。深読みと呼ばれるものがある。これは本文に書いてないことを主観的に読みこむやりかたをいう。しかし一般に、本文で何がいわれており何がいわれてないかのけじめは、必ずしも顕在的でなく、微妙にもつれあっている。おそらくこの深読みは、絵画や音楽の場合より、文学の場合の方が起きやすい。色や音が純粋に規定されているのと違って文学の媒体であることばは、人間の生活にまみれているからだ。逆にいえば、ことばは色や音よりいっそう多義的である。行間を読むという諺があるが、それの暗示するように、何かを「読む」とはたんに字面を目で追うことではなく、行間に放射されているものを読みとろうとすることであるはずで、その点、(4)読むことには深読みの危険が常に待ち伏せしているといえる。だがにもかかわらず、いわれていることは、いわれていないことの条件においてのみ理解されることに変りはない。

（西郷信綱『古事記注釈』より）

問一　傍線部(1)について、「それに追随すればすむというのではない」と筆者が言うのはなぜか、説明せよ。

解答欄：一四・一㎝×三行

問二　傍線部(2)はどういうことか、説明せよ。

解答欄：一四・一㎝×三行

問三　傍線部（3）はどういうことか、説明せよ。

解答欄：一四・一㎝×四行

問四　傍線部（4）のように筆者が言うのはなぜか、説明せよ。

解答欄：一四・〇㎝×四行

問五　波線部について、本文全体を踏まえて説明せよ。

解答欄：一四・〇㎝×五行

二〇一七年度 理系

三

次の文を読んで、後の問に答えよ。

今日ごくあたり前に使われている「言文一致体」は、明治二〇年頃から明治四〇年近くまで、およそ二〇年かけてようやく一般化していった。たとえば『吾輩は猫である』（明治三八〜三九年）なども、この文体が一気に広まっていく渦中に世に問われた小説だったのである。猫に「〜である」という演説調で語らせるなど、それまで思いもよらなかった実験が可能になったわけで、小説の表現領域や発想はこれを機に急速に広がっていくことになる。漱石が齢《よわい》四十近くなって初めて小説の筆を執ったのも、また森鷗外が長い中断を経て現代小説の執筆を開始するのも、この新しい文体に触発された側面が大きい。文体をめぐるそれまでの伝統を見切ったことを代償に、近代小説は一気にその全盛時代を迎えることになったわけである。

言文一致の利点は、なんと言ってもその平明な「わかりやすさ」にあったのだが、これと並び、当時しばしばその長所とされたのが、記述の「正確さ」であった。物事を正確に写し取っていく写実主義の浸透にともない、「言文一致体」は日常のできごとを〝ありのまま〟に描写していくのにもっともふさわしい手立てであると考えられたのである。

だが、考えてみると、(1)これはそもそもおかしなことなのではないだろうか。

口語（会話）は、本来きわめて主観的なものであるはずだ。表情やみぶりで内容を補うこともできるし、あらかじめ共有されている話題であれば、自由に内容を省略することもできる。当時の描写論議、あるいは言文一致論議を見ていて奇妙に思われるのは、主観的な口語を模したこの文体がもっとも「客観的」で「細密」である、とまじめに信じられていた形跡のあることだ。急速に広まっていく写実主義の風潮の中で、過度に客観性が期待されてしまった点にこそ、おそらくはこの文体のもっとも大きな不幸と矛盾、同時にまた、それゆえの面白さがあったのではないだろうか。

田山花袋の「平面描写」論（『生』に於ける試み』明治四一年）は、「客観の事象に対しても少しもその内部に立ち入らず、又人物の内部精神にも立ち入らず、ただ見たまま聴いたまま触れたままの現象をさながらに描く」ことをめざしたもので、言文一致体にいかに客観的なよそおいを凝らしていくか、という課題から生み出された、当時を代表する描写論である。言い換えるなら、「客観」への信仰があったからこそこうしたよそおいもまた可能になったわけで、ここから話者である「私」を隠していくためのさまざまな技術が発達していくことにもなったのだった。結果的に叙述に空白――目隠し――が生み出され、読者の想像の自由が膨らんでいくことになったのは(2)大変興味深いパラドックスであったと言わなければならない。

一方で、こうした「話者の顔の見えない話し言葉」の持つ〝欺瞞《ぎまん》〟に対する疑問も、同時にわき起こってくることになる。特に次にあげる岩野泡鳴《ほうめい》の「一元描写論」は、花袋の「平面描写論」とは正反対の立場に立つ考え方なのだった。

作者が自分の独存として自分の実人生に臨む如く、創作に於いては作者の主観を移入した人物を若《も》しくは主観に直接共通の人物一人に定めなければならぬ。これをしないではどんな作者もその描写を概念と説明とから免れしめることができぬのだ。その一人（甲なら甲）の気ぶんになつてその甲が見た通りの人生を描写しなければならぬ。斯《か》うなれば、作者は初めてその取り扱ふ人物の感覚的姿態で停止せずに、その心理にまでも而《しか》も具体的に立ち入れるのである。そして若し作者が乙なり丙なりになりたかつたら、さう定めてもいいが、定めた以上は、その筆の間にたとへ時々でも自分の概念的都合上乙若しくは丙以外のものになつて見てはならぬ。

（『現代将来の小説的発想を一新すべき僕の描写論』大正七年）

「話者の顔の見えない話し言葉」に対して、はっきりと一人の人物の視点に立ち、その判断で統一を図れ、という主張である。(3)この主張をさらにおしつめれば、明確に「顔」の見える「私」を表に出すのが一番明快である、という考えに行き着くことになるだろう。それを極端な形で実践したのが明治の末から大正初頭にかけ、反自然主義として鮮烈なデビューをかざった白樺派《しらかばは》の若者たちなのだった。彼らは一人称の「自分」を大胆に打ち出し、作中世界のすべてをその「自分」の判断として統括しようと企てることになる。

（安藤宏『「私」をつくる　近代小説の試み』より）

問一　傍線部(1)について、筆者がこのように考えるのはなぜか、説明せよ。　解答欄：一四・一㎝×三行

問二　傍線部(2)について、このように言えるのはなぜか、説明せよ。　解答欄：一四・一㎝×三行

問三　傍線部(3)について、このように言えるのはなぜか、説明せよ。　解答欄：一四・〇㎝×四行

二〇一六年度　文理共通

一

次の文を読んで、後の問に答えよ。

＊P・G・K・カーンとS・M・ポンピアは一九七八年に発表した論文の中で、現存種のオウムガイの殻の外面に見える細かい成長線の数を数え、二枚の隔壁の間に挟まれた小室一つ一つに平均約三十本の細線が含まれること、その数はどの殻を見てもまた同じ殻のどの小室を見てもほとんど変わらないことを報告している。深海に棲《す》むオウムガイは夜になると海面に浮かび上がってくる。太陽の周期に合わせて浮沈するオウムガイの殻の細線は、一日ごとの成長の記録だと考えられるだろう。隔壁は月の周期に同調して作られるのだと仮定すれば、毎月三十本ということで数はぴったりと合うわけだ。カーンとポンピアは、年代にして四億二千万年前から二千五百万年前にわたる二十五個のオウムガイ類の化石について同じ調査を行った結果、一小室あたりの細線数が、現存のものでは三十本、もっとも新しい化石で約二十五本、最古の化石ではわずか九本と、年代の古いものほど規則的に少なくなることを明らかにした。すなわち、四億二千万年前の地球では、ひと月はたった九日間しか持っていなかったのである。これは当然のことであり、その理由を説明するのは簡単だ。すでに天文学と地球物理学が明らかにしているように、潮汐《ちょうせき》摩擦によって自転に制動のかかる地球は減速するにつれて＊角運動量を失ってゆくが、月は、その地球が失った分の運動量を受け取ることによって、地球からの距離をだんだん大きくしながらその周囲を公転してゆくことになるからである。言い換えれば、月は少しずつ地球から遠ざかりつつ

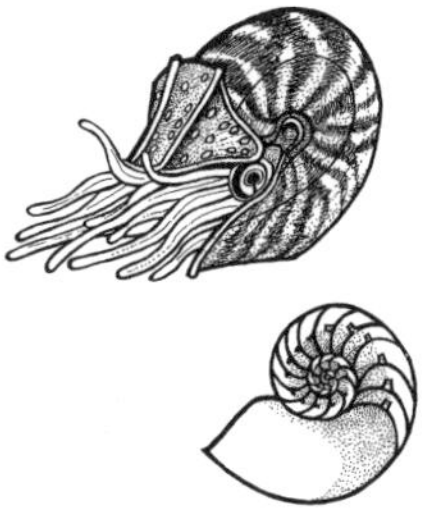

参考　オウムガイと殻の切断図

ある。地球の自転が今よりもっと速く一日が二十一時間しかなかった四億二千万年前に、月は今よりずっと地球に近いところにあり、わずか九太陽日で地球の周囲を公転していたのだ。カーンとポンピアは幾つかの方程式を解いた結果、当時の月は、地球からの現在の距離のたった五分の二強という近いところを回っていたはずだと結論しているという。古生代のオウムガイはすでに原始的な眼球を備えていた。彼らはその眼で、夜ごと深海から浮かび上がってきては、今われわれが見ている月とは比べものにならないほど巨大な月を眺めていたのである。

　オウムガイの殻に残った細線の数が意味するものに関して、*グールド自身はカーンとポンピアの仮説にいくぶんかの(ア)けねんを呈しており、それはまことにもっともな点を衝《つ》いているのだが、九本が正確に九日間に対応していると断言するのは行き過ぎであるにせよ、少なくとも(A)彼らの推論の大まかな方向づけはそのまま諾《うべな》ってよいもののように思われる。いや正直に言えば、太古の海で巨大な月を見つめているオウムガイに思いを致すのはあまりにも魅力的なので、グールドの懐疑論には(B)耳を貸したくないという気持が強いのだ。

　われわれもまた、時として、明るく輝いている黄色い月が思いもかけぬ大きさで地平線近くにかかっているのにふと気づいて驚くことがある。だが、四億二千万年前の月の大きさはそんなものではなかっただろう。それは、中天まで昇ってきてもなお巨大な姿で(イ)しいを圧し、その堂々たる輝きで満天に鏤《ちりば》められた星々の煌《きら》めきもかすんでしまうほどだったことだろう。昔の光とは、ここで、今の光とはまったく違うもののことである。それは、今の光からの類推によってイメージを作ることができるようなものではないはずだ。わたしは今、それを想像してみようとは思わない。想像などという行為がいったい何になるだろう。*あの風鈴やあの蠟燭《ろうそく》の炎もまた、わたしは想像したわけではなかった。わたしはそれを見たのであり、現に見ているのである。他方、四億二千万年前の月光の場合、それはわたし自身の肉体の延長をはるかに越えた昔の光であり、わたしはそれを一度も見たことがないしこれからも見られようはずはない。もちろん何とかそれを想像してみよう、脳裡《り》に思い描いてみようと試みることはできる。たとえば世界の終末の光景を憑《つ》かれたように詩に詠《うた》った前世紀のフランス詩人*ルコント・ド・リールにとっての文学創造とはそうしたことだった。だが想像力が豊富であると貧弱であるとを問わず、(C)想像するとはそれ自体、精神の営為として基本的に貧しいものでしかありえない営みだと思う。しばしば詩人の富として語られることもある想像力というものの徳について、わたしはかなり懐疑的である。(ウ)えそらごととしか見えぬ弱々しい想像もあろうし(エ)はくしんの力強さを帯びた想像もあるだろうが、いずれにせよ想像されたものは、結局想像されたものでしかないからである。いかなる場合でも想像は現実には及びようがない。

四億二千万年前の月はたしかに地球の海を照らし出していた。オウムガイたちは波間に揺られながらその光を見つめていた。これはたしかにあったことである。今われわれが豊かだったり貧しかったりする想像力を(オ)こうして構成しようと努める独創的だったり凡庸だったりするイメージとは無関係に存在している、確固とした事実である。昔の光は、昔、たしかにあった。この「あった」の重さにはいかなる想像力も追いつきようがない。この光を古生代のオウムガイの眼が見つめていたという過去の現実は、化石の殻の小室ごとに刻まれた九本の成長線がはっきり証し立てている。これら九本の微細な線の前ではいかなる人工的なイメージも無力である。われわれが今見ているのとはまったく違う月、中天を圧して輝きわたっている巨大な月を、オウムガイたちはたしかに見つめていた。夜ごと日ごと浮沈を続けながらそれを見つめていた生物が現実に生きていたのだ。わたしはそれを見ることができないが、このオウムガイたちはそれをたしかに見ていたのであり、のみならず自分がその光を見ていたという事実を自分自身の軀《からだ》に刻印し、四億二千万年後の今日に残しているのである。彼らがみずからの肉体に残った痕跡の形でいわばわれわれに遺贈してくれたこの証言、これ以上物質的ならざるはないこの証言を通じて、われわれはそうした光が存在したことを知ることができる。(D)わたしが感動するのはここのところだ。それを見ることはできないが、かつて在りし日にそれを見ていた者を見ることができる、――彼がたしかにそれを見ていたという現実を証明する物質的な証拠を見ることができ、つまりはそれによってその光を知ることができるということ。四億二千万年前の波間にそうした月光がそそいでいたことを、今わたしは知っているということ。知ることとは、ここで、想像することをはるかに越えて豊かで本質的な営みとしてあると言うべきである。見ようとしても見られないものを想像するというのはしばしば安っぽい文学的感傷でしかない。だが、いかなる想像も追いつきようのないものを知ることができるというのは、これはまた何と人を興奮させる出来事であることか。

（松浦寿輝『青天有月』より。参考図は出題者による）

注（＊） P・G・K・カーンとS・M・ポンピア＝ともにアメリカの科学者。二人の論文「オウムガイ類の成長周期と地球-月系の力学的時間発展」は、『ネイチャー』二七五号（一九七八年一〇月一九日号）に掲載された。

角運動量＝回転運動の特徴を表す基本量。地球-月系の角運動量は常に一定に保たれている。

グールド＝スティーヴン・ジェイ・グールド（一九四一―二〇〇二）。アメリカの古生物学者、科学史家。筆者は、グールドの著書『パンダの親指』（原著は一九八〇年刊）に拠りながら、この文を書いている。

あの風鈴やあの蠟燭の炎＝少年の頃に筆者が見たり聞いたりした風鈴や蠟燭の炎を指している。

ルコント・ド・リール＝十九世紀のフランスの高踏派の詩人、劇作家。

問一 傍線部（ア）～（オ）のひらがなを漢字に改めよ。

問二 傍線部（A）の内容を説明せよ。

解答欄：一四・〇㎝×五行

問三 傍線部（B）には、筆者のどのような心情が込められているか、わかりやすく説明せよ。（文系のみの出題）

解答欄：一四・〇㎝×四行

問四　傍線部(C)について、筆者はなぜこのように思うのか、説明せよ。

解答欄：一四・〇㎝×三行

問五　傍線部(D)はどういうことか、説明せよ。

解答欄：一四・〇㎝×四行

二〇一六年度　文系

三　怠惰で仕事に対して冷笑的な態度をとってきた会社員田口運平は、ある日から突然仕事に猛烈な情熱を示すようになり、周囲の同僚を驚かす。次の文はその心境の変化の経緯を記した田口の手記の一部であり、冒頭の段落はその心境の変化のきっかけとなった田口の息子の行動を記している。これを読んで、後の問に答えよ。

その時、四歳になる我が子は、隣家の庭で同じ年頃の子供達と戯れて居た。何をして居たのか、声高い歌声と、跳びまわる頭とが低いブロック塀のむこうに見え隠れしていた。歌声が止んだ時、子供達は一対一の組になって取組合いを始めていた。中でただ一人の女児はやや離れ、甲高い声で隣家の男児に声援を送っていた。それと組み合っているのは我が子だった。取組合いは、明らかにゲームの雰囲気を持っていた。私は、我が子がゲームに勝つ事を念じつつ、それを見守っていた。小柄ではあるが敏捷な隣家の男児に、しかし、我が子は押し倒され、組み敷かれたのかその姿は塀の陰に見えなくなった。大柄だが動きの鈍い我が子は、勝負に負けていた。それだけならば私は単純に無念がりはしても、此処まで来る事は無かったであろう。次に見えた時、我が子の顔は、半面がべったりと黒い砂で覆われていた。遠目にも、それは不気味な顔であった。何か囃《はや》したてる声が起った。怪獣だと叫ぶ声が聞こえた。我が子は、明らかに半ば泣いていた。それは、組み敷かれ、砂に顔摩《す》り付けられたことに対する口惜しさの反応だったろう。我が子が隣家の男児を追いかけ始めるのと、周囲が声を揃《そろ》えて我が子を怪獣だと囃したてるのとは、殆《ほとん》ど同時であった。しかし、我が子が負けた口惜しさから、泣きながら隣家の男児を追おうとしたのは事実だった。怒れ、追え、倒せ、組み敷け、と私は身体の中に熱い声をこもらせて我が子を見守った。砂に半面を覆われた我が子の顔には、しかし同時に曖昧で気弱な表情が見られた。怒り狂って追うものか、ただぐるぐると隣家の男児の後を駆けるものか、と。怒れ、怒れ、怒れ、と私は声を口の中に漲《みなぎ》らせた。お前は負けたではないか。武者振り付いて仇《かたき》を打て。しかし、怪獣だと囃す周囲の声が、我が子の迷いを一層混乱させた。迷いつつも、我が子は三周は曖昧な表情のまま隣家の男児を追い続けた。その表情から、急激に屈辱の色が失せていくのが見られた。怒りの力が退き、周囲の声に身をまかせ、自らを強い怪獣として隣家の男児を追う誇らしさの中に堕して行く様が私にはありありと見てとれたのである。私には、それが許し難かった。取組合いに敗れたのは許せる。砂に顔摩り付けられたのも許せる。泣くのも許せる。しかし、その怒りに熱中することなく、自らの全能力を振り絞ってその怒りに賭けることなく、その怒りを曖昧に他のものにすり替えたことが許せないのだ。誤魔化したことが許せないのだ。

――しかし、我が子に対する私の怒りは、そのままの熱さをもって、突如、私自身に対する怒りに転化していた。

思えば、私は常に、最もそう在りたいものの傍らに立ち続けていたような気がするのである。その生の瞬間における、方向感覚すらも定かではない何事かへの熱中に身を投ずることなく、常に(1)瞬間を相対化し、時間を手段とすることによって生きて来たように思われるのである。子供の時は少年になる為に、少年の時にはより上級の学校に進む為に、そしてささやかな政治運動に参加した時には学問と運動の両者の中間にいずれとも決め難く。そして結局大学の後半は就職のために存在し、今は？　その為に今が準備の段階であり、待機の時であるという重い目的は既に存在しない。今こそ、今こそ私は最もそう在りたいものの真只中に在らねばならぬのではないか。それは、良くも悪しくも、今のこの仕事にしかないのではないか。賭けることを避け、熱中を逃げているのは、私自身ではなかったか。仕事に対する自らの取組方への些《いささ》かの後ろめたさを、単に冷やかなる傍観的態度を取ることによって誤魔化していたに過ぎぬのではなかろうか。私の中には、今にして思えば、絶ゆる事もない熱中への〈飢え〉があった。〈飢え〉は、今も私の身体の中に熱く息づいている。誤魔化しに誤魔化しを重ねながら、潜在する〈飢え〉をあやしあやし、遂《つい》に私は今日まで生きて来たといえる。(2)手すりは切れた。最早、自らの身体を、自らの力で支えて進む他はない。意識のどこかで、私は常にそれを感じ続けて来たといえる。

——私の中に、遠い潮騒《しおさい》の響きのように響いて来る一つのイメイジがある。口に出すのも恥ずかしい程、単純で素朴なイメイジが。定かではないが、そのイメイジが誕生したのは、私が今の生活に身を投じ、無意識のうちにでも、最早、この先、現在というものを充たす外に、先に招いている重い目的等というものは存在しないと感じ始めてからではなかろうか。それは、人間の意識がまだ草のように健やかで、石のように強固であった時代における労働のイメイジである。全ての筋肉の力を振り絞り、扱いにくい農具をあやつり、土を起し、種子を振り蒔《ま》き、草を刈り、羊を殖やし、旱魃《かんばつ》には天を仰いで雨を乞い、嵐には地に伏して神を求め——それ等の中にあるほとんど物のように確実な労働のイメイジ。人間が自らの生存と繁殖のために汗することが労働であるとするならば、今日の私の仕事の中にも、どこか一点、そのように単純豪快な労働のイメイジに繋《つな》がるものがあって良いのではなかろうか。それなくしては、私の単調なる毎日は、通勤と消費のうちに拡散してしまうのではなかろうか。デスクワークと限定されている私達の仕事において、個々の作業の手応えは、作られた資料の評価とか、それの有効性とか、きわめて抽象的なものに限定されてしまう。しかし、結果はどうであれ、それを製作していく過程そのものに、〈私はここで生きる〉という(3)樹液の様にみずみずしいかつての労働のイメイジが、一点、光って良い筈《はず》ではなかろうか。

斯《か》くして、私は、突然の不幸に見舞われたのである。何故ならば、自らの退路を断ち、自らの猶予を捨て、熱中によって(ああ、それが私に訪れるならば!)凝結して行く自己を通して此処に今在ることの意味を確かめんとする行為は、あまりに危険と犠牲の多い賭けであるから。第一に、もしこの重い賭けにおいて熱中が私を捉えることに失敗するならば、私は遂に何事も確かめ得ることなく、(4)決定的に自己の傍らに立って生き続けねばならぬから。第二に、もし私が熱中に突入し得たとしても、その結果、私の労働の過程そのものが、あの遠い潮騒の響きのような遥かなる労働のイメイジにただの一点ですら繋がり得ぬものであるとするならば、私の熱中そのものは何処へ彷徨《さまよ》って行けば良いというのか。そして第三に、もしも私が熱中し、その結果、私の労働が辛うじて曾《かつ》ての単純豪快な労働の中に繋がっていくものであることが確認され得たとして、その後に来る、重い確認の上に立つ日々は、現在までの中心はないがどこかゆるやかで安寧な日々に比して、輝やかしくはあってもあまりに厳しく困難な日々であることは明らかであるから。更に第四に、この賭けそのものが、安寧なる我が環境においてどのような風波を呼び、どのように高価なものにつくか、ほぼ見通しがついているからである。

これは矛盾であろう。賭けぬ自分に苛立《いら》ち、賭ける自分に恐れるとは。

しかし、賭けは為されたのだ。(5)半面砂に覆われた我が子の顔の気弱な変貌が、私の怒りに火を放ったのだ。ここまで来てしまった以上、私はこれを為し遂げぬ訳にはいかぬであろう。今、私は何者であり、私は何によって生きるのか、を自らに明らかにする為に。

この賭け、又は熱中のみを唯一の方法とする実験を名付けて、私は、

〈聖産業週間〉と呼ぼう。

（黒井千次「聖産業週間」より。一部省略）

問一　傍線部(1)はどういうことか、説明せよ。　解答欄：一四・〇cm×二行

問二　傍線部(2)はどういうことか、説明せよ。　解答欄：一四・〇cm×四行

問三　傍線部(3)はどういうことか、説明せよ。　解答欄：一四・〇cm×三行

問四　傍線部(4)はどういうことか、説明せよ。　解答欄：一四・〇cm×二行

問五　傍線部（5）について、どうして「我が子の顔の気弱な変貌」が田口を怒らせたのか、説明せよ。

解答欄：一四・〇㎝×五行

二〇一六年度　理系

二

次は、主として中世のヨーロッパ社会でさまざまな情報がいかに伝達され、共有されたかを考察した文の一部である。これを読んで、後の問に答えよ。

マイクロフォンとスピーカーとによって、人声を同時に多人数に伝達ができるようになるまえ、ひとはいったいどうやって意思をつうじあっていたのだろうか。軍隊のように、訓練された伝令が、部隊別に命令を下知できる場合は、まだよい。けれども、直接、肉声をもって語りかける演説やら説教となるとどうだろう。はたして、発言の趣旨は正確につたえられたのか。まして、バスティーユ牢獄を襲撃する烏合《うごう》の衆となっては、暴動への意思確認が、正確におこなわれたとはかんがえにくい。

適切な文書による伝達が存在しなかった中世の時代となれば、ますます絶望的だ。人びとは、不正確な理解にもとづき、むやみと感動したり、侮蔑を発したりしていたことになろうか。職業的な通信役はたしかにいたから、組織にのっとって行動する集団の場合はまだ事態は容易だとしても、中世に独特の群衆の場合には……。

だが、記録が証言しているところによれば、肉声による音声通信は、かなり効果的におこなわれたらしい。たとえば、皇帝が市民にむかって重大な決断を告知するときには、どうも、仲介スピーカーがいたらしい。つまり、もとの声を復唱し、さらにつぎのスピーカーがひろめてゆく。いわば、扇形に声の通信が拡大してゆくわけだ。

けれども、直接の肉声告知のケースも多い。街頭に立って、禁令を触れまわる役人がおり、かれらは大声で、市民たちに重大事項をのべてまわった。いやそればかりか、キリスト教聖職者たちは、教会の内であれ野外であれ、さだめし低く思慮ぶかい声で、魂の内面を語りはじめたであろう。数百人もの信徒たちは、ほとんど涙せんばかりに、聴きいっている。

想像するところ、かれら中世人たちは、いまのわたしたちとは段違いの耳をもっていたようだ。そのころ、人間社会は音にみちた世界をいとなんでいた。中世都市の路上には、家畜の鳴声も子供たちのはしゃぎ声も、乞食《こつじき》する訴え声も、そして、時をつげる鐘の音も。どれもが、雑然と空間をつたわっていった。けれども、人びとは、その音と声のすべてを子細に聞きわけける能力をとぎすませていた。どんなに多数の音源があっても、(1)雑音・騒音というべきものはありえなかった。

私語する大衆、泣きむずかる赤児などまるで関知せぬがごとくに、かれらは説教師のことばを択《えら》びわけていた。音声ひとつひとつに意味がみちあふれていた時代、そのときこそ、音声の通信は機械的方法の援《たす》けをうけずに、数百、数千人の耳をとらえたのであろう。

むろん、そのころ、情報を正確に蓄蔵し、空間と時間とをこえて伝達する手段は、ないわけではなかった。たとえば、書物。西アジアやエジプトで発明された羊皮紙*やパピルス紙は、しっかりとした文字を盛られて、重用された。活版印刷術が登場するまえとはいえ、専門の筆写生たちは、丁寧なペン使いで、写本を複製していった。軽量化されたこれらの「紙」は、運搬され、もしくは愛蔵されて、遠い場所、遠い時間のかなたに送達される。写本は通信手段として、かなり洗練された利器となった。

もっとも、写本はただの通信手段ではない。中世写本には、しばしば、みごとな細密挿画がくわえられた。イニシャル文字*には、凝った装飾がつけられた。写本はそれ自体、ひとつの芸術品である。備忘録のように走り書きされた紙片とはちがって、写本はモノとしての重みを兼備した財宝である。(2)美しさと便利さとは、分離できぬ一体となっていたのである。

そのころ、特別な知的能力をもつものは、みずからも著作を書いた。その著作は、さらに写本として複製されて、流通していった。けれども、このような顕著な思想伝達のほかに、もっと多くの通信が中世社会をとびかったはずだ。おそらく、文字が使用される場合のほとんどは、著作ではなく、書簡であっただろう。

自分では満足に文字をつかいかねる王侯貴族たちは、祐筆*をはべらせて、手紙をつづらせた。かつての時代の手紙を、いま目前にすると、場と時とを異にする相手にたいして、意を正確につたえようとする、つよい通信欲求が、うかびあがってくる。

写本と書簡のように、文字ばかりが通信用の記号ではなかった。絵がある。ときに羊皮紙のうえに、またときには、教会堂の壁のうえに、絵は物語を表現した。近代の絵画のように、絵そのものが対象を描写するということはまれだった。絵には、明瞭な語りが秘められていた。絵画は鑑賞されるのではなく、解読されるものだった。

あまりに稚拙な表現もあるが、しかしそれは画家の能力不足のゆえではない。(3)画家にとっての関心は、忠実な対象写影にはなく、記号としての物語表現に集中されていた。

（樺山紘一『情報の文化史』より）

注（＊）　バスティーユ牢獄＝パリにあった監獄。民衆がこの監獄を襲ったことがフランス革命のきっかけとなったとされる。

羊皮紙＝ヒツジなどの皮を薄くなめして文字や絵が描けるようにしたもの。

イニシャル文字＝段落の最初にある文字。中世の写本ではきわめて華麗な装飾を加えられる。

祐筆＝貴人に仕え、文書を書くことをつかさどった人。

問一　傍線部(1)はどのようなことを言っているのか、説明せよ。　解答欄：一四・〇㎝×三行

問二　傍線部(2)はどのようなことを言っているのか、説明せよ。　解答欄：一四・〇㎝×三行

問三　傍線部（3）について、筆者はなぜこのように述べているのか、説明せよ。

解答欄：一四・〇㎝×五行

二〇一五年度　文理共通

一

次の文を読んで、後の問に答えよ。

英語には“To cut a long story short”（かいつまんで話すと）とか、“Please make your story short.”（手短かに言って下さい）とかいう言い回しがあるらしい。日本語の感覚からすると身も蓋もないような言い方であるが、それだけ明快でもある。

しかし、(1)ただ長い物語を短くしたものが短編ではない。サロー＊ヤン式に言うならば、鯨をいくら細かく切り刻んでも鰯《いわし》にはならない、それは鯨の切り身である。短いというのは、話の長短よりもむしろ文章の性質から来る。書き出しの一行が、あるいは一節がその作品のスタイルを決定するとよく言われるが、十枚で完結すべき物語はすでにその分量に相応した文章の調子を持っている。調子というところを呼吸、リズム、間合い、密度等々、いろいろ好きなように言い換えてもいい。「汝のストーリーを短くせよ」と言われなくても、それ以上長くも短くもなりようがないのが作品の正しい寸法である。

短編では、「この物語を始める前に」だの、「先刻もちょっと触れておいたが」だの、「これは余談であるが」だのと悠長なことはやっていられない。長編の読者は途中で少しぐらい注意力が眠り込んでも、作者がそのつど揺り起こしてくれるから安心であるが、短編はそれができない。説明や注釈にも頼れない。となると、残るはイメージしかない。具体的な物の形や印象を、手早く読者の脳裏に焼きつけなくてはならない。

チェーホ＊フが、彼に恋した作家志望の人妻アヴィーロワに語ったという「生きた形象から思想が生まれるので、思想から形象が生まれるのではない」という言葉は有名である。長編と短編を器用に書き分けている(2)現代イタリアの作家モラヴィアが、短編を抒情詩に近いとし、長編を評論や哲学論文になぞらえているのもその辺を衝《つ》いたものであろう。

もっとも、私のこういう言い方は実は本末転倒で、短編の作者はもともとイメージで語るのが得意なのだ、その反対は苦手なのだ、と言うほうが本当かもしれない。彼の書くものが短いのは、イメージというものはそうそう引き伸ばせないからである。ルナールなどは、「十語を超える描写はもうはっきり目に見えない」と極端なことを言っている。

イメージという言葉を言い替えようとすると、どうもぴったり行かなくて不便である。影像、映像、形象、物の姿、心象などと並べてみるが落ち着かない。とにかく網膜にうつるものも、心に浮かぶものも、ともにイメージであろう。絵や写真やテレビの画面もイメージであり、フランス語で「イメージの狩人」といえば報道カメラマンや映画監督のことでもある。

一八九〇年代、青年国木田独歩が行く先々で自然の美にひたっていたちょうどその頃、フランスではルナールが故郷の田園を再発見しつつあった。彼の文章の極致を示す『博物誌』のプロローグが「イメージの狩人」と題されている。「彼」は朝早く起きて、一日野づらや川辺や林の中を歩き回り、いたるところでイメージを採集する。そして、日が落ちると家に帰って、明かりを消し、眠る前に長いことかかってそれらを反芻《はんすう》する。

「イメージは、思い出すままに、素直によみがえる。一つが別の一つを呼び覚まし、そうして燐光《りんこう》を発するイメージの群がりが、新しくどんどん増え広がって行く。ちょうど、一日じゅう追い散らされていた*鷓鴣《しゃこ》のむれが、危険も去って夕べの歌をうたい、畑のくぼみでお互いに呼び交わしているようなものだ。」

田園風景にことよせた一つの喩えであるが、自分の文章はこんなふうにして生まれるのだと言っているのであろう。作家の目はレンズであると同時に対象を捕らえる網である。(3)文章でも写生ということがよく言われるが、その喩えはむしろ誤解を生みやすい。書くためには記憶というフィルターと、回想できるようになるまでの十分な時間が必要である。

ルナールで最も知られている『にんじん』*は、それ自体がごく短い短編である章を五十近く並べたもので、筋といってはあまりない。初め小学生程度だったにんじんが、最後には高校生ぐらいになっているのが見届けられる。子供は放って置いても大きくなるのだから、これくらい変哲もない話はない。ルナールは二十四歳で十七歳のパリジェンヌと結婚し、奥さんは翌年彼の郷里で長男を生む。その際、実家の母親が愛妻につらく当たるのを見ているうちに、自分の子供時代のことを少しずつ思い出して行ったらしい。早くも次の年には、いずれ『にんじん』に収まる話をいくつか雑誌に発表している。

その第一話『めんどり』は、この本を一度でも読んだ人、読みかけた人なら、あの風変わりなヴァロットン*の版画の挿絵とともにすぐに思い出されるであろう。にんじんが母親に鶏小屋の戸を閉めにやらされ、寒いのと怖いのとで震えながら闇を突っ切って行き、無事任務を果たして凱旋の気分で戻るが、誰にも褒めてもらえない。どころか、母親に「これから毎晩、お前が閉めに行くんだよ」と言われる。

この章は長編小説ならば満を持して書き起こすところであろう。だが、『にんじん』という作品は今も言ったように、あちこちに書いた小品の寄せ集めである。『めんどり』以前に書いたものすら入っていて、全然執筆順ではない。作者が巻頭には次の『しゃこ』でも、その次の『犬のやつ』でもなく、是非ともこの『めんどり』を配したいと考えたのは、(4)彼一流の計算があってにちがいない。

ルナール自身は『にんじん』を「不完全で、構成のまずい本」と言っているが、それでも『にんじん』一巻が『めんどり』で始まるのはいかにも適切で、作者のアレンジの妙であり、かつまた読者への親切である。それは一編の挿話でありながら、要領のいい人物紹介を兼ねている。そればかりか、各人物のこの物語における位置や役割や相互の関係といったものを一挙に示す、わかり易い見取り図にもなっている。しかも、抜け目のない作者は只《ただ》の一語も紹介や説明の労をとるわけではない。人物一人一人に、いわば順番に自己紹介をさせるだけである。何によってかといえば、会話によってである。いきなりもう戯曲のような書き方である。

小説の描写というと、われわれはとかく風景描写とか心理描写とかを考えて、会話も描写であることを忘れがちである。しかも、会話ぐらい直接的、具体的、即効的にその人物を表現してのけるものはない。初対面で予備知識がなくても、口のきき方ひとつで相手のことがわかるようなものである。ルナールがこういう書き方を選んだのは、会話こそ自分の最強の武器であることをよく心得ていたからであろう。

（阿部昭『短編小説礼讃』より）


注（＊）サローヤン＝二十世紀アメリカの小説家、劇作家。

チェーホフ＝十九世紀ロシアの小説家、劇作家。短編の名手として知られる。

鷓鴣＝キジ目キジ科の鳥のうち、ウズラとキジの中間の体形をもつ一群の総称。

『にんじん』＝ルナールの代表作。「にんじん」とは赤毛の主人公につけられたあだ名である。

ヴァロットン＝スイス生まれの画家。十九世紀末から二十世紀初めにかけてパリで活躍した。

問一　傍線部(1)について、筆者はなぜこのように述べているのか、説明せよ。　解答欄：一四・〇㎝×三行

問二　傍線部(2)は短編と長編のどのような相違を述べたものか、説明せよ。　解答欄：一四・〇㎝×三行

問三　傍線部(3)について、筆者はなぜこのように考えるのか、説明せよ。　解答欄：一四・〇㎝×四行

問四　傍線部(4)について、筆者はなぜこのように考えるのか、後の二つの段落を踏まえて説明せよ。　解答欄：一四・〇㎝×四行

問五　筆者の考えでは、優れた短編はどのように生み出されるのか、本文全体を受けて説明せよ。（文系のみの出題）

解答欄：一四・〇㎝×五行

二〇一五年度　文系

二

次の文を読んで、後の問に答えよ。

親しくした人たちがどんどん死んで行く。年々歳々それが頻繁になるのは、こちらが人並よりいくぶん永く生き残つてゐる報ひとして甘受しなければならぬ自然の理《ことわり》ゆゑ、ウンもスンもないわけ。とはいへ、「死」といふ、この上なく厳粛な事実でも、永年に亘り、夥《おびただ》しい数に直面するうちには、馴れッこになる、といふか、麻痺してしまふ、といふか、あのズシンと重い胸への響きにいくらかづつの緩みがついて来る……。ましてや、他家《よそ》のはもとより、わが家の子孫であらうと、誕生を知らされての喜びなどは、正直なところ、もはやゼロにちかい。かういふ、老耄《らうもう》と同義語の不感症を、さも、生死の一大事を超越したかのやうに勘違ひはしないにしても、しかし時折、われながら「非人情」になつたものだ、と思ふことはある。生を祝《ことほ》ぎ、死を悼《いた》むのは、古今東西を通じての「人情」なのだから。……「非」か「不」か。(1)「不」は感心しないが、「非」なら仕方なからう、といつた風な、一種怠慢な考へ方だけれど……。

そんなつまらぬ詮索はさて措《お》き、実際問題として、ここ数年来の、親しくした人たちの死に方と来たら、「ちつと遠慮したらどうだ」とボヤキたくなるくらゐだ。「それは、お前が、あんまり大勢の人たちと仲よくした報ひで、自業自得ぢやないか」といはれて、「ああなるほどさうか」……まさかそれほどでもないし、(2)第一、相手は死神だ、遠慮などさせてくれるものか。

概して云つて、親しい者の死に際会する場合も稀な筈《はず》の、少・青年時代、まともに、すなほに、胸いつぱいに受け止める「死」の痛撃、……「死」の周囲には、不思議にすなほな空気が立ちこめるものだが、……あの、再び起ちなほれまい、と思ふほどの、あの、文字どほりのデッド・ボールをこの年齢《とし》になるまで、満身に浴びとほしに、生きて来られるものかどうか。(3)万が一にもさうであつたとしたら、私は超人だ。万年でも横綱が張りとほせる。

さうかといつて、死んだ人の死によつて、こちらの心身に受ける傷害で寿命を縮められてたまるか、といふやうな、打算的な顧慮から、なるべく控へ目に悲しんで置かうなどと、そんな器用なまねは、いかに世智《せち》辛くなつた今の世の中でも、ちよつとやり手があるまい。どだい意識にのぼらず、なほさら、さういふ思議は用ゐないでも、あらゆる生物に共通の、みづから衛《まも》る本能の然らしむる所で、是非の範囲外だ。誰でもが大威張りで「別に工夫なし」と断言できる場合だ。

ついこの数日来、*広津和郎君、*野田高梧君と続けさまに急逝の報を受けた。時間に縛られることのない、たまにあればなんとかかんとかそれをひッぱづしてしまふ、早くいへば「怠け者」で「閑人《ひまじん》」の私、ズシンと重い胸への響きも、まるで名鐘の余韻の如く、清らかに、静けく、遠く、遥けく薄れて行くに任せて、いつまでも黙つてゐられる。

親しくした歳月の長い短いなどには関係なく、あの日のこと、あの時のこと、……私の性分のせゐか、必ず具象的に、……その場その場の光景で眼前に髣髴《はうふつ》として来る。しかもどれ一つとして楽しく愉快な想ひ出でないものはない。告別式の祭壇の前で読まれる弔詞の多くがさうであるやうな、故人の業績とか、人と成りの美点とか、さういふ抽象的な面《めん》は少しも浮んで来ない。そのうち、「ズシンと重い胸への響き」など、あとかたもなく消え失せてしまひ、例へば、広津君の、まぬけな自分の失敗を、まるでひとごとのやうにくッくと可笑しがる、あの酸ッぱいやうな笑ひ顔とか、野田君の、自己流踊りで、ここぞとばかり片足で立つて見せるつもりが、ひよろけかかつたりする様子とか、その他等々が、瞑《まじろ》がない目の前の絵となつて現れたとすれば、(4)ニヤニヤと、私の頬の肉はうごめきだすだらう。そこを糞真面目な男が見たら、「なんだ、友達の死を楽しんでゐやアがる。怪《け》しからん奴だ」と怒号するかも知れず、歯に衣《きぬ》をきせぬ女だつたら、「いやアねえ、いい年齢《とし》をして、思ひ出し笑ひなんかして。みつともないわよ」と冷笑を浴びせることだらう。

こんな風に、死んで行つた人たちとのつきあひで、楽しかつたこと、嬉しかつたことなど、特に選ぶのでもなんでもなく、おのづとさういふのばかりが思ひ出されるといふのも、前にいつた自衛本能の作用に違ひない。若い頃だつたら、厳粛な「死」を冒瀆するものだ、とか、友情を裏切る軽佻《けいてう》だ、とか、そんな反省、自責に苛《さいな》まれたかも知れないが、(5)いつかさういふものとは、きれいさつぱりと手が切れてゐた。

この安らぎ、……ありがたいことである。

（里見弴『私の一日』より）

注（＊）広津和郎＝小説家、文芸評論家。代表作に『神経病時代』『松川裁判』など。一九六八年九月二十一日没。
野田高梧＝脚本家。『東京物語』をはじめ小津安二郎の映画のシナリオを数多く手がける。一九六八年九月二十三日没。

問一 傍線部(1)はどのようなことを言っているのか、説明せよ。 解答欄：一四・〇㎝×四行

問二 傍線部(2)はどのようなことを言っているのか、説明せよ。 解答欄：一四・〇㎝×三行

問三 傍線部(3)はどのようなことを言っているのか、説明せよ。 解答欄：一四・〇㎝×四行

問四 傍線部(4)のように筆者が思うのはなぜか、説明せよ。 解答欄：一四・〇㎝×三行

問五 傍線部(5)を踏まえて、筆者が親しい人の死をどのように受け止めるようになったか、説明せよ。 解答欄：一四・〇㎝×五行

二〇一五年度　理系

二

次の文を読んで、後の問に答えよ。

報道は人間の生理的な必要である。しかもこの必要は近代になってから日をおってその強度を増している。それには色々な理由が考えられる。第一に経済的にも政治的にも文化的にも世界の諸国が緊密に結び合され、そのために世界の片隅に起こった事件がやがて各個人の生活に影響を及ぼすようになって来たからであろう。吾々から遠く離れたところで勃発した戦争が、いつ吾々自身を戦場に立たせるか判らない。外国の穀物の産額が吾々の生活に深刻な変化を惹《ひ》き起こすことも決して稀ではない。第二に社会の事情が甚だしく複雑性を加え来っていることが考えられる。或《あ》る国の状態が他の国の民衆の生活に影響を与えると言っても、それはいつも直接的なものばかりではない。両者の間には他の幾つかの国の状態と利害とが立っていて、そこを通過する影響に常に新しい方向を与えようとしている。穀物の産額の増大が必ず価格の低落を結果すると言うことは出来ない。一国内部にして見ても、そこには神の如き眼を以てしなければ到底その全貌を捕えることが出来ないような複雑な関係が横たわっている。第三に社会の変化と運動とがその激しさを加えて来たことを指摘しよう。昔の学者は動く社会と動かぬ社会とを区別した。前者はヨーロッパの社会のことであり、後者はアジアの社会のことである。これはヨーロッパが夙《つと》に資本主義を確立していた時に、アジアが未だ封建主義に立っていたからである。資本主義社会は本質的に動く社会であり不断の変化を伴う社会である。アジアも今は動く社会になっている。もしも環境が動き変ずるものでないとしたら、吾々は報道を生理的必要と見ることは出来ない。父祖の代から行われている習慣に頼って生きて行くことが出来るはずだからである。動く社会は報道を必要とする社会である。

第四に近代社会においては各個人が自分で生きて行かねばならぬということが注意されねばならぬ。昔は誰かが多くの人々に代って環境を知り適応の道を学び、他の人々はその後について歩んで行けばよかった。しかし今は個人主義がいかに非難されようとも、各人が自己の運命の主人にならねばならぬ。自分の幸福は自分で喜び、自分の不幸は自分で嘆かねばならぬ。自ら生きようとするものは、自ら環境に適応せねばならず、自ら環境について知らねばならぬ。(1)現代の人間が報道を欲するのは、その当然の権利に基づいていることである。

現在の報道、交通、通信の機関は高度に発達した技術を基礎として立っている。外界の出来事を知り且つ知らせるためには、眼や耳が吾々の身体に具《そなわ》っている。単純な社会生活にあってはこの眼や耳で十分に事が足りたのである。人間の生活を動かすものは主として眼や耳の届く場所から生じていたからである。封建社会においても日常の会話で問題となる人物は、通常これを語る人々が既にその容貌を知り、その言葉と動作とに接したことのある人間であった。ところが現代においては人間の生活に作用を及ぼすものが、およそ眼や耳の届かぬ遠隔の地に住んでいる。現在では眼や耳、総じて人間の感覚器官は自然のままの形態では最早《もはや》環境への適応に役立つことが出来ない。感覚器官は補足されねばならぬ。延長されねばならぬ。発達した技術的装置はあたかも新しい眼であり耳である。技術の進歩は何人も知るように極めて迅速である。だがこの迅速に進歩してやまぬ技術がまず第一に摂取され応用されるのは、軍事的領域を除いたら、恐らくこの報道や通信の領域であろう。電信、電話、ラジオ、新聞、そういうものは吾々の感覚器官の延長であり補足である。というよりも既に今日では吾々の感覚器官そのものになっていると言えるかも知れない。健全な眼や耳を持っているものは、自分が眼や耳を持っているという特別の意識を欠くのが普通である。それ等のものがはっきりと意識に上って来るのは、かえって何か故障の生じた場合である。それと同様に、新聞が毎朝配達され、ラジオが朝から晩まで喋《しゃべ》っているという状態は、今日の吾々にとって特にはっきりと意識する必要のない当り前の生活である。吾々はそれで安心して生きて行くことが出来るのである。

　ところで吾々の感覚器官の延長であるようなものが突然その機能を停止するか、またはその機能を甚だ不十分にしか発揮せぬか、或《あるい》は――畢竟《ひっきょう》同じことであろうが――十分に機能を発揮していても吾々がそれから遮断されるというような場合を考えて見よう。吾々が急にこういう状態の中に移されたとすると、その時吾々の心は何事でも自由に書き記すことの出来る白紙になってしまう。しかし白紙という表現は余り適切なものでないであろう。蓋《けだ》しこの白紙は暗い底知れぬ不安によって一色に塗られているからである。それは眼や耳が急にその機能を果さなくなったのと同じであろう。(2)そうではない。それよりももっと不安なものである。眼や耳に故障が起こった時、その原因は一般に自分の身体の中にある。医者へ駈《か》けつければ癒るであろう。ところが感覚器官の補足乃至《ないし》は延長がその機能を営まなくなった時、その原因は勿論自分の身体の内部などにあるのではない。自分の外に、しかも今となっては容易に知ることの出来ないところにあるのである。自分でどうすることも出来ないような強力なものが、その原因となっているのであろう。吾々が眼隠しをして往来を歩かせられた場合、「水溜りがある！」と言われると、もう一ヶ月も好天気が続いているということを考える暇もなく、いやたとえ考えたとしても思わず足をとどめるであろう。これと同じように報道、通信、交通がその機能を果さなくなった時、社会の大衆は後になっては荒唐無稽として容易に片づけることの出来るような言葉もそのまま受け容れるのであって、(3)どんな暗示にも容易にひっかかってしまうものである。

（清水幾太郎『流言蜚語』より。一部省略）

問一　傍線部(1)のように筆者が考えるのはなぜか、説明せよ。

解答欄：一四・〇㎝×四行

問二　傍線部(2)はどういうことを言っているのか、説明せよ。

解答欄：一四・〇㎝×三行

問三　傍線部(3)のような事態が起こるのはなぜか、本文に即して答えよ。

解答欄：一四・〇㎝×五行

二〇一四年度　文理共通

一

次の文は、著者が一九四一年に満州（現在の中国東北部）へ派遣され、四五年の日本の降伏後にソビエト連邦軍に抑留されてのち、四九年に重労働の判決を受けた前後を回想したものである。これを読んで、後の問に答えよ。

起訴と判決をはさむほぼふた月を、私は独房へ放置された。とだえては昂《たか》ぶる思郷の想いが、すがりつくような望郷の願いに変ったのはこの期間である。朝夕の食事によってかろうじて区切られた一日のくり返しのなかで、私の追憶は一挙に遡行した。望郷の、その初めの段階に私はあった。この時期には、故国から私が「恋われている」という感覚がたえまなく私にあった。事実そのようにして、私たちは多くの人に別れを告げて来たのである。そのとき以来、別離の姿勢のままで、その人たちは私たちのなかにあざやかに立ちつづけた。化石した姿のままで。

弦《つる》にかえる矢があってはならぬ。おそらく私たちはそのようにして断ち切られ、放たれたはずであった。私をそのときまでささえて来た、遠心と求心とのこのバランスをうたがいはじめたとき、いわば錯誤としての望郷が、私にはじまったといっていい。弦こそ*矢筈《やはず》へかえるべきだという想いが、聞きわけのない怒りのように私にあった。

この錯誤には、いわば故国とのあいだの〈取り引き〉がつねにともなった。私は自分の罪状がとるにたらぬものであることをしいて前提し、やがては無力で平穏な一市民として生活することを、くりかえし心に誓った。事実私が一般捕虜とともにそれまですごして来た三年の歳月は（それは私にとって、事実上の未決期間であった）、市井の片隅でひっそりといとなまれる、名もない(ア)ぼんような生活がいかにかけがえのないものであるかを、私に思いしらせた。しかもこの〈取り引き〉の相手は、当面の身柄の管理者であるソビエト国家ではなく、あくまで日本――おそらくそれは、すでに存在しない、きのうまでの日本であったのであろうが――でなければならなかったのである。

私たちは故国と、どのようにしても結ばれていなくてはならなかった。しかもそれは、私たちの側からの希求であるとともに、〈向う側〉からの希求でなければならないと、かたく私は考えた。望郷が招く錯誤のみなもとは、そこにあった。そして私が、そのように考えた時期は、海は二つの陸地のあいだで、ただ焦燥をたたえたままの、（イ）かと的な空間として私にあった。その空間をこえて「手繰られ」つつある自分を、なんとしてでも信じなければならなかったのである。

　告訴された以上、判決が行なわれるはずであった。だが、いつそれが行なわれるかについては、一切知らされなかった。独房で判決を待つあいだの不安といらだちから、かろうじて私を救ったものは（ウ）きが状態に近い空腹であった。私の空想は、ただ食事によって区切られていた。食事を終った瞬間に、一切の関心はすでにつぎの食事へ移っていた。そしてこの、〈つぎの食事〉への期待があるかぎり、私たちは現実に絶望することもできないのである。私はよく、食事の直前に釈放するといわれたら、なんの未練もなく独房をとび出すだろうかと、大まじめで考えたことがある。

　なん日かに一度、あたりがにわかにさわがしくなる。監視兵がいそがしく廊下を走りまわり、つぎつぎに独房のドアが開かれ、だれかの名前が呼ばれる。足おとは私のドアをそのまま通りすぎる。「このつぎだ。」私は寝台にねころがる。連れ去られた足音は、二度と同じ部屋に還ってはこない。そして、ふたたび終りのない倦怠と不安のなかで、きのうと寸分たがわぬ一日が始まる。どこかの独房で手拍子をうつ音が聞こえる。三・三・七拍子。日本人だという合図であり、それ以上の意味はなにもない。

　望郷とはついに（1）植物の感情であろう。地におろされたのち、みずからの自由において、一歩を移ることをゆるされぬもの。海をわたることのない想念。私が陸へ近づきえぬとき、陸が、私に近づかなければならないはずであった。それが、棄民されたものへの責任である。このとき以来、私にとって、外部とはすべて移動するものであり、私はただ私へ固定されるだけのものとなった。

　四月二十九日午後、私は独房から呼び出された。それぞれドアの前に立ったのは、いずれもおなじトラックで送られ、おなじ日に起訴された顔ぶれであった。員数に達したとき、私たちは手をうしろに組まされ、私語を禁じられた。私たちが誘導されたのは、窓ぎわに机がひとつ、その前に三列に椅子をならべただけの、およそ法廷のユーモアにふさわしい一室であった。椅子にすわり、それが生涯の姿勢であるごとく、私たちは待った。ドアが開き、裁判長が入廷した。若い朝鮮人の通訳が一人（彼もまた起訴直前にあった）。私たちは起立した。

初老の、実直そうなその保安大佐は、席に着くやすでに判決文を読みはじめていた。私が立った位置は最前列の中央、判決文は私の鼻先にあった。ながながと読みあげられる、すでにおなじみの罪状に、私の関心はなかった。全身を耳にして私が待ったのは、刑期である。早口に読み進む判決文がようやく終りに近づき、「罪状明白」という言葉に、重労働そして二十五年という言葉がつづいたとき、私は耳をうたがった。ロシヤ語を知らぬ背後の同僚が、私の背をつついた。「何年か」という意味である。私は首を振った。聞きちがいと思ったからである。

それから奇妙なことが起った。読み終った判決文を、おしつけるように通訳にわたした大佐は、椅子の上に置いてあった網のようなものをわしづかみにすると、あたふたとドアを押しあけて出て行った。大佐がそのときつかんだものを、私は最初から知っていた。買物袋である。おそらくその時刻に、必需品の配給が行なわれていたのであろう。この実直そうな大佐にとって、私たち十数人に言いわたした二十五年という刑期よりも、その日の配給におくれることの方がはるかに痛切であった。ソビエト国家の官僚機構の圧倒的な部分は、自己の言動の意味をほとんど理解する力のない、このような実直で、善良な人びとでささえられているのである。

つづいて日本語で判決が読みあげられたとき、私たちのあいだに起った混乱と(エ)きょうこう状態は、予想もしない異様なものであった。判決を終って＊〈溜《たま》り〉へ移されたとき、期せずして私たちのあいだから、悲鳴とも怒号ともつかぬ喚声がわきあがった。私は頭から汗でびっしょりになっていた。監視兵が走り寄る音が聞こえ、怒気を含んだ顔がのぞいたが、「二十五年だ」というと、(2)だまってドアを閉めた。

故国へ手繰られつつあると信じた一条のものが、この瞬間にはっきり断ちきられたと私は感じた。それは、あきらかに肉体的な感覚であった。このときから私は、およそいかなる精神的危機も、まず肉体的な苦痛によって始まることを信ずるようになった。「それは実感だ」というとき、そのもっとも重要な部分は、この肉体的な感覚に根ざしている。「手繰られている」ことを、なんとしてでも信じようとしたとき、その一条のものは観念であった。断ち切られた瞬間にそれは、ありありと感覚できる物質に変貌し、たちまち消えた。(3)観念が喪失するときに限って起るこの感覚への変貌を、そののちもう一度私は経験した。観念や思想が〈肉体〉を獲得するのは、ただそれが喪失するときでしかないことの意味を、いまも私はたずねずにいる。意味が与えられるとき、その実感がうしなわれることを、いまもおそれるからである。あっというまに遠のいて行くものを、私は手招いて追う思いであった。

四月三十日朝、私たちはカラガンダ*郊外の第二刑務所に徒歩で送られた。刑務所は、私たちがいた捕虜収容所と十三分所のほぼ中間の位置にあった。ふた月まえ、私が目撃したとおなじ状態で、ひとりずつ衛兵所を通って構外へ出た。白く凍てついていたはずの草原《ステップ》は、かがやくばかりの緑に変っていた。五月をあすに待ちかねた乾いた風が、吹きつつかつ匂った。そのときまで私は、ただ比喩としてしか、風を知らなかった。だがこのとき、風は(オ)かんぺきに私を比喩とした。このとき風は実体であり、私はただ、風がなにごとかを語るための手段にすぎなかったのである。

（石原吉郎「望郷と海」より）

注（＊）　矢筈＝矢の端の、弓の弦を受ける部分。
〈溜り〉＝捕虜を収容している空間のことをさす。
カラガンダ＝中央アジア北部、カザフスタンの地名。当時はソビエト連邦に属していた。

問一　傍線部(ア)〜(オ)のひらがなを漢字に改めよ。

問二　傍線部(1)はどういう意味か、説明せよ。

解答欄：一四・〇㎝×二行

問三　傍線部(2)で、監視兵はなぜそのような態度をとったのか、説明せよ。

解答欄：一四・〇㎝×三行

問四　傍線部(3)はどのようなことを言っているのか、説明せよ。(文系のみの出題)

解答欄：一四・〇㎝×三行

問五　二重傍線部はどのようなことを言っているのか、説明せよ。

解答欄：一四・〇㎝×六行

二〇一四年度　文系

二

次の文は、西郷隆盛を論じたものである。これを読んで、後の問に答えよ。

西郷はいまや日本に樹立されようとしている近代に対して、本質的に古い世代のひとりであった。いうなればその最後のひとりであった。西郷には「文明とは道の普《あまね》く行はるるを賛称せる言にして、宮室の荘厳、衣服の美麗、外観の浮華を言ふには非ず」という有名な言葉がある。これは彼の西欧批判でもあり明治政府の文明開化主義への批判でもある。だがそういう言葉より、私をほんとうにおどろかすのは次のような言葉である。「己れを愛するは善からぬことの第一也。決して己れを愛せぬもの也」。こういうマクシム*は今日のわれわれにとってたんに実行がむずかしいというばかりのものではない。これはわれわれにとって、それを本気に実行しようと思い立つ心のバネがまったく失われてしまっているようなマクシムなのである。われわれはこういうマクシムを自分に課す本気のでどころを見失ってしまっている。だが、それはわれわれにとっても美しい、もしそれを実現することができたら何ものにもかえがたい至福であるようなマクシムである。西郷は本気でこのマクシムに近づこうとした人であったらしい。そしてわが身をその戒律と至近の距離におくことができた人であったらしい。

もちろんこういう格率*はわが国の士族の伝統的教養である儒学の道徳観に由来するものといえるだろう。西郷が佐藤*一斎の『言志四録《げんししろく》』の信奉者だったことは周知のとおりである。だがこの言葉の深部にはそういう儒学的リゴリズム*とは異質な、たゆたうようなゆたかな生命のリズムが感じられる。私はこういうマクシムの背景には、人と人とのあいだのコミューン*的な交わりに対する(1)肉感的な幻覚が存在するものと信じる。もし西郷が南島に流刑されて島人と交わることがなかったら、西郷にはこの言葉はなかったと信じる。このような人と人との交わりにおいてなりたつコミューン的な感覚は、わが国の生活民たちがその悠久の歴史を通じて保持して来た伝統的感性の核心であった。そしてまたそれは、大久保、木戸、伊藤、山県らの維新革命の勝利者がおそらく生涯ただの一度も感じとったことのない感覚であった。己を愛さずともすむ心、それは己を羞じるぶこつな魂であるにちがいない。内村鑑三はその感動的な西郷論のなかに次のような挿話を録している。「実に彼は他人の平和を擾《みだ》すことを非常に嫌つた。他人の家を訪ねても、進んで案内を乞はず、玄関に立つたまま折よく誰かが出てみつけてくれるまで、そこに待つてゐることがよくあつた程である」。彼の数ある逸話のなかで、私はこの挿話にだけほんとうにおどろく。しかし(2)こういう人格は、古い日本人にとってはある意味ではなじみ深いものであった。私がおどろくのは私が現代の日本人だからである。古い日本人にとってこのような人格はしたわしくはあっても、ことさらおどろくべきものではなかった。なぜならそれは伝統的な*範型のひとつであって、そのような人格の形象はこの国の歴史において、少数ではあってもしばしば現れることがあったからである。

明治の初期、わが国の重大な社会現象としてうかびあがった世代的分裂について、中江兆民は『三酔人経綸問答《さんすいじんけいりんもんどう》』で興味ある指摘を行っている。彼は同時代の日本人をすべて恋旧家と好新家とに分類することができるとし、その基準を年齢と出身藩においた。「好新元素に富むの徒は、理論を貴び、腕力を賤《いやし》み、産業を先にし、武備を後にし、道徳法律の説を鑽研《さんけん》し、経済の理を窮究し、*平居文人学士を自ら任じて、武夫豪傑の流、叱咤慷慨《しったこうがい》の態は、其《その》痛く*擯斥《ひんせき》する所なり。若夫《もしそ》れ恋旧元素に富むの徒は然《しか》らず。彼れ其《そ》れ自由を認めて*豪縦不羈《ごうしょうふき》の行と為し、平等を認めて*鏟刈《さんがい》破滅の業と為し、悲壮慷慨して自ら喜び、法律学の*佶屈《きっくつ》なる、経済学の*縝密《しんみつ》なるが如きは、其深く喜ばざる所なり」というのが、その世代の特質の要約である。私がこの世代論において注目するのは、(3)恋旧家の肖像が次のように描かれていることである。

(あ)「恋旧元素は……平生無事の日に在《あり》ては、*高拱緘黙《こうきょうかんもく》して自ら喜び、一切緻密なる思考を須《もち》ひ円滑なる実行を要する事項は、瑣砕《ささい》なりとして、之が措置を施すことを、屑《いさぎよし》とせずして、曰く、我れ素《もと》より迂拙《うせつ》にして、此《この》事に当るに足らず。

誰某、慧巧《けいこう》にして幹錬*なり。能く勉励して事に従ふ。彼れ自《おのずか》ら当に之を弁ず可きのみ、と。蓋し平生大関係*無き事条に於ては、専ら愚を以て自《みずか》ら智とし、拙を以て自ら巧とし、其或《あるい》は知る所を枉《ま》げて知らずとし、其或は能くする所を故《ことさ》らに能くせずとして、他人に推諉*《すいい》して肯て与《あずか》らず。其意に以為《おも》へらく、是れ小事のみ、何ぞ心を用ふるに足らん、と。一旦利*害の関する所有るに及《およ》では、頭《こうべ》を昂《あ》げて一言し、衆議洶々*《きょうきょう》たるも略《ほ》ぼ恤《うれ》ふること無く、可と無く否《いな》と無く、必ず其言ふ所を行ふことを以て目的と為して、中道*にして遽《にわか》に他人の議に従ふが如きは、其極《きわめ》て恥辱とする所なり」。

　おそらく板垣*をモデルにしたのであろうが、この性格は活写されている。私はこういう性格の人物を知っているし、こういう性格がかならず実務社会の不適応者ないしそれへの反抗者であることも知っている。西郷は広い意味でこのような性格の人格であった。『遺訓』の一節で彼は小人の害について言及し、「能く小人の情を察し、其長所を取り之を小職に用ひ、其材芸を尽さしむる也」と小人を使う要領を教えている。「小人」とはまさしく好新元素に富む新世代の実務家であり、西郷の態度は兆民描くところの恋旧家の態度と符合する。このような心性を一語で要約するのは困難であるが、反功利主義という規定はそれほど的はずれのものではあるまい。西郷は「道に志す者は偉業を貴ばぬもの也」という一句を『遺訓』のなかに残しているが、むろんこれは反功利的信条の告白である。

「草創の始に立ちながら、家屋を飾り、衣服を文《かざ》り、美妾を抱へ、蓄財を謀りなば、維新の功業は遂げられ間敷《まじき》也。今と成りては、戊辰*の義戦も偏《ひと》へに私《わたくし》を営みたる姿に成り行き、天下に対し戦死者に対して面目無きぞ」、有名な話だが、西郷はこういってしばしば涙を流すことがあったそうである。清廉であっても無能な為政者より、たとえ個人的には悪徳が認められても有能な為政者のほうが、結果として国民に福利をもたらすものだ、というのはわれわれの近代人的な常識の一部である。西郷にはこういう結果優先、業績至上の考えかたがどうしても理解できなかっただろう。ドストエフスキイ流にいえば、(4)そのような考えかたには「何かいまわしいもの、世道人心をまっぷたつにたち割るようなもの」があるからである。明治十年戦争*はあるレベルでいえば、実務官僚と現実的な権力執行者に対する夢想家の反功利主義的反乱であった。

（渡辺京二「逆説としての明治十年戦争」より）

注（＊）　マクシム＝行為の個人的規準。
格率＝マクシムに同じ。
佐藤一斎＝江戸後期の儒者。
リゴリズム＝厳粛主義、厳格主義。
コミューン＝共同体。
範型＝類型、タイプ。
平居＝平生。
擯斥＝しりぞけること。
豪縦不羈＝勝手気ままで横暴なこと。
鏟刈破滅＝大なたをふるってなぎ倒すこと。
佶屈＝文字・文章がかたくるしくて難解なこと。
縝密＝綿密。
高拱緘黙＝泰然と手をこまねき口をつぐんでいること。
幹錬＝物事に熟練していること。
大関係無き事条＝たいして重大でない事柄。
推諉＝自分は遠慮し、他人に付託すること。
利害の関する所有る＝重大な結果をひき起こす。
洶々＝騒ぎどよめくさま。

中道＝中途。

板垣＝板垣退助。

戊辰の義戦＝戊辰戦争。一八六八年から翌年まで行われた新政府軍と旧幕府側との戦いの総称。

明治十年戦争＝西南戦争。一八七七年の西郷隆盛らの反乱。

問一　傍線部(1)の意味するところをわかりやすく述べよ。　解答欄：一四・〇cm×二行

問二　傍線部(2)について説明せよ。　解答欄：一四・〇cm×二行

問三　傍線部(3)について、「恋旧家」が事柄に対処する時の態度を、引用文(あ)の内容に基づいて簡潔に述べよ。　解答欄：一四・〇cm×三行

問四　傍線部(4)はどのようなことを言っているのか、説明せよ。　解答欄：一四・〇cm×四行

問五　波線部について、その理由を本文の内容に基づいて説明せよ。　解答欄：一四・〇cm×四行

二〇一四年度 理系

二

次の文を読んで、後の問に答えよ。

嵐にゆれ動いている木や、波立っている海を見て、あの木のゆれ方はあまり良くないとか、波の形がなっていないとか批評する人はいない。同様に優れた作品は、作家の手つきが見えないままに、読者をのめり込ませる。傑作はつらなり合うものが動いて、吹く風に似た音をたてる。

創作という言い方があるが、作家は何もないところから何かを創り出すわけではない。自分の力で創り出すというよりは、思わず知らず、えたいの知れない力に押されてそうなってしまう時、その作品は比較的まともなものである。また、べつの言い方をすれば、創作とは、何かを創り出すというよりは、そこにもともと埋まっているものを掘り出す作業なのだ。もともとそこにないものは、いくら一生懸命掘っても突き当たらないし、下手な掘り方をすれば、像の形が欠けたり壊れたりすることもある。

つまり、自分の掘り当てたい像はどこに埋まっているか、また、どのような掘り方をすればよいのか、というようなことが、作家の作業なのだろう。

わたしはいつのころからか、文学は、生活の中にしか埋まっていないと思うようになった。(1)生活の中にかかる虹の橋づめに埋まっている金の壺がわたしの文学である。

恋人たちが輝く目とバラ色の頬でほほ笑むとき、彼らは虹の橋づめに立っているのだし、うずくまってすすり泣く幼児の足の下にも金の壺は埋まっている。怒る人、闘う人、不可思議な衝動にかられて立ちすくんでいる人、そうした人の背後には必ず虹の橋がかかっている。

この人間社会で、言いたいことを言えずに、口ごもって生きている人びとが、何かのときにふと洩《も》らしてしまう言葉は無数の水滴になり、太陽の光が当たると虹の橋になるのだ。

わたしは、生きているうちにめぐり会った人びとの呟《つぶや》いた言葉を拾い上げて、小説を書いているから、めぐり会った人びとはわたしの文学世界を築いてくれた恩人である。作品は自分の力で創り出すわけではないとは、そういうことだ。

自分を文学の専門家だと思い込んでいる人たちの言葉は、ほとんど、わたしの心を打たない。文学に限らず、どんな道でも同じだと思うが、その道で一級の人たちは、自分をその道の専門家だとは思っていない。一級の人は、自分のやっていることを、自分の人生だと思い、話をするときは、自分の人生の話をする。

彼は、彼のまわりにうごめいているものをじっと見つめ、「自然」の中にひそんでいるものを自分自身の中に見つけようとする。

芸術家は独創的であらねばならない、といった言い方があるが、これは浅薄に使われやすい言葉である。たとえば、昼間は眠って、夜目ざめて仕事するのを独創的だと思ったりする。それはただ、珍しい習性が、なんらかの理由でつけられてしまっただけの話である。この習性をこっけいで悲劇的だと思うのは芸術家の感性だが、独創的だと思う人は、芸術家の素材となるに適した人である。

(2)芸術家にはこの種の独創性は必要ではない。必要なのは「自然」が内包する生命である。そこにある生命を掘り出すのが芸術家で、芸術家は生命を無から創り出すわけではない。

わたしがまだ世間に作品を発表していないころ、そして、わたしが文学についてひと言も語らないころ、わたしを「自然」から何かを掘り出すことのできる人間として扱ってくれた二、三の友人がいたが、そういう人たちは真正の芸術家だった。つまり、彼らは、独自の作品世界ともいうべきものを持っていた。「自然」を映した彼らの生活そのものが芸術品だった。

彼らの人生にまつわる独特の表現の中には、それをそのままテープにとっておけば、立派な文学作品になるものがあった。そして、わたしは今でもそれらの話を思い出して、つづり合わせて小説を書いているに過ぎない。

作家として暮らし始めると、人びとの何げない言葉を聞く機会が少なくなったような気もしている。小説に書いてもらいたくてする人の話や、書かれまいとして用心している人の話は、あまり面白くないのが普通である。

そういう話には、吹く風の音がない。また見上げても、決して虹はかかっていない。もちろん、金の壺も埋まっていない。

（大庭みな子「創作」）

問一　傍線部(1)はどのようなことを言っているのか、説明せよ。　解答欄：一四・〇㎝×三行

問二　傍線部(2)はどのようなことを言っているのか、説明せよ。　解答欄：一四・〇㎝×三行

問三　作者が本文中で用いる「自然」はどういうものか、芸術家との関係を踏まえ、説明せよ。　解答欄：一四・〇㎝×三行

二〇一三年度　文理共通

一

次の文を読んで、後の問に答えよ。

*当時のそんな精神状態を思い浮かべていると、それにたいし「もの」によって屹然《きつぜん》と対峙《たいじ》しているような一枚の絵が現われてくる。ニューヨーク、メトロポリタン美術館にある絵である。十年前これを見たとき、わたしはほぼ一年の西欧滞在の終りにあり、現実の西欧市民階級というものをいやというほど知らされて、少年期以来続いた「西洋」というイリュージョンに最後のとどめをさされて帰るところであった。絵はまるでわたしの四十年の生に冷水を浴びせるように作用した。

なんの(ア)へんてつもない麦刈りの絵である。

画面中央を黄褐色の熟麦の巨大な*マッスが見る者を圧するようにひろがり、右手にいま労働の中休みの一団が大きな梨の木の下に憩い、麦畑の色調と均斉を保っている。麦畑の黄は牧草地や林や道路の線を越えて向うの丘のそれに受け継がれ、さらに先には教会の尖塔を聳《そび》えさせた町、海へと流れる。右手は盛上った斜面を木々が限り、青屋根の教会が木々のあいだにのぞく。ここにいるのも、あの特徴ある*ブリューゲルの農民たち、逞《たくま》しくて無様で愛嬌のある、まるまっこいからだつきの連中だ。それが食べ飲み休んでいる。

樹の真下に両足をだらんとのばして眠りこけている男の姿態は、「怠け者の天国」の農民を思い出させるし、画面にみなぎる労働のはげしさと休息の一途さの対比は、晩年のあの比類ない版画「夏」の気分に通じる。

はげしい絵である。大地はその豊饒な生産力に見合うだけの(イ)だいしょうを農民の労働に要求し、労働のはげしさはその逞しい肉体や疲労やむさぼるような飲食や、無知と愚かしさとそやとを必然的につくり出したように見える。しかしここには人間が自然の一部として生き、自然のゆたかな恩寵とその反面であるあらあらしい生命力とに真向から取組んで、結びつき、充足しきっている姿がある。画家の目はたしかに何ものをも見逃していない、農民の放埒も貪りくらう食欲も、ぐったりと疲れ切ってあがってくるさまも、かれらの肉体が示すすべての特色も、だがそれをもふくめて、この地上にあるがままの姿において、人間はなんと大地と深く結びつき、生命をともにし、そして全体の生命を形作っていることだろう。人間は愚かなまま、無様なまま、あるがままにその全存在を肯定されて、大自然の中にいるのだった。

絵は、わたしに一九四四年六月、農村地帯へ一週間の勤労動員が行われたときのことを思い出させた。われわれは農家に分宿し、その家の麦刈りを手伝った。麦刈りがこれほどきついはげしい労働だとは、だれひとり予想もしていなかった。年寄りの農民が熟練したたしかな速度ですっすっと進んでいくのに、若い学生たちはだれもそれについていけなかった。腰が耐えがたく痛む。麦の穂が陽に灼《や》かれ汗にぬれた皮膚を刺す。われわれは三日目には、朝、足腰が立たぬくらい疲労しつくしていた。だが、あのとき陽に灼かれながら成熟した麦というものをこの肉体の労苦を通して相手にした経験は、いまもわたしのなかに、まちがいのない生命の充実の感じをともなって残っているような気がする。その感覚が、あの「麦刈り」の、何も彼も放りだしてでんと休んでいる男や女に共感をよせる。(A)あれは十九歳の自分たちの姿でもあった。

マディソン・スクウェアガーデンのわたしの宿のまん前には、道路を距《へだ》てて、建物を取壊した跡地が駐車場になっていた。取壊しであらわになった壁いっぱいに、黄と緑と赤とでサイケデリック*な模様が描いてあり、駐車場には車が前後三十センチくらいの間隔でびっしり詰めこまれていた。若い男が一人、次から次へ前の車を出しては別の列につめかえ、あのなんとかゲームのように、大きな車を順繰りに巧みに扱って、とうとう奥の一台を道路に引き出し、お客にわたしたとき、わたしは思わず四階の窓で感嘆の声をあげずにいられなかった。男の運転技術は神業のようだった。しかし、それと同時に、それにもかかわらず(B)彼の神技的労働を、おそろしくむだな、ばかばかしいものに感じないわけにいかなかった。これが一体労働と言えるだろうか、と。

するとと、わたしの連想はまたあの黄褐色の絵に帰っていく、あすこにはなにか労働以上のものがあったわけだ、と。労働とその(エ)ほうしゅう、所有関係を越えるなにか――むろんそれは自然のなかの人間の生に関わるもの――があって、だから画家はああいう自足しきった姿を描いたのだろうか、と。画家はほとんどこう言っているように見える、絵画芸術は現実のあるがままの人間の生を正しく描けさえすればそれでいいのだ、絵の価値をきめるのはそこに描かれたものの真実性だ、それは描かれたものが決めるだろう、愚かな者も、醜い者も、ずるい者も、存在はすべてあるがままに全肯定されているではないか、それを正しく描き出す以外に芸術の用はない、と。事実ブリューゲルは、いわゆる美のための美を追求する絵など一枚も描かなかった。

(C)この考えはわたしを慄然とさせた。それはほとんど「言語と精神」の世界の自律性そのものを否認するように聞えたからである。「微笑しつつ無意識な無言の人生に君臨している、精神と言語の力」*など(オ)めいもうだったというのだろうか。絵の世界と同じく、言葉の世界も、書かれた現実自体のがわの批評によって初めてその規律と価値を得ることができるのであって、決してその逆、つまり作品の自律的価値のためにではないのではないか。すると、とわたしはまた始まった駐車場のゲームめいた空しい入替え作業に目をやりながら思う、言葉や形象や色彩や音の世界が第二の現実となることはありえないのか、それらはつねに一義的に生の現実のなかからだけその生命と存在理由を獲得することができるものであって、言葉の伝統だけで成立つ世界、絵画作品の歴史だけで成立つ世界などありえないのか、と。すると作品とは一体現実にたいしてどういうものとしてあるのだろう。

ぎりぎりの最後に現われる現実とはExistenz*だけかもしれんな、とわたしは思った。鉄の手でひっ摑《つか》まえるようにして投込まれた兵営での生存の感じが思い出された。「麦刈り」の絵はしかし現実の模写ではない。いかにもリアルであるが、これは写生的リアリズムではなくて、彼が民衆の肉体と精神においてこれぞ真実の姿と見極めた精髄の形象化、従って様式化されたリアリズム、いわば彼の見た生の実相の表現といったものだろう。彼の絵のなかには民衆の生存の実相が表現されきっているが、それを表現しえたのはブリューゲルという画家だ。あれは、ちょうどシェイクスピアの世界が民衆の生の実相にたいし完全に開かれていながら、彼自身の精神によって統一されているように、ブリューゲルという思想によってだけ統一されている。あそこに描かれた人物たちは、個体でありながら個を超えたもの、いわば個体の、個体の普遍的な表現となっている、ちょうど彼の自然が写生そのものでなく、普遍的な世界風景であるように。するとあの絵は現実にたいしてどういう関わりで存在しているのだろうか。

抽象的な世界に逃れなければ生きてこられなかったのだろうか、という反省が初めて浮かんだのはそのときである。この画家は現実そのものをしっかりとその手で摑んでいた。彼の天才的な形象把持能力のなかで、岩塊や樹木や丘々と同じように、生きるすべての人間はおどろくべき鮮やかさでつねに彼のなかにひしめき、動き、生き、表現を求め、そして画家にとってはそれを画面の上に再創造することが彼自身の生となったことであろう。しかし抽象的な観念世界の生は、「暗い花ざかりの森」＊はうんでも、(D)そういう現実との幸福な関係はうみえなかった。

（中野孝次『ブリューゲルへの旅』より。一部省略）

注（＊）当時のそんな精神状態＝一九四四年、十九歳の筆者は、戦時下の現実から目をそむけるために、西洋的教養主義を志向し、抽象的観念性を養っていた。

マッス＝絵画において、画面の中の相当量の色や光や影などのまとまりのこと。

ブリューゲル＝十六世紀フランドル派最大の画家。農民を多く描いたため「農民ブリューゲル」の異名がある。「麦刈り」、「怠け者の天国」、「夏」などはその作品である。

サイケデリック＝幻覚状態を想起させる極彩色の絵やデザインや音楽を形容することば。

「微笑しつつ……」＝十九歳の筆者が絶望的な熱い思い入れで読んだトーマス・マンの小説『トニオ・クレーゲル』からの引用。

Existenz＝ドイツ語で、生存、生活、現実的・個別的存在の意。

「暗い花ざかりの森」＝野間宏の小説『暗い絵』による。この表現は、一九三七年、左翼運動弾圧下にあった青年たちの非現実的で観念的な生き方を表している。

問一　傍線部(ア)〜(オ)のひらがなを漢字に改めよ。

問二　傍線部(A)はどのようなことを言っているのか、説明せよ。
解答欄：一四・〇㎝×三行

問三　傍線部(B)のように筆者が感じたのはなぜか、説明せよ。
解答欄：一四・〇㎝×四行

問四　傍線部(C)について、「この考えはわたしを慄然とさせた」のはなぜか、説明せよ。（文系のみの出題）
解答欄：一四・〇㎝×四行

問五　傍線部(D)について、ブリューゲルにおける「現実との幸福な関係」とはどのようなものか、説明せよ。
解答欄：一四・〇㎝×五行

二〇一三年度　文系

二

次の文を読んで、後の問に答えよ。

箱根熱海は二時間の電車だし、宿には手拭《てぬぐひ》も歯みがきもポマードさへも揃へてあるのだから、何でもなくふらつと出かけて、また何でもなくふらつと帰つて来る。旅といふ気など少しもしない。

それでも、そのふらつと行つてふらつと帰るあるときには、これはやはりただの途《みち》ではなくて旅の途なのだなあ、といふ感傷が出ることもある。むかしは旅といふことばには哀感のやうなものが漂つてゐた、そして熱海箱根はたとへ一二泊であつてもはつきり旅であつた。むかしと云ふけれどそれはごく近いむかしのことなので、その頃すでに熱海へ二時間あるいは二時間半は別に驚く速さといふのではなかつたにもかかはらず、熱海湯河原は旅であつた。うちの閾《しきゐ》を跨《また》いで出るまでのざわめき、乗りもののなかでは先へ向ふ心と何がな後《あと》へ残る気とが入りまじる。そして帰りは宿の女中衆に送られて出ると少し残り惜しくて、大部分の気もちはなんだか元気で家へ向いてゐる。そのために途中はもどかしく、また遊んだあとの巻きあげきれない怠《おこた》りもある。(1)気もちといふ持物の目方が軽くなつたり重くなつたり変動がはげしく、変動の都度もやもやと哀感がこめてくる、といつたものが旅だつた。いまは外国かなにかへ行くのでない限り、そんなことを云つてゐる人はない。第一たびだなんて云ふ人はないのである、旅行だ。そして旅行は気軽身軽にできるやうになつてきて、女たちは旅がへりの人の迎へかたにそんなに気をつかはなくても済むやうになつたとおもふ。「おまへは毎日の家事はまあとにかく間に合せて行くやうだが、旅がへりの受けかたはなつてゐない」といやな顔をされたことなど、それこそ大昔の物語になつたのだが、快適二時間の温泉電車でふと旅だなあなどと感じるとき、きまつてこのことを想ひだして、自分も年をとつたと歎かれる。旅がへりをよく迎へてもらひたい気はしきりである。

　かつて私は苦い顔をしてゐる父親に、「文子は旅なんて遊んだことないんですもの、旅がへりの感なんてわかりはしないわ。わからないことをしろつて云つても無理よ」とやりかへした。その後父親と旅をした。旅がへりを迎へ出る家人のやりかたなどまるで忘れてゐて、自分の感傷いつぱいに浸つて帰つて来、横浜を出て車窓に大森駅を見たら云ひやうのない懐しさになつてしまひ、品川新橋と来てもう往きの途より興奮して、うちの玄関へはひつたのだが、うちはなんとびしよつと不景気で不愉快なものに見えたか。意気込んで帰つて来ても、さてすわる場処のないやうな手持ち無沙汰な、しよげたものだつた。はじめて行つた宿屋の部屋はつんとしてゐたが、来た人のすわり場処はおのづからきまつてゐる感じだつたのに、住みなれたわが家にわが座蒲団は敷いてあつても、上機嫌にどさつと膝をつく気には遠い座蒲団だつた。しかもそれは行くまへまでは親しいすわり場処であり、(2)帰つたいまも行くまへと寸分ちがはぬ部屋のなか、ものの位置なのに！　旅がへりのものははじかれてゐるやうな気がさせられたのだつた。思はず父の顔を窺つた。(3)待つてゐた眼で父親はにやりとした、もう平然としてその自分の座蒲団の自分の位置にすわつて煙草をのんでゐる父だつた。心に改まるものを抱いて私は畳へすわり、旅の礼を云ひ、母には留守の手間をかけたことを挨拶した。寂しかつた。旅がへりの受けかたがなつてゐないと苦い顔をした父の心中は、わかり過ぎるほどわかつた。出て行つたときのままにただ掃除しただ整頓したといふのでは、旅がへりを迎へるにははなはだしく不足であつた。宿とうちとを較べ、特別な金をかけず、何に特別な気をつかつたら、宿の上を行くもてなしができるか捜すことが眼目だつた。負けない気で捜した。捜せばあるものだつた。

　座蒲団とお茶だつた。宿はいい座蒲団をつかつてゐるのが普通だ。古びてゐないのをつかつてゐる。でも留守のあひだに洗濯してこしらへ直しておいて、帰つて来る今そこへ出して敷いておいたといふ座蒲団ではない。宿は、客を見れば相当なお茶をいれかへて出す。が、例外なく緑茶である。緑茶は高価でもありうまみも結構だが、それにばかり気をつかつて、食後の番茶への関心は至つてかいなでの一ト通りだつた。部屋の火鉢でさらさらと焙《はう》じてしゆつと湯をさして、匂ひのたつたのを汲んで出すことはしない。番茶の手際といふもののないのが宿であると思ふ。(4)私はそれで安心した。

　そのつぎの父の旅のとき、私はもちろん留守を守つて待つてゐた。父はなんとも云はず座蒲団へあぐらになつた。私はていねいに番茶を焙じてしゆつといはせた。黙つて飲んでからにした。それでも私は父が承知してゐるなと思つた。褒《ほ》めてくれないから、まだこれでは足りないのだらうと思つたが、ずつとのちに、座蒲団と番茶を捜すにはちよつと考へたと云つたら、(5)「そんなのバカだあな。しよつちゆう住んでるうちのなかのことだもの、よくするのはあたりまへだ。考へたなんて口幅つたいこと云へるもんぢやないぞ」とけなされた。

　このごろ私は出かけて帰つて来るとき、きつと玄関へはひらないさきから、娘やお手伝ひさんのしておく迎へじたくを、一ツも残さず見つけて犒《ねぎら》はうとして、捜しまなこになるのである。

（幸田文「旅がへり」〈昭和三十二年〉より）

問一　傍線部(1)はどのようなことを言っているのか、説明せよ。　解答欄：一四・〇㎝×三行

問二　傍線部(2)はどのようなことを言っているのか、説明せよ。　解答欄：一四・〇㎝×四行

問三　傍線部(3)について、「父親」はなぜ「にやりとした」のか、説明せよ。　解答欄：一四・〇㎝×四行

問四　傍線部(4)について、「私」はなぜ「安心」したのか、説明せよ。　解答欄：一四・〇㎝×四行

問五　「私」は、傍線部(5)の「父」の発言をどのように受け止めているか、波線部「私は父が承知してゐるなと思つ

た」を踏まえて説明せよ。

解答欄：一四・〇㎝×五行

二〇一三年度 理系

二

次の文を読んで、後の問に答えよ。

たとえば、夜道を歩いていると前方に巨大な影が動いていたとする。よく見ると柳が風に揺れているのである。しかしそれは単なる柳というより、何か生き物のような不気味さを感じさせる。私はその物の辞典上の名前が「柳」であることを知っている。しかしそれを「柳がある」と述べるだけでは自分の今の「感じ」にてらして何やら不正確に思う。植物を分類するためなら、私はためらいなく「柳」と言うだろう。しかしいま私に不気味な感じを与えているこのもののありようは、それでは伝えられない。そこで適切な言葉を探したあげく、(あまり適切ではないが)「お化けのような柳がある」とか「そこにお化けがいる」とか言うことになる。つまり「柳」を「お化け」に見立てるわけである。この例から何が見てとれるだろうか。

第一に、「見立て」は言葉になって初めて生じたものであって、私にもともとあったのは言葉以前のある不気味な存在だ、ということである。「見立て」は言語化のための苦しまぎれの方便なのである。ということは、「見立て」の言葉が語られているとき、私は〈柳〉を〈お化け〉と間違えているわけではなく、むしろ違うことを承知で〈柳〉を〈お化け〉として見るふりをしているのである。というのも、「お化け」という言葉が、私の見ているものを言い表すのに最も正確だと思えたからである。だから(1)見立ては、私の経験の中身ではなく、言語表現のための演技なのである。

第二に、(2)このような「見立て」としての言表は、既成の言語規則に対する不信、少なくともその不便の証拠である。そしてこの場合言語規則とは、ある物についていかなる名称を与えるかという規則のことであるから、認識の規則と言って差し支えない。規則に従えば、私は〈それ〉を「柳」と種《しゅ》の名称で呼ぶことができる。その上位クラス（類）である「木」と呼ぶこともできる。もちろん「植物」と呼ぶこともできる。これは博物学的な分類基準によるものである。（その他、様態や用途に応じて「植木」とか「並木」とかいろいろあるだろう。）ただし「猫」とか「動物」と言えば、これは「カテゴリー間違い」とされる。つまり物の分類が規則に外れているというわけである。確かに通常の会話でこの規則に従わなければ、私たちは大いに不便をきたすだろう。私たちは、認識のための分類規則を共有しているからこそ、何事かの認識を言葉によって伝えうるのであって、これが混乱すれば「今朝猫が芽吹いてね」といったわけのわからない話になる。しかし、私がただ「柳がある」と言うことをためらったのは、この分類によって得られる認識は今私が「言いたいこと」と関わりがないと思えたからである。私の語ろうとした〈私の経験〉は、ある異様なものが目の前に立ち現れたということであり、そのモノが博物学上いかなる分類をうけているかは、とりあえずはどうでもよいことなのである。この時「言いたいこと」は一種の認識であると言っても差し支えないであろうが、それは〈柳であって松ではない〉といった種類の認識ではないのである。

従って問題は分類の基準に関わるだろう。博物学的分類の基準は、物の客観的特徴である。厳密には遺伝子ということになろうが、一応物の外形上ないし機能上の特徴による分類であると言ってよい。この分類に従って語ることは、「何」について語っているかを容易に相手に了解させるので通常は便利である。しかし私が今語りたい〈それ〉は、どのような客観的特徴をもつかが問題なのではない。問題なのはそれが私に与えている主観的な印象であり、必要なのはそのような印象を持つものとしての〈それ〉を表す言葉である。「柳」という命名は〈それ〉に博物学的な意味を与える。しかし私は〈それ〉に別の分類基準による意味を与えたいと思う。私は〈それ〉に対し命名をやり直さなければならない。つまり、世の中の〈もの〉たちを不気味なものとそうでないものに分類しなおし、さまざまの〈不気味なもの〉（種）を集めたグループ〈不気味なもの一般〉（類）に名前を与えなければならないのである。この新しい〈類〉についてはもちろん既成の名前はない。しかし、この〈類〉に含まれる他の〈種〉の中には既に名前のある場合がある。

その一つが「お化け」である。そこでわたしは「お化け」という名前を借りてくる。つまり〈それ〉を、新しい〈類〉の名前で呼ぶかわりに、「お化け」と呼ぶのである。

（尼ヶ崎彬『日本のレトリック』より）

問一　傍線部(1)において、「演技」とはどういうことか、説明せよ。

解答欄：一四・〇㎝×三行

問二　傍線部(2)はどういうことか、説明せよ。

解答欄：一四・〇㎝×三行

問三　最後の段落の「〈それ〉」とはどのようなものか、「分類の基準」と関わらせて説明せよ。

解答欄：一四・〇㎝×三行

二〇一二年度　文理共通

一

次の文は尾崎一雄の私小説の一部である。これを読んで、後の問に答えよ。

「圭ちゃん来年の夏休み、お父ちゃんと二人で、国府津《こうづ》の海へ行くんだ」
「ああ、いくとも。大磯へも、小田原へもいくよ、圭ちゃんと二人で」
「うれしいな」二女は、眠っているときにしばしば見せる、あの夢のような笑顔をする。父親と二人で国府津の海岸へ行く、という何の変哲もない空想が、どうしてこの幼女をこんなに仕合せにするのだろう。あるいは、幼女の、病む父親にかけるあらゆる夢と希望とが、こんな変哲もないことに凝結されている、とでもいうのだろうか。

(1)ああ、これは、がんじがらめだ、死ぬにも死ねないというが、ほんとだな、と緒方は肚《はら》で溜息《ためいき》をつく。一方彼は、自分の例の雄雞《おんどり》気分が多分にくすぐられることを意識する。彼は、まんざらでもなくなり、よろしい治ってやる、治ってやらないまでも、むやみと死んだりはしないから安心したまえ、と、多分隣りの雄雞に似ているだろう気負った目つきになるのだった。

実は、緒方が、以前よりもどこかものやわらかな男になったことには、もう一つ大きな原因がある。それは、彼が、自分の中に、(2)誰にものぞかせない小さな部屋のようなものをつくっている、という自覚にある。

毎日顔をつき合わせ、話をし、顔つきだけでも相手の気持が大体判《わか》る、という家族の者も、緒方がそんな秘密の部屋を持っているとは知らない。恐らく彼らには、緒方がそれを隠そうとしなくても、その存在に気がつくことはないだろう。何故なら、それは彼らに何のかかわりもなく、見たことも聞いたこともなく、考えたこともないだろうものだからだ。

とはいっても、それは別にこみ入った話ではない。緒方のような境遇にある者なら、誰でも直ぐに了解するだろうことがらである。つまり、自分というものは何で生れて来たのか、何故生き、そうして何故死ぬのか、ということ、また、それを考えることによってあとからあとからと湧き出す種々雑多な疑問に何かの答を得ようとあせること、大体それに尽きるのである。そのことについて積み重ねられた多くの考えは、大昔から現在まで、その重みに堪えぬほどで、人間の全努力はそこに向って集中されているかに見える。宗教、哲学、科学、芸術の巨大な集積は、すべてそこへの登路《のぼりみち》と思われる。緒方もいつとなくそういうふうに教えられ、そういうものなんだろう、と思ってはいた。しかし、今の緒方から見ると、それは他人事《ひとごと》であった。

凡人のつねとして、緒方は、つねられて見なければ、痛さは判らぬのである。その上、自分でつねるのは余り好まない。文字や言葉の上では一応判り、時には自分でもそんな文字や言葉を吐き散らすこともないのではなかったが、ただそれだけのことに過ぎなかった。ちっとも身にしみてはいなかった。

自分が病気になり、どう考えても余り長い命でない、という事実にぶち当ったとき、緒方は始めて、痛い、と感じた。(3)彼には、判り切ったことが判り切ったことでなくなった。素通りして来たものを、改めて見直すと、ひどく新鮮であった。ありふれたあたりのものも、心をとめて見ると、みんなただものではなくなった。彼は自分の中の部屋に引きこもって、それらを丹念に嚙《か》みくだき始めたのである。そういう時の彼は、自分だけであり、目先にちらつく家族は、心につながる何物でもなかった。

自分のこんな状態を、家族たちの誰に話そうと、まるで無益なことを彼は知っている。これら天真らんまんな、若い、生命《いのち》に充ち溢《あふ》れた人間たちに、それが通じようはずはない。通じないのが当然だし、通じるのは間違いなのだ。彼らは、その生命の溢れるままに、泣き、笑い、歌っていなければいけない。緒方のような衰頽者《すいたいしゃ》の、夕暮れの思考は、彼らにとっては毒汁でしかないだろう。やがて彼らにも、避けがたい薄暮がおとずれるだろうが、それはその時のことでいいのである。

だから緒方は、何気ない顔で、彼らとのつき合いをつづけている。顔をつき合せ、話のやりとりもそつがないのに、頭はまるで相手とかかわりない思考にとらわれている自分を、緒方は、惨酷な、冷たい奴と思う。しかし、自分のいのちについて、自分が考えずに、いったい誰が考えてくれるだろう。これは、病気を看護し、献身的努力で自分の生命を救ってくれ、あるいは生きのびさせてくれる、というようなこととは、（それは感謝すべきことであり、好ましいことでもあるが、しかし）全く別の話なのだ、――そう思う。緒方は、いのち、あるいは生というものについて、納得したいのだ、ただそれだけの、至極簡単なことなのだ。そしてそれは、自分で納得するより外《ほか》、仕方がない。そのこととは、ただ一人でしか向き合うことが出来ず、その作業はただ一人でしか出来ない。

せんだって、ある若い文学批評家から私信が来て、その端《はし》に、「赤ん坊ギャアギャア、女房プリプリ、雑事は山積で、このところ出家遁世《とんせい》を思うや切なるものがあります」とあった。緒方は「出家遁世ぐらい、家の中にいても出来ますから、試しにやってごらんなさい」と返事の中に書いた。何の気なしに書いたのだが、あとで、これは、と思ったのである。(4)どうも緒方の状態には、そういえなくもない節がある。勿論《もちろん》、緒方は東洋流の、無常感、諦観の上にあぐらをかいているのではない。若《も》しそうなら、彼は、文章など一行も書きはしないだろう。書く必要がないだろう。彼には、未だ野心と色気が残っている。

ただ、こっそりと自分だけの部屋を用意し、閑《ひま》さえあれば（彼は、大体、普通の意味では閑人である）家族と離れてそこへもぐり込もうとする、どうやらこれは、一種の出家遁世かも知れない。

「寝ていて出家遁世出来る法、か。(5)俺の雄雞精神も、影がうすくなった」

隣の雞小屋では、また卵を生んだらしい。あの雄雞の元気には、とても及ばない。いささかも遅疑逡巡《しゅんじゅん》するところない、あの気負い方はどうだ。あれは立派で、堂々としている。あれを、したり顔に、滑稽だ、などと見るのは、引かれ者の小唄かも知れない。俺も、いや俺は、癇癪《かんしゃく》を起さず、凝《じ》っと持ちこたえて行こう。堪え、忍び、時が早かろうと遅かろうと、そこまで静かに持ちこたえてゆく、——それが俺のやるべきことらしい、などと緒方は考えつづけた。

（尾崎一雄「痩せた雄雞」より）

問一　傍線部（1）のように緒方が感じるのはなぜか、説明せよ。　解答欄：一四・〇㎝×三行

問二　傍線部（2）はどのようなものか、説明せよ。　解答欄：一四・〇㎝×三行

問三　傍線部（3）はどのような事態を意味するのか、説明せよ。　解答欄：一四・〇㎝×五行

問四　傍線部（4）のように緒方が考えるのはなぜか、説明せよ。（文系のみの出題）　解答欄：一四・〇㎝×五行

問五　傍線部（5）はどのようなものか、本文全体を踏まえて説明せよ。　解答欄：一四・〇㎝×四行

二〇一二年度　文系

㊁

次の文を読んで、後の問に答えよ。

小説の文章を他の文章から区別する特徴は、小説のもつ独特の文章ではない。なぜなら小説に独特な文章というものは存在しないからである。

「雨が降った」ことを「雨が降った」と表わすことは我々の日常の言葉も小説も同じことで、「悲しい雨が降った」なぞということが小説の文章ではない。

勿論《もちろん》雨が「激しく」降ったとか「ポツポツ」降ったとか言わなければならない時もある。併《しか》し小説の場合には、雨の降ったことが独立して意味を持つことはまず絶対にないのであって、何よりも大切なことは、小説全体の効果から考えて雨の降ったことを書く必要があったか、なかったか、ということである。

小説の文章は必要以外のことを書いてはならない。それは無用を通りこして小説を殺してしまうからである。そして、必要の事柄のみを選定するところに小説の文章の第一の鍵がある。

即《すなわ》ち小説の文章は、表現された文章よりもその文章をあやつる作者の意慾《いよく》により以上重大な秘密がある。作家の意慾は表面の文章に働く前に、その取捨選択に働くことが更に重大なのだ。小説の文章は創作にも批判にも先《ま》ず第一に此《こ》の(1)隠れた意慾に目を据えなければならない。

愚劣な小説ほど浅薄な根柢《こんてい》から取捨選択され一のことに十の紙数を費《ついや》すに拘《かかわ》らず、なお一の核心を言い得ないものである。それにひきかえ傑作の文章は高い精神によって深い根柢から言い当てられたもので、常にそれなくしてはありえなかったものである。

前述のように、まず意欲が働いてのち、つづいて表現が問題となる。

一般の文章ならば、最も適切に分り易く表わすことが表現の要諦である。この点小説の文章も変りはない。併しながら(2)小説には更に別の重大な要求があるために、必ずしも適切に分り易くのみ書くわけにいかない。

即ち、作家はAなる一文章を表現するに当って、Aを表現する意欲と同時に、小説全体の表現に就《つい》ての意欲に動かされている。Aに働く意欲は当面の意欲には違いないが、実は小説全体に働く意欲の支流のようなものである。従而《したがって》、Aなる文章はAとして存在すると同時に、小説全体のための効果からAとして存在する必要にせまられる。つまりAとして直接の効果をねらうと共に、Aとして間接の効果をねらっている。のみならず、単に間接の効果のためにのみ書かれる文章もあるのである。

そのために、文章を故意に歪《ゆが》めること、重複すること、略すこと、誇張すること、さらには、ある意図のもとに故意に無駄をすることさえ必要となってくる。ことに近代文学に於《お》いて、文学が知性的になり、探求の精神が働くに順《したが》い、こういう歪められた文章も時には絶対に必要とされる場合も起るのである。

併し文章を故意に晦渋《かいじゅう》にするのも、畢竟《ひっきょう》するに、文章を晦渋にしたために小説の効果をあげ、ひいては小説全体として逆に明快簡潔ならしめうるからに他ならない。単に晦渋のために晦渋を選ぶことではないのである。

要するに小説は明快適切でなければならないものであるが、小説の主体を明快適切ならしめるためには、時として各個の文章は晦渋化を必要とされることもありうるのだ。そして描写に故意の歪みを要するところに——換言すれば、ある角度を通して眺め、表わすところに——小説の文章の特殊性もあるのである。

なぜなら、小説は事体をありのままに説明することではない。小説は描かれた作品のほかに別の実体があるわけのものではない。小説はそれ自体が創造された実体だからである。そこから小説の文章の特殊性も生まれてくる。次にそのことを詳述しよう。

(3)我々の平素の言葉は「代用」の具に供されるものである。かりに我々が一つの風景を人に伝えようとする。本来ならその風景を目のあたり見せるに越したことはないが、その便利がないために言葉をかりて説明するものである。従而、言葉を代用して説明するよりも、一葉の写真を示す方が一層適切であろうし、出来うべくんば実際の風景を観賞せしめるに越したことはない。

だが、このような説明がいかほど真にせまり、かつ美辞麗句をもって綴《つづ》られるにせよ、これを芸術と呼ぶことはできない。なぜなら実物を見せる方がより本物だからである。

芸術は、描かれたものの他に別の実物があってはならない。芸術は創造だから。

単に現実をありのまま描くことなら、風景の描写には一葉の写真をはさみ、音の描写には音譜をはさむことが適切であろうが、それにせよ現実そのものの前では全く意味をなさない死物と化す他はない。芸術の上では、写実といえども決して現実をありのままに写すことではないのである。

偉大な写実家は偉大な幻想家でなければならないとモオパッサンはその小説論に言っている。一見奇矯《ききょう》なこの言葉も、実は極めて当然な次の理由によるのである。

作家が全てを語ることは不可能である。我々の生活を満《み》たしている無数のつまらぬ出来事を一々列挙するとせば、毎日少くも一巻を要すであろう。

そこで選択が必要となる。そして、これだけの理由でも「全き真実」「全き写真」ということは意味をなさなくなるのである。

それゆえ最も完全な写実主義ですら彼が芸術家である限り、人生の写真を我々に示そうとはしないで、現実そのものよりももっと完全な、もっと迫るような、もっと納得の出来るような人生の幻影を我々に与えるように努めるであろう。

つまり完全な幻影を与えることこそ勝《すぐ》れた写実家の仕事なのだ。

のみならず、世に現実が実在すると信ずることは間違いである。なぜなら各人の感覚も理性も同一のものを同一に受《う》け納《い》れはしないから。Aにとって美であるものがBにとって醜であることは常にありうることだ。その意味では各人にめいめいの真実があるわけだが、不変の現実というものはない。即ち我々はめいめい自分の幻像を持っているのである。そして芸術家とは、彼が学んだそして自由に駆使することのできる芸術上のあらゆる手法をもって、この幻影を再現する人である。けれども、Aの幻影がBに納得されるには甚《はなは》だしい困難がある。単なる説明や一人合点の誇張では不可能である。そこに芸術の甚だ困難な技術がいる。つまり(4)芸術家とは自己の幻影を他人に強うることのできる人である。

かように最も写実的な作家ですら、単なる説明家、写実家でないことを了解されたであろう。のみならず芸術家をして創作にからしめる彼の幻影といえども幻影として実在するものではなくて、描かれてのち、描かれたものとしてはじめて実在することができるのである。

(坂口安吾「意欲的創作文章の形式と方法」より)

問一　傍線部(1)「隠れた意欲」とはどういう意欲か、説明せよ。
解答欄：一四・〇㎝×二行

問二　傍線部(2)はどういうことか、簡潔に説明せよ。
解答欄：一四・〇㎝×三行

問三　傍線部(3)はどういうことか、説明せよ。
解答欄：一四・〇㎝×三行

問四　傍線部(4)について、筆者は芸術家をどのような人であると考えているか、わかりやすく説明せよ。
解答欄：一四・〇㎝×五行

問五　波線部について、「小説はそれ自体が創造された実体だからである」とはどういうことか、わかりやすく説明せよ。

解答欄：一四・〇㎝×五行

二〇一二年度 理系

二

次の文は、ロシア語の通訳、米原万里のエッセイの一部である。これを読んで、後の問に答えよ。

通訳の使命は究極のところ、異なる文化圏の人たちを仲介し、意思疎通を成立させることに尽きる以上、両方がいかなる文脈を背景にしているかを事前に、そして通訳の最中も可能な限り把握し、必要ならば字句の上では表現されていない、その目に見えない文脈を補ってあげねばならない。

しかしながら、それは極度に狭められた時間的制約の中で行われることを常とする。

「この人タヌキで、あなたはキツネ、わたしはウナギ」

という文章が仮にあったとして、翻訳ならば、タヌキ、キツネ、ウナギを字句通り訳したうえで、これだけでは、せいぜい、

「人形劇の配役でも決めている場面だろう」

と解釈されてしまう危険があるので、それぞれに注をつけて、日本の店屋物料理に関するウンチクを傾けた説明訳をくどくどとやってもかまわない。通訳も、時間的余裕の許す限り、それをやる。

だが、大方の通訳現場で、それは絵に描いた餅である。最近のロシアの改革に関する会議で、日本側の著名な学者が、

「今のロシアの改革の到達レベルは、大政奉還は済んだけれど、廃藩置県はまだ終わってないというところですかな、ハハハハハ」

と発言して、(1)同時通訳ブースにいた私は往生した経験がある。

同時通訳ならば、原発言者がしゃべっている時間がすなわち通訳に与えられた時間であるし、逐次通訳の場合は、理想的な通訳時間は原発言が使った時間の八〇%といわれているのだ。原発言に要した時間を一〇〇%としたとき、通訳は、その中で伝えたいと思っている情報を余すところなく伝えながら、時間的には八〇%が理想的。ぎりぎり許されるとしても同じ一〇〇%。通訳が一五〇%、二〇〇%も、つまり原発言の二倍もしゃべることは、許されない。といっても、現実には、原発言の三倍も四倍もしゃべる通訳はいる。ただし、次回から声がかからなくなるだけである。

しかも、そもそも「ん」以外には、子音が母音なしで存在し得ない日本語は、外国語をそのまま訳すと、むやみやたらと時間がかかる。翻訳書を黙読する限りは、あまり意識しないことだが、欧米の戯曲を翻訳したものを、そのまま舞台にのせると、二倍から三倍オリジナルより時間を喰《く》うというではないか。

漢字の音読み言葉にすると、情報量の多い割に、時間的嵩《かさ》がコンパクトになる利点があるが、耳から聞いたとき、音読み言葉は伝わりにくい。通訳にとっては、聞き手に伝わり理解されてこそ使命は完遂するのだから、どうしても耳から聞いて分かりやすい大和ことば系の表現を多用しがちになる。

というわけで、(2)まさに前門の虎、後門の狼。虎は、

「異文化間の溝を埋めよ、文脈を添付せよ」

と眼を光らせているし、狼は、

「極力、訳出時間を短縮せよ」

と容赦なく迫ってくる。虎の要求にそおうとすると、時間を喰い、狼のいうとおりにすると、文脈を添える余裕がなくなる。

十三年前、初めて同時通訳の仕事を引き受けたときのこと。いざ本番に入ると、どうしても発言者のスピードに訳がついていけない。

「こんなことは不可能だ」

と思い、気がつくと、私はヘッドフォンをはずして、同時通訳ブースを飛び出してしまっていた。

師匠の徳永氏が追いかけてきて、ポンと肩をたたくと、

「万里ちゃん、全部訳そうと思うから大変なんだ。分かるところだけ訳していけばいいんだよ」

と言ってくれた。

「そうか、全部訳さなくてもいいのだ。それに、そもそも分かるところしか訳せないのは、アッタリマエではないか」

とすっかり肝っ玉が据わってしまった私は、その日、経験豊かな二人の先輩に支えられながら、なんとか無事に通訳を終えることができた。

徳永師匠には、今まで私の角膜あたりに張りついた鱗《うろこ》をずいぶん取り払っていただいたが、(3)この時の戒めには、とくに感謝している。というのも、私はかなり語り口がスローモーで、つまり時間単位あたりの言葉の量がもともと少ない、その意味では通訳に向かないタイプなのである。大は小を兼ねるという。スピードの速い人は、ペースを落とすこともできるが、私のように遅い者が、ペースをあげるのは不可能なのだ。

要するに、残る手段は、省略。余分な言葉を極力排除する以外にない。しかも言葉の量は少なくとも、情報量は減らさないこと。では、一体何が省略可能で、何を省略してはいけないか。どうでもいい枝葉末節にこだわって、大事な情報を落としてしまうような省略では困る。


（米原万里「前門の虎、後門の狼」より。一部省略）

問一　傍線部(1)について、「日本側の著名な学者」の発言によって、なぜそのような状態になったのか、説明せよ。

解答欄：一四・〇cm×四行

問二　傍線部(2)について、筆者はこの状況に対処するにはどうしたらよいと言っているのか、説明せよ。

解答欄：一四・〇cm×四行

問三　傍線部(3)について、その理由を説明せよ。

解答欄：一四・〇cm×五行

二〇一一年度　文理共通

一

次の文を読んで、後の問に答えよ。

「おまえはじぶんが生きなければならないように生きるがいい」という言葉が、好きだ。ロシア革命直前のモスクワの貧民街に生きる人びとの真実を生き生きとえがきだしたロシアの作家レオニード・レオーノフの最初の長篇『穴熊』の第一部にでてくる、名もない老帽子屋がポツンと呟《つぶや》く印象的な言葉だ。

この帽子屋は、生涯一日に一個の帽子をつくりつづけてきた。「おれはもう老いぼれだ、どこへゆくところがあろう？　慈恵院へも入れちゃくれねえ……おら血も流さなきゃ、祖国を救いもしなかったからなあ。しかも目の奴あ――畜生め――針を手にとりあげてみても、(1)針もみえねえ……糸もみえねえ。だからさ、な、若えの、おら役にもたたぬところをいつも無駄に縫ってるんだ……ただこの手、手だけがおれを欺《だま》さねえんだ……」

そして帽子屋は、レーニンの軍隊がクレムリン砲撃をはじめる前日のきびしく冷めたい真夜中に「ふるくなった帽子のように」誰にも知られず、石造の粗末なアパートの隅でひっそりと死んでゆく。

ポーランドの小さな町オシフィエンツムからはじめた、失われた時代の、失われた人びととの、失われた言葉へのひとりの旅をつづけるあいだ、いつもわたしの胸の底にあったのは、若いレオーノフが感傷をまじえずに書きこんだ、その無名のロシアの帽子屋の生きかたの肖像だった。この帽子屋の生死には、(2)生きることをじぶんに引きうけた人間に特有の自恃《じじ》と孤独が、分かちがたくまざっていた。その「じぶんが生きなければならないように生きる」一個の生きかたこそ、わたしたちがいま、ここに荷担すべき「生きる」という行為の母型なのだと、わたしにはおもえる。

生きることをじぶんにとっての〈生きるという手仕事〉として引きうけること——帽子屋の手は、かれがどんなに老いぼれて目がみえなくなってしまっていても、その仕事をいっしんに果たしつづけた。それは、かれの仕事が、ほんとうは日に一個ずつ帽子を完成することそれ自体にではなく、日に一個ずつ帽子をつくるというしかたで、その手をとおしておのれの〈生きるという手仕事〉をしとげてゆく、ということにあったからだった。生きるとは、そのようにして、日々のいとなみのうちにみずからの〈生きるという手仕事〉の意味を開いてゆくという、わたしの行為なのだ。

それがどんなにいかなる政治体制のもとに圧されて果たされる生であるようにみえ、また「血も流さなきゃ、祖国を救いもしない」生にみえようと、ひとがみずからの生を〈生きるという手仕事〉として引きうけ、果たしてゆくかぎり、そこにはけっして支配の論理によって組織され、正統化され、補完されえないわたしたちの〈生きるという手仕事〉の自由の根拠がある、というかんがえにわたしはたちたい。〈生きるという手仕事〉は、それがどんなにひっそりと実現されるものであろうと、権力の支配のしたにじっとかがむようにみえ、しかもどんな瞬間にもどこまでも権力の支配のうえをゆこうとするのだ。

一九三〇年代の日本をもっともよく生きた詩人のひとりだった伊東静雄は、敗戦後、復員してすぐ軍服のまますたずねてきた若い作家が、戦争中右翼的なことを強く主張し指導者面をしていた連中が早くもアメリカ仕込みの民主主義の指導者面をしていることにたいする不快感を述べると、人間はそれでいいのですよ、共産主義がさかんな時は共産主義化し、右翼がさかんな時は右翼化し、民主主義が栄えてくれば民主主義になるのが本当の庶民というもので、それだからいいのですと、その軍服姿を戦争中のいやな軍部の亡霊をみたように不快がって、若い作家をおどろかせた、といわれる。

その挿話はわたしにはとても印象的な記憶としてのこっているが、しかしこの伊東静雄のような「庶民」のとらえかたは、わたしにはまさに「本当の庶民」像の倒錯にすぎないようにおもわれた。わたしのかんがえは、ちがう。「本当の庶民」ということをいうならば、共産主義の時代がこようと右翼がさかんな時世がこようと民主主義の世の中がこようと、人びとはけっして「共産主義化」も「右翼化」も「民主主義化」もせず、みずからの人生を、いま、ここに〈生きるという手仕事〉として果たしてゆくにほかならないだろうからだ。

〈生きるという手仕事〉を果たすという生きかたは、だから、(3)そのときそのときの支配の言葉を販《ひさ》いで生きのびてゆく生きかたを、みずから阻んで生きるわたしの生きかたなのだ。

生きることをみずからの〈生きるという手仕事〉としてとらえかえすということは、ひとりのわたしを他の人びとのあいだで自律的につかみなおすこと、そうしてみずからの生きかたを、日々の布地に刺し子として、不断に刺縫いしてゆくということだ。『穴熊』の帽子屋のように一日一個ずつ帽子をつくってゆく行為でさえ、それが〈生きるという手仕事〉のいとなみを手離さなかったかぎりにおいて、その行為は意識的にせよ無意識にせよ、(4)社会の支配をささえるようにみえながら同時に社会の支配をみかえす無名の行為のひとつとして、社会の支配のついにおよばない自由を生きる本質をふかくそなえていたはずだ。

ある詩人が正確に書いたように、人の生はI was bornという受け身にはじまる。すなわち、ひとは偶然に生まれて、ほんとうに死ぬ存在である。こうした生のありようを、わたしたちは正しくうけいれるべきだ。なぜなら、それがわたしたちの歴史だからだ。

そうでなければ、なぜ一所懸命に、ひとは生きて、死ぬのか。いま、ここにじぶんが生きているという事実をまっすぐに引きうけることができないかぎり、わたしたちは、ほんとうに死ぬものとしてのじぶんをもみうしなってしまうだろう。「おまえはじぶんが生きなければならないように生きるがいい」という言葉が、好きだ。生きてゆくというのは、生のもつあいまいさ、貧しさ、複雑さを、つまりわたしたちの世界にはなにかしら欠けたものがあるという酸っぱいおもいを切りかえし、切りかえしして生きてゆくことであり、それは、一見どんな怯懦《きようだ》に、また迂遠《うえん》にみえようと、支配することをせずに、しかも支配の思想をこえる途《みち》をつつみもつひとりのわたしの生きかたをみずからの〈生きるという手仕事〉のうちにつらぬいてゆくことだ。

失われた時代の、失われた人びとの、失われた言葉への旅をとおして、わたしがじぶんの目とじぶんの足で確かめたかったのは、〈生きるという手仕事〉を自覚してじぶんに引きうけた人たちの生きかたが、わたしたちのいま、ここに遺《のこ》した未来だ。遺されたその未来にむけて、わたしは、「おまえはじぶんが生きなければならないように生きるがいい」というロシアの老帽子屋の言葉を、(5)「おまえは希望としての倫理によってではなく、事実を倫理として生きるすべをわがものとして、生きるようにせよ」というふうに、あらためていま、ここに読みかえることで、その言葉を、さらに今後に記憶しつづけてゆきたいのである。

（長田弘『失われた時代』より）

問一　傍線部(1)はどういうことをいっているのか、わかりやすく説明せよ。　解答欄：一四・〇cm×三行

問二　傍線部(2)を、帽子屋のいとなみに即してわかりやすく説明せよ。　解答欄：一四・〇cm×三行

問三　傍線部(3)をわかりやすく説明せよ。　解答欄：一四・〇cm×三行

問四　傍線部(4)のように帽子屋のいとなみをとらえることができるのはなぜか、その理由を述べよ。（文系のみの出題）　解答欄：一四・〇cm×五行

問五　傍線部(5)の「希望としての倫理によって」生きることと「事実を倫理として生きる」ことの違いをわかりやすく説明せよ。　解答欄：一四・〇cm×六行

二〇一一年度　文系

二

次の文を読んで、後の問に答えよ。

怪談を語る会を銀座能楽堂で開く。能と新劇、そして能の笛である能管による共演だ。能管は、死者の霊を招く笛である縄文の石笛を模したといわれるから怪談にはぴったりだ。

能も新劇も演劇と言われているが、新劇の俳優さんと一緒にやっていると、その類似点よりも相違点の多さに驚く。たとえば新劇の人は舞台が始まる数時間前から柔軟体操をしたり、気持ちを集中させたりと準備に余念がない。それに対して能楽師は舞台前に発声練習すらしない。(1)新劇の人は作品の解釈をしっかりするが能の方はあまりしない。一緒にやっていると自分がいい加減のようで心苦しいのだが、しかしこれは入門時の稽古自体から違っているのだから仕方がない。

謡を習ってみたいと稽古に通う。謡の声はかなり特殊だ。それなのに発声方法などは全く教えず、ただ真似して謡えという。ひどい話だ。

マネをする、これが能の稽古の基本で、稽古メソッドなどというものは特にない。それに対して近代演劇はさまざまなメソッドを生み出した。たとえばメソッド演技というものがある。悲しい場面の演技では、自分の体験の中から悲しい出来事を思い出す。これがうまくいくと本当に涙が流れたりする。すごい。

ただし、このメソッドには欠点が二つある。ひとつはその役者の人生経験が演技の質を左右してしまうということ。そしてもうひとつは、自分の人生経験以上の演技はできないということだ。

じゃあ能の稽古はどうかというと、過去の経験がどうのこうの以前に解釈すらほとんどしない。ただ型や謡を教わる。そしてやってみろと言われ、手が高いといってはピシッと打たれ、声が小さいといっては怒鳴られる。そんな稽古だ。稽古だけではない。本番の舞台で演じるときにも、解釈をしたり気持ちを入れたりはせずに、ただ稽古された通りの型を稽古された通りに忠実になぞる。

が、師伝の通りちゃんとできると、演者はともかくお客さんはそこに立ち上がってくる何ともいえない感情に心動かされる。「何ともいえない感情」というのは、そこに立ち上がってくるのが、(2)いわゆる演劇的な感情表現ではないからだ。

よく能は「ココロの芸能だ」なんて言われるが、そんなことはない。「ココロ」の特徴をひとことでいえば「変化する」ことだ。昨日はあの人が好きだったというココロが、今日はもう違う人に移っている。「ココロ変わり」なんていう言葉もある。しかし、能で立ち上がってくる感情はそのようなころころ変化するココロ、すなわち情動なんかではない。

能『隅田川』は、人買いに拐《かどわ》かされたわが子を求めて旅する母親がシテだ。隅田川のほとりに佇《たたず》む彼女の胸に『伊勢物語』の故事が浮かぶ。この隅田川で、業平は都に残して来た妻を偲《しの》び、母は子を尋ねる。対象は違う。が、「思ひは同じ恋路なれば」と彼女は謡う。恋い慕う対象は違うのだが、ココロの深層にある「思ひ」は同じなのだ。「思ひ」とはココロを生み出す心的作用だ。

対象がある「ココロ」は変化するが、(3)そのココロを生み出す「思ひ」は変化しない。「思ひ」は何歳になってもなくならない。いくら年を取っても、何ともいえない寂しさはふと立ち現れる。能で立ち上がってくるのは、この「思ひ」だ。

「思ひ」は演者の個人的な体験などは優に超越している。それは能の主人公であるシテの多くが幽霊や神様という非人間的存在であることにも起因しているだろう。個人の浅い経験などではとても太刀打ちできない存在だ。それが型によって、ここに実現される。あらためて「型」やそして舞の凄さを感じる。あるいは雨を降らせ、あるいは晋侯を死の病に追い込んだという「桑林の舞」*の故事（『左伝』）なども思い出され、そら恐ろしささえ感じる。舞とはただの踊りではない。

数百年前、いや数千年前に(4)古人は舞や謡の「型」の中に、言葉にはできないある「思ひ」を封じ込めて冷凍保存した。「思ひ」のさらに深層に世阿弥は「心（シン）」という神秘的精神作用を想定するが、古人は「思ひ」だけでなく、その「心（シン）」すらをも型の中に封じ込めた。「心（シン）」や「思ひ」は私たちの身体に眠る神話そのものだ。『古事記』などの中に現れる文字化された神話は、いわばアイコンだ。それは身体によるクリックを待つ。舞歌とは文字化された神話をクリックする身体技法であり、私たちの身体の深奥に眠っている神話を目覚めさせ、解凍する作業である。

それが立ち現れてくるときは、舞歌は人々や天地を動かす。この神話の解凍に必要なのが私たちの身体だということは重要だ。身体性も神話性も非常に希薄になってしまった現代に、(5)身体を使って神話を読み直してみるというのはどうだろうか。

（安田登「神話する身体」）

注（＊）「桑林の舞」の故事＝紀元前五六三年、宋の平公が晋侯（晋の悼公）の前で、天子の舞である「桑林」を舞わせたところ、桑林の神のたたりで、晋侯が病気になったという故事。『春秋』の注釈書『左伝』に見える。

問一　傍線部(1)について、新劇と能における稽古の違いを説明せよ。　解答欄：一四・〇㎝×五行

問二　傍線部(2)はどういう意味か、説明せよ。　解答欄：一四・〇㎝×二行

問三　傍線部（3）はどういうことか、『隅田川』を例にして説明せよ。

解答欄：一四・〇㎝×五行

問四　傍線部（4）はどういうことか、説明せよ。

解答欄：一四・〇㎝×四行

問五　傍線部（5）はどういうことか、筆者の能の理解に基づいて説明せよ。

解答欄：一四・〇㎝×五行

二〇一一年度　理系

二

次の文を読んで、後の問に答えよ。

書かれる言葉は、話される言葉と違って、実は時代や社会によってその使命や性格を非常に異にしている。昔のことは今は言わない。現代においては、それはたいていの場合目で黙読されるために印刷される運命にある言葉であり、少なくともそれを理想的境地として目差している。このように印刷されるということは、書かれる言葉にとって決して軽視されることのできない意義をもっている。アランはそこに近代散文の主要特徴をさえ見ているくらいだ。彼は言う。「散文の特性は、先ず第一に印刷された紙の上に、その純粋な抽象の形態において現われ、何ら作家の身体の動きのあとかたをとどめぬことにある。」彼に言わせると、肉筆で書かれたものは、続け字や略字のためにその行間になお何か身振り的なものや舞踏的なものを残しているが、印刷はそれを払拭して、抽象的に均一化するのである。

しかし書くということには、彼が指摘しているようなかかる表面的な身体性ばかりでなく、(1)もっと深いところに根差している身体的なものも現われており、そのものの払拭も印刷の役目の一つになっていないであろうか。というのは、作家の表現の努力そのもののあとかたであるところの、消し、直し、書き足し等が、書く行為には多少とも必ず随伴しているからである。しかしかかる書く工作のあとをありありと示している大作家の「原稿」を写真版にして忠実に示したからと言って、彼の傑作の一頁がより美しいものに見えることになるであろうか。(2)必ずやその効果は逆であろう。

ここに話される言葉と書かれる言葉との第一の相違点がある。話される言葉は本来即興的にほとんど猶予なしに産出され、産出されるままに多少の訂正と彫琢とを受けながら、しかも多くは未完成にとどまったままその使命を終えてしまうものであるのにひきかえ、書かれる言葉は一定の時間をかけられて構成され、再構成され、とにかく仕上げを完うされたものとして、しかる後にその使命を果たさんがためにおもむろに提出されるのが普通である。前者はその場限りの試作、後者は多少とも持続に運命づけられた完成品。前者には関係者は現場のごたごたの中で立ち会い、後者には関心者は工場を離れた出来上がった品物だけとして見参する。

　これらは極めて卑近な観察にすぎないが、しかしそれからだけでもありのままの話される言葉と一定の目標と境地とを目差さねば用をなさぬ書かれる言葉とが、いかに違って来なければならぬかは明らかであろう。かくて話される日常の言葉とその組立てとがたとい文章の前提ではあっても、文章はどんな初歩的なものでも例外なく何らかの思想の絆によって全体が貫かれ、引き締められ、この全体的連関の見通しにおいて、絶えず後ろを振りかえり、且つ前を見してそこから余計なもの、冗漫なもの、重複的なものを取り除くという心構えと作業を欠かすわけに行かないのである。ヴァレリーの次の言葉は、この原始的な基礎工作が、文章の第一歩であることを言おうとしているのであろう。

「『いやあ。』――『つまり。』――」『ネ・ス・パ？』*等々。こういったような模索の言葉はすべて書かれた言葉から消されてしまうのだが、これが文章の最初の行為である。」

(3)かかる何でもないような浄化の仕事が、既に書かれる言葉を話される言葉から区別させているのであるが、そのような工作はやがて曖昧な言い廻しや陳腐な月並句等々を除去してゆき、ついには耳にうったえるようなものさえも慎重に回避するに至るのである。というのは、アランの言ったように、「眼のためにつくられたこの芸術（散文）においては、すべて耳にうったえるものは下品になる」から。演説口調の、調子づいた、それに反復句の多い文章が、洗練された散文読者にとって我慢のならぬ悪趣味として不快感を催さしめる事実を我々はしばしば見てきているのである。

（林達夫「文章について」より）

注（＊）　ネ・ス・パ？＝フランス語の付加疑問文。「～ですよね」という念押しの際に用いる。

問一　傍線部（1）はどういうことか、わかりやすく説明せよ。

解答欄：一四・〇㎝×三行

問二　傍線部（2）のように筆者が考えるのはなぜか、説明せよ。

解答欄：一四・〇㎝×四行

問三　傍線部（3）はどういうことか、「書かれる言葉」の特質をふまえて説明せよ。

解答欄：一四・〇㎝×五行

二〇一〇年度　文理共通

一

次の文を読んで、後の問に答えよ。

口承で伝えられた物語の世界はなぜ、私を魅了するのだろう。自分にとってあまりに当然のことを改めて言葉で説明しようとすると、急になんだかむずかしいことになってしまう。子どものころ、お小遣いを親からもらえなかったから、こっそりただ見をするしかなかった紙芝居の、わくわくするあの楽しさから、それははじまっているのだろうか。

それとも近所のお祭りのとき、見せ物小屋の前で呼び込みの人が「うたって」いた、あのいかにもまがまがしい口上を聞いて、子どもの私が感じていたこわいもの見たさの興奮からはじまっているのだろうか。

試しにこうして、子どものころを思い出すと、そこには口承の物語がふんだんに生きていたんだな、と改めて気がつき、驚かされる。ただ、そのころはそんな言葉を知らなかっただけの話だ。

子どものころの世界は、音とにおいと手触りとでできあがっているということなのだろうか。

母親の気分次第だったと思うけれど、夜、寝る前に、私も母親に話をしてもらっていた。レパートリーの少ない人だったから、桃太郎の話と、ヤマンバの話ぐらいしか記憶に残っていない。一体、いくつぐらいまで、母親はそうした話を聞かせてくれていたのだろう。幼稚園に通いはじめると、キンダーブックをもらえたので、絵本にもなじみはじめていた。けれども、そこにどんなおもしろい話が書いてあっても、母親の口から聞く話ほどには、(1)どきどきするような現実感がなかった。

ヤマンバの話では、母親の声から誘い出されて、どこだかわからない山の風景が浮かび上がり、そこを歩く馬子と馬の姿、そしてそれを追いかけるヤマンバの姿がシルエットとして現れる。そして馬子が逃げ出し、ヤマンバが髪を振り乱し、追いかける。馬子やあ、待てえ、馬子やあ、待てえ。このヤマンバの声が私の頭と体に反響して、私はやがて眠気に誘われていく。

山の稜線《りょうせん》を走りつづけるヤマンバと馬子のシルエットは、その声の反響と共に、私の日常の一部になっていた。それは家のどこか、庭のどこかをひたすら走りつづけているのだ。

そのように、子どもは物語の世界を直接、体に受け入れて生きてしまう。だから、どんなことよりも興奮するし、その経験が子どもの人生を形づくってしまうから、こわいといえばこわい。

子どものころの経験を文学で表現するという例は、珍しいものではない。むしろ、詩でも、小説でも、ありふれたテーマだと言えるだろう。けれどもそこで表現される子どもの世界は、「無垢《むく》」、あるいは「無知」の象徴として描かれている場合が多い。日本の近代文学も例外ではなく、それはドイツ・ロマンティシズムの影響だったにちがいない。小学生のころ、学校の優等生たちが読んでいた「＊赤い鳥」系の話のなんと、私にはつまらなかったことか。子どもの本能で、⑵そこを支配している「近代性」をかぎ分けていたのかもしれない。言葉が近代の論理できれいに整理され、描かれている人物たちも「近代的」論理性のなかでしか生きていない。

子ども向けの本は嫌いだった。そうは言っても、すでに母親は「お話」をしてくれなくなっていたし、「お話ごっこ」はあんまり子どもっぽいと自分で思うようにはなっていた。それで本を読まざるを得なくなる。学校の図書館で私は仕方なく、民話の本を読みつづけていた。小泉八雲のお化けの話が気に入っていた。高学年になると、外地からの引き揚げ者や空襲、原爆の被害者たちの経験談を集めた本を片っ端から読みあさった。当時は、そんな本がつぎつぎ出版され、一種の流行になっていたのだ。これも今、思えば、私は物語の声を求めつづけていた、ということになるのだろうか。

口承の物語は決して、現代の私たちと切り離された、異質な世界ではない。そのことを忘れてはいけないのだと思う。今の時代は確かに、紙芝居や見せ物小屋など消えてしまい、町に響く物売りの声も少なくなってしまった。子ども同士が誘い合うのも、以前は「××ちゃん、遊びましょ」という声が歌のように響いていた。子守歌、遊び歌、仕事歌、そんな歌も消えてしまった。

けれども親たちは自分の子どもに物語を相変わらず、語り聞かせていると思うし、子守歌も歌っているにちがいない。お店の呼び込みの声はまだ、消えていない。子どもたちは今でも歌が好きだし、大人たちは落語を聞いたり、小説の朗読にわざわざ耳を傾けたりする。地方では、河内音頭もまださかんだし、大衆芝居の世界も生きつづけている。こうした芸能はみな、書き言葉とは縁のない、あくまでも即興の物語の世界なのだ。

近代の文学と口承の物語とは、⑶ジャーナリズムの言葉と個人の言葉のちがいだと言えるのかもしれない。個人の言葉の場合は、ひとりひとりの顔が見える言葉なのだ。家族や地縁に支えられている言葉でもある。だからこそ、地方の風土、習慣、伝統がそこでは生きつづけ、それを確認するための道具にもなっていく。

一方の近代の文学は、印刷術と共に発達した新しい分野で、血縁、地縁を超えて、自分の意見を発表できるという魅力から、活版印刷の普及は急速に新聞、そして文学というジャンルを作り出していった。けれどもそのためには、幅広い人たちに理解できる言葉が必要になり、共通語が作られていく。つまり、人工の言葉を使うという約束事を守ることが前提となり、それは言うまでもなく、近代国家という新しい枠組みとも、歩みを共にしている。

こうした近代の発想に私自身も育まれている。今さら、過去の地縁、血縁の世界に戻ることはできそうにない。もし、現在の小説が充分に力強く、魅力にあふれた作品に恵まれつづけているのなら、今までの近代的文学観を守って書きつづければいいようなものなのだが、実情がそうではなくなっているので、さて、どうしたらいいものか、と私たちは考え込まざるを得なくなっている。

かなり前から、ラテン・アメリカの世界で「マジック・リアリズム」と呼ばれる、その風土に昔から生きつづけた神話的想像力と近代の小説とを結び合わせた不思議な小説が出現しはじめて、日本の読者をも魅了した。つづけて、カリブ海の島々から、土地の言葉と植民宗主国のフランス語がごたまぜになった、今まではいかにも教養のない、出来損ないの言葉だとされてきた言葉を小説に活かして、その風土の想像力を描く「クレオール文学」と呼ばれる小説も現れはじめた。ほかにも、それぞれの風土の時間を近代の時計からはずして、神話的な時間に読み替えていこうとする試みは、世界中ではじまっている。

こうした流れを一言で言えば、近代が見失ってきたものをなんとか取り戻したいという人間たちの欲求なのにちがいない。そこにはもう一つ、近代の学問がとんでもない古代の口承文学の世界を見事に読み解いてくれたという「大発見」も手伝っているのかもしれない。その成果を考えると、私はいやでも(4)複雑な思いにならずにいられなくなる。

（津島佑子「物語る声を求めて」より）

注（＊）「赤い鳥」＝理想的な子どもを育む童話や童謡を創作し、普及させるため、鈴木三重吉により創刊された雑誌。

問一　傍線部(1)の「どきどきするような現実感」とは、どのようにして生じるのか、説明せよ。

解答欄：一四・〇㎝×三行

問二　傍線部(2)の「近代性」とはどのような意味か、わかりやすく説明せよ。

解答欄：一四・〇㎝×三行

問三　傍線部(3)の「ちがい」を説明せよ。

解答欄：一四・〇㎝×三行

問四　傍線部(4)を、わかりやすく説明せよ。

解答欄：一四・〇㎝×三行

問五　波線部は、どのような試みをいうのか、「近代の文学」と「口承の物語」との関係をふまえ、わかりやすく説明せよ。（文系のみの出題）

解答欄：一四・〇㎝×五行

二〇一〇年度　文系

二

次の文を読んで、後の問に答えよ。

私たちは確かに人間です。私たちは人間として生きています。しかし、(1)「本当に生きているか」と尋ねられると、あるいは、自分で自分に問う場合、「はい」とはっきり答えられるでしょうか。むしろ、「これでいいのか」と思うことがしばしばではないでしょうか。あるいは、「どこかおかしい、なにか間違っている」という感じがして、「人間であるとは一体どういうことか」、「本当に生きるとはどういうことか」という問が起こってくるのではないでしょうか。人間については限りない言葉が言われてきました。また、「真の人間」とはどういう人間か、「本当に生きる」とはどういうことか、についても限りない言葉が言われてきました。或る言葉が或る人に或るとき、深い感銘を与え、生涯の導きになるということは少なくありません。私は十年ほど前に、たまたま新聞で俳句のような短い子供の詩を読んで、深く感銘し、本当に生きるとはこういうことだと思われ、その句が心から離れなくなりました。それは、こういう句です。「秋深し　柿も熟した　おじいちゃん　死ぬな」。死に面して、死を通して、深い自然のなかで、共に生きる。私は、ここに「原宗教」とでも言うべきものを感じます。なにかあると、この句がくりかえし心に出てきて、私の存在を或る境地に誘います。あるいはまた、これが本当の人間だと感銘を受ける人間に実際に出会い、その人を模範にして生きるということもあります。私自身も長い人生のなかで男性女性少なくとも数名の名前をはっきり挙げることができます。完全無欠な人間ということではありません。それは理想的というより空想的です。そうではなくて、長い間一緒になにかをしてきて、或る具体的な問題にぶつかって、現実に現れるその人のあり方、仕方に感銘を受けて、実際に模範になったという意味です。

私たち人間は、人間であれば「人間である」のではありません。人間はしばしば人間でなくなります。非人間的になり、悪魔的にすらなります。日々報道され見聞する考えられないほどの恐ろしいことも、なさけないことも、しているのはすべて人間です。そのようなことをなしうる可能性が「人間であること」のうちに初めから備わっていると見なければなりません。「人間である」とは、人間でなくなるか、真の人間になるか、不安定な両義的可能性のなかにあって、どういう人間になるかが問われているということです。悪魔的にすらなりうる可能性まで見ますと、この両義性は不気味な謎とも言えます。「人間とは恐ろしいものだ」という言葉が説得性をもつほどです。人非人という言葉もあります。しかし一方、真人間という言葉があります。「真人《しんじん》」という言葉もあります。また人間の実存面においては価値概念も善悪、真偽、迷悟というようにプラス／マイナスの一対になっています。人間に関して「真の」ということが言われなければならない所以があるわけです。「人間である」ことには、本来「真の人間」になるべき課題が含まれています。「真の人間」という特別な人間があるわけではありません。「人間である」ことの真実にかかわる問題です。

私たち人間はおかしくなったり、でたらめになったり、迷ったり、間違ったりするだけでなく、悪質になったり悪辣《あくらつ》になったりします。それに気がついて、あらためて人間になる道、「人となる道」を歩む全プロセスが「人間であること」の実質になります。その際「それに気がつく」のは、人間について経験する経験にもよりますが、なによりも根本的には、自覚の働きです。自覚は自己理解や自己認識とは質的に異なり、当の人間が自分において二重に現れてきます。「（現に）ある自分」と「あるべき自分」と。そしてそこに自己実現ないし自己転換の要求が含まれています。しかし自覚に関しても、人間であれば人間としての自覚があるのではありません。人間は往々にして無自覚のままです。自分についての意識はあらざるをえませんが、多くの場合自意識になってしまいます。自意識はすべてのものを自己関心によって歪《ゆが》めて写します。自意識は意識の癌《がん》と言わなければなりません。自意識は根本的に自閉的です。それに対して自覚は目覚めです。ほとんどの場合、人間に出会って人間に目覚めます。これが本当の人間だと感じられ思われる人間に出会って、その人に接して、その人から人間であることを学びつつ、人間として養われてゆきます。昔から「或る人に親炙《しんしゃ》する」という言葉がある所以です。「人間とは何か」は、当の人間にとっては、定義の問題ではなく、「どのような人間になるか」という実存問題に対してどのような人間が模範として出会われるかにかかっています。その出会いは、出会いであるかぎり、あくまで与えられるものであって、こちらから差配することはできません。しかし単に偶然にではなく、こちらに求めるところがなければ、与えられません。(2)それも単に外に求めるのではなくて、「これでいいのか」、自分自身に行き詰まって「どうしたらいいのか」という問に自分がなっているという窮地が、真に求めていることのリアリティです。

そのような出会いと交わりにおいて人間は、人間から、人間であることを学びつつ、人間として養われてゆきます。人間は、人間に、人間であることを教えつつ、人間を育ててゆきます。この全プロセスが「人間であること」に属しています。教育ということ、狭い意味の学校教育だけではなく(3)「教える」／「学ぶ」というそのことが「人間であること」に本質的である所以がここにあります。人間であるかぎり、生涯、教育ということが課題になります。この「教える」／「学ぶ」には訓練ということが欠かせません。訓練は単なる学習でもなく、練習でもありません。きちんと坐る、きちんとお辞儀をするというようなごく単純な訓練であっても、その要は人間形成ということ、あるいは「行《ぎょう》」とすら言えることです。この最も単純にして基礎的なことがゆるがせにされ、無視されると、その結果は簡単には直せないような人間の状態を惹《ひ》き起こすことになります。それにもう一つ特に注目したいのは、歴史的に特別な事態として現代の生活文明には本質的に人間を非人間化する傾向があるということです。それだけに、「人間であること」を単純素朴な基礎からたどり直して考察し反省し考慮し実践することが大切だと思います。根本問題は「人間である」ということ、それはどういうことかに尽きます。

（上田閑照「宗教とは何か」より）

問一　傍線部(1)のように筆者が考えるのはなぜか、説明せよ。
解答欄：一四・〇cm×三行

問二　「自意識」と「自覚」について、筆者の考えを説明せよ。
解答欄：一四・〇cm×五行

問三　傍線部(2)はどういうことか、説明せよ。
解答欄：一三・九cm×五行

問四　傍線部(3)のように筆者が考えるのはなぜか、わかりやすく説明せよ。
解答欄：一三・九cm×四行

二〇一〇年度 理系

二

次の文を読んで、後の問に答えよ。

ひとに事実をつたえ、あるいは自分の考えをつたえるときには、その前に、言おうとすることを自分の頭のなかでおもてから見、裏から見して、もっとも本質的なことだけを洗いだし、それだけを書き、あるいは話すことが時代の要求である。しかし——と私は考えこむことがある。要約された情報は、なるほど目や耳を通過するのは速いけれども、頭のなかにはいってから、血肉にするのに時間がかかるのではないか。著者が論文を圧縮するのに要した手間と時間に近いぐらいのものが、それを解読する読者の側にも要求されるのではないか。そればかりでなく、要約ではつたえることのできない大切なものがあるのではないか。

この疑問に対する答えはかなり複雑である。いくらかでも話を簡単にするために、以下では話題を自然科学的情報の伝達にかぎることにしよう。

世の中には、結果だけ、あるいは知識だけを必要とする読者がある。たとえば非常な高温に耐える合金が発見されたとしよう。ロケット技術者にとっては、その合金が何度までもつか、ほかの機械的性質はどうか、どうすればつくれるか（あるいは入手できるか）だけが関心事であるかもしれない。そういう読者にとっては、速やかに目や耳を通過できるかたちでできるだけたくさんの情報が供給されることが必要であり、しばしば十分である。つまり、各国の主要な研究報告の抄録を集めた国際抄録誌の類がもっとも有用な情報源として役立つ。そこで、(1)抄録誌をいちばん重宝がるのは産業界や政府機関であろうという観測が生まれてくる。これは、かつて私の出席した、国際抄録誌の編集者を集めた会議での多数意見であった。じつは、物理や化学の研究者のあいだでは抄録誌の利用率は、一部の化学者を除いて、それほど高くないのである。

その一つの理由として、研究者にとっては論文は要約だけでは役に立たないことがあげられる。もっとも要約されたかたちの抄録は有用であり、必要である。しかし、彼自身の研究に直接に関連のある研究であれば、抄録を読んだだけで用がすむということはあり得ない。本文を読もうと決心した途端に、彼にとっては著者抄録は意味を失う。著者抄録は著者の目で見た内容抄録であり、彼は自分の目でその論文を読むのだからである。論文のなかで、著者は彼の代わりに実験や計算をやってくれている。彼は、著者とともに考えを進め、しばしば著者のやり方に不満をおぼえ、時として著者と反対の結論に到達する！　それは一種の創造の過程と言っていいかもしれない。こういう読者にとっては、要約は単にきっかけを与えてくれるにすぎず、その集録である抄録誌に目をさらす時間はどちらかというと空しいものと感じられる。

結果だけを必要とする読者は要約集で用が足りる。その先をめざす読者にとっては、第一線の結果の羅列よりも一つ一つの結果が得られた過程のほうが大切なことが多い。本論文を通じて著者とともに創造の過程に参画してはじめて、将来の展望がひらけるからである。

最良の要約は、あるいは、発展の機縁を生むだけのものを内蔵しているかもしれない。しかし、それを読み解くには、鉛筆を片手に本論文のなかの計算を追跡する以上の努力がいるだろう。

要約精神の権化は教科書である。高校の物理の教科書は、アルキメデス以来の物理学者がつみ上げてきたものの要約だ。学問は日に日に進むから、要約すべき素材は年々ふえる。教育にあてるべき若年の期間はかぎられているから、教科書の厚さはふやせない。何を捨て、何をえらぶか――二千年の物理学をいかに要約・抄録して読者を今日の視点に近づけるか――は教科書の筆者の最大の問題である。

そういう目で見ると、今日の教科書は、どれをとってみてもかなりよくできている。よくまあこんなにつめこめたと思うくらいだ。しかしそれは抄録であるがゆえに「つまらない」という宿命をもっている。抄録の集積をよみつづけることができるのは、はっきりした目的をもって何かを探し求めている人——ロケット技術者——か、(2)たちまち眼光紙背に徹してその抄録の秘めているものを見ぬくことのできるえらい人だけだ。高校生はどちらでもないから、彼らにとって教科書がつまらないのは、石を投げれば下に落ちると同じぐらい自然な話である。私の知っているある大学生の話では、彼女の高校の物理の時間は、生徒が輪番に教科書を音読する、P先生が「質問はありませんか」と言う、だまっていると「じゃ、次……」という調子だったそうだ。彼女が文系に進んだのは当然である。「P先生よ、地獄に落ちろ！」だ。

　教科書が要約集であることは、まあ、仕方がなかろう。しかし、講義までが要約でいいという法はない。教科書の一ページの背後には厖大《ぼうだい》な研究があり、それらすべては自然そのものとのつき合いから生まれている。その創造の過程を解き明かし——歴史の話をするという意味ではない——生徒をその過程に招待するのが教育というものであろう。そんなことをしたら教科書全部はとてもやれない——そのとおり。教科書あるいは抄録集というものは元来そういうふうに使うべきものなのだ。

（木下是雄『日本語の思考法』より）

問一　傍線部(1)のように筆者が考えるのはなぜか、説明せよ。　解答欄：一三・九㎝×四行

問二　傍線部(2)はどういうことか、筆者の考えに即して説明せよ。　解答欄：一三・九㎝×三行

問三　「教科書」はどのように使うべきものであると筆者は考えているのか、説明せよ。　解答欄：一三・九㎝×四行

二〇〇九年度　文理共通

一

次の文を読んで、後の問に答えよ。

若いころ私は、偉い先生の下請けをして、いくつかの百科事典の執筆をやった。申し訳ないが、あれは今から思えば(1)ありがたい勉強になった。百科事典の執筆はたいてい、項目ごとに「何行」と指定されるが、一般に、何行とか何字とか何枚とかいう、きびしく制限された(ア)わくの中で、意味のある、そして分かる文を書くには、的確なことを的確に言わなければならなくて、あの執筆は私にそういう勉強を強いてくれたからである。どの項目についても、まずはじめに、何を書くかを決めるわけだが、これは何を書かずにおくかということと裏腹の課題で、実際には、どんなに手短に言うにしても、これだけはぜひ言わなければならないことは何かを決めることになる。そして次に、それについて手短に、しかし分かりやすい文で書くのだが、この「手短に」と「分かりやすく」というのは、ほとんどつねにたがいに矛盾する要求である。分かりやすさを心がけると口数が多くなりがちであり、「手短」ばかりを努力すると、書いた本人は分かるつもりでも、他人が見るとさっぱり分からない文章になりがちだからである。

これだけ苦労しても、書いた文章に言葉のむだはまだあるもので、それを削る。とはいっても、多くの場合、書いた本人はそのむだに気がつきにくい。とくに多いのは重複、つまり、Aの文とBの文では、言い回しこそ違っているが、言われている意味はそれほど違わないという場合だが、これは(イ)がいして、書いた本人はいい気分で、我ながらよく書けたと思っている箇所に多いものである。単語に関していえば、むだになりがちな語の筆頭は形容詞と副詞、とくに副詞で、中でも「たいへん」とか「非常に」とかいうのは、ほとんどの場合捨てることができる。

こうして言葉を削って、このことについてこれだけの字数で言うには、こう書くほかは書きようがない、というところまでもっていく、つまり抜き差しならぬ文章を仕上げる（ただし、抜き差しならぬ文章はすばらしい文章だが、別の見方をすると、遊びのない文章でもあるので、読者を疲れさせてしまうことがある。そこで小説やエッセイ、学校の講義などでは、わざとむだな言葉やむだな文章をちりばめたり、言葉を変えて同じことを繰り返し述べたりすることがある）。

音読に耐える文章を書くというのも大事なことである。「音読に耐える文章」とは、声を出して読むとすらすらと気持ちよく読める文章、あるいは、それを人に読んで聞かせるだけですんなり分かってもらえる文章のことだが、そういう文章の要素として大事なのはリズムだと思う。西洋のレトリックの伝統において重要と考えられていることのひとつに、「散文といえどもリズムがなければならない」というのがあって、アリストテレスにすでにその発言がある。もちろん、「リズムがなければならない」といっても、定型詩のように一定の韻律をもてということではない。他の点では詩になっていない文章をあえて定型の韻律、日本でなら例えば七五調にのせると、詩でも散文でもなく、(2)阿呆陀羅経になる。そうではなくて、ある文章を気持ちよく読めたとき、この文章にはリズムがあったなと気がつく、そういうようにリズムがあるべきだということである。こういうリズム感を身につけるには、古来名文のほまれ高い文章を音読する、というのが私が若いころよく薦められたことで、例えば『平家物語』や『太平記』、漢文なら『春秋左氏伝』、英語ならGibbon の *Decline and Fall of the Roman Empire* だった。これ以外にも(ウ)はんたるべき文章はあるにちがいないが、何を(ウ)はんとするにせよ、大事なのは「音読する」ということである。今の日本語は音声面を無視しすぎていて、そのために文章に生気が乏しいのだと私は思っている。

しかし、言葉のリズムに関してさらに重大なのは、木下順二「古典を訳す」が提出した疑問である。――『平家物語』巻四「橋合戦」の一節、大音声をあげて名乗りけるは、「日ごろは音にも聞きつらん、今は眼にも見給え。三井寺にはその隠れなし。堂衆の中に筒井の浄妙明秀という一人当千の兵ぞや。われと思わん人々は寄り合えや、見参せん」。

というのを、近ごろはやりの「現代語訳」をして、

大声をあげて名前を告げていうには、「ふだんは評判でも聞いていたろう、今は眼でよく見なさい。三井寺では私を知らぬ者はない。寺僧の中の、筒井の浄妙明秀という、一人で千人をも相手にするという強い男だぞ。われこそと思うような人は集まってこい、対面しよう」。

と訳したら、これは訳したことになるかという問題である。なるほどわれわれ現代人には「現代語訳」の方が分かりやすいかもしれない。しかし原文がもっている(エ)ろうろうとした響きとリズム、そしてその響きとリズムによって、文が力強く読者にせまってくる(オ)きんぱく感、そういうものはこの「現代語訳」では完全に消えている。そういうものを消してしまった文章で『平家物語』を読んで、そこに何が言われているか分かったとしても、それで『平家物語』を読んだ、あるいは理解したことになるかということである。(3)むろん、なるわけはない。文というものは分かりやすくなければならないが、さりとて、分かりやすければそれでいいというものではないということの、みごとな例だと言える。分かりやすいだけの文には言葉の生命がない。言葉というものは、意味を伝えるだけに終わるものではないからである。だからそんな文章を聞かされると、ああそうですかとしか言いようがない。よく「文学的表現」というけなし言葉が使われている。これはどうやら、簡単なことを飾り立てて言い、まっすぐなことをねじったり曲げたりして言うことを意味するらしいが、そんなことを言うのは、(4)文学についての無知の表白であるばかりでなく、言葉で本気になって苦労したことがない証拠でもある。言葉を言葉として十分に使いきる、つまり、言葉がもっているあらゆる能力を発揮させること

こそ文学の最も重要な仕事なので、たとえ学術論文でも、少なくとも人文系の論文の文章は「文学的」であるべきだというのが私の意見である。

（柳沼重剛「書き言葉について」より）

問一 傍線部（ア）〜（オ）のひらがなを漢字に改めよ。

問二 傍線部（1）「ありがたい勉強になった」とはどういうことか、説明せよ。

解答欄：一四・〇cm×四行

問三 傍線部（2）「阿呆陀羅経になる」とはどういうことか、文脈に即して説明せよ。（文系のみの出題）

解答欄：一四・〇cm×四行

問四 傍線部（3）「むろん、なるわけはない」と筆者が考える理由は何か、説明せよ。

解答欄：一四・〇cm×五行

問五 傍線部（4）のように筆者が考える理由は何か、説明せよ。

解答欄：一四・〇cm×七行

二〇〇九年度　文系

二

次の文を読んで、後の問に答えよ。

著書にサインを求められ、なにか一言書いてくれと頼まれると、下手な字で天地有情と記す。意味を問う方には、すでに何度もくりかえし口にしたのでほとんど暗記してしまっている名文の大意を伝える。これは哲学者の大森荘蔵が死の数ヵ月前に遺書のようなかたちで新聞に発表したエッセイだが、当時、うつ病の奈落の底に落ちていたわたしにとっては最良の薬になったもので、命の恩人ともいえる文章である。特に、次に引用する部分はいまでもわたしの大事な座右の銘になっている。

自分の心の中の感情だと思い込んでいるものは、実はこの世界全体の感情のほんの一つの小さな前景に過ぎない。此のことは、お天気と気分について考えてみればわかるだろう。雲の低く垂れ込めた暗鬱《あんうつ》な梅雨の世界は、それ自体として陰鬱なのであり、その一点景としての私も又陰鬱な気分になる。天高く晴れ渡った秋の世界はそれ自身晴れがましいのであり、その一前景としての私も又晴れがましくなる。簡単に云えば、世界は感情的なのであり、天地有情なのである。その天地に地続きの我々人間も又、其の微小な前景として、其の有情に参加する。それが我々が「心の中」にしまい込まれていると思いこんでいる感情に他ならない。

わたしが感動を胸にこの文章を教えたとき、

「梅雨の日でも気分のいいときってありますけど、そういうのはどうするんですかねえ」

と、穏やかに質問してくれた七歳年下の働き盛りの内科医が、先日の朝、逝《い》った。

定刻どおりに外来診療を開始したのだが、その日は(1)わたしの異様を察するのか、患者さんたちの訴えも少なく、常よりも早くカルテの山が低くなっていった。

十二時四十五分、病院の裏の霊安室から葬儀社の車に遺体を移すとき、初めて雨が降っているのに気づいた。冷えて粒の小さな晩秋の雨だった。

彼とは共に肺癌《がん》の診断と治療の仕事をしたが、もう十年も前に癌診療の最前線から脱落したわたしにとっては、外来で見つけた肺癌患者さんの治療を託すのに最も頼りになる医者だった。それは、彼が親身になって患者さんの訴えを聞き、置かれた状況を引き受けるというタイプの診療をする医者だからだった。

死にゆく人たちを前にしての医者の真の決断とは、単なる状況判断などではなく、過酷な状況そのものを受け止めるきわめて危険な自傷行為のようなものなのだ。わたしは戦場にも似た末期癌医療現場のストレスに疲弊し、彼は懸命に第一線にとどまり続けた。

自身が進行癌に侵されていると知った彼は抗癌剤の治療を受けるのをためらわなかった。

「ぼくは患者さんにつらい治療をしてきましたから、勝手に逃げるわけにはいきません」

彼はそう言い切って入院していった。

見舞いに行ったときは本当の言葉で話したかった。(2)未来は現在の想いに過ぎないんだから、互いの未来の不確かさは平等ではないか、と問いかけると、彼は、それは単純に確率の問題ですよ、と寂しげに笑った。その笑顔が「本当の言葉」などというものは実は存在しないのだ、と訴えているようだった。

彼の自宅での通夜に向かう夕方、浅間山は不気味な夕焼けの赤に染まっていた。出来事の前でうろたえるばかりのわたしの心情そのままの定まらぬ色だった。

葬儀の日、浅間山は澄んだ秋空を背景に、荒い山肌を剝《む》き出しにしていた。不安な赤に翻弄されるよりは、荒涼たる静けさの方がまだましだ、と思うことにした。灰寄せで、明日はわたし自身が誰かに言われるかも知れない別れの言葉を彼の遺影に向かって述べた。声が震え、立っているのが精一杯だった。

読み上げる直前まで手を入れたその弔文を、翌日清書して遺族に届けるとき、浅間山は穏やかな秋の陽に包まれ、静謐《せいひつ》そのものの火口のあたりから、純白の煙を濃く青い空に昇らせていた。

（南木佳士「天地有情」より）

問一　筆者の「座右の銘」とする「天地有情」とはどのようなことか、その要点を簡潔に述べよ。

解答欄：一四・〇㎝×四行

問二　傍線部(1)はどのような状況を表しているか、説明せよ。

解答欄：一四・〇㎝×四行

問三　傍線部(2)はどのようなことをいっているのか、わかりやすく説明せよ。

解答欄：一四・〇㎝×五行

問四　波線部A・Bにおいて異なる浅間山の情景が描かれている。そこにどのような筆者の心情が現れているか、それぞれについて説明せよ。

解答欄：A　一三・〇㎝×三行
B　一三・〇㎝×四行

二〇〇九年度　理系

二

次の文を読んで、後の問に答えよ。

しかし人間というのは気まぐれなもので、人間の遊びは、決して玩具《がんぐ》によって百パーセント規定されるものではないのである。これは大事なことだと思うので、とくに強調しておきたいが、玩具のきまりきった使い方を、むしろ裏切るような遊びを人間は好んで発明する。そもそも遊びとは、そういうことではないかと私は思うのである。たとえば、汽車や自動車の玩具があったからといって、私たちはそれを必ずしも汽車や自動車として用いるとはかぎらない。もし戦争ごっこをやりたいと思えば、その汽車や自動車を敵の陣地として利用するかもしれないし、お医者さんごっこをやりたいと思えば、それを医療器具として利用するかもしれないのである。玩具がいかに巧妙に現実を模倣して、子供たちに(1)阿諛《あゆ》追従しようとも、子供たちはそんなことを屁《へ》とも思わず、平然としてこれを無視するのだ。

すべり台は、必ずしもすべり台として利用されはしない。私の家にも、かつて屋内用の折りたたみ式の小さなすべり台があったものであるが、私はこれをすべり台として用いた記憶がほとんどない。あんなことは、子供でもすぐ飽きてしまうのである。私の気に入りの遊び方は、すべり台のすべる部分と梯子《はしご》の部分とをばらばらに分解して、すべる部分を椅子の腕木の下に通し、それとT字形に交わるように梯子を設置して、飛行機をつくることだった。飛行機ごっこをすることだった。つまり、すべる部分が翼であり、梯子の部分が胴体なのである。梯子には横木がいくつもあるから、そこに腰かければ数人の子供が飛行機に乗れるのである。このアイディアは大いに気に入って、私はすべり台を私の飛行機と呼んでいたほどだった。ボードレールにならっていえば、(2)「座敷の中の飛行機はびくとも動かない。にもかかわらず、飛行機は架空の空間を矢のように速く疾駆する」というわけだ。

子供たちはしばしば、玩具の現実模倣性によって最初から予定されている玩具の使い方とは、まるで違う玩具の使い方をする。もう一つ、私自身の経験を語ることをお許しいただきたい。私は三輪車をひっくりかえして、ペダルをぐるぐる手でまわして、氷屋ごっこをやって遊んだことを覚えている。いまは電気で回転するらしいが、かつては氷屋では、車を手でまわして氷を掻《か》いたのである。

ここで、この私のエッセーの基本的な主題というべきものを、ずばりといっておこう。すなわち、玩具にとって大事なのは、その玩具の現実模倣性ではなく、むしろそのシンボル価値なのである。この点については、いくら強調しても強調しすぎることにはなるまい。玩具は、その名目上の使い方とは別に、無限の使い方を暗示するものでなければならぬだろう。一つの遊び方を決定するものではなく、さまざまな遊び方をそそのかすものでなければならぬだろう。すべり台にも、三輪車にも、その名目上の使い方とは別に、はからずも私が発見したような、新しい使い方の可能性が隠されていたのだった。つまり、これらの玩具には、それなりのシンボル価値があったということになるだろう。

私の思うのに、玩具の現実模倣性とシンボル価値とは、ともすると反比例するのではあるまいか。玩具が複雑巧緻《こうち》に現実を模倣するようになればなるほど、そのシンボル価値はどんどん下落するのではあるまいか。あまりにも現実をそっくりそのままに模倣した玩具は、その模倣された現実以外の現実を想像させることが不可能になるだろうからだ。その名目上の使い方以外の使い方を、私たちにそそのかすことがないだろうからだ。そういう玩具は、私にはつまらない玩具のように思われる。

（澁澤龍彦「玩具のシンボル価値」より）

問一　傍線部（1）「阿諛追従」とはどういう意味か、文脈に即して説明せよ。　解答欄：一四・〇㎝×三行

問二　傍線部（2）の内容をわかりやすく説明せよ。　解答欄：一四・〇㎝×四行

問三　筆者は「玩具のシンボル価値」について、どのように考えているか、説明せよ。　解答欄：一四・〇㎝×四行

二〇〇八年度　文理共通

㊀　次の文を読んで、後の問に答えよ。

教養というものが持つ魅力の一つに、私たちを自由にしてくれる働きがあると思う。もつれている思考を整理してくれる快感もあるだろう。《演劇的知》という、耳慣れない教養にもそれがある。《演劇的知》とは広く演劇にまつわる教養ととらえてもらってかまわない。(ア)たんてきにいえばそれは「私たちを無意識に縛っているものに気づいていく教養」である。きわめて実践的であるところに特徴がある。

私は舞台の演出家として、(イ)はいゆうの身体や古今のテキストを通して、人間のたたずまいや現代社会の様相をとらえる試みを日々の仕事としている。また年間の相当な日数を、学生や一般の市民に向けた演劇のワークショップにあてている。演劇におけるワークショップとは、この場合、体験型の講義のことである。私は、そうしたフィールドワークを通じて現代日本人の身体や社会を見つめている、といえるかもしれない。

私たちを縛っているもの。それはまず、自分の身体である。私たちは好むと好まざるとにかかわらず、自分の性別や容姿、さまざまな欲望も含めた生理状態と一生付き合わなければならない。身体はまた、生まれた地域や時代、家庭環境を誕生の段階で選ぶことができない。言語や習慣も身体を縛っている大きな要素である。

私たちは自分の身体をどれくらい知っているだろうか。《演劇的知》の初歩的な問いかけは以下のようなものだ。「ごはんを食べるとき、一体何回噛むのか」、「横断歩道を渡るとき、どちらの脚から歩き始めるのか」、「面白いと思ったとき、どのような反応をするのか」、「そもそもどういうものを面白いと思うのか」……。すなわち身近なしぐさ・行動や思考を把握することである。

ためしに「靴下の着脱」を題材にした、次のようなトレーニングを紹介したい。まず靴下を履いたり脱いだりする。いつも通りの一連の動作である。次に靴下なしでそのしぐさをおこなう。あらためて膝と胴体の位置、指や腕の動きが認識されるのではないかと思う。その上で、昨晩靴下を脱いだ状況、今朝靴下を履いた状況を、靴下なしで再現してみる。わからなくなったら実際に靴下を使って確認する。十分な自己観察ののち、数人の人が見ている前でそれを再現してもらう。私の経験では、ほとんどの人が忠実に再現できない。

着脱のしぐさそのものが違うこともあるが、多くの場合忠実でないのは、視線である。大抵の人は、靴下を凝視してしまう。日ごろ着脱の際、自分がどこに目をやっているのか意識している人は少ない。実際はそれほど熱心に靴下を見ているわけではないのである。他の人に見られることで、視線の置き場所が普段と違ってくる。(1)人前で再現できないものは、観察が不足していると考えられる。

意味合いを広げるために、もう少し踏み込んでみよう。靴下の着脱といった日常的なしぐさは、ほぼ無意識に繰り返されている。またそうでなければ私たちの生活は(ウ)煩瑣でしようがない。であるからこそ、視線に無頓着なのだ。しかし、あらためて注目してみると、(2)私たちはそこに、身体に埋め込まれた歴史とでもいえるものを発見する。初めて自力で靴下を履いた日のことをおぼえているだろうか。それまでは親に履かせてもらっていたのが、ある日自分でできるようになる。周囲の喜びを通じて、大きな感動があったはずだ。が、私たちはそれをすでに忘れている。

私たちの身体は、そうした無数の動作と、感動の記憶の堆積である。《演劇的知》の一つは自分の身体の歴史を掘り返し、埋もれている感覚を再確認し、それらにかかわる心の動きを思い起こすことにある。いわば発掘を通じた、身体との対話である。(3)身体への感動は実在感の基礎であって、そこから尊厳も発生する。その感動を忘却することは、自己の喪失感に、ひいては他者への思いやりのなさや周囲への無配慮につながると考えられる。

ホスピタリティに満ち、物質的に豊かなわが国にあって、自殺やリストカットなど自傷行為の報告は(エ)まいきょにいとまがない。他の国と比べて驚くほど多いという話も聞く。近年問題になっているうつ病やひきこもりも無関係ではないだろう。議論の際、往々にして他者とのコミュニケーション障害が問題になるが、私は他者との対話以前に、自己との、つまり、身体との対話が多くの現代日本人には決定的に欠けているのではないかと感じている。演劇のトレーニングの中には、それを(オ)補塡する多くの方法や教養があふれている。

（安田雅弘「《演劇的知》について」より）

問一　傍線部(ア)〜(オ)のひらがなを漢字に、漢字をひらがなに改めよ。

問二　傍線部(1)について、「観察が不足している」ものを「人前で再現できない」のはなぜか、簡潔に説明せよ。　解答欄：一四・〇㎝×五行

問三　傍線部(2)において、筆者は日常的な動作が習得されるプロセスとの関わりで「身体に埋め込まれた歴史」について述べているが、その意味するところを説明せよ。　解答欄：一四・〇㎝×六行

問四　傍線部(3)について、「身体への感動」から「実在感」と「尊厳」とがどのような仕方で生み出されてくるのか、説明せよ。（文系のみの出題）　解答欄：一四・〇㎝×七行

問五　本文冒頭の波線部分で、筆者は「私たちを自由にしてくれる」という「教養」の働きについて述べている。筆者の考えを簡潔に説明せよ。　解答欄：一四・〇㎝×七行

二〇〇八年度　文系

二

次の文を読んで、後の問に答えよ。

文字の霊などといふものが、一体、あるものか、どうか。アシュル・バニ・アパル大王は巨眼縮髪《きよがんしゆくはつ》の老博士ナブ・アヘ・エリバを召して、此の未知の精霊に就いての研究を命じ給うた。

その日以来、ナブ・アヘ・エリバ博士は、日毎《ごと》図書館に通つて万巻の書に目をさらしつつ研鑽に耽つた。両河地方《メソポタミヤ》では埃及《エジプト》と違つて紙草《パピルス》を産しない。人々は、粘土の板に硬筆を以て複雑な楔形の符号を彫りつけてをつた。書物は瓦であり、図書館は瀬戸物屋の倉庫に似てゐた。老博士の卓子《テーブル》の上には、毎日、累々たる瓦の山がうづたかく積まれた。其等《それら》重量ある古知識の中から、彼は、文字の霊に就いての説を見出さうとしたが、無駄であつた。文字はボルシッパなるナブウの神の司り給ふ所とより外には何事も記されてゐないのである。文字に霊ありや無しやを、彼は自力で解決せねばならぬ。博士は書物を離れ、唯一つの文字を前に、終日それと睨《にら》めつこをして過した。その中《うち》に、をかしな事が起つた。一つの文字を長く見詰めてゐる中に、何時しか其の文字が解体して、意味の無い一つ一つの線の交錯としか見えなくなつて来る。単なる線の集りが、何故、さういふ音とさういふ意味とを有《も》つことが出来るのか、どうしても解らなくなつて来る。老儒《らうじゆ》ナブ・アヘ・エリバは、生れて初めて此の不思議な事実を発見して、驚いた。今迄七十年の間当然と思つて看過してゐたことが、決して当然でも必然でもない。彼は眼から鱗《こけら》の落ちた思ひがした。単なるバラバラの線に、一定の音と一定の意味とを有たせるものは、何か。(1)ここ迄思ひ到つた時、老博士は躊躇《ちうちよ》なく、文字の霊の存在を認めた。魂によつて統べられない手・脚・頭・爪・腹等が、人間ではないやうに、一つの霊が之《これ》を統べるのでなくて、どうして単なる線の集合が、音と意味とを有つことが出来ようか。

この発見を手初めに、今迄知られなかつた文字の霊の性質が次第に少しづつ判つて来た。文字の精霊の数は、地上の事物の数程多い。(2)文字の精は野鼠のやうに仔《こ》を産んで殖《ふ》える。

ナブ・アヘ・エリバはニネヴェの街中を歩き廻つて、最近に文字を覚えた人々をつかまへては、根気よく一々尋ねた。文字を知る以前に比べて、何か変つたやうなところはないかと。之によつて文字の霊の人間に対する作用《はたらき》を明らかにしようといふのである。さて、斯《か》うして、をかしな統計が出来上つた。それに依れば、文字を覚えてから急に蝨《しらみ》を捕るのが下手になつた者、眼に埃《ほこり》が余計はひるやうになつた者、今迄良く見えた空の鷲の姿が見えなくなつた者、空の色が以前程碧《あを》くなくなつたといふ者などが、圧倒的に多い。(3)「文字ノ精ガ人間ノ眼ヲ喰ヒアラスコト、猶、蛆虫《うじむし》ガ胡桃《くるみ》ノ固キ殻ヲ穿《うが》チテ、中ノ実ヲ巧ミニ喰ヒツクスガ如シ」と、ナブ・アヘ・エリバは、新しい粘土の備忘録に誌した。文字を覚えて以来、咳が出始めたといふ者、くしやみが出るやうになつて困るといふ者、しやつくりが度々出るやうになつた者、下痢するやうになつた者なども、かなりの数に上る。「文字ノ精ハ人間ノ鼻・咽喉・腹等ヲモ犯スモノノ如シ」と、老博士はまた誌した。文字を覚えてから、俄《には》かに頭髪の薄くなつた者もゐる。脚の弱くなつた者、手足の顫《ふる》へるやうになつた者、顎がはづれ易くなつた者もゐる。しかし、ナブ・アヘ・エリバは最後に斯う書かねばならなかつた。「文字ノ害タル、人間ノ頭脳ヲ犯シ、精神ヲ痲痺《まひ》セシムルニ至ツテ、スナハチ極マル。」文字を覚える以前に比べて、職人は腕が鈍り、戦士は臆病になり、猟師は獅子を射損ふことが多くなつた。之は統計の明らかに示す所である。ナブ・アヘ・エリバは斯う考へた。埃及人は、ある物の影を、其の物の魂の一部と見做してゐるやうだが、(4)文字は、その影のやうなものではないのか。

獅子といふ字は、本物の獅子の影ではないのか。それで、獅子といふ字を覚えた猟師は、本物の獅子の代りに獅子の影を狙ふやうになるのではないか。文字の無かつた昔、ピル・ナピシュチムの洪水以前には、歓びも智慧もみんな直接に人間の中にはひつて来た。今は、文字の薄被《ヴェイル》をかぶつた歓びの影と智慧の影としか、我々は知らない。近頃人々は物憶えが悪くなつた。之も文字の精の悪戯《いたづら》である。人々は、最早、書きとめて置かなければ、何一つ憶えることが出来ない。着物を着るやうになつて、人間の皮膚が弱く醜くなつた。乗物が発明されて、人間の脚が弱く醜くなつた。(5)文字が普及して、人々の頭は、最早、働かなくなつたのである。

(中島敦『文字禍』より。一部省略)

問一 傍線部(1)について、老博士はどのように考えて文字の霊の存在を認めることになったのか、説明せよ。

解答欄：一四・〇㎝×五行

問二 傍線部(2)のように言われるのはなぜか、その理由を説明せよ。

解答欄：一四・〇㎝×五行

問三 傍線部(3)について、その内容をわかりやすく述べよ。

解答欄：一四・〇㎝×五行

問四 傍線部(4)は文字がどのようなものだといっているのか、説明せよ。

解答欄：一四・〇㎝×四行

問五 傍線部(5)はここではどのようなことをいっているのか、説明せよ。

解答欄：一四・〇㎝×五行

二〇〇八年度　理系

三

次の文を読んで、後の問に答えよ。

書画骨董の真偽ということは、むずかしい。おそらく、どんな目きき、どんな鑑定家だって、年に何回かの誤りを犯しているに相違ない。目がきき、視野がひろければ、それだけ、初心の時とはまた違った、念入りの誤りを犯しやすいのも是非ないこと、いつも石橋を渡るつもりでいたら、常識的な、まちがいないものは拾うだろうが、その代り、その作者の異色ある作品が犠牲にされる虞《おそ》れ、なきにしもあらずである。そして、作者の傑作というのは、案外、こういった作品に多いものである。大胆だと偽物を摑《つか》み、小心だと本物を逃す。どっちみち、誤りは仕方ないとしても、本物が偽物にされるよりは、偽物が本物にされる方がまだしも明るい感じだ。よし、いったん偽物が本物にされても、いつかは見破られる時も来ようが、偽物にされた本物は、おそらく一生うかびあがれまい。

もともと、本物・偽物は、同格として同じ比重であるべき筈《はず》なのに、どうしたわけか、偽物という言葉の方が、重くて、圧迫的で、決定的な何ものかを持っているような気がしてならない。たとえば、私が自分の蒐集《しゅうしゅう》品で、やや疑問に思っているようなものを、ひとから本物だと言われても、(ア)これは私に軽くしかふれない。それに反し、私がかなり自信を持っているようなものでも、ひとから偽物だと言われると、その一言は、決定的な、破壊的な力を持っているようだ。否定の方が強くて、権威的であるというのは合点いかないが、これはどうも現実だから仕方ない。大声の方が耳に入りやすいようなものだろうか。

小林古径《こけい》画伯がまだ存命中のとき、私の友人で美術研究家のS君が、浜松の蒐集家のところで、古径の作品を見せられた。古径好きのS君にはそれがどうしても納得ゆかない。正直な人だから、自分の思うままを披瀝《ひれき》したところ、蒐集家は、画伯から直接に求めたわけではないが、信用ある人を通したのだから、絶対に間違いない筈だと主張した。そこで、場面がやや険悪になり、とうとう、作者自身に見てもらうことになった。友人がその使者として、問題の作品をうやうやしく差出したところ、古径先生は、(イ)「まことにおはずかしいが、わたくしのかいたものです」と、一言いわれたそうである。

だから、この作品は正真正銘の本物であるが、鑑定家はこれを偽と思い、作者自身は、不出来の真作だと告白したわけで、要するに、出来の悪い本物と、出来のいい偽物は入りみだれているので、せまい目で見られると、出来の悪い本物は、偽物にされてしまう。そんなもの、本物でも偽物と同じだ、という考え方も成り立つ。あの古径さんの謙虚な言葉は、それをやや肯定しているともいえよう。しかし、本物はあくまで本物だとしなければ筋がとおらない。

偽物は書画骨董の世界ばかりでなく、私たちの日常生活の中にも、ゴロゴロころがっている。たとえば、果物にしたところで。――私は白桃など果物のなかで一ばん尊重し、日に、一個、二個を購《あがな》い、食うのを楽しみにしてきたのに、この一、二年というもの、味も香も劣って、すっかり別物になりさがったのは残念でならない。ひとり白桃にかぎらず、このことは、ナシやリンゴやブドウについても言えそうだ。形態だけは本物そっくりでも、中身、つまり、味と香は偽物なのである。これは筆法だけが似ていて、精神のない書画と同じであろう。

だから、私は以上のような一流品でなく、この頃は、二流品を買うことにしている。白桃よりか、名前は落ちるだろうけれど、ほんの短期間しか姿を見せない、あの巴《は》旦杏《たんきょう》や、杏子《あんず》など、安ものの方が、どんなに生きのいい、正直な味をもっているか知れない。これは私が子供の頃に食べたのと全く同じ風味だ。かの有名なマツタケにしても、人目につかないシメジなどの方がよっぽどキノコそのものなのである。（ウ）総じて、一流品は堕落してしまったのに、二流品、三流品は、その本来の矜持《きょうじ》を保っている。私は偽物の一流品よりは、二流品、三流品でも、本物の方が好きだ。そして、書画骨董でも、食物でも、ひょっとしたら、人間様でも、ここに掘出しのコツがあると思っている。

（青柳瑞穂「真偽のむずかしさ」）

問一　傍線部（ア）は、どういうことをいっているのか、説明せよ。

解答欄：一四・〇㎝×五行

問二　傍線部（イ）は、どのような気持ちから発せられたと筆者は考えているのか、説明せよ。

解答欄：一四・〇㎝×五行

問三　傍線部（ウ）は、どういうことをいっているのか、説明せよ。

解答欄：一四・〇㎝×五行

二〇〇七年度　文理共通

一

次の文を読んで、後の問に答えよ。

「患者が最後まで希望を持つことができるためにはどうしたらよいか」ということは、ことに重篤な疾患にかかわる医療現場において切実な問いである。病気であることが知らされる――だんだん状態が悪くなることを知り、有効な対処法はないことも知る――自分の身体がだんだん悪くなり、できることがどんどん減って行く――死を間近に感じるようになる。

このような状況で、「希望」とはしばしば、「治るかもしれない」という望みのことだと思われている。あるいは「自分の場合は通常よりもずっと進行が遅いかもしれない」ということもあろう。いずれにしてもまさに「希望的」観測である。だが、希望とはこうした内容の予測のことなのだろうか。もしそうだとすると、それこそ確率からいって、そうした患者の多数においては、はじめに立てた希望的観測が次々と覆《くつがえ》されるという結果にならざるを得ない。それでは「最後まで望みをもって生きる」ということにはならないだろう。そもそも、「癌《がん》」と総称される疾患群をモデルとして、「告知」の正当性がキャンペーンされてきたのは、患者が自分の置かれた状況を適切に把握することが今後の生き方を主体的に選択するために必須の前提であったからではなかったか。(1)右に述べたような望みの見出し方は、非常に悪い情報であっても真実を把握することが人間にとってよいことだという考えとは調和しない。

では「死は終わりではない、その先がある」といった考え方を採用して、希望を時間的な未来における幸福な生に託すというのはどうだろうか。だが、医療自らが、そのような(2)公共的には根拠なき希望的観測に過ぎない信念を採用して、患者の希望を保とうとするわけにはいかない。

　ところで、死は私たち全ての生がそこに向かっているところである。遅かれ早かれ私の生もまた死によって終わりとなることは必至である。その私にとって希望とは何か――考えてみればこの問いは、重篤な疾患に罹《かか》った患者にとっての希望の可能性という問題と何らか連続的であろう。そして、多くの宗教は死後の私の存在の持続を教えとして含み、そこに希望を見出そうとしてきた。それは(3)人間の生来の価値観を肯定しつつ、提示される希望である。だが他方宗教的な思想には、死後の生に望みをおく考え方を拒否する流れもある。その場合は、人間はもっとラディカルに自己の望みについて突き詰めるのである――「死後も生き続けたいという思いがそもそも我欲なのである」とか、「自己の幸福を追求するところに問題がある」というように。それは生来の価値観を覆しつつ提示される考え方である。では、死が私の存在の終わりであることには何の不都合もないではないかとして、これを肯定した場合に、希望はどこにあるか――どのような仕方であれ、「死へと向かう目下の生それ自体に」と応えるしかないであろう。

　終わりのある道行きを歩むこと、今私は歩んでいるのだということ――そのことを積極的に引き受ける時に、終わりに向かって歩んでいるという自覚が希望の根拠となる。そうであれば「希望を最後まで持つ」とは、実は(4)「現実への肯定的な姿勢を最後まで保つ」ということに他ならない。つまり、自己の生の肯定、「これでいいのだ」という肯定である。「自己の生」といっても、生きてしまっている生（完了形）としてみることと、生きつつある生（進行形）としてみることとの二重の視線がある。完了したものという生のアスペクト*における肯定は「これでよし」との満足である。他方、生きつつある生、つまり一瞬先へと一歩踏み出す活動のアスペクトにおける、前方に向かっての肯定、前方に向かって自ら踏み出す姿勢が、希望に他ならない。

　そうであれば、死を肯定するとしても、それが一歩踏み出した先が死であろうともよいのだという肯定的な前向きの姿勢におけるものか、あるいは一歩踏み出すことから退く方向、生を否定する方向におけるものか、が差異化する。つまり、それは希望ある死への傾斜と絶望からの死への傾斜との区別である。前向きであり得るかどうかは、完了形の生（これまで歩んできた生）を肯定できるかどうかにかかる。絶望は、現状の否定の上での、一歩踏み出すことの拒否である。

では、どこにそうした肯定的な姿勢の源を求めることができるだろうか――人間の生のそもそものあり方に、だと思う。生は独りで歩むものではない。共同で生きるように生まれついている人間は、皆と一緒に、あるいは、少なくとも誰かと一緒に、歩むのでなければ、肯定的姿勢を取れないようにできているらしい。そうであればこそ、希望は「自分は独りではない」ことの確認と連動する。死に直面している人と、また厳しい予後が必至の病が発見された人と、医療者が、家族が、友人が、どこまで共にあるかが鍵となる。「先行きはなかなか厳しいところがあります。でも私たちはあなたと一緒に歩んで行きますから」――私が敬愛する医療関係者たちが「希望のもてる説明を！」というリクエストに対して見出した応答は、まさしくこのことに言及するものであった。――もちろん、悲しみが解消されるわけではない。悲しみは希望と共にあり続ける。(5)<u>それが死すべき者としての人間にとっての希望のあり方なのであろう。</u>

（清水哲郎「死に直面した状況において希望はどこにあるのか」より。一部省略）

注（＊）アスペクト＝局面、様相。

問一　傍線部（1）について、なぜ「調和しない」のか、説明せよ。

解答欄：一四・〇㎝×五行

問二　傍線部（2）の「公共的には根拠なき希望的観測」とは、ここではどのような意味で使われているのか、説明せよ。

（文系のみの出題）

解答欄：一四・〇㎝×五行

問三　傍線部（3）の「人間の生来の価値観」とは、この文脈の中ではどのような意味か、説明せよ。

解答欄：一四・〇㎝×三行

問四　傍線部（4）の「現実への肯定的な姿勢を最後まで保つ」とはどのようなことか、説明せよ。

解答欄：一四・〇㎝×五行

問五　傍線部（5）の「希望のあり方」について、筆者は文中でどのように考えているか、説明せよ。

解答欄：一四・〇㎝×六行

二〇〇七年度　文系

二

次の文を読んで、後の問に答えよ。

つい十間ばかり前を歩いていた男が外套のはしを車にひっかけられて、ころりと地面に転がった。

私のそばを通っていた二人づれの娘さんが、アッとも、キヤッともつかぬ声をあげて、一瞬手で顔を蔽《おお》った。が、そのときであった。通りの向う側に立っていた一人の男が、しごくひょうきんに、これはまた、ヘッ！　ころびやァがった、というような言葉をかすかに発するのを私は聞いた。

どうも日本では、他人の危険を目の前にして、やはり、キャッとか、アレッのほうが、はるかに評判がいいようである。他人の危険をそのまま己れの危険と感じ、胸のとどろきが直ちに同情の叫びとなり、ジェスチュアとなってあらわれるからであろう。それに反して、ヘッ！　ころびやァがったのほうは、どうも点数が落ちる。心が冷たいといわれる。(ア)ひじょうと批評される。だが、果たして簡単にそんなものなのであろうか。私は妙に、ヘッ！　ころびやァがった、に心惹《ひ》かれるのである。

もちろん、腕一つのばせば、助け起こしてもやれる目の前の出来事だとか、目に見えて瀕死の重傷でも負ったというならば論外だが、いずれは十間も遠いさきの、(イ)どうあせったところで手の貸しようもないこうした小椿事《ちんじ》、果たしてころびやァがったが冷たくて、アレッ！　と顔を蔽うだけが温かい心なのだろうか。ヘッ！　ころびやァがったは、いわば出来事と見る人との間の心の距離感の余裕から生まれる。アレッ！　は、いってみれば(1)対象への自己没入である。日本人の欠点として、よくユーモアの不足ということがいわれる。いう意味は、日本人にはあまりにも自己没入型が多すぎるということなのではなかろうか。自己没入からはユーモアは生じない。

アメリカの心理学者ウィリアム・ジェームズは、たしか心の型を二大別して、「硬い心（タフ・マインド）」と「軟らかい心（テンダー・マインド）」とに分けていたように思う。「軟らかい心」は自己没入型である。主観的で、感傷的、センチメンタルで、悲観的だとたしか規定していたように思う。それに対して「硬い心」は、客観的で、理性的で、楽観的である。(2)ヘッ！ ころびやァがったにもなるゆえん。

国民性的に見ても「軟らかい心」のせいか、すべて悲壮である。勝っても泣き、負けても泣く。雨と涙の感傷的歌謡曲ばかりやたらに流行《はや》る。ヒットするメロディーは、由来まず短調にきまっている。いまの言葉でいえば、さしずめウエットなのだ。

がそうした湿りがちな気質の中で、私は川柳文学というものの「硬い心」を(ウ)ちんちょうしたい。

伊丹の俳人鬼貫《おにつら》は「行水のすてどころなし虫の声」と、日本流ウェットを(エ)はっきりしている。だが、川柳子はもじっていう。「鬼貫は夜中タライを持ちまわり」と。そうだ、いかに秋の虫の音をいとおしむからといって、まさか夜通しタライを持ちまわっていたわけでもあるまい。捨てどころはあったにちがいないのである。(3)そのいわば感傷的誇張が、川柳子のカンにピンと来たものにちがいない。

「起きてみつ寝てみつかやの広さかな」は、いうまでもなく加賀の千代女の句として伝わるものである。が、これまた川柳子はいう、「お千代さんかやが広けりゃ入ろうか」と。註解までもあるまい。

ギリシャの古詩人ホメロスに「オデュッセイア」と題する長篇叙事詩がある。主人公の武将オデュッセウスは、凱旋の帰途、海上に難船し、おまけに部下数名を怪物の餌食にされ、やっと海岸に(オ)ただよいつく。そこで作者ホメロスは歌う。彼等はたらふく食った。そして満腹を感じたとき、はじめて不幸な仲間たちの運命を悲しんで泣いた、と。(4)空腹も忘れて悲しんだ、などとは書いていないのである。

（中野好夫「多すぎる自己没入型」）

問一　傍線部(ア)〜(オ)を漢字に改めよ。

問二　傍線部(1)はここではどのようなことをいっているのか、説明せよ。

解答欄：一四・〇㎝×二行

問三　傍線部(2)について、筆者は「ヘッ！　ころびやァがった」という言葉は、どのような態度から発せられたと考えているのか、説明せよ。

解答欄：一四・〇㎝×三行

問四　傍線部(3)はどのようなことをいっているのか、前に引かれた俳句と川柳に即して説明せよ。

解答欄：一四・〇㎝×六行

問五　傍線部(4)について、筆者はホメロスの表現をどのようなものとして受け止めているのか、文章全体の趣旨をふまえて、説明せよ。

解答欄：一四・〇㎝×六行

二〇〇七年度　理系

二

次の文を読んで、後の問に答えよ。

かつて、「若者の活字離れ」と言われた。しかしこれだとてあまりにも不正確だ。これは、「かつて本を読んでいた若者の活字離れ」で、「大学生の活字離れ」というものでしかない。その昔、世の中には大学生以外の若者だとて大勢いた。初めから本なんか読まないでいた〝若者〟だとてゴマンといたのだ。「今の若者は難解な思想書など読まない」と、この二十年ばかり言われ続けて、しかしその一方で、平気で難解な思想書を読む若者だとて増え続けてはいるのだ。もっと物事を正確に言ってほしかった――「今の若者は、私達が読んだような思想書は読まずに、別の思想書を読んでいる」と、それだけのことだった。本を読むやつはいつだって読む。本を読まない人間は、いつの時代にもいる。そしてこの近代という期間の日本は、その両者に対して、「本を読むべきだ。本を読むということが自身の思考力を身につけることなのだ。人は言葉で思考し、その思考を言葉によって整理する。人にとって思考と認識とは、人である限り続く義務であり権利であるはずのもので、そのことの結果によって得るものが〝自由〟と呼ばれるものだ」と、知性なるものが言い続けてきた時代だ。その、強制力にも似た声があればこそ、ともすれば怠惰になりがちな若者達は、かろうじて本を読み続け、思考というか細い力を持続させて来たのだ。その努力を捨てて、(1)活字の側が「活字離れ」などという安易なレッテル貼りで、啓蒙という義務を怠ってよい訳がない。にもかかわらず、活字はそれを怠ったのだ。

世の中には、大学なるものと無縁のままの人間がいくらでもいる。がしかし、それらの人間が知性と無縁である訳ではない。がしかし、大学に代表されるような知性は、そうした〝異質な知性〟の存在を拾い上げられなかった。

世の中には、文章以外の表現はいくらでもある。絵という視覚表現は、文字以上に古い人間の表現手段だ。がしかし、「これをこう読め」と活字なるものに命令されることに馴《な》れてしまった活字人間は、その「どう読み取ってもいいよ」と言っている視覚表現の読み取りが下手だった。まるで「役所の書式に合致していないのでこれは受け付けることができません」と言う(ア)頑な役人のように、自分達とは系統の違う文化の読み取りを、活字文化は拒絶し続けて来た。すべての文化には、それが文化であるような構造が隠されている――だから、読み取りという作業が必須になる。その構造を自身の頭で読むということが、そんなに難しいことだろうか？　(イ)へんけんのない人間は、未知の人間であっても、「この自分の目の前にいる人間もやはり人間なのだから、必ずコミュニケーションを成り立たせる道はあるはずだ」と考えるものだ。人は、現実生活の中で、無意識の内に自分とは異質な異文化――即ち〝他者〟との接点を見出そうとしているものなのに。

(2)活字離れというのは、活字文化という閉鎖的なムラ社会に起こった過疎化現象だ。「ここにいても自分達の生活は成り立たない、ここにいても自分のあり方というものは理解されない」と思った若者達は、トカイという(ウ)雑駁な泥沼に消えて、もう山間《やまあい》のムラには帰って来ない。次代の後継者はムラを去って、ムラはさびれる。さびれてしまったことを理解しない閉鎖的なムラの住人達は、ただ「寂しくなった」という愚痴ばかりを繰り返して、そんな愚痴が、人をそのムラから追い払う元凶の一つでもあることに気づかない。ムラはさびれ、そのムラを発展させてムラ社会という閉鎖性を解き放つはずだった後継者達は、(エ)しょうてんを欠いたトカイの中で無意味な(オ)ろうひを繰り返す。退廃の元凶はどこにあるのかと言われたら、私には、「ムラにある」としか言えない。活字の責任というものは、想像を絶して重いのだ。

（橋本治『浮上せよと活字は言う』より）

問一　傍線部（ア）～（オ）のうち漢字には読みがなを記し、ひらがなは漢字に改めよ。

問二　傍線部（1）の意味をわかりやすく説明せよ。

解答欄：一四・〇㎝×三行

問三　傍線部（2）について、次の問に答えよ。

（A）　活字文化はなぜ「閉鎖的なムラ社会」にたとえられるのか。

（B）　筆者が考える「過疎化現象」とはどのようなものか。

解答欄：各一四・〇㎝×二行

二〇〇六年度

一

次の文を読んで、後の問に答えよ。

私たちは、日常生活で「曖昧《あいまい》」という言葉をしばしば使う。そして、数学的言語に比べて、自然言語による思考は「曖昧」であるとしばしば非難される。この「曖昧さ」に対してどのような態度をとるかによって、世界をその中心で統べているものについて考える方法論は変わってくる。

自然科学者が、それ以外の分野の、自然言語に基づいた思考を非難する際の一つのパターンとして、「そのような議論は厳密ではないから、いくらやっても(1)『お話』であって意味がない」というものがある。

ニュートン力学から最近の超ひも理論に至る数学的形式に基づく自然科学の成果と対比すれば、自然言語に依拠する人文諸学における思考が、「曖昧」なものに見えてしまうのは、仕方がないことである。しかし、だからといって、自然言語による人文学的思考が、数学的形式に基づく自然科学の思考に比べて劣っていると考える必要はない。

というのも、「厳密性」(exactness) と「曖昧さ」(ambiguity) という一見自明な区別の背後には、そう簡単には片づけられないきわめて不思議な事情があるからである。

人間の意識や思考というものが、物質世界に対してどのような関係にあるのか明らかではなかった時代には、人間の思考を物質世界の厳密なる因果的進行と切り離して「ブラックボックス」に入れることができた。(2)そのブラックボックスの中では、すべてのことが可能であった。死者と交信することも、異界のヴィジョンを見ることも、この世界に存在しないものを仮想することもできた。

そのような、「何でもあり」のブラックボックスの中においては、人間の思考が「曖昧」でありうるのは当然であった。世界が因果的な視点からどれほど「厳密」にできていたとしても、思考はそれと切り離されたブラックボックスの中にあるのだから、それは曖昧になることもできたのである。

ところが、一方では思考の数理的基礎の解明が進み、また一方では脳科学や認知科学が発展してきたことによって、世界の中の物質の数学的に厳密な因果的進行から遊離したブラックボックスの中に人間の思考を隔離しておくことが、次第に困難になっていった。

(3)「思考の自然化」とでも呼ぶべき事態の進行の下で、人間の思考はブラックボックスから出された。このような人間の思考の基礎に関する考え方の変化を前にして、思考の曖昧さは自明のことではなく、むしろ(4)一つの驚異であることをこそ見て取るべきである。脳内過程の厳密なる進行に支えられているにもかかわらず、人間の思考がいかにして「曖昧」たりうるのかということ自体が、大変な問題を提起しているのである。

そもそも、人間の思考作用において、「曖昧」ということは本当に可能なのか？　もし可能だとしたら、その思考における「曖昧さ」は、それを支える脳の厳密なる因果的進行と、どのように関係するのか？

世界を因果的に見れば、そこには曖昧なものは一つもない。その曖昧さのない自然のプロセスを通して生み出された私たちの思考もまた、この世界にある精緻《せいち》さの顕《あらわ》れでなければならないはずである。

それにもかかわらず、私たちは、確かに、曖昧な自然言語の用法があるように感じる。もし、自然言語が、厳密な因果的進行が支配する世界の中に「曖昧」な要素を持ち込むということを可能にしているのだとすれば、それ自体が一つの奇跡だというしかない。

この奇跡をもたらしている事情を突き詰めていけば、物質である脳にいかに私たちの心が宿るかという心脳問題に論理的に行き着くことはいうまでもない。

そもそも、自然言語という思考の道具の豊饒《ほうじょう》さの起源は、数学的形式と対置したときに「曖昧」と片づけられがちな、その表現世界の内包する自由の中にあるようにさえ思われる。数学的形式と同じような形で「厳密さ」を追求すれば、自然言語の内包している可能性はむしろ殺されてしまうのである。

自然言語による思考は、曖昧だからこそ力を持つ、などとまで主張するつもりはない。ただ、曖昧さは確かに存在し、言葉に時に疑いようもない力を与えることを確認するだけである。(5)その上であえていえば、自然言語における思考とは、曖昧さの芸術なのである。

恐ろしいことに、その曖昧であるはずの自然言語は、精密な自然法則に伴う脳内プロセスによって生み出されている。この点にこそ、安易な思考停止をすることなく、徹底的に考え抜くべき問題が潜んでいるのである。

（茂木健一郎「『曖昧さ』の芸術」より。一部省略）

問一　傍線部(1)「『お話』」とはどのような意味で言われているか、説明せよ。

解答欄：一四・〇㎝×四行

問二　傍線部(2)について、なぜこのように言えるのか、理由を説明せよ。

解答欄：一四・〇㎝×四行

問三　傍線部(3)「思考の自然化」とはどのような意味か、説明せよ。

解答欄：一四・〇㎝×四行

問四　傍線部(4)「一つの驚異である」というのはなぜか、説明せよ。

解答欄：一四・〇㎝×三行

問五　傍線部(5)にいう「自然言語における思考とは、曖昧さの芸術なのである」とはどのような意味か、説明せよ。

解答欄：一四・〇㎝×四行

二〇〇六年度

三

次の文は、母と祖母の手に育てられた高見順が自分の少年時代を回想した自伝的小説の一節である。これを読んで後の問に答えよ。

大正八年四月、東京府立第一中学校に私は入学した。入学できたと言ふのが至当かもしれぬ。私は十三歳であつた。

私は神田の古本屋街の店を次々にのぞいて行つた。

「簡野道明、新編漢文読本の巻一、ありませんか」

私と同じやうな中学生の客の殺到にそなへて、多くの古本屋はその店の前に臨時の台を出し、それにあらゆる種類の古本の教科書を堆《うづたか》高く積んで、番頭や小僧たちが立ち並び、

「はい、いらつしやい。簡野さんの漢文？　へい」

と年に一度の活況に、浮きうきとうかれたやうな応待振りであつた。

私はこのやうに教科書に古本のあることを知らず、はじめは普通に、三省堂で新しい教科書を購入しようと神田へ行つたのだが、行つて見て、さういふ古本屋の存在を知り、新本を買ひ揃《そろ》へられる金は母親から貰《もら》つて持つてゐたけれど、少しでも安い古本を買つて母親の負担を軽くしようと思ひ立つたのだつた。まことにいぢらしい心根といふべきだが、それは古本屋の存在を知らされたためといふより実際は、古本屋の前に群を成して詰めかけてゐる中学生の存在が私にさういふ勇気を与へたのである。(1)さういふ群が私を刺激し私を支へるといふことがなかつたら、私はさういふ「親孝行」を行ふことはできなかつたに違ひない。さういふ群のなかには、府立の生徒は、殆《ほと》んどといつていい位見かけなか

つた。府立はその頃、五中までしかなかつた。

私は古本を買つたことによつて何か大変いいことをしたやうな喜びを味はつたものであつたが、いざ授業となると、前後左右、いづれも真新しい、丁度《ちやうど》仕立おろしの着物のやうなぱりッとした本を開いてゐるなかで、私のだけが丁度よれよれの着物のやうな汚ならしい、持つとぐにやりとなる本なのに、——さあ、何んともいへない屈辱の想ひに襲はれた。ちよつとの金の違ひで、やつぱり軽率だつたと後悔され、自分のしみつたれた貧乏人根性がいまいましかつた。

「兄貴のお古なんだよ。いやになつちやう。……」

さういふいつはりの弁解を逸早《いちはや》く狡猾《かうくわつ》にも用意したが、心は穏かでなかつた。裏表紙に、どこの誰とも分らない前の持主の名前が書いてあるのを、墨で丹念に黒々と消したけれど、(2)その黒い跡はまるで犯罪の痕跡《こんせき》のやうに私をおびやかしてやまなかつた。

まことに、羞恥といふより虚栄心であつた。ひとたび、古本を買はうといふ勇気を持ち、買つたことによつて、(3)吝《りん》嗇《しよく》の喜びでない一種美しい喜びを持つた以上、何故その勇気と喜びとを貫き通さうとしなかつたのか。貫き通すことができなかつたのか。——この弱さ、この種の怯懦《けふだ》は、思へば、私のいままでの生涯に常に色々な場合と色々な現はれに於て、つきまとつてゐた。

「角間。教科書に書き入れをしてはいかん」

ある日、私たちの机の間を見廻《みまは》つてゐた教師が、私の漢文教科書にふと目をとめて、言葉鋭く私を咎《とが》めた。

それは、私のでなく、古本の前の持ち主の書き入れであつたが、前の持ち主はよほど(4)熱心な劣等生と見え、下らない書き入れがびつしりとしてあるのは、汚ならしいとともに腹立たしく、私自身「いかんぢやないか」と私の知らない前の持ち主に毎度、怒つてゐたところだつた。

桃李不レ言下自成レ蹊——この桃李に「トウリ」とインキで仮名が振つてある。いかにも私が劣等生で桃李が読めないかのやうで情けなかつた。責レ善朋友之道也、——責ムルに「ススムル」と仮名がつけてあり、それで、その仮名が眼に入つて、「責」をさう読ますのだと覚えるのに邪魔であつた。

「これ、僕ぢやないんです」

私は顔から火の出る想ひだつた。

「お前が書いたんぢやない？」

「ええ」

「なんだと」

教師は荒々しく本を取り上げ、ぱらぱらと頁《ページ》を繰り、そして古本とさとると、険《けは》しい表情を変な困惑のそれに変へて、

「ふん。消さんといかんな。消さんと……」

インキで書いたのをどう消したらいいか。勿論《もちろん》私は聞きはしなかつたが、教師もその点、何も言はず、そそくさと去つて行つた。(5)叱責《しつせき》を悔いてゐるやうなその後姿は、叱責よりも強く私を悲しませた。

（高見順「わが胸の底のここには」より。一部省略）

問一　傍線部(1)はどのようなことを言っているのか、説明せよ。

解答欄：一四・〇㎝×四行

問二　傍線部(2)について、「犯罪の痕跡」のように思えたのはどうしてか、説明せよ。

解答欄：一四・〇㎝×四行

問三　傍線部(3)「吝嗇の喜びでない一種美しい喜び」とはどのような喜びか、説明せよ。

解答欄：一四・〇㎝×三行

問四　傍線部(4)の「熱心な劣等生」とはどのような意味か、説明せよ。

解答欄：一四・〇㎝×四行

問五　傍線部(5)はどのようなことを言っているのか、説明せよ。

解答欄：一四・〇㎝×八行

二〇〇五年度

一

次の文を読んで、後の問に答えよ。

(1)我々の知性は何よりもまず植物的性格である。我々は自然に対する極めて敏感繊細な感覚と感情と叡智とをもっている。これは我々の先天的な素質というよりも、風土的環境との交渉において生成した性質である。我々の知性の風土的性格はたんに季節風地帯という一般的制約のみからは理解されない。我々の環境はたんに季節の循環性を特色とする温帯に位置するだけでなく、大陸に対する位置、地質的構造、水陸の分布等々の極めて個性的な独自な条件が我々の風土の具体的な個性的性格を決定する。そこに存するものはすべて複雑多様・動揺可動を性格とする如き自然である。植物の多様性、したがってまた農作物の多様性もそれに関する。動物の種類の多様性はまたこれに依存する。海岸線の長大、寒流暖流の錯綜《さくそう》が多種豊富な魚類をもたらす。しかし我々の多様はたんに異種の並存というだけではない。正反対のものが対立している。例えば温暖な花咲き風薫る田園もたちまちにして台風洪水の修羅場となる。しかしその対立は持続的でなく暫時的である。暴風の猛威は旬日以上にはわたらない。たちまち一過し去り、その後には何らその痕跡《こんせき》を止めない明朗な依然たる天地が存するのみである。「風光明媚《めいび》」も地震地帯の性格である。通常、「不動」の象徴とされる「大地」も我々にとっては不断に動いている。近代科学の基礎観念である自然の一様性も我々の感性にとってはたんに言葉にすぎない。可能なる限り多様であり複雑である。(2)自然は恒常性法則性においてよりもむしろ逆に無常として理解される。

　これらの風土的性格は同時に我々の知性の性格である。自然の支配というような観念は想到されることもすべてなかったであろう。ただいかに随順すべきかの智恵のみが問題である。かかる多様可動な自然に対処して生きるために、我々は自然に対する精緻《せいち》な観察と敏速な行動とを訓練されてきた。確かに我々の衣食住の生活様式には我々の精緻な自然認識に基づく智恵が看取される。しかしそれはあくまで受動的な経験的知識である。積極的に自然に働きかけ、自己の意志に順応せしめようとする行動的構成的知識ではない。我々の自然の如き複雑多様な自然に対してはこれが最も賢明なる智恵であったかもしれない。複雑多様な我々の自然は分析抽象に堪えず、予測し難い天変地異に対してはその因果性の追究を拒むものがあったであろう。かかる自然に対してはもっぱら自然に随順する受動的態度が最も賢明であったでもあろう。自然の活動力は支配し利用さるべき動力ではなく回避さるべき暴威であり、せいぜいで受容されるべき恩恵に外ならぬ。我々の精神の植物的性格はかくして成立したのであり、そしてそれはまた我々の境位においては最もよき智恵であった。

そこでは自然への随順、むしろ自然と合体することが理念的な在り方である。自然との対立も自然からの独立も意志されない。(3)したがってそこには空想力や想像力が微弱である。空想や想像は自然からの意識的なあるいは意識における可能的な独立、超越に外ならぬからである。これは＊realism でもなく＊idealism でもない。汎《はん》自然論である。植物的精神の性格に外ならぬ。我々の文学の伝統には喜劇も悲劇もない。人間の愚昧《ぐまい》を高所から冷笑する知性の文学も強靭《きょうじん》な性格の受苦を摘出した意志の文学もない。もっぱら情趣的な気分の文学である。このことは結局は自然と区別された、自然に対立する「精神」の意識の欠如に外ならぬ。逆に言えば精神に対立する客観としての自然の意識の欠如である。我々の伝統には「魂の発展」を内容とする文学がない。それは内的にして発展を本性とする魂の観念そのものの欠如による。日本の文学で端的に日本的であり、したがってまた最も古くかつ最も洗練された短歌並びにそれの変容としての俳句においてこの性格は端的に現われている。ここでは精神は有機的に自然と一体となり、自然は精神と融合している。そこでは人間の心即自然の声である。自然の晴曇は直ちに心の明暗である。日本人がほとんど誰でも歌人俳人であり得るのは、その詩型が単純平易であるからではなく、(4)日本人自身の存在の仕方が詩的文学的であるからである。

しかしこの文学的性格は哲学的・科学的・道徳的ないし宗教的から区別されたそれではない。それらすべてに通じるものであり、それ故歌道や俳諧の道が同時に悟道であったり、道徳であったり、学問であったりするのである。これは今日の日本の知識人においても何らかの仕方で認められる性格である。我々の知識人の知識は文学であって哲学でもなく科学でもない。日本の知識人は思想や知識に対して必ずしも潔癖ではない。論理の整合性とそれの堅持に対する情熱は必ずしも強烈ではない。種々なる思想の送迎に当って人々はいかに処するかを顧みれば明らかである。ある思想を受容しこれを愛してもさらに新しき思想を迎える場合にはまず気分的に移易《いえき》し、必ずしもこれに対する思想的清算の過程があるわけではない。極端に言って⑸純粋な思惟《しい》が独立していないのではないかとさえ言える。

（下村寅太郎「知性改善論」より）

注（＊）　realism＝実在論。
　　　　idealism＝観念論。

問一　傍線部(1)において、筆者は「我々の知性」の性格が「植物的」であると主張しているが、それはどういう意味か、わかりやすく説明せよ。
解答欄：一四・〇㎝×六行

問二　傍線部(2)はどのような意味か、わかりやすく述べよ。
解答欄：一四・〇㎝×四行

問三　傍線部(3)について、筆者はなぜ「空想力や想像力が微弱である」と考えているのか、説明せよ。
解答欄：一四・〇㎝×四行

問四　傍線部(4)について、日本人の存在の仕方が「詩的文学的」であるというのはどのような意味か、わかりやすく述べよ。
解答欄：一四・〇㎝×四行

問五　傍線部(5)はどのような意味か、わかりやすく述べよ。
解答欄：一四・〇㎝×三行

二〇〇五年度

二

次の文は横光利一の小説「天城」（昭和十六年）の一節である。新入社員の宇津は、社員旅行で皆と一緒に天城山に登り始めたが、思いのほか険しい坂路で次第に遅れ始める。同じく新入社員の畑中は、従来の社の不文律に反して社員同士で結婚する予定だったため、水を入れた薬罐《やかん》を一人で持たされている。これを読んで、後の問に答えよ。

「薬罐少し持ちませうか。僕は弁当を持つだけでも重いんですが、たいへんでせう。」

宇津はかういひながら弁当だけではなく、片方のポケットに入れてゐた湯呑《ゆのみ》の重さもまた感じた。これも山上で水を飲むときの用意に各自が一つづつ持つて来てゐたものだつた。

「よろしいよ。どうです、いつぱい水飲みませんか。」

畑中は返事も待たず自分の茶碗に水を入れかけた。生唾《なまつば》も咽喉《のど》から切れかかつてゐるほどのときだつたから、一ぱいの水も実にこの坂路では欲しかつたが、やはり誰も飲まずに登るのに、自分ひとり飲むのは宇津も気がさした。

「いや、僕はもう結構ですから、どうぞ。」と彼は急いで押しとめたがもうそのとき畑中は茶碗に入れた水を彼の方へ出してゐた。

「これはどうもすみません。」

宇津は茶碗へ唇を附けかけてみたものの、ふと考へてみれば、一杯の水と雖《いへど》も共同のものであることに間違ひはなかつた。またそれを飲んだとて事立てて怒るもののないことも分つてゐた。が、この度の登山に限り人生行路の競争を模擬してゐることは、暗黙のうちに誰も感じてゐることだつた。してみれば、(1)ここにも自ら犯してはならぬ不文律がひそかに生じてゐる筈だつた。山麓《さんろく》を出発する時の条件を共通にして、罰則として畑中ひとりが水を持たされてゐるのも、つまりは彼の罰だつた。それにそのとき、またこつそりと彼から一杯だけ貰《もら》ふことは、宇津も同様に罪を持たされた結果となつて、(2)不意に襲つて来たこの愛情の重みの処置には多少のうるささも附きまとつた。宇津は茶碗の水を持つたまま、これを零《こぼ》してもならず、飲み干してもならずといふ細かい辛苦でまた坂路をつづけていつた。

そのうちに時間がたつて自然に水も零れてしまふにちがひない。しかし、それまでは自分だけに特に降りかかつてきた災厄として、宇津も適当に心を用ひて責任を果したいと思ふのだつた。ときどきひと思ひに水を飲んでやらうか、とも思ふこともあつたが、(3)何か厳として飲まさぬものが、自分の外の山中の青さの中に潜んでゐた。

「天城は山だと思つてゐなかつたのに、随分こりや嶮《けは》しいですね、どうしてこれは。」

と宇津は、まだ茶碗を返さぬ彼に不審を抱いたらしい畑中から視線を反らして云つた。誰も苦しいときとて物も云はなかつた。つづら折りの山路は今度は折れもせず、一層急な坂になつて来た。平坦な道でも小さな茶碗の水を零さずに歩くことは難しいのに、それに急な坂路を水も流さず登ることは至難だつた。また自然に流れ出る水を待つてゐたとて喜ぶものは誰もなかつた。模擬としてみても、これはあまりばかばかしい実験だと宇津は思ふと、(4)つい気が弛《ゆる》んで彼は茶碗の水を飲んでしまつた。

「ああ、美味《うま》い。どうも有難う。」

宇津が畑中に茶碗を返してゐるとき、後から来たものがそれを見つけてどつと集まつて来た。そして、「一寸《ちよつと》、一寸。」と呼びとめてこつそりとまた水を飲んだ。飲んでから一人が唇を拭きながら、

「みんなの水を飲んで、こりやすまんね。」とにやにや笑つて云つた。

「少しでも飲んで貰ふ方が軽くなつていいですよ。」と畑中は笑つた。彼は水を持たされる番であるから、飲むものの辛さの方が分らぬのだと宇津は思つた。

飲み終つた共犯者だけまた躯《からだ》を左右に振つて坂路を登り出したが、宇津は登る気力の中から薄暗く曇つた気持ちの降りて来るのを感じた。人に後で分つたとて恐れることはないとはいへ、何となく霽《は》れぬ気分は爽爽《すがすが》しい山気と反対に、

だんだん重く心に溜《たま》り込んで来て取れさうもなかつた。同じ山を登るなら、爽快に山上の空気を吸ひたいと思つてゐる一行の登山であつてみれば、裡《うち》に心の曇りを抱いてゐては、何のための山登りだつたのか、これは無益なことになつたと、(5)宇津の後悔はさらにまたこのときから別なものに変つて来るのだつた。

急坂はまだつづいてゐた。勢ひ立つて先に登つていつた者らも宇津たちに追ひ抜かれて来た。熊笹の中に腰を落してゐるものらも多くなつたが、宇津はそれらを抜くたびに、もう鷹揚《おうやう》な挨拶も出来ない心の渣滓《さし》*を感じた。

注（＊）　渣滓＝沈殿物。おり。

問一　傍線部(1)はどのようなことを言っているのか、説明せよ。　解答欄：一四・〇㎝×五行

問二　傍線部(2)はどのようなことを言っているのか、「愛情の重み」の意味するところを明らかにして説明せよ。　解答欄：一四・〇㎝×六行

問三　傍線部(3)はどのようなことを言っているのか、説明せよ。　解答欄：一四・〇㎝×三行

問四　傍線部(4)について、その理由を説明せよ。　解答欄：一四・〇㎝×五行

問五　傍線部(5)について、「別なもの」とはどのようなものか、説明せよ。　解答欄：一四・〇㎝×三行

二〇〇四年度

一

次の文は、昭和十一年に作者が、イタリアに留学する息子に送った書簡文からの抜粋である。よく読んで、後の問に答えよ。

若い溌剌《はつらつ》とした感受性と疲れを知らない理解力であらゆることを知り、探求し、学び取ることは、まことにあなた方に課せられた、またそれ故にこそ意義ある愉《たの》しい征服ではないでしょうか。それとともに忘れてはならないのはあなた方の吸収した専攻学科の知識をただそれだけの孤立したものとしないで、人格的な纏《まと》まりのある一つの立派な教養にまで押しひろげるように心掛くべきことだと信じます。

それではなにが教養かということについてはいろいろ複雑な規定を必要とするでしょう。しかし最も素朴な考え方をすれば、知識が単に知識として遊離しないで総合的な調和ある形で人間と生活の中に結びつくことだといってよいだろうと思います。(1)普通それとともに対句のように並べられる趣味と非常に似通っているようで内容的に遠い距離がその間にあるのも、それはただ生活と事物のほどよい味わい方を知ることであり、これはもっと根の深い積極性をもっているためであります。同時にまた趣味のある暮らし方をするということが、有閑的な無駄な消費生活と見做《みな》されるように、教養も尊敬の代りに軽蔑と反抗で否定されかねない場合があります。遠くはフランス革命のあとに見出された、近くはまたロシア革命の直後にもっとも過激に生じた現象によって、また一層手近い昭和五、六年を頂点として日本の社会にも汎濫《はんらん》したマルキシズムの洪水の中に見た例で、私たちはそれをはっきり知ることが出来ます。パンの問題がただ一つの社会的なむしろ人生的な関心であった当時の若い人々にとっては、教養などという言葉は虫の喰《く》った古代語に過ぎない上に、寒暑を凌《しの》げば足りる着物に余計なひだ飾りをつけたり、儀容を張ろうとして芝居の衣裳めいた陣羽織や外袍を着たりすると同じくらいに異様に贅沢で滑稽にさえ感じられたのです。そうして錦繍や宝石がブルジョアに専有された剰余価値を形象化したものであるように、教養もまた他の優雅な趣味とか高い徳操とかと等しく、不当所得の拵《こし》らえあげたものに外ならないと考えようとしたのでした。この気早い断定も若い一図《いちず》な憤激の迸《ほとばし》りとして十分同情的に見得た人々も、彼らの否定が教養から知識にまで喰い込みそうな形勢を示した時には厳しく反対しないではいられませんでした。あなた方の高等学校からの友達が未練なく大学をやめたり、またやめさせられたりするのを見るたびに母さんもひそかに重い溜息をついた一人でした。逆巻く濁流に飛びこんで抜き手を切ろうとするには、泳ぐことに飽くまで熟練していることとともに、それを基礎づける強い体力と、より強い不撓《ふとう》な意志を必要とするのではないでしょうか。単なる興奮や勝利感だけでは決してドーヴァーを乗り切ることは出来ないのですから。しかし高みの見物ということがこうした場合いかに良心的に苦しいものであるかは十分察しられます。またそれを思い悩まないほど主我的に若いこころが圧《お》し歪《ゆが》められているとすればかえって怖ろしいことです。それにもかかわらず彼らの学業の抛棄《ほうき》に賛成することが出来なかったのは、人がそのおかれた位置を各自に守ることはいろいろな意味で非常に大切だと信じていたからでした。

(2)これらの考え方はあまりに知識の偏重に陥ったものだと攻撃されそうな気がします。しかし現代の日本の高等学校ないし大学の教育で彼らが多すぎたことを怖れるほど豊富な知識が果たして与えられているでしょうか。豊富に見えながら単に雑多な、きれぎれの、基礎的なものから遊離した知的断片が押しこまれていないと誰が証明し得るでしょう。あなたの専攻した古典語に例を取ってみても、原語で『イリアス』や『オデュセイア』の読める人が果たして日本に幾人いるかと思われるくらいです。他の学問のことは多くをいう資格がないのですが、私は外国語を媒質として摂取されていた明治時代からの欧州文化の享受法について或る漠然とした疑惑をもっていた一人でした。一言にしていえば(3)逆コースを駆っているような気がしてならなかったのです。ヨーロッパの学者たちは彼らの種々な学問に対して源泉からいとも自然に流れにそうて下るような便利な研究方法が取れるに反し、私たちはその末端《まったん》の渦のあいだで押し揉《も》まれたり、溺れかけたり、さんざ無駄をした後にどうかして上流に溯《さかのぼ》ってみなければならないと心づく時には、もうその時間も体力も残されていない状態になっています。むしろその水流がどこに発してどう集まり、どう迂曲しているかを知ることなしにその流域について論じたり、水勢や水色の変化を考えたりしている場合が多いのだと思います。それらは外国の文化の移植に際してその伝統の根元をなすものを全き繋《つな》がりのまま輸入する代りに、急場の必要に応じて枝を折ったり、樹皮を剝《む》いたり、葉だけ摘んで持ち込んだりした結果に外ならないのであり、私たちの日本に於ける明治初期のなんでも手っ取り早いことを第一条件とした享受の仕方は、(4)その形態を特殊にしたとともに弊害と不備をも内在させたことは否定されないと信じます。なにか魔法じみた迅速さで手際よく拵らえあげた仮屋にそれがいつとなしに生じさせた雨洩《も》りは、教育者たちをして古来の淳風美俗に汚点を印するものとして嘆かせ、為政者らはまた政治的ならびに社会的機構のすべてに亙《わた》って建てつけが狂いだしたのを見つけてあわてています。結句人々は取り入れ方の如何を考えるまえに取り入れたものが間違っていた、もしくはこれ以上に取り入れる必要はないほど十分取り入れたとして今度はかえってそれを排除することに努めようとしているのです。これに対して私はまえに高等学校や大学に於ける知識の偏重の問題に触れた時に提出した疑問をここでも再び繰り返したいと思います。

はじめ私は教養を素朴に規定して知識が単に知識として遊離しないで人間と生活の中に総合的な調和ある形で結びつくことだ、といったと思いますが、ここでもう少しくわしくいい直して、人々がよい教養をもつということはその専攻した知識を、もしくはさまざまな人生経験を基礎としてひろい世界についても周りの社会に対しても正しい認識をもつとともに、つねに新鮮で進歩的な文化意識に生きることだというところまでその円周を押しひろげたく思います。またそうすることによって教養が人間性の完成にいかに深い意義をもつかを証明することが出来るのですから。働いても働いても食べられないというような人間をなくするばかりでなく、耕地で土塗《ま》みれになったり、工場で綿埃《わたぼこり》をあびたりしている男たちや女たちが、仕事着を脱いで一服吸いつける時にはどんな高い知識や文化についても語り合えるような教養人になってこそはじめて立派な進歩した社会といえるのではないでしょうか。

(野上弥生子「ローマへ旅立つ息子に」より)

問一　傍線部(1)について、類似点と相違点がわかるように作者の考えを述べよ。

解答欄：一四・〇㎝×六行

問二　傍線部(2)で、知識の偏重だとして攻撃する考えとはどのようなものか、説明せよ。

解答欄：一四・〇㎝×三行

問三　傍線部(3)について、どの点が「逆コース」であるのか、説明せよ。

解答欄：一四・〇㎝×七行

問四　傍線部(4)をわかりやすく説明せよ。

解答欄：一四・〇㎝×七行

問五　作者は「教養」とはどのようなものであるべきだというのか、簡潔にまとめよ。

解答欄：一四・〇㎝×七行

二〇〇四年度

三

次の文を読んで、後の問に答えよ。

偉大な思想家の思想といふものは、自分の考へが進むに従つて異なつて現れて来る。そして新たに教へられるのである。例へば、古代のプラトンとか近代のヘーゲルとかいふ人々はさうと思ふ。私はヘーゲルをはじめて読んだのは二十頃であらう、併《しか》し今日でもヘーゲルは私の座右にあるのである。はじめてアリストテレスの『形而上学』を読んだのは、三十過ぎの時であつたかと思ふ。それはとても分からぬものであつた。然るに五十近くになつて、俄《にはか》にアリストテレスが自分に生きて来た様に思はれ、アリストテレスから多大の影響を受けた。私は思ふ、書物を読むと云ふことは、(1)自分の思想がそこまで行かねばならない。一脈通ずるに至れば、暗夜に火を打つが如く、一時に全体が明らかとなる。偉大な思想家の思想が自分のものとなる。私は屢若《しばしば》い人々に云ふのであるが、偉大な思想家の書を読むには、その人の骨《こつ》といふ様なものを掴まねばならない。そして多少とも自分がそれを使用し得る様にならなければならない。偉大な思想家には必ず骨といふ様なものがある。大なる彫刻家に鑿《のみ》の骨、大なる画家には筆の骨があると同様である。骨のない様な思想家の書は読むに足らない。顔真卿《がんしんけい》の書を学ぶと云つても、字を形を真似するのではない。

例へば、アリストテレスならアリストテレスに、物の見方考へ方といふものがある。そして彼自身の刀の使ひ方といふものがある。それを多少とも手に入れれば、さう何処までも委《くは》しく読まなくとも、かういふ問題は彼からは斯《か》くも考へるであらうといふ如きことが予想せられる様になると思ふ。私は大体さういふ様な所を見当にして居る。(2)それで私は全集といふものを有《も》つてゐない。カントやヘーゲルの全集といふものを有たない。無論私はそれで満足といふのでもなく、又決してさういふ方法を人に勧めもせない。さういふ読み方は真にその思想家の骨髄に達することができればよいが、然らざれば主観的な独断的な解釈に陥るを免れない。読書は何処までも言語のさきざきまでも正確に綿密でなければならない。それは云ふまでもなく万人の則るべき読書法に違ひない。それかと云つてあまりにさういふ方向にのみ走つて、徒《いたづ》らに字句によつて解釈し、その根柢に動いて居る生きものを掴まないといふのも、膚浅《ふせん》な読書法といはなければならない。精密な様で却《かへ》つて粗笨《そほん》といふこともできるであらう。

何人も云ふことであり、云ふまでもないことと思ふが、(3)私は一時代を画した様な偉大な思想家、大きな思想の流れの淵源となつた様な人の書いたものを読むべきだと思ふ。かかる思想家の思想が掴まれれば、その流派といふ様なものは、恰《あたか》も蔓《つる》をたぐる様に理解せられて行くのである。無論困難な思想家には多少の手引きといふものを要するが、単に概論的なものや末書的なものばかり多く読むのはよくないと思ふ。人は往々何々の本はむつかしいと云ふ。唯むつかしいのみで、無内容なものならば、読む必要もないが、自分の思想が及ばないのでむつかしいのなら、何処までもぶつかつて行くべきでないか。併し偉大な思想の淵源となつた人の書を読むと云つても、例へばプラトンさへ読めばそれでよいと云ふ如き考へには同意することはできない。(4)唯一つの思想を知ると云ふことは、思想といふものを知らないと云ふに同じい。特にさういふ思想がどういふ歴史的地盤に於て生じ、如何なる意義を有するかを知り置く必要があると思ふ。況《ま》して今日の如く、在来の思想が行き詰つたかに考へられ、我々が何か新たに踏み出さねばならぬと思ふ時代には尚更と思ふのである。如何に偉大な思想家でも、一派の考へが定まると云ふことは、色々の可能の中の一つに定まることである。それが行き詰つた時、それを越えることは、この方に進むことによつてでなく、元に還つて考へて見ることによらなければならない。如何にしてかういふ方向に来たかといふことを。而《しか》してさういふ意味に於ても、亦思想の淵源をなした人の書いたものを読むべきだと云ひ得る。多くの可能の中から或る一つの方向を定めた人の書物から、他にかういふ行き方もあつたと云ふことが示唆せられることがあるのでもあらう。

（西田幾多郎「読書」より）

問一　傍線部(1)について、「自分の思想がそこまで行く」とは、具体的にはどういうことを指すと考えられるか、わかりやすく述べよ。　解答欄：一四・〇㎝×四行

問二　傍線部(2)で筆者は「全集を有つてゐない」と記しているが、それはなぜか、またそのことを筆者はどのように考えているか、わかりやすく述べよ。　解答欄：一四・〇㎝×六行

問三　傍線部(3)について、なぜ筆者はこのような人の本を読むことを勧めるのか、わかりやすく述べよ。　解答欄：一四・〇㎝×五行

問四　傍線部(4)について、なぜ「唯一つの思想を知る」ということが、「思想といふものを知らない」ということと同じなのか、わかりやすく述べよ。　解答欄：一四・〇㎝×四行

問五　筆者はどういう読書法を勧めているか、簡潔に述べよ。　解答欄：一四・〇㎝×五行

二〇〇三年度

一

次の文を読んで、後の問に答えよ。

書籍と申すものは、世の中の人々の言うように、まことに便利で有難いものではあるが、どうも気味の悪いものでもある。このような告白は畢竟《ひっきょう》するに、僕自身の精神力の弱さと才能の薄さとの告白になるだけである。しかし、お恥かしい話だが、僕は未だかつて一冊の本を読了した時に、「己は完全にこの本を読み終えたぞ」という感慨を抱いたことがないから仕方がないのである。いくらアンダーラインをしたりノートを取って丹念に読んでみても、あるいは、そんなことをするから著者の精神がわからぬのだろうから、ノートなど取らずに絶えず呑《の》んだ気になってやれ、と思いながら読み通しても、いずれにしても何か読み残してはいまいかという不安に必ずつきまとわれるのである。そして、読み返してみると、必ず新しいことを読み取るのを普通とする以上、事実僕は常に何かを読み残していることになるのである。昔から(A)「眼光紙背に徹する」人々がいるようだが、まことに羨《うらや》ましい限りだと思う。僕などは、結局(B)「眼光紙面に彷徨《ほうこう》する」族であろうと思ってつくづく悲観している。

しかし、半分慰めになるような、あるいは、さらに僕を悲観させかねないような、(1)一つの人間的事実が読書には介在するもののようである。これはわかりきった常識的事実ではあろうが、本来我々の持っている問題の量や質が我々の認識の量や質とを決定するものであり、我々が少し反省してみると、「我々にわかることしか、あるいはわかろうと望んでいるものだけしか、我々にはわからない」というはなはだ寒々とした真実に突き当たるもののようである。そして、我々の持つ問題とは我々の生活や生理や年齢やその他色々なものの変化につれて変身化態して行くものである以上、一つの書物を読むに当たっても、必然的に読み残しがあることも当然だと言うことになる。つまり、読書に際して僕の持っていた問題に応ずるだけの理解しか得られないのが当たり前になり、読み残しが必然的に存在し、完全に読んだという感情を持てないのも当然であって、それを慨《なげ》くのは神経衰弱の徴候だとも考えられるのである。しかしまた、そうしてみれば、一冊の書物というものがいよいよ気味が悪くもなり、一体書物というものは何物だろうと考え、そのプロテ*ウス的変貌《へんぼう》可能性にますます畏怖《いふ》の念を覚え、モンテーニュという人のひそみにならって、人間も書物もまことに「浮動常なく多様な《オンドワヤン・エ・ディヴェール》」ものであるわいなどと、あきらめかねたような吐息を洩《も》らすしだいである。昔読んだ本などを、何かの用で調べるために繙《ひもと》く場合など、仰々しく引かれた傍線の箇所がのっぺらぼうな顔になり、かえって傍線も何も施してない行文の間に、鮮明なまた親しみのある表情が浮び上がって来ることが僕にはしばしばある。そして、現在読んでいる書物を「不可解な愛人」を眺めるように打ち眺めながら、何とも言えない心細さを感ずるのが常である。これは、僕一個人の告白的似而非《えせ》理論であるが、僕以外の人間にも当然同じ現象があってもかまわぬはずだと考えると、これまた同類・同罪意識によって一時僕は卑怯《ひきょう》にも慰められるけれども、たちまちさらに深い気味悪さを書物に対して抱かざるをえなくもなるのである。つまり、読者の複数性のために、書物は、いよいよもって「浮動常なく多様な」読まれ方をすることにもなりうるからである。僕はかつてある外国の小説を翻訳したが、その小説の中に、作中の人物（作者が愚弄《ぐろう》しきっている人物）が表面は如何《いか》にももっともらしく、しかし実際は出鱈目《でたらめ》な文学論をする場面があった。ところが、僕の翻訳を読んで下さった方が、ある新聞にブック・レヴューをされるに際して、その出鱈目な文学論を作者の文学観として非常に推賞しておられたのである。僕は、一時、大いに悲観もし憤慨もしたけれども、他人《ひと》のふり見て我がふり直せと思い返し、いよいよますます書籍というものの気味悪さに撃たれてしまったのである。結局のところ、マラルメという詩人が考えたように、作品（書籍）は出来上がったら最後、作者のものではなくなり、万人の所有に属し、しかも誰の所有にも属さぬ独自な生存を獲得するもののようである。譬《たと》えて言ってみれば、書籍と申すものは、(2)不可思議な現像液のようなものであって、読者各自の精神の種板*にあらかじめ写しおかれた影像を現像してくれるものなのだろう。作者がその作品に善意をいくら籠《こ》めても、作品は独自の営みを続け、案外不善意な結果をある読者に及ぼすこともありうるかもしれぬのである。

モンテーニュは、その『エッセー』の第一巻第二十四章で、次のようなことを言っている。「有能な読者は、他人の書いたものの中に、作者がこれに記しとどめ、且つこれに具わっていると思ったものとは別個の醍醐味《だいごみ》をしばしば見出して、これに遥《はる》かに豊かな意義と相貌とを与えるものだ」と。つまり、眼光紙背に徹して作者の面目を隈《くま》なく理解するのみならず、それ以外のことをわかるという意味なのであろう。つまり、作者が現像液に予定しなかったような作用を(3)有能な読者はその現像液をして行なわしめるという意味であろう。もちろんこれは、一冊の本を全く見当違いをして読んで作者の意図を故意だと思われるくらい誤解するとか、倫理の書籍の中から盗賊の自己防御の具を読みとるとかいうことが有能だと言っているのでないことは明らかである。一冊の書籍を読むに当たっても、その人の当面の問題のみならず、心中に潜んでいたあらゆる問道が濃淡さまざまあろうが一様に浮かび上がって来て、みな大鳥籠《かご》内の小鳥の群のように囀《さえず》り出すというような心境ではないかと思う。そして、現在の新聞紙のように模範的な希薄さを持った現像液でも、有能な読者は各自の強力剤を用意してなかなか深い読み方も出来るというわけになる。こういう具眼の読者になることはなかなか容易な業ではなく、畢竟するに、我々がなるべく多くの問題を常に生き生きと用意しておけるようになることが必要となるのであり、そのためには、「遂《つい》に己は本を読み能《あた》わぬのだ」などと泣き言は吐かずに、読めば読むほど新しくなる気味の悪い書物をいよいよ愛しますます読まねばならぬものなのだろう。

（渡辺一夫「書籍について」より）

注（＊）　プロテウス＝ギリシャ神話で、海に住む老人。ポセイドンの従者。予言と変身の術に長じた。
種板＝写真の原板。乾板。

問一　筆者は自らを〔B〕といっているが、その意味を〔A〕と対比しながら説明せよ。　解答欄：一四・〇㎝×六・〇㎝

問二　傍線部(1)は何をさすのか、本文に即して述べよ。　解答欄：一四・〇㎝×五・〇㎝

問三　傍線部(2)について、筆者はなぜ書籍を不可思議な現像液のようなものというのか、説明せよ。　解答欄：一四・〇㎝×五・〇㎝

問四　傍線部(3)の「有能な読者」と「現像液」との関係はどのようなものであるといっているのか、わかりやすく説明せよ。　解答欄：一四・〇㎝×五・〇㎝

問五　書籍が「気味の悪い」ものであるという筆者の考えを、簡潔に要約せよ。　解答欄：一四・〇㎝×八・〇㎝

二〇〇三年度

二

次の文は、作者が自分の小学校時代を回想した小説の一節である。これを読んで後の問に答えよ。

　学校へあがつた私にぼやぼやつとした幾日がたつた。そこへ最初の大事件が起つた。ある日最後の時間をすませ鞄《かばん》をかけて門まで出たら、ぱらぱらと雨がおちてきた。雨といふほどではなし、大抵家が近いので仲間の者どもは平気で帰つてゆく。なかには雨だ、雨だ、と仰山《ぎやうさん》に騒ぎたてて韋駄天《ゐだてん》走りをしてゆく奴もある。ところがかねがね、急に雨がふつてきたら濡れて帰らずに学校で待つてるやうに、おばさんがきつと迎ひにゆくから、と懇々《こんこん》いひきかされてた私は——伯母さんはこの弱い子を一粒の雨にもあてまいとしたらしい——足どめにかかつたみたいに立ち竦《すく》んでしまつた。お友達はみんな帰つた。上級の生徒も私なぞには目もくれずぞろぞろ帰つていつた。姉たちのはうは先にひけたとみえて姿が見えない。一足遅れて先生も平気で帰つてゆく。平気でないのは私だけだ。学校がしんかんとしてきた。だのに伯母さんは待てどくらせど迎ひにきてくれない。で、もうかもうかと坂の上のはうを見ながら途方にくれてるところを、小使のおかみさんが見つけた。門でもしめにきたのだつたか。家の近いことは知つてるから、早く帰るやうにすすめたにちがひない。が、私は伯母さんのいひつけを守つていつかな動かない。かまはず帰ればとうの昔家にゐるじぶんだのに、表に立つてるもので、いくらばらばら雨でも濡れてくる。それよりも(1)私のはうがやがて大雨になりさうな模様だ。

　おかみさんが手こずつてるところへ、(2)運悪くひとり遅れて出てきたのが二、三年上級の女の子だつた。おかみさんは私たちの帰り路が同じだといふことを知つてたのだらう。幸ひその子が傘をさしてたもので、私を入れていつてくれるやうに頼んだ。見たところからも、いやといへるやうな子ではなかつたらしい。高等二年——今の六年——までは席は左右に分かれながら男女共学だつたけれども、さうした危急存亡の場合でさへ相合傘なぞはもつてのほかなので、仲間に見つかつたが最後いい物笑ひになる時代だつた。その子は迷惑至極だつたらうが、おかみさんに押されてはひる私を黙つて傘に入れて歩きだした。どちらも息をころして足もとを見つめたまま、我にもあらず足をはこぶ。旧幕時代引《ひき》廻《まは》しにあつた咎人《とがにん》の気もちは、たぶんこんなだつたらう。やつとの思ひで家の近所まできたときに、妹の乳母が迎ひにくるのに逢つた。私はありがたうとお礼をいはされたらう。いはされなければいへなかつたにきまつてゐる。乳母はあいそよく礼をいつたが、先《さき》もろくに返事ができなかつたらしい。(3)その時の様子はいつまでも乳母の愉快な思ひ出話になつた。帰つて私は伯母さんに苦情をいつたにちがひない。(4)伯母さんが忙しかつたからばあやに代りにいつてもらつたといふのを、兄がはたから、父が迎ひにやらなかつたのだ、とすつぱぬいた。それは、私といふ意気地なしが自分でどう分別するかを試みるために、わざとさうしたのだとわかつた。それはわかつたとしても、よし善意からにせよ約束が守られないことがあるといふ、家の者に対する不信用のこれが最初のものとなつたであらう。

中学の三年頃だつたか、英語の教科書に誰か名のある詩人の短い詩がのつてゐた。こちらは中学生でも、むかうでは小学校の教科書だらう。帽子をまぶかに被つたうつむき加減の男の子に寄りそつて、その顔をうかがふやうに可愛い女の子が歩いてゐる。舞台はぬるでの木のある学校の前庭かなにかで、長年生徒の靴にすりへらされた床とか框《かまち》とかいふ文句があり、学期のはじめでもあらうか、彼女が彼に、自分の席次が彼より上になつたことをすまなく思ふ、と詫びてるところだつた。私の記憶も歳月にすりへらされてしまつたが、そののち彼らは結婚しめでたく天寿をへて冷たい墓石になつた、といふやうな話だつた。とかく無味乾燥な教科書のなかのこの話は、特にそれが詩であるためにひどく私を喜ばした。そして私どものそれにひきくらべて、(5)自由で幸福な彼らの少年時代の生活が深く印象に残つた。

（中勘助「こまの歌」より）

問一　傍線部(1)について、このときの「私」の気持ちを説明せよ。
解答欄：一四・〇㎝×二・〇㎝

問二　傍線部(2)について、なぜ「運悪く」と言っているのか、説明せよ。
解答欄：一四・〇㎝×三・〇㎝

問三　傍線部(3)で、乳母はなぜ「愉快」と感じたのか、説明せよ。
解答欄：一四・〇㎝×三・〇㎝

問四　傍線部(4)について、このときの伯母さんの気持ちはどのようなものか、説明せよ。
解答欄：一四・〇㎝×五・〇㎝

問五　傍線部(5)について、「自由で幸福な」とはどのようなことを言っているのか、具体的に説明せよ。
解答欄：一四・〇㎝×五・〇㎝

二〇〇二年度

一

次の文は、長く住んだ自分の家が取り壊される前日の「私」の姿を描いた小説の一節である。主人公の「私」は、戦後間もない時期にこの家を建て、会社を定年退職した現在も妻と二人でここに暮らしている。これを読んで、あとの問に答えよ。

毅夫《たけお》が初め私に提案したのは、今の家の建替えではなかった。彼は土地も家も売って、郊外へ移ろうと言ったのである。二番目の子供が生まれて、いかにも手狭になった社宅住まいを切上げたくなったのであろう。それには借金をして独力で建てるよりも、行くゆくはどのみち自分の物になる親の財産を活用した方が利口だと計算したのであろう。そうした考え方を私は咎《とが》めはしない。私だっていつかは彼の一家と同居する心積りはしていたのだから。(1)しかし、何事にも周到な彼が郊外分譲地のパンフレットを持ってやって来たとき、自分でも予期しない反撥心《はんぱつしん》が湧いた。恐しく吹きっ曝《さら》しの所だな、と丘陵を開拓した造成地の写真を見て、私は言った。それに夢見ヶ丘とはよく恥かし気もなく付けたものだ。まあ今は殺風景だけども、と毅夫は逆らわなかった。家を建てて木を植えればすっかり変りますよ、木を育てるのは、お父さん、楽しみじゃないですか。木が育つまで俺が生きてるわけがない、とは流石《さすが》に私は言わなかった。毅夫は用意したメモを見ながら、その夢見ヶ丘なる土地に住む利点を次つぎに挙げた。取り分け彼が強調したのは陽当りであった。きっと冬でも陽灼《ひや》けするよ、お父さん。

ものの百米とは離れていない荒川の堤防の上に高速道路が構築されて以来、私の家の環境は変ってしまった。騒音こそさほどではないが、日照が失われたのが、私には応《こた》えた。冬場は二時を過ぎると、高速道路の影が家を覆うのである。そうなってからしばらく、私は、陽の翳《かげ》る時刻が近づくと庭へ出て、高速道路の向うへ意外な早さで陽が隠れて行くのを、いまいましくみつめていたものだ。陽の色が消えると、俄《にわ》かに周りに寒さが立ちこめるような気がする。(2)私はわざと大きな嚔《くしゃみ》をして妻に笑われたりした。私がそんな風だったのを、毅夫も当然知っていたであろう。

毅夫の説明は、そのほかすべてについてそつがなかった。陽の当らぬ下町の低湿地から陽光あふれる郊外の高台へ。自分たち一家の利害が基本にあるとは言え、彼が精一杯に誠意を尽そうとしている事は疑いようがなかった。いい息子だな、と私は皮肉でなく言った。お前は息子で苦労しないで済んでるから羨《うらやま》しい、と同僚に言われた事が思い出された。確かに毅夫は出来がいいとは言えぬまでも、手間のかからぬ息子である。小学校から大学まで際立った成績は示さなかった代りに、中位以下に下りもしなかった。高校、大学の受験と就職試験に一度も失敗しなかったのは、彼が常に自分の能力で手の届く範囲を慎重に計量した結果である。お前みたいなのは一流にはなれんぞ、と酔ったまぎれに私が言ったとき、一流とか二流とかそんなこだわり方は時代遅れだ、と彼は答えた。私の自分の性格への秘かなこだわりを、彼は見抜いていたかも知れない。

なるべく急いで検討してみて下さい、と毅夫はパンフレットや契約説明書を私の方へ押して寄越した。その必要はないよ、と私は押返した。この家を売る気はないからね。ここで曖昧《あいまい》な態度を示してはいけない、と私は思った。毅夫の指図は受けないという私の意志が、語気を通して伝わるように喋《しゃべ》ったつもりであった。

それからは紆《う》余《よ》曲折《きょくせつ》があった。妻が間に立った。妻は毅夫の話を私より先に聞いて、内心私の賛成を期待していたらしい。どうせあたしの方が後に遺《のこ》ってあの子の世話になって暮すのだから、あの子の気に入らない事はさせたくない、と言った。私は黙っていた。妻は毅夫の社宅へ泊りがけで出掛け、今の家を壊して、跡地に二世帯が階上階下に分れて住める家を建てる案を、大凡《おおよそ》の費用分担まで含めて決めて来た。いいだろう、俺だって何もお前と二人きりでいたいわけじゃない、と私は言って、(3)これでまた人に羨まれる種が増えた、と思った。気の優しい息子の家族と暮す安定した老後。まさにその通りには違いない。

世間の眼から見れば、最初の毅夫の主張は筋の通った常識的なものだったろう。しかしそれに反対した私の言い分も、あながち無法だったとは思わない。そしてその中間を取って、現実的な案が立てられ、実行に移された。私も、これより良い解決策はなかったと思っている。私と息子と双方に対する妻の気遣いには、感謝している。(4)それなのに、自分の持ち物を無体に取上げられたような虚しさに加えて、憤りまで湧くのは何故だろう。

今日、朝の間は出掛けるつもりはなかった。残る一日を古い家の中で落着いて過したい気持もあった。だがいつもと同じに朝食を済まし、二階の座敷に座って、知人の好意で定期的に廻してもらっている翻訳の仕事をぽつぽつやっているうちに、居たたまれなくなって来たのである。黒ずんで所どころが反り返った杉板の天井や、把手《とって》の廻りに手脂の染みが付いた北窓の硝子《ガラス》障子《しょうじ》、箪笥《たんす》を退けた痕《あと》がくっきりと青白く遺っている畳。今日限りで消えてしまうものが、私に向って群がり寄って来るような気がした。私がもう少し昔者であったなら、家霊に責められていると感じたであろう。私は追われるように階下へ降り、台所で片付物をしている妻に、飯を食いに銀座へ出ないか、と声をかけた。あたしは用があってそれ所じゃない、と素気ない返事が返って来た。(5)それにこんな日は、あなた一人の方がいいんじゃないの、その代り、帰りにデパートで晩の物を見繕って買って来て下さい。こんな日、と妻は微かに笑いを含んで言った。私が一人で感傷に耽《ふけ》りたいのだとでも思ったのだろうか。まあ、それだって構わない。

（高井有一「半日の放浪」より）

問一　傍線部(1)について、「私」はなぜ、「自分でも予期しない反撥心」を感じたのか、説明せよ。
解答欄：一三・九㎝×四・一㎝

問二　傍線部(2)の、「私」と「妻」の気持ちについて、それぞれ説明せよ。
解答欄：一三・九㎝×四・一㎝

問三　傍線部(3)には、「私」のどのような気持ちがこめられているか、説明せよ。
解答欄：一三・九㎝×五・一㎝

問四　傍線部(4)について、「私」の気持ちはどのようなものか、説明せよ。
解答欄：一三・九㎝×五・一㎝

問五　「私」は、傍線部(5)の妻の言葉についてどのように感じているのか。妻の気持ちと合わせて説明せよ。
解答欄：一三・九㎝×五・一㎝

二〇〇一年度

一　次の文を読んで、あとの問に答えよ。

「画家は窓を通して自然を見るのではない。先輩や師匠の作品を通して見るのだ」といったのは、美術史家として、また批評家として有名なイタリアの故リオネルロ・ヴェントゥーリである。美術の全歴史は、おそらくヴェントゥーリのこの一句のなかに、集約的に表現されている。むろん、この場合、「見る」ということは、絵画の表現様式の比喩であるばかりでなく、文字通り視覚的映像世界をも意味する。(1)人は「見る」ことすらも学ぶものである。逆にいえば、人は「先輩や師匠」がそう見たようにしか見ることはできない。われわれは、自分の家の窓から遠く広がる自然の景観を眼《ま》のあたりにする時、いわば嬰児《えいじ》のような捉われない眼で、ありのままに見ていると信じている。だがもしほんとうに嬰児の眼に写る世界をそのまま白日のもとにさらけ出すことができたとしたら、そこにはおそらくただ混沌しかないであろう。その混沌に秩序をあたえ、対象を明確に認識させるのは、ほかならぬ「先輩や師匠」たちの「眼」なのである。

絵画の世界において、ある表現様式がつねに固定して継続する傾向があるのは、そのためである。古代エジプト人たちは、ほとんど三千年ものあいだ、顔と下半身は横向きで上半身は正面向きという、われわれから見れば不自然な人間像を描き続けた。しかもその横顔には、ご丁寧に正面から見た眼が描かれているのである。エジプト人たちのこのような「不自然な」人間表現を、彼らの技術的未熟さのせいにするのはかならずしもあたらない。動物たちを描き出す時の彼らの写実的表現力は、その後の美術史上のどのような作品とくらべてもひけをとらないくらい見事なものだからである。とすれば、彼らが表面視と側面視とをごちゃまぜにしたような人間像を描いたのは、技術が拙劣だったからではなくて、事実そのように人間を「見て」いたからである。そして三千年もの長いあいだそのように「見て」いたのは、彼らがいずれも「先輩や師匠」たちの作品を通して人間を見ることを学んだからである。エジプト人たちのあの様式化された人間像は、(2)実はそれなりにきわめて写実的なものだったといってもよいのである。

このように先輩から後輩へ、師匠から弟子へと伝えられていった固定した様式は、伝統を形成する重要な要素である。しかし、実はそれだけでは伝統は生まれてこない。(3)伝統に歴史は必要であるとしても、歴史はそのまま伝統ではない。桑原武夫氏がかつて正当に指摘された通り、単に無意識のまま受け伝えられてきたものは、伝承と呼ばれるにふさわしいものであって、まだ伝統ではない。伝統は、それと意識されることによってはじめて伝統となる。古くから伝えられてきたものが一つのモデル、ないしは手本として意識された時に伝統というものになるのである。

したがって(4)伝統ということばにはつねに幾分か理想主義的な憧れとノスタルジーがこめられている。人は自分が現在とっぷりとそのなかにひたって少しも不自然と感じないものをあらためて意識することはない。古くから伝えられてきてほとんど生活の一部となっているものがあらためて強く意識されるのは、それが失われた時か、あるいは少なくとも失われようという危険にさらされている時である。つまり伝統は、ある意味では危機の時代の産物だといってもよいのである。

わが国において、美術における伝統が強く意識されるようになったのは、いうまでもなく、明治の変革期においてである。御一新は、美術のみならず、政治、経済、社会のあらゆる分野に新しい西欧的近代の輸入をもたらし、急激な変化を招いたが、美術の分野では、明治十年代の後半頃から、この極端な西欧化に対する反動が目立つようになり、やがて明治二十二年の東京美術学校創立に集約的に示されるような「復古主義」の時代を迎える。周知のように、創立当初の東京美術学校は絵画科は日本画しか認めず、当時ようやく少数の人びとのあいだに定着しかけていた洋画（油彩画）は完全に締め出されていた。そして教室も、日本画や木彫、工芸を教える必要上そうであったのであろうが、普通の学校教室とはがらりと変わって、畳敷きか板の間、あるいは平土間で、寒い時や膠《にかわ》を熔《と》かす必要がある時は、そこに焼物の大火鉢を持ち込むという具合であった。

明治二十年代に伝統の意識が急速に強まってきたのは、いうまでもなくそれ以前に伝統が失われそうな危機の時代があったからである。いやその時にはおそらく「伝統」という意識はなかったであろう。古いものが失われるかもしれないという事態が「伝統」という意識を生み出したのである。事実、明治九年に工部美術学校が設置されてから十五年（彫刻部は十六年）に廃止されるまでは、文字通り洋画家たちは我が世の春を謳歌《おうか》しており、逆に日本画家の方が食うや食わずの悲惨な生活を送っていた。絵が売れないので橋本雅邦が一つ一銭で三味線の駒をつくったり、狩野芳崖が安物の陶器の絵付けをしたりしてやっと糊口をしのいでいたというのは、この頃の話である。

（高階秀爾「近代美術における伝統と創造」より）

問一　傍線部(1)「人は「見る」ことすらも学ぶものである」というのはどのような意味か、説明せよ。

解答欄：一四・〇㎝×五・〇㎝

問二　傍線部(2)「実はそれなりにきわめて写実的なものだったといってもよいのである」というのはなぜか、その理由を説明せよ。

解答欄：一四・〇㎝×五・〇㎝

問三　傍線部(3)「伝統に歴史は必要であるとしても、歴史はそのまま伝統ではない」というのはどのような意味か、説明せよ。

解答欄：一四・〇㎝×五・〇㎝

問四　傍線部(4)「伝統ということばにはつねに幾分か理想主義的な憧れとノスタルジーがこめられている」というのはなぜか、その理由を説明せよ。

解答欄：一四・〇㎝×五・〇㎝

問五　日本美術史における明治二十年代について、筆者はどのように捉えているか、「伝統」ということばの解釈に基づきながら説明せよ。

解答欄：一四・〇㎝×五・〇㎝

二〇〇〇年度

一

次の文を読んで、あとの問に答えよ。

現代社会において、芸術という観念がすでに変化したとは断定できないが、変化の兆候はかなり顕著にあらわれている。芸術に固有と考えられる若干の属性が、疑問の対象とされていることは否定できない。

芸術は永遠につらなるものとされた。果してそうであろうか。芸術を創作し、これを享受するのは人間である。今日では全人類が地上から絶滅する可能性がたしかにあるが、もしそうなれば、芸術も当然消滅してしまう。しかし、そのような芸術の全般的消滅という想定も、日本では、あまり強い衝撃をあたえないかも知れない。よきも悪しきも、あらゆるものは必ず滅びるという思想が、ここでは根強いからである。全的消滅の問題ははずすとしても、芸術の価値は永遠不変だという観念はどうであろうか。『ミロのヴィナス』の美しさや『万葉集』の真実性は、いかなる時代にも評価されるという命題は、安全に成り立つであろうか。疑わしい。未来は予測できないにしても、過去の考察から想定をこころみることはできよう。新井白石は全裸のギリシア女神像を見て、おそらく喜ばなかったであろう。ラシーヌが『万葉集』の東歌《あずまうた》を愛唱したかどうかは疑わしい。たしかなことは、『赤と黒』が文化・文政期に邦訳されたとしたならば、きっと訳者は手錠をはめられただろうことである。現にこの傑作は、制作当時、著者の親友で、頭脳明敏をもって知られたメリメの評価をすら得ることができなかったのである。

芸術の時間・空間に制約されない普遍妥当性という観念は、観念的美学者にとっては好都合であろうが、簡単には容認しがたい。もちろん、地球の各地域が孤立していた時代と、科学技術の発達によって地球が日々に小さくなっていく現代とでは、事情はもちろん同じではない。アフリカ黒人の彫刻が日本で鑑賞され、宋代の文人画がアメリカで賛美されるという事態も生まれつつある。しかし、外的破壊によるのみでなく、好尚の変遷によって消滅した（ギリシア劇）あるいは消滅しつつある芸術もあるのである。一中《いっちゅう》、薗八《そのはち》といった江戸音曲は、いつまで日本青年の心をつかみうるのであろうか。世界中の文化が均一化される方向が生じつつあることは疑いえないが、均一化のさいに主流となるものと傍流となるものとは避けられず、置きざりにされて亡《ほろ》びるものも生じるはずである。主流として生き残ったものを永遠不変というのであろうか。

社会条件がどのように変わろうとも、すぐれた芸術の価値の不動であることは親子の情と同じであるなどという議論を今もときどき聞くが、それは自然の永遠不変性をふまえての感情論にすぎない。ところで(1)自然そのものが漸次歴史化されつつある。そして自然のなかへ人為が乱入して、これに改変を強制するのが工業ということではないか。自然は上等、ホンモノ、人造は安物、ニセモノという考え方は、工業発達の初期の感じ方にすぎない。今日、人造ゴムがあらゆる点において天然ゴムにまさることは証明されている。外界自然にしても、人間が管理しなければ、破壊しつくされるところまできている。永遠不変ということばを使うのは、慎重でありたい。

従来の芸術という観念には、つねに個我という観念が強く含まれていた。芸術とは、卓越した個我が、その主観的生命を客体化することと考えられていた。しかし、芸術家の天才的個我に力点をかけるのは、ヨーロッパ近代に独特な考え方ではなかろうか。人類の長い歴史において、いわばそれは、短い幸福な時期に栄えた一つの芸術観にすぎぬのではなかろうか。すぐれた芸術品がここにある。しかし、作者はわからない。だが、美しければ、それでよいではないか、という志賀直哉の夢殿の観音についてのことばが、ここで想起される。(2)芸術は、社会と自己とのあいだにさけ目を自覚する孤独の天才のいとなみであるよりも、天才をも含みつつ、多くの協力者によって成就された共同制作であった時代のほうが、長いのではなかろうか。もちろん、ダンテや杜甫は、代作者や協力者をもってはいなかった。しかし、彼の属する社会集団の共通意識から、とくに自己を切り離そうと思ってはいなかったであろう。共通的なものを美しく磨こうという気持はもちろんあっただろうが。また、文学をもって芸術全般の代表ジャンルとは考えてはなるまい。

科学技術の発達に伴って生まれた新しい芸術のジャンルは、共同制作的性格をその誕生のときからもっていた――映画、ラジオ、テレビ。これらのものを芸術と認めない人もまだあるが、それは少数化した。嫌いな芸術とは言えても非芸術とは言いがたい。

「オリジナル」ということばは、「独創的」と同時に、「もとのもの」（コピーでなくホンモノ）という二つの意味をもっていた。古い芸術の観念においては、芸術品とは、世のなかにたった一つのもの、ユニークなもの、かけ替えがなくて貴いもの、という語感を含んでいた。これも、今日、もはやそのままでは、私たちの現実感覚に適合しないのではなかろうか。芸術は、その本性上、独創的であるべきことは当然として、その独創が必ず個我の独創性でなければならぬという状況は、逓減《ていげん》しつつあるように見うけられる。個我の人格がはっきりするのは、それが社会との対抗関係にあるときであるが、社会に対立する個我という観念は、悲壮ではあるが、いまや少し古風な印象をあたえないであろうか。

「オリジナル」のもう一つのほうの意味は、さらに激しくゆすぶられている。オリジナルに対立するものは複製だが、複製という観念なしに、現代芸術は考えられないところまできている。今日、最も成功した芸術家とは、おのれの作品の複製を最大多数に頒布した人というべきであろう。一つの小説の芸術的価値を、その発行部数の多少をもってはかることはできないにしても、『暗夜行路』は、志賀直哉の原稿か初版本で読まなければならぬという人は、もはや一人もない。映画、レコード、ラジオ、テレビ、写真における芸術作品のオリジナルは、どこにあるか、それをせんさくするのは、好事家ですらない。オリジナルをもたない、全部が複製の芸術が生まれたのだ。絵画、彫刻においても、複製技術の進歩は、オリジナルとの区別をほとんど不可能にするところまできている。西洋画において、油絵具の色彩はもとより厚みまで出す技術が生まれた。そのようにして(3)程よく時代のサビをつけられたルノアールを見て、芸術的陶酔にふけっている人の背中を叩《たた》いて、それは複製ですよ、と言う鑑定職人は、むしろ芸術の敵ではなかろうか。

芸術における稀少性の喪失は、芸術にたいする神秘的、礼拝的基盤を喪失させつつある。新聞や週刊誌に載る小説は、芸術品でないと断定することはできないが、それを満載した週刊誌が文字どおり読み捨てられ、汽車のなかや街路で、泥靴に踏まれているのを見るとき、人は、芸術の永遠性というようなことばを口にするのをちゅうちょするのである。「無用になったら、捨てても燃やしてもいいような芸術、次々と取りかえ可能な芸術、非芸術の芸術、そういうものが生まれてきている」（川添登）。

永遠ということばの感覚化であろうが、従来の意識では、芸術品とは、大理石像が象徴するように、なにか固いものという感じを含んでいた。しばらくほっておけば、形が変わり、くずれるようなものは、芸術ではない。すぐれた文学作品は、一字一句ゆるがすことはできない。つまり芸術品には持続耐久性があり、それが固いと意識されたのだ。ところが、たとえば一ショット、一ショットが感動をよぶ『真昼の決闘』（ジンネマン）が終わって、場内に灯がつけば、この傑作は私の手のとどくどこにもない。そのフィルムは、倉庫にねむっているだけである。すばらしい歌ごえを聞くテレビの合唱とても、同じことであろう。芸術品は私たちにとって柔らかいものとなった。芸術を創作する個我が現代社会の空気に浸透されて、その輪郭がぼやけてきたということもあるだろうが、オリジナルがもはや存在しない、あるいはこれを尊重する人がないという感覚が、芸術品を柔らかく感覚させることになっているのではないか。

芸術の複製をつくるということは、芸術を規格生産することとつらなる。レコードの長さ、複製写真の大きさの型、そうした規格化が、芸術を制作あるいは享受する人間の心の敏感な部分に、影響を及ぼさぬということは考えられない。それはしだいに芸術の享受者をなんらかの形において規格化して、従順な心的態度を知らずしらずのうちに養成しているにちがいない。

芸術品にたいする感覚が、固いものから柔らかいものへと移りつつあるということは、複製芸術があらわれたということと相即して芸術を考える場合に、問題をいわゆる純粋芸術の考察のみですますことができなくなってきたという状況と密接な関係がある。

（桑原武夫「現代社会における芸術」より、一九六九年初出。傍点は原文のまま）

問一　傍線部(1)はどのようなことをいうのか、わかりやすく説明せよ。　解答欄：一四・〇㎝×五・〇㎝

問二　傍線部(2)はどのような意味か、わかりやすく説明せよ。　解答欄：一四・〇㎝×五・〇㎝

問三　傍線部(3)について、「鑑定職人」が「むしろ芸術の敵」であるのは何故か、わかりやすく説明せよ。　解答欄：一四・〇㎝×五・〇㎝

問四　(イ)　著者は、従来の芸術観をどのようなものととらえているか、述べよ。　解答欄：一三・〇㎝×六・〇㎝

(ロ)　それに対して、著者はどのような立場から「現代社会における芸術」を考えようとしているか、述べよ。　解答欄：一三・〇㎝×六・〇㎝

一九九九年度

一

次の文を読んで、あとの問に答えよ。

私が上野村で新年を迎えるようになったのは、二十歳を過ぎた頃からであったように思う。それ以来大晦日《おおみそか》には必ず私はこの村を訪れた。

その日は村人は最後の掃除と正月のお飾りづくりに忙しい。この村では門松に赤松をつかう家と栂《つが》と桧《ひのき》の家があって、一応先祖が村で暮らすようになった由来が違うことになっている。といっても、古くは平将門の落人《おちうど》伝説からはじまるこの村の物語は、すべてが曖昧《あいまい》である。

大晦日には村人は山に入って、松や栂、桧の枝を山のように切ってくる。門松といっても玄関だけではなく、裏口にも、物置の入口にも、風呂《ふろ》にも、ようするにすべての入口につけなければならないのだから、ちょっとやそっとの量ではない。

そんなとき、私の姿をみかけると、村人は念入りにすすめていた正月の飾りつけの手をゆるめて、

「今年もこの村でお歳取りですか」

と挨拶《あいさつ》した。そして大抵はこうつづけた。

「(1)どこで歳を取っても同じことだから、よいお歳取りを迎えて下さいよ」

この村に行くようになってしばらくの間は、私にはこの言葉の意味がよくわからなかった。もちろんここで「お歳取り」といっているのは、私が一歳年齢が大きくなることで、その場合の計算の仕方は数え歳である。かつての日本には

誕生日を祝うという習慣はなかったから、新年を迎えると誰もが一歳、歳を取ることになる。

私がよくわからなかったのは、「どこで歳を取っても同じことだから」と言いながら、村人の口調には、「もっと歳取りにふさわしいところがあるだろうに」という雰囲気がこめられていたことだった。それは新年を迎える場所ではなく、歳を取る場所である。もっとも十年もすると村人の口調も、「今年も村にお歳取りに来てくれましたか」と変わった。「お歳取りはこの村でと決めている人だから」とも言う。

そう言われてみると私はおかしかった。私は自分が歳を取る場所を求めてこの村に来ているのではなく、ただ単に静かな山里の正月が好きだったにすぎないのだから。

歳を取るにふさわしい場所がある、という感覚はいまでも私にはよくわからない。だがそこに、今日ではこわれてきているとはいえ、共同体に暮らしてきた人々の感覚があるのであろう。自分一人が新しい年＝歳を迎えるのではない。この世界を共有してきた者たちは、誰もが一緒に新しい年＝歳を迎える。村人も、村の神々も、森の樹々も、そして動物たちも。だから新しい年＝歳は共同の世界で迎えるものなのである。

だからこの村で正月を過ごすようになった頃は、村の老人たちには、私が歳を取るにふさわしい私の場所をないがしろにしているのではないか、という気持ちがあり、しかし、それなら、この村で一緒にうまく歳を取って下さいよという願いがこめられていたのである。ここには、新しい年＝歳の迎え方、年＝歳のとり方を誤まると、私の身にさしさわりがでてくるかもしれない、という古代から受け継がれた感覚もあるのだけれど、そんな時期を過ぎて、いつしか村人も、私の歳取りの場所はこの村がふさわしいと考えるようになっていった。

「今年もお歳取りに来るのを待っていますよ」

晩秋が近づくと、村人はそんなふうに声をかけるようになった。(2)おそらくその理由は、私がこの村でわずかとはいえ畑仕事をしていることと関係している。四月には山里の春が還ってくる。それは春の仕事が戻ってきたことを意味し、そのとき私も村人も、自然と人間の共同の世界を共有する。

そしてこの時間世界とともに、村人の仕事の世界が成立する。畑仕事、山仕事、この村ではオテンマと呼ぶ村人共同の仕事、正月を迎える準備も、村祭りも、村の寄合いも、すべてが村人の仕事のなかにある。村人がつかい分ける「仕事」と「稼ぎ」の関係については、私はこれまでも何度か書いてきたけれど、時間論の立場からみれば、村人が「仕事」と呼んでいるものは、この山里の時間世界と結ばれるように成立する。それは(3)自然と人間の関係をとおしてつくられる時間世界とともにあり、村人同士の、すなわち(4)人間と人間の関係のなかにある時間世界とともにつくりだされた労働である。

春になれば春の畑仕事がはじまり、それは晩秋の収穫とともに終わる。山菜採りや茸《きのこ》狩りの季節が訪れると村人は山に入り、夏にはシノブや岩茸《いわたけ》を求めて山を歩く。そこには自然とともに毎年循環してくる仕事の世界がある。もちろん釣りも森の樹々の手入れもこの世界のできごとである。ここでは自然と人間はひとつの世界を共有していて、その両者の関係のなかに時間世界がつくられ、仕事の世界が生まれるのである。

それは寄合いや共同労働としての仕事のなかでも変わることはない。自然と人間の共同の世界がつくりだす仕事は、ときに村祭りやオテンマのかたちをとって、村人の人間と人間の関係をもこの時間世界のなかにつつみこむ。

ところが村人が「稼ぎ」と呼ぶものは、この山里の時間世界から離脱した労働時間として成立している。稼ぎとは文字どおり、稼ぐための労働を意味し、その多くの形態は賃労働である。いうまでもなく、ここでは時計の時間を基準にした時間労働がおこなわれている。もっとも稼ぎには賃労働以外のかたちもあって、農業でも林業でも、それが経営的合理性にもとづいておこなわれるかぎり、この村では稼ぎに分類される。

村には農業で高い反当たり収益をあげている村人がいる。もちろん仕事としての畑仕事も、作物を収穫して出荷すれば収入になるのだから、それが結果として高い収益をもたらしても問題はない。だがそれは山里の時間世界のなかの畑仕事の結果でなければならないのである。それは春が還ってくれば春の畑仕事がはじまるという世界での畑仕事であり、ここでは経営の合理性は意識されていない。

ところが経営としての農業は、そのために投じた労働時間にふさわしい収益があがることを予定しているのだから、ここでは農業のかたちをとった時間労働がおこなわれていることになる。経営の合理性をつくりだすとは、時間の合理性を確立することであり、時計の時間を基準にした労働が成立することである。

（内山節『時間についての十二章』より）

問一 傍線部(1)「どこで歳を取っても同じことだから、よいお歳取りを迎えて下さいよ」という言葉には、村人のどのような気持ちが含まれているか、説明せよ。 解答欄：一四・〇㎝×五・〇㎝

問二 傍線部(2)「おそらくその理由は、私がこの村でわずかとはいえ畑仕事をしていることと関係している」というのはなぜか、説明せよ。 解答欄：一四・〇㎝×五・〇㎝

問三 傍線部(3)「自然と人間の関係をとおしてつくられる時間世界」とはどのような意味か、説明せよ。 解答欄：一四・〇㎝×三・五㎝

問四 傍線部(4)「人間と人間の関係のなかにある時間世界」とはどのような意味か、説明せよ。 解答欄：一四・〇㎝×三・五㎝

問五 村人にとって「仕事」と「稼ぎ」はどのように違うのか、説明せよ。 解答欄：一四・〇㎝×五・〇㎝

近代文語文

二〇〇二年度

二

次の文を読んで、あとの問に答えよ。

浮世絵はその木板摺《ずり》の紙質と顔料との結果によりて得たる特殊の色調と、その極めて狭少なる規模とによりて、まことに顕著なる特徴を有する美術たり。浮世絵は概して＊奉書《ほうしよ》または西之内《にしのうち》に印刷せられ、その色彩はみな褪《さ》めたる如く淡くして光沢なし。試みにこれを活気ある油絵の色と比較せば、一つは赫々《かくかく》たる烈日の光を望むが如く、一つは暗澹《あんたん》たる行灯《あんどん》の火影《ほかげ》を見るの思ひあり。油絵の色には強き意味あり主張ありて能《よ》く制作者の精神を示せり。これに反して、もし木板摺の眠気《ねむげ》なる色彩中に制作者の精神ありとせば、そは全く専制時代の萎微《ゐび》したる人心の反映のみ。余はかかる暗黒時代の恐怖と悲哀と疲労とを暗示せらるる点において、あたかも娼婦が啜《すす》り泣きする忍び音《ね》を聞く如き、この裏悲《うらがな》しく頼りなき色調を忘るる事能《あた》はざるなり。

余は現代の社会に接触して、常に強者の横暴を極むる事を見て義憤する時、翻《ひるがへ》つてこの頼りなき色彩の美を思ひ、その中《うち》に潜める哀訴の旋律《メロディ》によりて、暗黒なる過去を再現せしむれば、たちまち東洋固有の専制的精神の何たるかを知るとともに、深く正義を云々するの愚なることを悟らずんばあらず。希臘《ギリシヤ》の美術はアポロンを神となしたる国土に発生し、浮世絵は虫けら同然なる町人の手によりて、日当たり悪《あ》しき横町の借家に制作せられぬ。今や時代は全く変革せられたりと称すれども、要するにそは外観のみ。一度《ひとたび》合理の眼《まなこ》を以てその外皮を看破せば、武断政治の精神は毫《がう》も百年以前と異なることなし。江戸木板画の悲しき色彩が、全く時間の懸隔なく深くわが胸底に浸《し》み入りて常に親密なる囁《ささや》きを伝ふる所以《ゆゑん》、Aけだし偶然にあらざるべし。

余は何が故か近来、主張を有する強き西洋の芸術に対しては、Bさながら山岳を望むが如く、ただ茫然としてこれを仰ぎ見るの傾きあるに反し、一度その眼を転じて、個性に乏しく単調にして疲労せる江戸の文学美術に対すれば、たちまち精神的ならびに肉体的に麻痺《まひ》の慰安を感ぜざるを得ず。されば余の浮世絵に関する鑑賞といひ研究といふが如き、もとより厳密なる審美の学理に因るものならず。もし問ふものあらば、余はただ特別なる事情の下に、特別なる一種の芸術を喜ぶと答へんのみ。いはんや泰西人の浮世絵に関する審美的工芸的研究は、既に遠く十年以前全く細微に渉《わた》りて完了せられたるにおいてをや。

余は既に幾度か木にて造り紙にて張りたる日本伝来の家屋に住し、春風秋雨四季の気候に対する郷土的感覚の如何《いかん》を叙述したり。此《かく》の如く脆弱《ぜいじやく》にして清楚なる家屋と此の如く湿気に満ち変化に富める気候の中に棲息すれば、かつて広大堅固なる西洋の居室に直立闊歩したりし時とは、百般の事おのづから嗜好を異にするは、けだし当然の事たるべし。余にしてもしマロック皮の大椅子に横たはりて図書室に食後の葉巻を吹かすの富を有せしめば、おのづからピアノと油絵と大理石の彫刻を欲すべし。然れども幸か不幸か、余は今なほ畳の上に両脚を折り曲げ、乏しき火鉢の炭火によりて寒を凌《しの》ぎ、簾《すだれ》を動かす朝《あした》の風、廂《ひさし》を打つ夜半の雨を聴く人たり。清貧と安逸と無聊《ぶれう》の生涯を喜び、(イ)酔生夢死に満足せんと力《つと》むるものたり。曇りし空の光は軒先に遮られ、障子の紙を透《す》かしてここに特殊の陰影をなす。かかる居室に適応すべき美術は、先づその形小ならざるべからず、その質は軽からざるべからず。然るに現代の新しき制作品中、余は不幸にしていまだ西洋の*miniatureまたは銅版画に類すべきものあるを見ず。浮世絵木板摺はよくこの欠陥を補ふものにあらずや。都門の劇場に拙劣なる翻訳劇出《い》づるや、朋党相結んで直《ただ》ちにこれを以て新しき芸術の出現と叫び、官営の美術展覧場に賤《いや》しき画工ら(ロ)虚名の鎬《しのぎ》を削れば、猜疑嫉妬の俗論轟々《がうがう》として沸くが如き時、秋の雨しとしとと降りそそぎて、虫の音次第に消え行く郊外の侘住居《わびずまひ》に、倦《う》みつかれたる昼下がり、尋ね来《きた》る友もなきまま、独りひそかに浮世絵取り出して眺むれば、ああ、春章、写楽、豊国は江戸盛時の演劇を眼前に髣髴《はうふつ》たらしめ、歌麿、栄之は不夜城の歓楽に人を誘《いざな》ひ、北斎、広重は閑雅なる市中の風景に遊ばしむ。余はこれに依つてみづから慰むる処《ところ》なしとせざるなり。

（永井荷風「浮世絵の鑑賞」〈大正二年〉より）

注(＊)　奉書、西之内＝紙の名称
miniature＝細密画

問一　傍線部(イ)(ロ)を分かりやすく説明せよ。　解答欄：各一二・九㎝×二・五㎝

問二　第一段落で述べられた油絵と浮世絵の特徴について、対比的に説明せよ。　解答欄：一三・九㎝×五・一㎝

問三　筆者が傍線部Ａのような判断を下す理由を述べよ。　解答欄：一三・九㎝×五・一㎝

問四　西洋の芸術に対する筆者の受け止め方はどのようなものか。傍線部Ｂの譬《たと》えを踏まえながら述べよ。　解答欄：一三・九㎝×四・一㎝

問五　筆者が今の生活の中で浮世絵を愛好する理由を簡潔にまとめよ。　解答欄：一三・九㎝×五・一㎝

二〇〇一年度

二　次の文を読んで、あとの問に答えよ。

いま在官の人物少なしとせず、私《わたくし》にその言を聞きその行ひを見れば、おほむね皆闊《くわつ》達《たつ》大度《たいど》の士君子にて、その言行或は慕ふべきものあり。しかるにいまこの士君子、政府に会して政《まつりごと》をなすに当り、その為政の事跡を見れば、我輩の悦《よろこ》ばざるもの甚だ多く、あたかも一身両頭あるが如し。私にありては智なり、官にありては愚なり。これを散ずれば明なり、これを集むれば暗なり。(1)政府は衆智者の集まるところにして、一愚人の事を行ふものと云ふべし。維新以来、政府にて学術、法律、商売等の道を興《おこ》さんとして効験なきも、その病の原因は、けだしここにあるなり。

我国の文明を進むるには、まづ彼《か》の気風を一掃せざるべからず。その任に当る者は、ただ一種の洋学者流あるのみ。しかるにその所業につき我輩の疑ひを存するもの少なからず。その疑ひを存するとは、この学者士君子、皆官あるを知りて私あるを知らず、政府の上に立つの術を知りて、政府の下に居るの道を知らざるの一事なり。

方今、世の洋学者流はおほむね皆官途に就き、私に事をなす者はわづかに指を屈するに足らず。けだしその官にあるは、ただ利これ貪るのためのみにあらず、生来の教育に先入して、ひたすら政府に眼《まなこ》を着し、政府にあらざれば決して事をなすべからざるものと思ひ、これに依頼して宿昔《しゆくせき》青雲の志を遂げんと欲するのみ。その所業、或は賤《いや》しむべきに似たるも、その意は深く咎《とが》むるに足らず。けだし意の悪しきにあらず、ただ世間の気風に酔ひて、自ら知らざるなり。

およそ民間の事業、十に七、八は官の関せざるものなし。これを以て、世の人心ますますその風に靡《なび》き、官を慕ひ官を頼み、官を恐れ官に諂《へつら》ひ、毫《がう》も独立の丹心《たんしん》を発露する者なくして、その醜体、見るに忍びざることなり。たとへば方今出版の新聞紙および諸方の上書《じやうしよ》・建白の類もその一例なり。出版の条例、甚しく厳なるにあらざれども、新聞紙の面《おもて》を見れば、政府の忌諱《きき》に触るることは絶えて載せざるのみならず、官に一毫の美事あれば、慢《みだり》にこれを称誉してその実に過ぐ。かくの如きの甚しきに至る所以は、未だ世間に民権を首唱する実例なきを以て、ただ彼の卑屈の気風に制せられ、その気風に雷同して、国民の本色を見《あら》はし得ざるなり。これを概《がい》すれば、(2)日本にはただ政府ありて未だ国民あらずと云ふも可なり。

政府はただ命ずるの権あるのみ。これを諭《さと》して実の例を示すは私の事なれば、我輩まづ私立の地位を占め、或は学術を講じ、或は商売に従事し、或は法律を議し、或は書を著し、或は新聞紙を出版するなど、およそ国民たるの分限を越えざる事は、忌諱を憚《はばか》らずしてこれを行ひ、固く法を守りて正しく事を処し、或は政令信ならずして曲を被《かうむ》ることあらば、わが地位を屈せずしてこれを論じ、あたかも政府の頂門に一針を加へ、旧弊を除きて民権を恢復《くわいふく》せんこと、方今至急の要務なるべし。固《もと》より私立の事業は多端、かつこれを行ふ人にもおのおの長ずる所あるものなれば、わづかに数輩の学者にて悉皆《しつかい》その事をなすべきにあらざれども、(3)わが目的とする所は、事を行ふの巧みなるを示すにあらず、ただ天下の人に私立の方向を知らしめんとするのみ。今、我より私立の実例を示し、人間《じんかん》の事業はひとり政府の任にあらず、学者は学者にて私に事を行ふべし、町人は町人にて私に事をなすべし、政府も日本の政府なり、人民も日本の人民なり、政府は恐るべからず近づくべし、疑ふべからず親しむべしとの趣を知らしめなば、人民漸《やうや》く向ふ所を明らかにし、上下固有の気風も次第に消滅して、はじめて真の日本国民を生じ、政府の玩具たらずして政府の刺衝《ししよう》となり、学術以下三者も、自らその所有に帰して、国民の力と政府の力と互ひに相平均し、以て全国の独立を維持すべきなり。

（福沢諭吉「学者の職分を論ず」より）

注　刺衝＝刺激。

問一　傍線部(1)はどういう意味か、わかりやすく説明せよ。

解答欄：一三・九㎝×四・一㎝

問二　筆者は当時の「洋学者流」の生き方をどのように評価しているか、具体的に述べよ。

解答欄：一三・九㎝×五・〇㎝

問三　傍線部(2)の「日本にはただ政府ありて未だ国民あらず」という言葉で筆者はどういうことを言おうとしているのか、具体的に述べよ。

解答欄：一三・九㎝×四・〇㎝

問四　筆者は「私立」の役割をどういう点に見ているか、具体的に述べよ。

解答欄：一三・九㎝×四・一㎝

問五　傍線部(3)の「わが目的とする所」とは具体的にどういうことか、わかりやすく述べよ。

解答欄：一三・九㎝×五・〇㎝

二〇〇〇年度

二

次の文を読んで、あとの問に答えよ。

人は喜ばしきをのみ悦ばず、悲しきをも悦ぶと云はば、一見事理に反したることの様なれども、少しく思へば、こは却《かへつ》て常に我らの耳目に触れ、常に我らの経験し居る事実なり。何故小説家はあはれなる話を書き綴つて、読む者に袖ぬらさしめんとする乎《か》。何故婦女子は泣きに芝居の愁嘆場観《み》に行く乎。悲しきこと、わざと語り出でてただ落涙するをば、一つの愉快とする者さへなきにあらず。これ皆畢竟《ひつきやう》悲哀に幾分の、また特別の快感の添へばなり。世間もし生者必滅、会《ゑ》者《しや》定《ぢやう》離《り》の嘆きなくんば「あはれ」てふ感情は絶えてなからん。秋の夕をあはれと思ひ、散りゆく花をあはれと見るは、これひとり悲哀の情のみにあらず、その悲哀の情につきまとふ一種の快感の存するあり。世は不如意なることのあるにこそ、また一つの面白味の加はるなれ。(1)「花は盛りに月は隈なきをのみ見るものかは」と兼好法師の云ひしはこれが故なり。

余は思ふ。小説もしくは戯曲を読んで可憐なる少女の悲哀に泣くを見て、我もともに泣くときの心の中に言ひ難きの快味を覚ゆるは、これわが社会的の性情を満足せしむるによるならんと。我れ他のために泣くときは、わが狭隘なる窮屈なる利己の圧束を脱して、わが心は人類の大なるが如くに大に、社会の広きが如くに広きを覚ゆ。これわが心の一時の救ひにはあらざる乎。狭隘なる利己の心はこれわが本真の性にあらず。他人のために涙を流して他と我との差別を忘るるのときは、これわが本性の光明を放つの瞬間なり。吾れ人はその本性に復《かへ》らんことを求む。これ、これによりて(2)仮我を去つて実我を得ればなり。これ真に我に復るなり。かのいはゆる社会的の性情は、すなはちこの復我の一片のみ。

詩歌と云ひ、美術と云ひ、皆この大目的に向つて進むものにはあらざる乎。

吾れ人の感覚する悲哀の情がもし道徳的の観念また感情と相団結するとき、もしくはその悲哀の情のあるがためになほ一層道徳的の観念また感情の活力光輝を表はすときは、その悲哀の情は多少(3)道徳的の愉快を来たすの縁由《えんゆ》となるべし。例へば高節廉潔の士が堪へ難き艱苦《かんく》の中にありながら、なほよくその節操を守るの様を観れば、一方には固《もと》より悲痛辛酸の状あれども、しかし却てそれあるがためにまた一方には道徳的心識の満足を発揮せしむ。故に悲壮なる戯曲の主人公が正義公道を守つて終《つひ》にそれがために非命の死を遂ぐるの様を観るときは、悲痛惨憺《さんたん》の状は固よりこれに過ぐるものはあらざれども、しかれどもその惨憺たるが中にもなほ一種高等なる快感の存するを覚ゆるなり。

人は悲哀に訓練されて真正の楽境《らくきやう》に至るの途《みち》を知る。こは固より(4)人生の悲しき事実に相違なし。しかれどもその事実なるを如何せんや。

（大西祝《はじめ》「悲哀の快感」より）

注　吾れ人＝自分と他人、われわれ。

問一　傍線部(1)の兼好法師の言葉を著者は何を言うために引用しているのか、説明せよ。

解答欄：一三・九㎝×四・〇㎝

問二　傍線部(2)について、「仮我を去つて実我を得る」とはどういう事態を指すのか、分かりやすく説明せよ。

解答欄：一三・九㎝×四・〇㎝

問三　傍線部(3)の「道徳的の愉快」とはどういうことか、説明せよ。

解答欄：一三・九㎝×四・〇㎝

問四　傍線部(4)について、著者はこの事実をなぜ「悲しい」と言うのか、分かりやすく説明せよ。

解答欄：一三・九㎝×四・一㎝

問五　この文章全体の論旨を二四〇字以内（句読点を含む）にまとめよ。

一九九九年度

二

次の文を読んで、あとの問に答えよ。

われは今、わが体質とわが境遇とわが感情とに最も親密なるべき芸術を求めんとしつつあり。現代日本の政治並びに社会一般の事象を度外視したる世界に遊ばん事を欲せり。社会の表面に活動せざる無業《むげふ》の人、または公人としての義務を終へて隠退せる老人等の生活に興味を移さんとす。墻壁《しやうへき》によりて車馬往来の街路と隔離したる庭園の花鳥《くわてう》を見て憂苦の情を忘れんとす。人生は常に二面を有すること、天に日月あり時に昼夜あるが如し。活動と進歩の外に静安と休息もまた人生の一面ならずや。われは(1)主張の芸術を捨てて(2)趣味の芸術に赴《おもむ》かんとす。われは現時文壇の趨勢を顧慮せず、国の東西を問はず、時の古今《ここん》を論ぜず、唯《ただ》最もわれに近きものを求めてここに安んぜんと欲するものなり。伊太利亜《イタリア》未来派の詩人マリネッチが著述は、両三年前《ぜん》われも既にその声名を伝へ聞きて一読したる事ありき。然れどもその説く所の人生驀進《ばくしん》の意気、余りに豪壮に過ぐるを以て、われは忽《たちま》ちこれを捨てて顧みざりき。われは戦場に功名の死をなす勇者の覚悟よりも、家に残りて孤児を養育する老母と、淋しき暖炉の火を焚く老爺《らうや》の心をば、更に哀れと思へばなり。世を罵《ののし》りて憤死するものよりも、(3)心ならず世に従ひ行くものの胸中に一層の同情なくんばあらず。

世に立つは苦しかりけり腰屛風《こしびやうぶ》
　まがりなりには折りかがめども

われ、京伝《きやうでん》が描ける『狂歌五十人一首』の中《うち》に掲げられしこの一首を見しより、始めて狂歌捨てがたしと思へり。されどわれは人に向つて狂歌を吟ぜよ、浮世絵を描け、三味線を聴けと主張するものに非《あら》ず。われは唯西洋の文芸美術にあらざるも、なほ時としてわが情懐《じやうくわい》を託するに足るものあるべきを思ひ、故国の文芸中よりわが現在の詩情を動かし得るものを発見せんと勉むるのみ。文学者の事業は、強《し》ひて文壇一般の風潮と一致する事を要せず。元《もと》これ営利の商業に非ざればなり。一代の流行西洋を迎ふるの時に当たり、文学美術もまた師範を西洋に則《のつと》れば、世人に喜ばるる事火を見るより明かなり。然れども余は、さほどに自由を欲せざるになほ革命を称《とな》へ、さほどに幽玄の空想なきに頻《しき》りに泰西《たいせい》の音楽を説き、さほどに知識の要求を感ぜざるに漫《みだ》りに西洋哲学の新論を主張し、あるいはまたさほどに生命の活力なきに徒《いたづ》らに未来派の美術を迎ふるが如き軽挙を恥づ。(4)いはんや無用なる新用語を作り、文芸の批評を以て、宛《さなが》ら新聞紙の言論が殊更《ことさら》問題を提出して人気を博するが如き機敏をのみ事とするにおいてをや。われは今自《みづか》ら退きて(5)進取の気運に遠ざからんとす。(6)幸ひにわが戯作者気質《げさくしやかたぎ》をしていはゆる現代文壇の急進者より排斥嫌悪せらるる事を得ば、本懐の至りなり。因《よ》つて茲《ここ》にこの一文を草す。

（永井荷風「矢立のちび筆」より）

注　腰屏風＝腰の高さぐらいしかない、背の低い屏風。まくらびょうぶ。

問一　傍線部（1）と傍線部（2）の違いを説明せよ。

解答欄：一四・〇cm×三・五cm

問二　傍線部（3）を分かりやすく説明せよ。

解答欄：一四・〇cm×三・五cm

問三　傍線部（4）を分かりやすく説明せよ。

解答欄：一四・〇cm×三・五cm

問四　傍線部（5）に筆者はどのようなニュアンスをこめているか。本文中の語句を用いて説明せよ。

解答欄：一四・〇cm×三・五cm

問五　筆者が傍線部（6）のように考える理由を説明せよ。

解答欄：一四・〇cm×四・五cm

一九九八年度

二

次の文を読んで、あとの問に答えよ。

社会従来の状態に安んぜずして、或いは改良と呼び或いは革命と叫ぶ者は、惟《おも》ふにかの所謂《いはゆる》良民の部類に属する者にはあらず。彼《か》の輩は概ねその社会に於けるの不平家なり。彼の輩の言行は当時の社会より見て危険と思惟せらるる者也。然れども若《も》し彼の輩なくば社会は変動の分子を欠かん。又それと共に進歩の分子を欠かん。社会の一隅に常にこれら少数の不平家の潜伏するなくんば、社会はひたすらに旧時の状態を維持するに傾かん。社会の健全なる生活は保守と進取との傾向がその宜《よろ》しき均合を得るにありとせば、固《もと》よりその一をのみ取りて他を棄つ可からず。而してかの所謂良民なる者は孰《いづ》れの傾向を代表する者なるぞと云はば、概ね社会当時の状態に満足して、その各自の範囲に於ける在り来たりの義務を尽すことの外にその理想を有せざる者共ならん。ただ何気なく当時の社会の慣例を守りて、敢へて之に違背するの必要を感ぜざる者共ならん。即ち彼等は保守の傾向の由りてその重きを有する所なり。物理上の比喩を用ふれば、(1)彼等は社会の惰性を代表する者と云はるべし。之に反して進歩主義の率先者となる者は社会の不平家なり、(A)無事に苦しむ底《てい》の者なり。

一国の風儀習慣にして将《まさ》に旧時の状態を維持す可からざらんとするや、一時の安寧を偸《ぬす》むの策は之を弥縫《びほう》するにあり。然れども(2)国家永久の計は之を破壊するにあり。之を破壊する者は当時にありては危険と呼ばれん。危険と呼ばれて社会の責罰を受くることは、その甘んずる所ならざる可からず。ただ何気なく従来の風儀習慣を墨守せずしてその風儀習慣の拠りて立つ所を穿鑿《せんさく》せんとする時勢に当りて、なほ無闇にこの考究心を、この批評心を抑圧するは決して策の得たる者にあらず。(3)之を抑圧するの極は、遂に曾《かつ》て恐るべしと思ひしよりもなほ恐るべき結果を誘ひ来たるに至らん。火炎の害を恐れば、宜しく之を漏らすの途《みち》を与ふべし。権勢の長久ならんことを希《ねが》はば、宜しく之を殺《そ》ぐべし。旧来の観念を批評するは之に伴ふ多少の危険なくんばあらず。然れどもその多少の危険を懼《おそ》れて批評を抑へんとするは具眼の士の為すべきことにあらず。批評心の一たびその萌芽を発してよりは、如何《いか》に之を撲滅せんとするも豈《あ》に長くそが生長を妨ぐるを得んや。(B)権勢の神聖なる、習慣の固定なるも豈に能く批評心の襲撃を免れんや。批評心一たび起らば何物か之に抗するを得ん。

（大西祝《はじめ》「批評心」より）

問一　傍線部(A)、(B)はそれぞれどのような意味か、説明せよ。

解答欄：(A)一三・〇cm×二・一cm　(B)一三・〇cm×三・〇cm

問二　傍線部(1)「社会の惰性を代表する者」とはどういう人のことか、比喩の意味を明らかにしつつ説明せよ。

解答欄：一四・〇cm×五・五cm

問三　傍線部(2)「国家永久の計は之を破壊するにあり」とはどういうことか、説明せよ。

解答欄：一四・〇cm×五・五cm

問四　傍線部(3)について、なぜ批評心を抑圧すると「恐るべき結果を誘ひ来たる」ことになるのか、説明せよ。

解答欄：一四・〇cm×五・〇cm

問五　「批評心」という言葉の意味を説明しながら、文章全体の主旨を簡潔に述べよ。

解答欄：一四・〇cm×六・五cm

現代文　出典一覧

年度	番号		類別	出典	
2022	1		随筆	『日本の伝統』	岡本太郎
	2	文	評論	「〈邪読〉について」	高橋和巳
		理	小説	「雲をつかむ話」	多和田葉子
2021	1		随筆	「忘れ得ぬ言葉」	西谷啓治
	2	文	随筆	「すだれ越し」	石川　淳
		理	評論	「韻と律」	岡井　隆
2020	1		評論	「体験と告白」	小川国夫
	2	文	随筆	「井伏鱒二の生活と意見」	小山　清
		理	評論	『妖怪学新考』	小松和彦
2019	1		評論	『科学思想史の哲学』	金森　修
	2	文	対談	『詩の誕生』	大岡信・谷川俊太郎
		理	評論	「音を言葉でおきかえること」	吉田秀和
2018	1		評論	「意味変化について」	佐竹昭広
	2	文	小説	「影」	古井由吉
		理	評論	「科学と哲学のつながり」	湯川秀樹
2017	1		随筆	「山村の秋」	串田孫一
	2	文	評論	『古事記注釈』	西郷信綱
		理	評論	『「私」をつくる』	安藤　宏
2016	1		随筆	『青天有月』	松浦寿輝
	2	文	小説	「聖産業週間」	黒井千次
		理	評論	『情報の文化史』	樺山紘一
2015	1		随筆	『短編小説礼讃』	阿部　昭
	2	文	随筆	『私の一日』	里見　弴
		理	評論	『流言蜚語』	清水幾太郎
2014	1		随筆	「望郷と海」	石原吉郎
	2	文	評論	「逆説としての明治十年戦争」	渡辺京二
		理	随筆	「創作」	大庭みな子

2013	1		随　筆	『ブリューゲルへの旅』	中野孝次
	2	文	随　筆	「旅がへり」	幸田　文
		理	評　論	『日本のレトリック』	尼ヶ崎彬
2012	1		小　説	「痩せた雄雞」	尾崎一雄
	2	文	評　論	「意慾的創作文章の形式と方法」	坂口安吾
		理	随　筆	「前門の虎、後門の狼」	米原万里
2011	1		随　筆	『失われた時代』	長田　弘
	2	文	随　筆	「神話する身体」	安田　登
		理	評　論	「文章について」	林　達夫
2010	1		評　論	「物語る声を求めて」	津島佑子
	2	文	評　論	「宗教とは何か」	上田閑照
		理	評　論	『日本語の思考法』	木下是雄
2009	1		評　論	「書き言葉について」	柳沼重剛
	2	文	随　筆	「天地有情」	南木佳士
		理	随　筆	「玩具のシンボル価値」	澁澤龍彦
2008	1		評　論	「《演劇的知》について」	安田雅弘
	2	文	小　説	『文字禍』	中島　敦
		理	随　筆	「真偽のむずかしさ」	青柳瑞穂
2007	1		評　論	「死に直面した状況において希望はどこにあるのか」	清水哲郎
	2	文	随　筆	「多すぎる自己没入型」	中野好夫
		理	評　論	『浮上せよと活字は言う』	橋本　治
2006	1		評　論	「『曖昧さ』の芸術」	茂木健一郎
	2		小　説	「わが胸の底のここには」	高見　順
2005	1		評　論	「知性改善論」	下村寅太郎
	2		小　説	「天城」	横光利一
2004	1		随　筆	「ローマへ旅立つ息子に」	野上弥生子
	2		評　論	「読書」	西田幾多郎
2003	1		評　論	「書籍について」	渡辺一夫
	2		小　説	「こまの歌」	中　勘助
2002	1		小　説	「半日の放浪」	高井有一

2001	1	評　論	「近代美術における伝統と創造」	高階秀爾
2000	1	評　論	「現代社会における芸術」	桑原武夫
1999	1	評　論	『時間についての十二章』	内山　節
1998	1	随　筆	『読書癖』	池澤夏樹

近代文語文　出典一覧

年度	番号	類別	出　　典	
2002	2	評　論	「浮世絵の鑑賞」	永井荷風
2001	2	評　論	「学者の職分を論ず」	福沢諭吉
2000	2	評　論	「悲哀の快感」	大西　祝
1999	2	評　論	「矢立のちび筆」	永井荷風
1998	2	評　論	「批評心」	大西　祝

■解答欄の例■

一四・○cm×二行

一四・○cm×三行

一四・〇cm×四行

一四・〇cm×五行

MEMO

MEMO

MEMO